权威·前沿·原创

皮书系列为

“十二五”国家重点图书出版规划项目

中国少数民族文化发展报告(2014~2015)

REPORT ON THE CULTURAL DEVELOPMENT OF CHINA'S ETHNIC MINORITIES (2014-2015)

国家民族事务委员会文化宣传司
中国社会科学院文化研究中心 编

主 编／武翠英 张晓明 任乌晶
执行主编／惠 鸣 李 民 郭 力

社会科学文献出版社
SOCIAL SCIENCES ACADEMIC PRESS (CHINA)

图书在版编目(CIP)数据

中国少数民族文化发展报告. 2014 ~2015/国家民族事务委员会文化宣传司，中国社会科学院文化研究中心编. —北京：社会科学文献出版社，2015.9
（文化蓝皮书）
ISBN 978 -7 -5097 -8113 -5

Ⅰ. ①中…　Ⅱ. ①国…　②中…　Ⅲ. ①少数民族 - 民族文化 - 文化发展 - 研究报告 - 中国 -2014 ~2015　Ⅳ. ①K28

中国版本图书馆 CIP 数据核字（2015）第 219373 号

文化蓝皮书
中国少数民族文化发展报告（2014 ~2015）

编　　者 / 国家民族事务委员会文化宣传司
中国社会科学院文化研究中心
主　　编 / 武翠英　张晓明　任乌晶
执行主编 / 惠　鸣　李　民　郭　力

出 版 人 / 谢寿光
项目统筹 / 邓泳红
责任编辑 / 周映希

出　　版 / 社会科学文献出版社 · 皮书出版分社（010）59367127
地址：北京市北三环中路甲 29 号院华龙大厦　邮编：100029
网址：www. ssap. com. cn
发　　行 / 市场营销中心（010）59367081　59367090
读者服务中心（010）59367028
印　　装 / 北京季蜂印刷有限公司

规　　格 / 开 本：787mm × 1092mm　1/16
印 张：24. 75　字 数：415 千字
版　　次 / 2015 年 9 月第 1 版　2015 年 9 月第 1 次印刷
书　　号 / ISBN 978 -7 -5097 -8113 -5
定　　价 / 79. 00 元

皮书序列号 / B -2013 -457

《中国少数民族文化发展报告》
编　委　会

《中国少数民族文化发展报告（2014～2015）》
总课题组

课题组负责人　武翠英　张晓明

课题组成员　王艳芳　任乌晶　李　民　李　河　张春霞
贾旭东　郭　力　章建刚　惠　鸣　意　娜

《中国少数民族文化发展报告（2014～2015）》
撰　稿　人

李　河　张晓明　张春霞　武翠英　马　戎　李　炎

章建刚　贾旭东　惠　鸣　王　佳　李　佳　意　娜

王岸柳　陈　曦　赵明龙　严　庆　龙晔生　马岳勇

董新强　蒋彦婴　巴拉吉　平维彬　徐铜柱　司马俊莲

辛　江　周三胜　尼玛次仁　次仁平措　康海民

青　措　马东平　许立勇　王瑞雪　牛　茜　白竹林

盛新娣　赫　歆

主要编撰者简介

武翠英 国家民族事务委员会文化宣传司司长。

任乌晶 国家民族事务委员会文化宣传司副巡视员。

张晓明 中国社会科学院文化研究中心研究员，中国传媒大学文化发展研究院博士生导师；“中国少数民族文化发展战略研究”项目总主持人；中国城市经济学会秘书长，“文化产业重大课题研究计划”首席专家、项目管理办公室主任；文化蓝皮书系列《中国少数民族文化发展报告》《中国文化产业发展报告》《国际文化产业发展报告》主编。

摘　要

《中国少数民族文化发展报告（2014～2015）》是国家民委文化宣传司与中国社会科学院文化研究中心合作编写的第三本少数民族文化蓝皮书，也是“中国少数民族文化发展战略研究”项目的阶段性成果之一。

本书主体部分由“总报告”“年度专稿”“年度主题”“年度聚焦”“专家论坛”“区域报告”“田野调查与案例研究”“大事记”组成。

由“总课题组”撰写的总报告是全书的核心内容。总报告认为，“一带一路”战略的实施，将民族地区变成了对外开放新前沿，更加提升了民族地区在睦邻安边方面的重要地位，也势将改变民族地区的经济地理格局。“一带一路”战略使民族地区文化发展尤其是特色文化产业发展迎来空前的政策利好环境，面临重大战略机遇。因此，民族地区要抓住机遇，更新观念和区域发展思路，实现“边缘地区”向“区域中心地区”的观念转变、从“封闭意识”向“纽带意识”的转变、从传统发展模式向新型发展模式的转变。民族地区城镇化思路应实现从国内跨行政区域整合向跨国区域整合的转变，还要加大政策倾斜力度，实现从人才匮乏向人才涌流的机制转变，充分利用民族地区文化地理优势，发挥经济文化通道和纽带作用，成为跨国区域的经济增长极、战略支撑点与文化高地。总报告认为，由于“一带一路”战略将大大提升民族地区在我国改革开放战略中的地位，民族地区，特别是沿边民族地区要立足自身资源优势，使特色文化资源服务于特色城镇化发展和公共文化服务建设，并转化为特色文化产业优势。要把保护与发展文化多样性作为文化政策重点，把转变发展方式，善用特色文化资源，作为城镇化第一要义，把创新公共文化服务体制机制作为文化体制改革首要任务，把发展以创意为基础的文化产业作为经济结构调整的重要战略主题。“一带一路”背景下，要积极建设“跨国文化纽带工程”暨“跨国文化产业走廊”，把少数民族与境外同源民族的历史亲缘关系看作构建我国与周边国家文化纽带的最宝贵资源。要充分利用民族地区文化地理优势，将打造跨国特色文化产业作为构建跨国文化纽带的重要手段，与周边国家一道共同发展特色文化产业，打造跨国的区域文化市场，为“一带一路”战略提供重要的文化软支撑。

Abstract

"A Report on the Cultural Development of China's Ethnic Minorities (2014 - 2015)" is the third volume of the blue book on ethnic minority culture. This book, which is co-compiled by the Culture and Publicity Bureau of the State Ethnic Affairs Commission of China and the Research Center for Cultural Policy of Chinese Academy of Social Sciences, is also part of the achievements of "The Research Project on the Development Strategy of China's Ethnic Minority Culture".

The body part of this book consists of the following divisions: "General Report", "Annual Specials", "Annual Topic", "Annual Focus", "Experts' Forum", "Regional Report" and "Field Investigation and Case Studies".

"General Report", composed by General Research Group, is the core content of this book. The implementation of "One Belt, One Road" Strategy will transform minority areas into new fronts for opening up. That will increase the significance of the minority areas in establishing border security and friendship with neighboring countries and also change their economic and geographic status. "One Belt, One Road" Strategy will provide minority areas with unprecedented favorable policies to develop cultures and the cultures with unique features in particular. Therefore it is important for the minority areas to seize the opportunities, update concepts and thoughts for regional development and materialize the transformations from "marginalized areas" to "regional central areas", from "self-enclosed consciousness" to "ligament consciousness", from traditional development patterns to new development patterns, from domestic trans-administrative conformity to trans-national conformity, and from a lack of manpower to a mechanism of effective talent training and management. It is also important to make a full use of their cultural and geographic advantages, give a full play to their roles of being economic and cultural corridor and ligament, and make them into trans-national and regional economic growth poles, strategic supports and cultural highlands. According to the report, as "One Belt, One Road" Strategy significantly promotes the position of minority areas in Chinese opening up, the minority areas and the border areas in particular should wisely draw on their own resources. First and foremost the cultural resources with unique features should serve the purposes of urbanization with unique features and construction of public cultural services to establish own cultural industry competitive edges. Next emphasis of culture and policies should be laid on the protection and development of cultural diversities, prioritization of the transformation of development patterns and optimization of the cultural resources with unique features in the process of the new type of urbanization. We should regard innovating the mechanism for public cultural services as the first task of the cultural system reform, and the innovation-driven cultural industry as the strategic theme of the economic structure readjustment. We will actively construct "Trans-national Cultural Ligament Project" and "Trans-national Industry Corridor". The historical relationship between ethnic minorities and the overseas homologous nations will be the most valuable resources to construct the cultural ties between China and the neighboring countries. The cultural and geographic advantages of minority areas will help build the trans-national cultural industry with unique features to forge the trans-national cultural ligaments, join the neighboring countries in developing the cultural industry with unique features and constructing trans-national regional cultural markets, and thus provide "One Belt, One Road" Strategy with the cultural soft support.

目　录

Ⓑ Ⅰ　总报告

Ⓑ Ⅱ　年度专稿

𝔹Ⅲ 年度主题：边境民族地区文化发展战略

𝔹Ⅳ 年度聚焦：文化产业与民族地区文化发展

𝔹Ⅴ 专家论坛

B Ⅵ 区域报告

B Ⅶ 田野调查与案例研究

BⅧ 大事记

皮书数据库阅读使用指南

CONTENTS

B I General Report

B II Annual Specials

BⅢ Annual Topic: A Strategic Investigation into Cultural Developments in Minority Areas

BⅣ Annual Focus: Cultural Industry and Cultural Development in Minority Areas

B V Experts' Forum

BⅥ Regional Report

BⅦ Field Investigation and Case Study

BⅧ A Chronicle of Events

总 报 告

General Report

B.1

抓住“一带一路”战略机遇 开创民族地区文化发展新局面*

总课题组 李 河 张晓明 张春霞** 执笔

摘 要：“一带一路”战略的落地和推进，不仅为我国民族地区发展带来前所未有的机遇，也必将改变这些地区的经济地理和文化地理格局。民族地区要抓住这一战略机遇，实现从“封闭性边缘”向“开放性前沿”的观念转变，更新区域发展思路，创新区域发展模式与相关机制，发挥经济文化通道和纽

---

* 总课题组负责人：武翠英、张晓明。本“总报告”同时系2012年国家社科基金A类重大课题“文化多样性与和谐世界研究”阶段性成果；课题编号：12&ZD011；课题总主持人：李河。

** 李河，中国社会科学院文化研究中心副主任，研究员，中国社会科学院哲学研究所博士生导师，联合国教科文组织《保护和促进文化表达形式多样性公约（2005）》所属“文化多样性国际基金项目”（IFCD）6人评委；张晓明，中国社会科学院文化研究中心研究员，中国传媒大学文化发展研究院博士生导师，中国城市经济学会秘书长，“文化产业重大课题研究计划”管理办公主任、首席专家，文化蓝皮书系列《中国少数民族文化发展报告》《中国文化产业发展报告》《国际文化产业发展报告》主编；张春霞，中国社会科学院文化研究中心博士后，新疆财经大学新疆社会经济统计研究中心、新疆财经大学马列部副教授。

带作用，成为跨国区域的经济增长极、战略支撑点与文化高地。由于“一带一路”战略将大大提升民族地区在我国改革开放战略中的地位，民族地区，特别是沿边民族地区，应积极筹划构建“跨国文化纽带工程”“跨国文化产业走廊”，与周边国家一道共同发展特色文化产业，打造跨国的区域文化市场。这一切都将为“一带一路”战略提供重要的文化软支撑。

关键词：“一带一路”战略　民族地区文化产业　跨国文化纽带工程

本书是第三本少数民族文化发展蓝皮书，它将着力展示“十二五”时期以来我国民族地区文化发展的成就和面临的挑战。谈到“十二五”时期，2012 年“十八大”的召开无疑是一件大事。新一代领导集体总揽全局，加强顶层设计，迈出全面深化改革步伐，在国内提出经济发展“新常态”和加强国家治理体系建设新思路，明确提出“一带一路”的基本构想①，全面加快区域和国际战略布局。

在这盘新时期的大棋局中，我国民族地区占据着重要位置。2014 年 5 月，习近平总书记在第二次中央新疆工作座谈会上指出，要围绕社会稳定和长治久安这个总目标，以推进新疆治理体系和治理能力现代化为引领，以经济发展和民生改善为基础，以促进民族团结、遏制宗教极端思想蔓延等为重点，坚持依法治疆、团结稳疆、长期建疆的总战略。其后在 2014 年 9 月，中央民族工作会议在北京举行，习近平在会上深刻阐述了民族工作的基本指导思想。至此，新一届领导集体对于少数民族地区经济社会文化发展的大政方针基本形成。

① 2013 年 9 月，习近平总书记在哈萨克斯坦访问时首提“丝绸之路经济带”建议；同年 10 月，习总书记访问东盟时又提出“海上丝绸之路”的基本构想；同年 11 月，中共十八届三中全会《关于全面深化改革重大问题的若干决议》提出“一带一路”总体战略。就在本报告即将付梓的 2015 年 3 月 29 日，国务院授权发布《推动共建丝绸之路经济带和 21 世纪海上丝绸之路的愿景与行动》，对“一带一路”战略的内涵和战略步骤给予了完备的阐述。

2015 年是“十二五”时期的收官之年，也是“十三五”时期的规划之年。要规划未来 5 年乃至更长时期我国民族地区发展战略，包括文化发展战略，就要深入理解中央民族工作会议的基本指导思想，抓住“一带一路”这个战略主题。为此我们需要思考以下问题：“一带一路”战略与世纪之交以来我国在少数民族地区推进的一系列重大发展战略是什么关系？“一带一路”将给我国民族地区发展提供怎样的机遇？要抓住这个历史机遇，相关的民族地区应在观念和政策上做出怎样的调整？在具体实践中，可能遇到的挑战和解决之道是什么？

一　“一带一路”是新时期国家发展战略的主线，将全面提升我国少数民族地区经济、社会、文化发展的水平

我国民族地区的发展历来与国家整体发展战略息息相关。自 20 世纪 80 年代以来，我国一共提出过三个“三步走”战略。80 年代，十三大提出的“三步走”战略是：第一步，解决温饱问题；第二步，进入小康阶段；第三步，用 50 年左右时间进入中等发达国家行列。90 年代，十五大根据变化了的实际，提出 21 世纪中国社会发展的“三步走”设想：第一个 10 年，全面建设小康；第二个 10 年，达到富裕小康水平；第三步，到 2050 年，基本实现现代化。十八大以后，“新三步走战略”的框架基本形成：第一步，到建党一百年周年的时候，即到 2020 年要全面建成小康社会；第二步，到建国一百周年的时候，即到 2049 年实现社会主义现代化；第三步，在前两个一百年奋斗目标的基础上，实现中华民族伟大复兴的中国梦。

十八大以来的“新三步走战略”最具实质性的变化就是提出了“一带一路”战略，这是在“十三五”时期我国实际经济总量将接近乃至最终超越美国从而成为全球第一大经济体的背景下，中国向世界展示的第一个“全球发展战略”，是中国作为新的“全球性国家”登上世界舞台的标志。在这个意义上说，“一带一路”战略是对小平同志 20 世纪 80 年代末提出的基于国内发展的“两个大局”战略思路的全面提升，也是对世纪之交以来大举推进的“西部大开发”这一牵动西部绝大多数少数民族地区的国家重

大战略的极大拓展。

认真学习“一带一路”战略，使我们认识到，作为新时期升级版的国家战略，特别是作为我国第一个“全球发展战略”，其必将重新塑造我国少数民族地区的经济文化地理格局，从而为我国民族地区带来新的发展机遇，这是在谋划新时期民族地区经济社会和文化发展战略时应优先给予关注的。

（一）西部大开发战略取得了重大成就，但是依然面临挑战

全面认识“一带一路”战略对少数民族地区的影响应该从评估世纪之交提出“西部大开发”战略开始。2000 年 1 月，国务院召开会议，研究加快西部地区发展的基本思路和任务。同年 10 月，中共十五届五中全会通过《中共中央关于制定国民经济和社会发展第十个五年计划的建议》，把实施西部大开发、促进地区协调发展作为一项战略任务，这一决定标志着我国现代化进程从小平同志的“第一个大局”转向了“第二个大局”，民族地区发展成为现代化的首要任务。

在人们日常印象里，“西部地区”是个与“民族地区”可以画等号的地理概念和发展程度概念。就地理而言，“西部地区”涵盖了我国 12 个省、自治区、直辖市，其中甘肃省、青海省、宁夏回族自治区、新疆维吾尔自治区、四川省、云南省、贵州省、西藏自治区、内蒙古自治区、广西壮族自治区是少数民族比较集中的 10 个省区，此外还有延边、湘西和恩施三个少数民族自治州，总面积为 685 万平方公里，占国土面积的 71.4%，① 其中 55 个少数民族的人口占全国 13 亿人口的 8.49%（2010 年统计）。此外，“西部地区”一词还往往像“老少边穷地区”的提法一样，代表着相对滞后的发展程度。相较于东部沿海地区，西部地区在经济社会教育文化等方面居于弱势。出于以上原因，“西部地区”一语常被等同于“民族地区”。

1978 年以来，西部地区在我国改革开放总格局中的地位经历了一个从下降到不断提升的过程。改革开放头 20 年，为服从国家的经济非均衡发展战略，

---

① 具体说来，我国 5 个自治区全部在西部；30 个自治州中有 27 个在西部；120 个民族自治区县（旗）中有 83 个在西部地区。此外，包括 5 个自治区在内的少数民族自治地方占西部地区总面积的 85.89%。

西部民族地区一直被当作我国的战略资源储备区和保障区，其资源在国家宏观计划调控下不断向东部转移，以支持东部沿海地区的迅猛发展。到上世纪末，伴随东部的快速崛起，我国东西部经济社会文化发展差距迅速拉大，西部地区人均 GDP 仅为全国平均水平的 2/3，不及东部地区的 40%，西部地区所积累的各种矛盾也日益凸显，区域发展的公平和正义已成为不可回避的问题。与此同时，东部的传统经济增长模式也到了临界点，如何把东部剩余的经济发展能力用于西部地区，把西部开发纳入全国产业结构和地区经济结构的调整，成为事关国家改革开放大局的大问题。

正是在这个背景下，“西部大开发”战略在世纪之交应运而生，其基本要义是：依托亚欧大陆桥，长江水系，西南陆路和海上通道，发挥中心城市作用，以线串点、以点带面形成多个跨行政区域的经济带，将东部沿海剩余的经济发展能力转移用来提高西部经济和社会发展水平，建设一个经济繁荣、社会进步、生活安定、民族团结、山川秀美、人民富裕的新西部。

西部大开发 15 年，在国家和东部发达地区的大力支持下，西部民族地区基础设施建设、生态建设与环境保护、产业结构调整、教育科技发展等方面取得长足发展，内外经贸合作快速增长，工业化、城镇化、现代化水平不断提高，区域经济结构得到较大调整改善，宏观经济增长持续领先全国，居民收入快速增加，人民生活水平不断提高。2014 年，在中国 GDP 增长 7% 的情况下，10 个西部省区中，4 个增速超过 10%，两个超过 9%，5 个超过了 8%，显然，这些过去发展滞后的地区今天成为保障我国经济增速的重要支撑，这一切为西部民族地区进一步崛起奠定了坚实的发展基础。

西部大开发战略获得了重大成就，但是现在看来，与国民经济发展方式转型配套的西部开发战略，15 年来依然持续了政府主导的发展模式，高度依赖地方政府财政性帮扶、高度依赖国有企业在资源和基础型产业领域投资，市场对资源配置的决定性作用没有充分发挥，导致西部地区内生性发展力量薄弱，可持续发展动力不足，百姓得到的实惠不多。到 2013 年底，西部地区 GDP 仍然仅占全国的 22%，全国贫困和低收入人口的 60% 以上集中在西部民族地区。总体看来，今天民族地区面临着“五个并存”的瓶颈期：①改革开放和市场经济带来的机遇和挑战并存；②民族地区经济发展的势头加快和发展的低水平并存；③国家对民族地区支持力度持续加大和民族地区基本公共服务能力建设仍然薄弱并存；④各民族交往交流交融趋势增强和涉及民族因素的矛盾纠纷上升并存；⑤反对民族分裂、宗教极端、暴力恐怖斗争成效显著和局部地区暴力恐怖活动活跃多发并存。在某种意义上说，西部民族地区发展遭遇了新的瓶颈。

（二）一带一路”将“西部大开发”从国内战略提升为国际战略

“西部大开发”任重而道远，仍处于进行时，亟须突破发展瓶颈。“一带一路”将“西部大开发”从国内战略提升为国际战略，是重大的战略突破。目前，“一带一路”战略已全面展开，其线路所覆盖的主要国内省区市包括：①以陕西、甘肃、青海、宁夏、新疆西北五省区为主的西向“丝绸之路经济带”线路，以重庆、四川、云南、广西四地为起点的“南方丝绸之路经济带”，以及以内蒙古和东北三省为起点的“北方草原丝绸之路经济带”；[①] ②“海上丝绸之路”，其国内主要相关城市包括上海、天津、宁波－舟山、广州、深圳、湛江、汕头、青岛、烟台、大连、福州、厦门、泉州、海口、三亚；[②] ③2014 年 3 月，国家出台“藏羌彝文化产业走廊总体规划”，它被视为“一带”与“一路”之间的联系纽带。至此，“一带一路”战略几乎覆盖了全国所有民族地区。

然而，正如笔者前面所说，“一带一路”是我国新时期“全球战略”的核心和主线，它覆盖着更广阔的国际空间。习近平在 2014 年 11 月“加强互联互通伙伴关系对话会”上对此做出了精辟的概括：①“一带一路”源于亚洲、依托亚洲、造福亚洲，以亚洲国家为重点方向；②“一带一路”统筹陆海两大方向，涵盖面宽，包容性强，辐射作用大，将以经济走廊为依托，建立亚洲互联互通的基本框架；③“一带一路”以交通基础设施为突破，优先部署中国同邻国的铁路公路项目；④“一带一路”以建设融资平台为抓手，打破亚洲互联互通的瓶颈，中国将出资 400 亿美元成立丝路基金；⑤“一带一路”以人文交流为纽带，夯实亚洲互联互通的社会文化心理根基。

---

① 搭上“一带一路”快车是“十二五”最后一年国内许多省区市的头等大事，因而围绕着“丝绸之路”还会出现不少新的说法。

② 参见《推动共建丝绸之路经济带和 21 世纪海上丝绸之路的愿景与行动》。

表 1　西部大开发战略与“一带一路”战略覆盖民族地区

西部大开发战略					“一路一带”战略				
沿线省区	包含民族自治地方				沿线省区	包含民族自治地方			
	自治州	自治县（旗）	少数民族人口（万）	占自治地方人口比重（%）		自治州	自治县（旗）	少数民族人口（万）	占自治地方人口比重（%）
陕西	0	0	0	0	陕西	0	0	0	0
甘肃	2	7	163.13	57.49	甘肃	2	7	163.13	57.49
青海	6	7	218.95	58.86	青海	6	7	218.95	58.86
宁夏	0	0	258.24	38.63	宁夏	0	0	258.24	38.63
新疆	5	6	1406.57	62.13	新疆	5	6	1406.57	62.13
四川	3	4	469.2	60.97	四川	3	4	469.2	60.97
云南	8	29	1285.69	56.60	重庆	0	4	205.65	74.66
广西	0	12	2004.0	42.47	云南	8	29	1285.69	56.60
重庆	0	4	205.65	74.66	广西	0	12	2004.0	42.47
贵州	3	11	951.95	54.28	广东	0	3	18.52	37.15
西藏	0	0	304.04	97.45	浙江	0	1	1.94	11.16
内蒙古	0	3	547.81	21.93	福建	0	0	0	0
延边	1	0			海南	0	6	92.99	52.76
湘西	1	0			内蒙古	0	3	547.81	21.93
恩施	1				辽宁	0	8	176.18	53.18
					吉林	1	3	112.75	34.54
					黑龙江	0	1	5.16	20.80
总计	30	83	7815.23		总计	25	90	6761.13	
占比	100	69.17	86.67		占比	83.3	75	77.25	

资料来源：《中国统计年鉴 2014》。

如果以中国为本位，我们可以将“一带一路”整体空间分为三层：第一层是我国周边的 14 个陆地邻国，依次是朝鲜、俄罗斯、蒙古、哈萨克斯坦、吉尔吉斯斯坦、塔吉克斯坦、阿富汗、巴基斯坦、印度、尼泊尔、不丹、缅甸、老挝、越南；第二层包括与我国隔海相望的韩国、日本、菲律宾、马来西亚、新加坡、印尼、斯里兰卡以及处于亚欧大陆腹地的中亚、西亚诸国；第三层则指向遥远的欧盟、非洲等地区。目前以上三层区域已涵盖亚非欧国家近 70 个，而且范围还在扩大。这些国家分属于东北亚经济圈、东南亚经济圈、欧盟经济圈等。为此，“一带一路”被誉为“世界上最长、最具发展潜力的经济大走廊”。

“一带一路”作为新时期国际战略，将对国内民族地区产生以下三大影响。

1.“一带一路”为民族地区的发展拓展出了国际空间

“西部大开发”战略虽初具国际视野，但整体上看还是个国内战略，其重头戏主要在国内，它与2008年出台的“中部崛起”战略共同塑造了“东部引领－中部崛起－西部开发”的中国整体经济地理空间，而“东部中心、西部边缘”构成了这个整体框架的基本特征。相比之下，“一带一路”是个跨国战略，是个将我国国内发展和经济文化“走出去”的举措结合起来的顶层战略设计，不仅考虑国内“东部－中部－西部”的“互联互通”，更关注我国与周边地区、亚欧大陆和亚太地区的“互联互通”。这一战略空间的拓展，体现了我国国内市场的外溢效应，体现了我国改革开放进程的巨大成果。

2.“一带一路”将民族地区变成了对外开放新前沿

“西部大开发”战略已然在国内设计了多条跨行政区域的“线路”，而“一带一路”则更强调将这些国内线路与多条跨国“经济走廊”结合起来，从而使我国经济文化的对外开放获得更加多元的向度和路径。改革开放头20年，我国对外开放的前沿主要在东部、在沿海，有学者因此称之为“沿海战略”或“蓝海战略”①，而“一带一路”战略则强化了东南西北多条开放路向，尤其是通往中南半岛、亚欧大陆腹地和俄罗斯的开放路向，使得一向被视为封闭边缘的西部变成了对外开放的新前沿。由此，我国对外贸易的道路不仅在海洋上有所拓展，而且也进一步向亚欧大陆腹地延伸，形成我国新时期全方位改革开放的新格局。同时，我国东部地区对外开放的成功经验也将为新形势下民族地区开放体制机制政策创新提供有益借鉴。

3.“一带一路”战略更加提升了民族地区在睦邻安边方面的重要地位

数千年来，我国历代一直沿袭着所谓“守在四夷”“守中定边”的思路，偏重用政治和军事手段羁縻西部，而“一带一路”战略则真正将跨区域和跨国的市场经济嫁接到西部与周边国家地区，这个举措的深远意义怎么强调也不过分。我国有14个陆地邻国，它们全与我国西部地区相邻。如果说改革开放头20年的一个后果是国内东部与西部差距的迅速拉大，那么在经历了15年的西部大开发之后，我国西部地区与其周边国家的差距也在迅速拉大。目前在

---

① 参见高柏《高铁与中国21世纪大战略》，社会科学文献出版社，2012。

14 个邻国中，除哈萨克斯坦的发展程度略好于与之相邻的新疆地区外，其他邻国与我国西部相邻地区的经济社会发展水平差距日益扩大，一些国家长期在“极不发达国家”甚至“失败国家”的境地中挣扎，我国与周边国家业已形成“东部引领 - 西部高地 - 邻国洼地”的梯度经济地理格局，这固然有利于提升我国的领导力，但常言道“四邻贫困，家宅不宁”，如果差距过于悬殊，很可能引发周边国家地区动荡，对我国边境安全造成威胁。对此，“一带一路”战略蕴含的长远解决之道就是使这些国家地区与我国形成利益共同体，乃至命运共同体。

1993 年，美国主导提出“北美自由贸易区”构想，其动机之一是要提升墨西哥的发展水平，保障其地缘稳定。2005 年欧盟提出《欧盟睦邻政策》文件，其主旨依然是要使与之密切相关的东欧和地中海地区成为它的安全屏障。据此而论，“一带一路”战略同时也是我国的“睦邻政策”。

（三）“一带一路”战略势将改变民族地区的经济地理格局

“一带一路”并非专为我国民族地区量身定做的战略，但它确实是把西部民族地区当作其重要的战略依托，因而西部民族地区理应成为这一战略的主要受益者之一。必须看到，占国土面积 71% 的西部民族地区虽是一个整体，但其内部发展也不平衡，为此国家在出台针对民族地区的政策时，一向坚持“地区分类，统筹协调”的政策意识。过去，“地区分类”以“定边”为主要导向，因而政策、资金大多投向安全问题较大的地区。但“西部大开发”战略实施以来，国家对西部的政策大大强化了“发展”导向，推出了以交通干线和中心城市为基点，“以线串点、以点带面”的西部开发规划，形成了陇海兰新线、长江上游地区、南（宁）贵（阳）昆（明）等跨区域经济发展带。在这样的思路下，“沿线”成为西部最火热的经济地理概念，“沿线”民族地区的经济社会文化发展条件获得了较大改善。

如前所述，“一带一路”由于高度倡导与周边国家建立多条跨国“经济走廊”，因而在传统的“沿线”之外，还大大提升我国以不同边境口岸为中心的“沿边”概念，提升了“沿边”民族地区的战略位势，这样，复合性的“沿线 - 沿边”或“沿边 - 沿线”成了如今最火热的经济地理名词。随着“南（宁）新（加坡）经济走廊”“大湄公河次区域经济走廊”“中缅孟印经济走廊”

“中巴（基斯坦）经济走廊”“中国中亚经济走廊”“中蒙俄经济走廊”以及海上丝绸之路的若干线路的落地，那些“沿边－沿线”地区大多将成为“一带一路”战略中跨国区域的发展高地，这些地区不仅包括东部和东南沿海地区较为发达的青岛、连云港、宁波、泉州、广州等地区，还包括广西的东兴、友谊关，云南的河口、磨憨、畹町、瑞丽，西藏的樟木、普兰、吉隆，新疆的红旗拉普、霍尔果斯，内蒙古，东北地区的满洲里、绥芬河、珲春、丹东等民族地区。进而言之，我们可以预言，在“一带一路”战略落地实施、持续推进的未来几十年内，“沿边－沿线”民族地区定将诞生一些国际性区域中心枢纽城市，形成新的沿边经济战略高地和文化辐射中心，这将成为“一带一路”战略获得成功的重要标志。

表 2 “一路一带”战略背景下民族地区经济地理文化格局

沿边战略高地	地缘战略地位	所属文化圈	毗（相）邻国家	主要跨境民族	主要边境中心城市	已有基础
辽、吉、黑和内蒙古	美、日、俄、中四国利益交汇点，我国向东北亚开放的主要通道	中华文化圈 东北亚文化圈（含俄罗斯文化圈）	朝、俄、韩、蒙	蒙古族、俄罗斯族、鄂温克族、鄂伦春等	珲春、绥芬河、黑河、丹东、图们江、满洲里等	东北亚合作机制、环渤海经济区、图们江三角开发地带、环日本海经济区、中蒙俄沿边经济合作地带等次经济合作区等
广西、云南	捍卫我国海洋地缘政治中心区域，中国国家核心利益区域，国家“生命线”“海上丝绸之路”的战略中段	中华文化圈 东南亚文化圈 南亚文化圈交汇地	缅、老、越、泰	壮、傣、布依、彝、哈尼、拉祜、傈僳、景颇、阿昌、怒、佤、独龙、德昂、布朗、苗、瑶、汉、京族等	南宁、钦州、北海、防城港、玉林、崇左、昆明、玉溪、瑞丽、大理、保山、腾冲等	第三亚欧大陆桥建设、中国－东盟自贸区、泛北部湾经济合作区、西南六省协作区、大湄公河次区域、中越“两廊一圈”、泛珠三角经济区等
新疆、西藏	地处世界亚欧大陆政治中心、中华文明与南亚文明的交界处、亚欧大陆桥“丝绸之路经济带”核心地带	中华文化圈 伊斯兰文化圈 印度文化圈	俄、哈、吉、塔、巴、蒙、印、阿富汗、尼泊尔、锡金、不丹	维、哈、回、蒙古、柯、锡伯、塔吉克、乌孜别克、满、达斡尔、塔塔尔、俄罗斯、门巴、珞巴等	伊宁、喀什、塔城、阿图什、樟木、普兰、吉隆等	上海合作组织、丝路基金、亚洲基础设施投资银行、中亚区域经济合作组织、中俄哈蒙阿勒泰区域经济合作机制等

随着“一带一路”战略的实施，我国边境民族地区将从封闭“边缘”变为开放的、跨国性的“区域高地”或“区域中心”。由此“西部大开发”战略所凸显的“东部引领－中部崛起－西部开发”的国内格局，将被“东部引领－西部高地－邻国洼地”的跨国经济地理新格局所取代，这一新格局令民族地区事实上反过来成为“一带一路”战略最重要的“中部支撑”。这将是前所未有的历史转变，它势必对我国西部“沿边－沿线”民族地区提出更高的发展要求。

二　因应“一带一路”战略，民族地区需要更新观念和区域发展思路

2013 年“一带一路”战略问世以后，国际社会积极响应，表态参与该规划的国家从最初的 20 多个迅速增加为近 70 个，目前该数字还在持续更新中。我国国内不同地区，尤其是西部“沿边－沿线”民族地区，也焕发出极大热情，细心谋划，积极参与跨区域合作，努力搭上“一带一路”的发展列车。2014 年 3 月，文化部、财政部联合下发《藏羌彝文化产业走廊总体规划》，将地处四川、贵州、云南、西藏、陕西、甘肃、青海等 7 省区交汇处的地区纳入国家发展战略，这些区域将以西北五省区为骨干的“丝绸之路经济带”相关区域与南贵昆－东南亚－南亚的所谓“南方丝绸之路经济大走廊”勾连为一体，大大拓展西部“沿线”地区的概念。可以想见，未来一个时期，“沿边－沿线”民族地区会迎来“快速的政策调整期”。为此，民族地区需要继续解放思想，更新区域发展思路。

（一）“沿边－沿线”民族地区应实现“边缘地区”向“区域中心地区”的观念转变

我国西部民族地区的发展证明了一个道理，区域发展的美好前景需要有适宜的战略和政策支撑，而合宜的战略和政策又需要积极有为的主体意识和敏感的机遇意识。前已述及，长期以来在人们的意识中，“西部地区”一直与“老少边穷”画上等号，等待国家政策倾斜、等待东部发达地区的外部支持，成为不少地区的行政积习。

然而，随着“一带一路”战略的全面实施，随着多个跨国经济走廊规划的出台和落地，以及以高铁为骨干的跨国交通设施陆续上马，西部地区尤其是“沿边－沿线”民族地区将结束以往单纯作为国家边缘地区的历史，从而转变为跨国市场的区域高地或中心。譬如，一旦用以支撑“南新经济走廊”“大湄公河次区域经济走廊”的泛亚铁路公路和其他交通设施建成，广西南宁、云南昆明势必成为我国西南与中南半岛地区的中心城市，这些地区中那些靠近边境的城市或城镇（如云南的红河、瑞丽等），也有机会上升为跨国区域的次中心城市。与此类似，依托中巴公路和铁路的“中巴经济走廊”、依托欧亚铁路的“中国中亚经济走廊”等，也将大大提升乌鲁木齐、喀什、霍尔果斯等城市的区域辐射力。

事实上，在过去“西部大开发”战略推动下，上述区域已经在“西向开放”和“西南向开放”方面做了大量工作，积累了强大的发展实力。如何进一步提高跨国性的区域中心意识，在积极谋划和细化相关经济走廊的同时调整和完善自身的区域发展规划，将成为这些地区“十三五”规划的重要母题。

（二）“沿边－沿线”民族地区应实现从“封闭意识”向“纽带意识”的转变

“发展是第一要务”，这是我国改革开放实践一再证明了的硬道理，也是西部地区自“西部大开发”战略实施以来一再证明的硬道理。但就经济社会发展条件来看，西部地区尤其是沿边民族地区的改善幅度明显不如东部。存在这种状况的根本原因在于，沿边地区与其外部周边国家的经济交往、市场建设、文化交流等依然受到不少政策限制。这种限制的根源在于，沿边民族地区不仅长期被视为中国的“边缘”，而且长期被打上“前线”的烙印。“前线”是战时状态的用语，意味着建设和发展的权宜性和不稳定性，特别是意味着对立和封闭意识。这种封闭意识根深蒂固，十分强烈，至今仍渗透在一些重大决策的命名上。如 2010 年，云南在国家支持下出台了十年地区发展和对外开放新规划，确定以红河、瑞丽、大理和昆明为开发重点，打造滇中城市经济圈、8 个沿边经济区和 4 个经济走廊，在经济、基础设施等方面向东南亚和南亚全方位开放。该规划的名称是《桥头堡战略》，“桥头堡”这个词依然散发着浓烈的前线意识。

客观地说，在很长时期里，由于西部民族地区与周边国家一向处于“外强我弱”或“外我皆弱”的态势，前线意识对于保证国家安全、地区稳定是非常必要的。但经过近40年的改革开放，尤其是西部大开发以来西部民族地区的相对快速的发展，目前我国陆地边境地区与周边国家已经在整体上处于“我强外弱”的态势。“一带一路”战略的出台，很多西部民族地区一夜之间成为国家对外开放格局中的桥梁、纽带和平台，那种以“桥头堡”为典型形象的封闭意义就过时了。面向新时期，大多数“沿边－沿线”民族地区应在观念上实现从封闭意识向纽带意识的根本转变，从桥头堡意识向桥梁意识的根本转变，从前线意识向开放意识的根本转变，使战时状态的意识让位于和平发展的母题。

（三）“沿边－沿线”民族地区应实现从传统发展模式向新型发展模式的转变

“一带一路”战略为民族地区特别是“沿边－沿线”民族地区提供了全新的对外开放和区域发展机遇，相关地区在今后一段时期内将保持高于国内平均水平的发展速度。但这种区域发展必须避免重复30年前东部地区经济崛起的传统模式，避免成为东部地区那些高消耗、高排放、高污染产业的下游承接地，避免重走东部地区那种以破坏自然生态、文化生态、人居生态为代价的城市化道路。这是由西部民族地区自然和文化生态的脆弱性决定的。

通常所说的“西部”包含两个部分：一个部分以西北五省区和内蒙古地区为代表，其共性是以水资源短缺为核心问题的自然生态相当脆弱，难以承受过去30年东部地区的那种发展模式。课题组在调研中发现，如今一些地区为建设“一带一路”上的中心或次中心城市，盲目上马大量高能耗、高水耗的旅游设施和城市基础设施，长此以往，有可能造成这些地区未来自然生态系统的崩溃；另一部分以云贵滇川藏为代表，那里是我国水资源、自然景观资源和多样性文化生态资源的最后保留地，一旦重蹈过去30年东部发展模式的覆辙，这些宝贵资源将迅速瓦解和贬值，并产生灾难性后果。

为此，西部民族地区在确立区域发展、城镇化建设和对外开放规划时，应建立健全国家层面的、以第三方专业机构为主体的评估机制，对这些地区的自然生态环境、文化生态环境、人居生态环境承载力进行评估。在经济发展方式定位上，要以轻型绿色的对外贸易、现代服务业、创意产业和特色文化产业为主体，走出一条既具中国特色又具地方特点，生态环境和文化生态环境得到妥善保护和使用的发展道路。

（四）“沿边－沿线”民族地区的城镇化思路应实现从国内跨行政区域整合向跨国区域整合的转变

我国正处于城镇化快速发展的时期，不同层级的城市是区域市场网络的重要纽结。西部民族地区城镇化发展的最大特色，就是要在“西部大开发”和“一带一路”战略指导下，深化和完善新时期的城镇化思路。

首先，相关地区要找准区域内城市和城镇所在的跨行政区域网络，完成两个方向的“跨区域整合”：在跨国区域里，民族地区尤其是“沿边－沿线”民族地区要根据自己在区域市场和城市网络中的地位，来确定其未来的城市功能、产业和市场发展结构、城市基础设施标准、城市公共服务能力建设的标准；而在国内，民族地区要进一步深化“沿边－沿线”地区的跨行政区域整合，跻身于相关城市网络或城市群，避免在城市功能定位上的同构性、同质性规划。

其次，那些承担对外开放任务的沿边中心城市，要积极承担起将我国东部发达地区的经济发展能力、文化创意能力与周边国家的资源对接的责任，在促进我国与周边国家经济互补化、市场一体化方面发挥更大作用。

最后，实施上述规划的一个重要载体是积极打造周期性跨国、跨省的多层次区域城市发展论坛，交流相关城市的发展信息，确立协同互补的发展路径。此外，国家有关机构还应邀请来自非民族地区的专家和市场专业人才，形成相对独立的第三方评估体系，对区域内的发展规划及实施情况进行周期性的评估。

（五）“沿边－沿线”民族地区要加大政策倾斜力度，实现从人才匮乏向人才涌流的机制转变

一个地区又好又快发展的首要条件是拥有人才，基础条件也是拥有人才，这包括科技人才和市场人才，也包括教育人才和行政人才。中国东部地区快速发展的一个重要原因就在于其在过去几十年中吸引和集聚了大量国内外人才。相比之下，民族地区人才匮乏的问题十分突出。课题组在对西部民族地区的多次调研中了解到，越是沿边地区，经济发展越是滞后，本地人才外流、外来人

才留不住的问题越是明显。过去十多年，国家和东部地区为民族地区发展提供了大量人才支持，但这种“候鸟式”的人才机制不能从根本上解决民族地区人才匮乏、流失问题。我们在对民族地区的多次调研中，每次听到的最强烈的呼声就是“人才”。

人才是个大问题，也是个老问题。优惠的人才政策千呼万唤仍不到位，是民族地区长期存在的痼疾。作为我国四书之首的《大学》中说：“有人此有土，有土此有财，有财此有用。”在“一带一路”战略全面铺开的今天，民族地区尤其是沿边民族地区要想承担起建设跨国性区域中心的任务，国家和相关地方政府必须要有极具吸引力的人才政策。越南为巩固边境地区发展，确定了其边境教师和干部的工资高于内地近30%的优惠政策，这是值得我们效法的。往严重点说，民族地区高吸引力的人才政策能否到位，是检验我国“一带一路”战略是否真诚的试金石。

三 落实“一带一路”战略，民族地区要高度关注文化发展尤其是特色文化产业发展新机遇

2013年9月和10月，“一带一路”战略问世之初，学界和媒体的热议大多聚焦于该战略的经济意义，其理由是显而易见的：我国拥有近4万亿美元的外汇储备，因而有能力加大对海外重要经济战略资源的投资；我国是全球第一大能源进口国，因而需要在传统的中东地区之外开辟更多的国外能源产地，需要在传统的海上运输线路（即波斯湾－马六甲海峡－中国东海）之外，开辟更多便捷的“海上＋陆地通道”（如波斯湾－瓜达尔港海路＋中巴陆路交通、波斯湾－缅甸海路＋滇缅陆路交通），以及最为快捷的陆路通道（如中亚－中国陆路通道、俄罗斯－中国陆路通道等）；我国作为一个制造业大国，有必要将剩余的制造技术能力转移到国外等等。然而，近一年来，人们日益意识到，“一带一路”不仅是个经济战略，而且应当是个文化战略。习近平总书记在2013年9月7日首次提出“丝绸之路经济带”构想的讲话中就提到“国之交在民相亲”，而“民相亲”的基础就是文化。没有文化向度的“一带一路”战略虽然可以在短期内使我国与相关国家形成利益共同体，但却很难形成休戚与

共、长期稳定的命运共同体。

“丝绸之路，文化先行”，这个取向一旦确定，我国民族地区尤其是“一带一路”“沿边－沿线”民族地区的文化发展和特色文化产业的发展，就具有举足轻重、不可或缺的战略意义。

（一）民族地区文化发展尤其是特色文化产业发展迎来空前的政策利好环境

高度关注“一带一路”战略的文化建设向度，已成为国家和有关管理部门的战略自觉，由此，2014 年国家出现了三个值得高度关注的政策动向。

2014 年 3 月 14 日，国务院印发了《国务院关于推进文化创新和创意设计与相关产业融合的若干意见》，提出要以统筹协调、重点突破、市场主导、创新驱动、文化传承、科技支撑为基本原则，推动文化创意和设计服务以及装备制造业、消费品工业、建筑业、信息业、旅游业、农业和体育产业等领域的融合发展，为我国经济方式转型提供了明确的政策指导。

2014 年 5 月，文化部提出要加快研究以“文化先行”方式，建设“丝绸之路文化产业带”的总体设计和框架方案，使之成为“丝绸之路经济带”的一项重要配套政策，其要义包括：通过建设“丝绸之路文化产业带”，加强影视、演艺娱乐、动漫游戏、文化旅游、工艺美术、非物质文化遗产、民族文化、工业制造、建筑设计、文化体育等多领域的交流合作，打通文化壁垒，增强国家文化传播力，提升文化软实力，增进不同民族、不同宗教信仰之间的理解和团结，加强国际交流和互信；最终实现产业带各地、各国家互利共赢、和平稳定、繁荣发展。

2014 年 8 月 8 日，文化部和财政部联合下发《关于推动特色文化产业发展的指导意见》（以下简称《意见》），要求以“传承文化、科学发展；因地制宜、突出特色；创意引领、跨界融合；市场运作、政府扶持”为原则，以“加大财税金融支持、强化人才支撑、建立重点项目库、支持拓展境外市场和建立完善交流合作机制”等为保障，推动我国各地，尤其是西部民族地区的特色文化产业快速发展。《意见》特别强调，要按照国家建设“丝绸之路经济带”总体部署，依托丝绸之路沿线丰富的文化资源，调动各方力量，推动丝绸之路文化产业带建设。

如果说《国务院关于推进文化创新和创意设计与相关产业融合的若干意见》，还只是关于我国转变经济增长方式的战略性文件，那么文化部关于“丝绸之路文化产业带”的规划设想和《关于推动特色文化产业发展的指导意见》就是将上述意见落实于丝绸之路建设的行动方案。它们必将给我国西部民族地区的文化发展，尤其是特色文化产业发展注入强大的政策推动力。

（二）民族地区文化发展的中心任务：使特色文化资源服务于特色城镇化发展和公共文化服务建设，并转化为特色文化产业优势

前已述及，注重文化发展，尤其是加大特色文化产业发展力度，是我国民族地区形成有中国特色、地域特点发展模式的必然选择。不仅如此，在“一带一路”战略逐步推进的背景下，如何将民族地区丰富多样的文化资源转化为新型城镇化建设的景观元素、转化为文化产业特色产品、转化为各族人民共享的独特精神文化内容，是未来民族区域发展规划中的重要内容。

1. 保护与发展文化多样性应该成为文化政策重点

我国民族地区因为世居少数民族主体众多，现代化进程起步较晚，因而保留着这个国家最丰富的、形态差异最明显的文化多样性资源。湘西、恩施、贵州、广西、云南、四川等地的少数民族文化多姿多彩，西藏、新疆等地少数民族文化的异域特点明显，西北其他省区以及内蒙古地区的少数民族文化虽然与汉民族文化融合度较高，但依然保持着相对独特的文化特质，这种文化多样性的丰厚程度在世界当今大国中并不多见。然而，随着“一带一路”战略将市场经济大规模推向西部腹地，西部民族地区与中部、东部的经济一体化进程会大大提速。如何在快速提升地区经济发展速度、改善民生的同时，继续保持其文化的地域性、民族性、多样性特色，将成为相关区域未来面临的最大问题，这也是民族地区能否走出一条适合自己特点的现代化道路的重要评价指标。

2. 转变发展方式，善用特色文化资源，应该成为城镇化第一要义

伴随着“一带一路”战略的推进，民族地区尤其是“沿边 - 沿线”地区的城市发展和城镇化建设将会步入快车道，在这个时期，如何尽量避免我国内地城镇化发展的弊端，成为西部民族地区应该高度警惕的头等问题。毋庸讳言，过去近 40 年里，我国城镇化普遍呈现千城一面的弊端，东部地区旧城灭毁、新城雷同的问题成为国人心中永远的伤痛。在无锡地区 1000 平方公里的

土地上，古城镇已完全消失，其区域的历史景观氛围荡然无存。这种情况在民族地区也比较明显，课题组对西部丝绸之路线路上的城市景观的调研表明，以我国西部边境为界线，境外的丝绸之路沿线古城大多保持着历史风貌（如乌兹别克斯坦的塔什干市、撒马尔罕市、希瓦市和伊朗的马什哈德、伊斯法罕等），一些旧城被列入“世界遗产名录”，但国界以东的古丝绸之路沿线城市却已全部“现代化”“东部化”，这已经成为我国西部城市发展的突出问题。如何善用本地的特色文化资源，形成具有浓郁地方特色的城市和城镇景观，是西部民族地区的紧迫任务。

3. 创新公共文化服务体制机制应该成为文化体制改革的首要任务

民族地区公共文化服务的重点在基层社区、边远地区和少数民族聚集地。过去几十年，国家大力推进西北民族地区公共文化服务体系建设，尤其是公共文化基础设施的建设，各部门落实了诸如“西新工程”“广播电视村村通工程”“农家书屋工程”，取得了巨大历史成就。相对于世界上那些与我国发展程度近似的国家而言，我国对西部欠发达地区的文化建设投入力度最大、体系最完整、硬件建设水平最高，这是毋庸置疑的。然而，从效果来看，西部民族地区文化建设的最大瓶颈是如何实现“文化建设入脑入心的最后一公里工程”。在大部分民族地区，尤其是那些年轻人大量外出打工的空巢村落，公共文化服务供给有效性是一个长期没有解决的问题。而在新疆、西藏等地区，除了存在上述问题外，还存在着国家公共文化服务体系与当地历史沿袭下来的公共生活空间“两张皮”的问题。这些问题不解决，就不可能实现持久稳定的民族团结与民族和谐。

4. 发展以创意为基础的文化产业是经济结构调整的重要战略主题

应该看到，“特色”是创意的生命力，是文化产业的生命力，而对民族地区来说，以创意为基础的文化产业先天具有一种“特色”优势，即它拥有发达地区所不具有的文化多样性资源。从这个意义上来看，“特色文化产业”是民族地区文化产业的题中应有之义。多年来，西部一些省区市的特色文化产业取得了长足发展，广西、云南、四川等地已发展成文化大省（区），并呈现文化强省态势。然而，拥有独特的文化资源还不够，关键是如何把这个资源转变为高水平的特色产品和特色产业，并使其在国内文化市场和国际文化市场形成基于特色的竞争优势。为实现特色资源优势向特色产业优势的转变，西部民族地区需要开辟更多的特色产业项目库，吸引国内发达地区和国际上的创意人才、金融人才和市场运营人才参与开发，形成东部优势的创意文化产业能力引进来、西部特色产品走出去的发展模式。

（三）民族地区应成为建设“跨国文化纽带工程”暨“跨国文化产业走廊”的主力军

相比于“西部大开发”战略，“一带一路”战略的重头戏在国外，尤其是我国周边国家。在当今这个充满国际地缘政治博弈的世界，这个战略走出国门后能否顺利落地，落地后能否长期稳定地运行，不仅要看具体方案能否充分体现“互利双赢”原则，更取决于相关国家从政府到民间是否对我国具有必要的文化理解力和文化亲近感，这就是“国之交在民相亲”这个论断的深层内涵。

值得注意的是，近两年来以高铁为代表的“一带一路”战略在一些国家尤其是我国周边国家频频遇到挫折，其中一个重要原因是我国在这些国家和地区缺乏足够的“文化资本”。要解决这个问题，国家应当实施以周边国家为指向的“跨国文化纽带工程”，该工程的一个重要载体，就是配合目前的“经济走廊”规划，推出系列配套的“跨国特色文化产业走廊”规划。在这个跨国文化战略中，西部“沿边－沿线”民族地区无疑会发挥主力军的作用。

1. 近代以来的民族国家进程，瓦解了周边国家与我国的历史文化纽带联系

20 世纪 80 年代以后，不少国外学者相继提出，中国一向是个“文明型国家”①。美国学者亨廷顿在《文明冲突和世界秩序的重建》对此解释说：“文明大多包含两个或两个以上的国家，它们在语言、历史、宗教、习俗和制度等方面存在密切认同联系。文明是对人的最高的文化归类，是人们文化认同的最大范围。……文明是最大单位的‘我们’。在这里，我们在文化上感到安适，因为它使我们区别于所有在它之外的‘各种他们’。”根据这个界定，亨廷顿提

① 这个说法最早出现在美国麻省理工学院汉学家白鲁恂在 1988（Lucian Pye）出版的著作《亚洲的权力与政治》（*Asian Power and Politics*）。哈佛大学学者萨缪尔·亨廷顿（Samuel Huntington 在其 1996 年出版的《文明冲突和世界秩序的重建》一书引述了这个说法。2009 年后，以撰写《当中国统治世界》一书而闻名于世的英国剑桥大学学者马丁·雅克在多次演讲中不断提到这个说法。

出了“中华文化圈”的概念，该文化圈不仅指中国本土文化，还包括朝鲜、日本、越南、琉球，并辐射中南半岛。相关国家在历史文化上的共同点包括：①拥有共同的精神文化源头记忆（如儒家思想）；②拥有共同的或有衍生关系的语言文字和文物典章制度；③拥有共同的或彼此高度关联的历史记载；④在主流文化或大传统意义的文化上具有一种“我们”的认同感或亲近感；等等。

但是，满足上述条件的“中华文明圈”只是个过去式的命名。19 世纪下半叶，东亚、东南亚地区陆续被动地走向现代化道路，二战以后，各国在民族国家主体建构过程中，先后在源头经典、书面文字、历史书写和国家与社会治理体系方面推行以“去中国化”为重要主题的文化民族主义，再加上社会制度的不同，我国与周边国家出现了在文化上渐行渐远的总体态势。不仅如此，由于我国周边国家多数在民族国家建构过程中深受西方国家影响，由此形成“邻国远、西方近”的政治文化现实。

与东亚和东南亚邻国相比，我国自中唐以后就失去了对中亚地区的影响，这个地区的文化与中华文化显示出明显的异质性。20 世纪 90 年代苏联解体之后，获得独立的中亚五国进入了文化认同的摇摆期：是继续认同俄罗斯文化、还是认同突厥文化、伊斯兰文化，乃至认同西方文化，至今仍困扰着这些国家。

我国“一带一路”战略面临的就是这样一个文化地理态势。如今美国、日本和其他发达国家进一步加大了对这些地区的政治经济和文化运作力度，这必然给“一带一路”战略的落地与运行带来变数。为此，如何在东亚和东南亚地区唤起历史上曾经存在过的文化亲缘联系，如何在中亚地区培育起基于文化理解的民间情感，如何在我国与周边国家之间构建起强有力的“文化纽带”，应当是“一带一路”战略头等重要的文化战略主题。

2. 应该把少数民族与境外同源民族的历史亲缘关系看作构建我国与周边国家文化纽带的最宝贵资源

在我国与 14 个陆地邻国的两万公里边境线上，分布着大量跨境少数民族。56 个民族里有跨境民族近 40 个，包含跨境民族的边境地州旗县 130 个左右。谈到“跨境少数民族”，有两个特别值得关注的地方。

其一，“跨境少数民族”提到的“少数”，只是就我国境内民族的人口规模比例而言的。事实上，一些民族虽然在我国境内是“少数”，在境外却拥有众多人口。如景颇族在我国只有13万人，但其从属的克钦族在缅甸多达60万人；傣族在我国境内120万人，但与其同族异名的老挝佬族有300万人，缅甸掸族有420万人。还有些少数民族跨境后变成了邻国的“主体民族”。最典型的是广西东兴的“京族”。它在我国仅两万多人，但在越南却是主体民族越族。哈萨克族在中国境内有150多万人，但是作为哈萨克斯坦的主体民族，仅在哈萨克斯坦就有1000多万人。

其二，最广义的“跨境民族”是所谓“同源民族”。这是指境内外那些虽已分化为不同族群，但在历史上有着共同源头，在语言、习俗和传统记忆方面保持高度接近的民族。如我国傣族、壮族（包括越南的侬族）、布依族、仡佬族等有着共同的语言来源，它们又与老挝的佬族、泰国的佬族以及主体民族泰族、缅甸掸族和印度阿萨姆邦的阿洪傣等有着明显的同源关系，总人口多达6000万。此外，我国的彝族、佤族、景颇族与缅甸主体民族缅族和一些人口规模较大的少数民族都属于藏缅语系的不同语支。

“跨境少数民族”的上述特性，使其显示出很高的战略价值。由于我国跨境少数民族在邻国可能是人口规模较大的“少数”，甚至是“多数”乃至“主体”，因此，跨境少数民族的安定与否对我国与邻国的影响就呈现一种对我相对有利的不对称局面：境外国家对我国的影响通常只局限于我国边境地区；我国对境外的影响则可能超越邻国的边境地区。

必须指出的是，过去几十年中，不同的生活环境和经济发展水平，也使境内外同源民族的历史亲缘联系日益弱化。而这种亲缘联系，正是今天构建“民相亲”的文化纽带时迫切需要的战略资源。因此，如何善用跨境少数民族与国外同源民族的历史亲缘联系，是“沿边－沿线”民族地区文化建设的重要课题。

3. 充分利用民族地区文化地理优势，将打造跨国特色文化产业作为构建跨国文化纽带的重要手段

如前所述，我国与周边国家已经在整体上形成了“东部引领－西部高地－邻国洼地”的梯度经济地理格局，其实，这也是一个文化产业的梯度地理格局。根据文化产品遵循的“上善若水，下流甚利”的流通规律，我国东部地区的以创意为基础的文化产业能力可以向西部民族地区转移，同理，我国“沿边－沿线”民族地区，尤其是那些文化产业大省，在文化产业的发展水平上对邻国形成了相对优势。因此，西部特色文化产业发展就具有了一个将中国东部的

引领优势与周边国家的特色文化资源对接的“桥梁”作用。换句话说，西部民族地区的特色文化产业走出去，与周边相邻国家共同开发区域的文化市场，是十分可行的战略之选。

从具体实施来说，“沿边－沿线”民族地区可以配合目前酝酿出台的多个“经济走廊”规划，打造配套的“跨国特色文化产业走廊”规划，这不仅会填补“经济走廊”规划的文化短板缺陷，而且可以为编织新时期我国与周边国家的文化纽带奠定最坚实的基础。

四　简短的结论

“十三五”（2016～2020年）时期将是我国经济深化改革，“经济新常态”全面显现的时期，也是中国实际经济总量接近乃至最终超越美国从而成为全球第一大经济体的时期，它标志着中国开始成为新的全球性国家，由此将会引发全球经济政治格局的历史性变动。“一带一路”就是这个巨大变化的序曲。

本报告将“一带一路”作为分析面向“十三五”时期我国民族地区文化发展的切入点，就是基于对以上全球经济文化发展新态势的认识。由于有了这个全球性新态势，由于有了“一带一路”战略的引领，我国西部民族地区迎来了前所未有的发展机遇，“十三五”时期就是把握住这个机遇，迈上新的发展平台的关键时期。在这个历史性的转折时期，进一步解放思想，在发展战略上实现转型显得特别重要。我们要充分意识到，民族地区特别是“沿边－沿线”民族地区正从以往我国的边缘地区，转变为向外开放的“开放前沿”，正从国内发展的“洼地”转变为跨国经济市场和文化市场的“中心”或“高地”，这些地区应该在我国与周边国家的经济文化一体化进程中积极扮演起“纽带”“桥梁”的作用。为此，“沿边－沿线”民族地区应善用自己丰富的文化多样性资源，大力发展特色文化产业；善用国内少数民族与境外同源民族和民族在历史上形成的文化亲缘联系，大力开展“跨国文化纽带工程”和“跨国文化产业走廊工程”，探索中国特色、西部特点的现代化发展模式和以发展保稳定的边疆安全模式，为夯实“一带一路”战略的文化基础做出自己的贡献。

年度专稿

Annual Specials

B.2 在相互尊重中增进各民族对中华文化的认同

武翠英*

摘　要：各族人民对中华文化的自觉认同，是增强民族团结、促进中华民族繁荣发展、实现“中国梦”的基石。在相互尊重的基础上增强对中华文化的认同，是中国特色解决民族问题正确道路的基本要求，符合民族领域思想建设的客观规律，顺应当今世界处理文化多样性问题的时代潮流。为此，必须全面落实党的民族文化政策，始终坚持中华文化的一体性原则，始终秉持“尊重差异，包容多样”的和谐精神，引导各族群众牢固树立正确的祖国观、历史观、民族观，充分发挥社会主义核心价值观和核心价值体系在增进各民族对中华文化认同中的凝聚作用，建设中华民族共有的精神家园。

* 武翠英，国家民族事务委员会文化宣传司司长，文化蓝皮书《中国少数民族文化发展报告》主编。

关键词：民族　中华文化认同　尊重　精神家园

习近平总书记在中央民族工作会议上讲话指出："做好民族工作，最关键的是搞好民族团结，最管用的是争取人心。""加强中华民族大团结，长远和根本的是增强文化认同，建设各民族共有精神家园，积极培养中华民族共同体意识。"人心是最大的政治，做民族团结工作重在交心。人心相聚，根本在于价值相通、认同相一。文化认同是最深层次的认同，只有真正解决了这个问题，对伟大祖国、对中华民族、对中国特色社会主义道路的认同才能巩固，各民族的团结也才能紧密。通过深入学习总书记的重要讲话精神，结合多年来民族文化工作的实践思考，笔者感到，各民族文化间的相互尊重是增强"四个认同"，特别是对中华文化认同的重要基础，也是实现民族团结的文化基础。

一　在相互尊重的基础上增强对中华文化的认同，是中国特色解决民族问题正确道路的基本要求

习总书记强调，必须准确把握我国的基本国情。我国是统一的多民族国家，中华文化是各民族文化的集大成。在五千多年的文明发展史上，各民族在孕育、分化、交融中，相互学习、相互影响、共生共长，共同创造了光辉灿烂的中华文化。在多元一体的中华文化中，各民族文化丰富多彩、各领风骚，成为中华文化的重要组成部分。同时，由于历史、地域、生活生产方式、发展状况等方面的不同，各民族文化彼此间也存在着显著的差异性。这种差异性，广泛地表现在语言、文字、音乐、舞蹈、绘画、图书、服饰、建筑、体育、医学等具体文化形式上，它们组成了中华文化五彩斑斓、绚丽多姿的画卷。

正是在长期的革命建设实践中，在探索并走上中国特色解决民族问题正确道路的征程中，我们党准确把握了中华文化的历史脉络与发展规律，坚持尊重差异、包容多样，围绕各民族共同团结奋斗、共同繁荣发展的主题，构筑各民族共有精神家园，不断打牢中华民族共同体的思想基础。"修其教不易其俗，齐其政不易其宜"，这种维护统一、尊重差异的理念，在中华民族的形成和发展中发挥了至关重要的作用。

作为先进文化的代表者，我们党从成立之日起，就把坚持民族平等、尊重不同民族间的文化差异，当作一条重要的原则。在长期的革命斗争中，党和人民军队把尊重少数民族的文化传统和风俗习惯作为严肃的政治纪律，得到了少数民族群众的信任和支持。新中国成立后，民族平等被确定为立国的根本原则之一，各民族的文化权益得以有效保障。

进入新的历史时期，我们党明确提出：文化是民族的重要特征，少数民族文化是中华文化的重要组成部分；国家尊重和保护少数民族文化，支持少数民族优秀文化的传承、发展、创新，鼓励各民族加强文化交流；各族人民要互相尊重、互相学习、互相合作、互相帮助，不断巩固和发展全国各族人民的大团结。尊重这一原则，体现在保障各民族文化权利的方方面面。比如，对各民族的服饰、饮食、居住、婚姻、节庆、礼仪、丧葬等文化生活方式，国家给予了充分尊重和切实保障；为了保障一些少数民族饮食清真食品的习惯，很多省市都有专门立法保障清真食品的供应和管理；为了防止发生侵犯少数民族风俗习惯的问题，国家对新闻、出版、文艺、学术研究等有关单位和从业人员提出明确要求；《刑法》专门设有“非法侵犯少数民族风俗习惯罪”，对侵犯少数民族风俗习惯的违法行为进行依法追究；对传承和发展民族文化至关重要的语言文字，宪法规定“各民族都有使用和发展自己的语言文字的自由”，国家法律保障各民族都享有使用和发展本民族语言文字的权利。我国民族政策做出的这些制度安排，充分体现了平等原则基础上对各民族文化差异的尊重包容，成为中国特色社会主义解决民族问题的重要内容和基本要求。

二　在相互尊重的基础上增强对中华文化的认同，符合民族领域思想建设的客观规律

“船的力量在帆上，人的力量在心上。做民族团结工作重在交心，要将心比心，以心换心。”“加强中华民族大团结，长远和根本的是增强文化认同，建设各民族共有精神家园，积极培养中华民族共同体意识。”“不同国家、民族的思想文化各有千秋，只有姹紫嫣红之别，而无高低优劣之分。每个国家、每个民族不分强弱、不分大小，其思想文化都应该得到承认和尊重。”习近平总书记的这些重要论述，体现了党中央对新形势下民族领域思想建设规律的新

认识，明确了加强民族团结的方向和方法。

在发展社会主义市场经济和实行对外开放的历史条件下，我国经济发展加快、社会转型加剧，思想文化领域呈现多元化趋势，各种思潮相互激荡、各种观念相互交织。但历史与现实证明，无论文化形态如何变化，无论思想观念如何多元，任何一个国家和民族，一定有一个全体社会成员共同追求的价值观和价值观体系，它是国家和民族赖以维系的精神纽带，是全体社会成员共有的精神家园，是凝聚力、向心力的不竭源泉。对我们来说，这就是社会主义核心价值观和社会主义核心价值体系。它们扎根于五千年的中华文明，立足于中国特色社会主义建设的伟大实践，是中华民族优秀传统价值观和优秀传统文化赋予时代内涵后的新的凝练与诠释。

中华文化是各民族文化的统一体，各民族文化的繁荣发展与中华文化的繁荣发展，从本质上说是一致的。必须看到，强调各民族文化相互尊重的同时，必须始终坚持中华文化的一体性原则，引导各族群众牢固树立正确的祖国观、历史观、民族观，增强各族群众对伟大祖国的认同、对中华民族的认同、对中华文化的认同、对中国特色社会主义道路的认同。要把培育和弘扬社会主义核心价值观作为凝魂聚气、强基固本的基础工程，坚持绵绵用力、久久为功，继承和发扬中华优秀传统文化和传统美德，广泛开展社会主义核心价值观宣传教育，不断夯实中国特色社会主义的思想道德基础，充分发挥社会主义核心价值观和核心价值体系在增进各民族对中华文化认同中的凝聚作用，建设中华民族共有的精神家园。

三　在相互尊重的基础上增进对中华文化的认同，顺应当今世界处理文化多样性问题的时代潮流

“文明因交流而多彩，文明因互鉴而丰富”，总书记在联合国教科文组织总部的演讲，从推动人类文明进步和世界和平发展的时代高度，指出了不同文化交流互鉴的重大意义。联合国教科文组织《世界文化多样性宣言》提出，“人类的共同遗产文化在不同的时代和不同的地方具有各种不同的表现形式。这种多样性的具体表现是构成人类的各群体和各社会的特性所具有的独特性和多样化。文化多样性是交流、革新和创作的源泉。对人类来讲，就像生物多样

性对维持生物平衡那样必不可少。从这个意义上讲，文化多样性是人类的共同遗产，应当从当代人和子孙后代的利益考虑，予以承认和肯定”“从文化多样性到文化多元化在日益走向多样化的当今社会中，必须确保属于多元的、不同的和发展的文化特性的个人和群体的和睦关系和共处”。

目前，国际社会面对不同国家和民族的文化多样性的基本共识就是：认同本民族文化的同时，尊重其他民族文化，相互借鉴，求同存异，坚持世界文化多样性，坚持各民族文化一律平等原则，促进文化交流，共同推动人类文明繁荣进步。其中，尊重是面对文化多样性应有的态度，是处理这类问题最重要的前提。在外来移民比较多的西方国家内部，文化多样性与国家精神的塑造也是统一的。比如，美国崇尚文化多元，但并不妨碍“美国精神”对全体公民的引领，相反还有促进和推动作用。当然，联合国和主要西方国家对文化多样性的解释、定位以及所倡导的原则，是基于它们对国家和民族的理解和定义，以及对人权的规定和诉求，与我们 56 个民族的概念以及“多元一体”文化格局的内涵有着本质的不同。但在文化这一范畴内，多样性的一般规律却是一致的。我们秉持“尊重差异，包容多样”的和谐精神，强调各族人民对中华文化这一共有精神文化的认同，提倡各民族文化“各美其美，美人之美，美美与共”，大力推动各民族文化和中华文化繁荣发展，体现了国际社会的共识和经验，反映了当今世界处理文化多样性问题的时代潮流。

文化作为民族重要的标志与符号之一，是民族认同与情感维系的重要纽带。中华民族“多元一体”的格局，造就了中国各民族文化相生相容而又各具特色的生动局面。我们强调对中华文化的认同，是在承认各民族文化差异、相互尊重基础上的认同；我们推动各民族文化繁荣发展，是以传承和弘扬中华文化为目的繁荣发展。实现“两个一百年”奋斗目标，实现中华民族伟大复兴的中国梦，需要在相互尊重中增进各民族对中华文化的认同，最大限度地凝聚起 56 个民族的智慧和力量。

B.3

族群分层、文化区隔与语言应用模式

马　戎*

摘　要：在西方的族群关系研究中，“族群分层与流动”是一个传统的核心专题。中国学者开展国内族群问题研究时，也开始借鉴其相关的理论和研究方法，这是完全必要的。但是我们要注意避免“路径依赖”，必须看到西方国家尤其是美国的族群问题与中国存在很大差异，特别是语言和宗教差异。本文提出“族群文化区隔”这一概念，并根据多民族聚居区各族人口比例这一指标提出多种实用性语言组合的“生活语区”。考虑到全国性通用语言在交流学习中的重要工具性功能及其对少数族群成员在学习现代化知识和实现就业方面的重要影响，本文又提出了“学习与就业语区”的概念。并以新疆维吾尔自治区及喀什地区为例说明了这一概念的实际应用。当前双语教育是一个中央倡导、社会讨论的议题，为了在每个具体地区和基层学校因地制宜地推行双语教育，“学习与就业语区”的概念和应用也许可以提供参考。

关键词：族群分层　文化区隔　语言应用　生活语区　“学习与就业语区”

社会学这个学科自1952年“院系调整”被取消后，直至“文化大革命”结束后的20世纪70年代末才逐步重新恢复。此时国际社会学界跟随各国社会

* 马戎，北京大学社会学系、社会学人类学研究所教授，博士生导师。

发展的时代变迁已经在研究主题、基础理论、研究方法等许多方面发生了很大变化。在一定意义上，重新恢复的中国社会学是在追随国际社会学发展的足迹，努力追赶，并试图结合中国实际国情进行自己的学术创新。

中国学者对于国内边疆群体的研究工作在1949年以前吸收了不同学科的学术营养，其中包括人类学、社会学、历史学、语言学、宗教学、政治学等，在一些地区的实证研究中取得一定成绩。① 1952年至"文化大革命"期间，相关的研究人员被集中在民族院校和民族研究所，相关的研究工作长期在"民族研究"这个大框架下开展，并被纳入党的"民族工作"的轨道，一方面用马列主义民族理论批判各种"西方资产阶级学说"和民国时期的"中华民族理论"；② 另一方面也深深地介入"民族识别"等党和政府的各项具体工作事务中。这个传统也深深地影响了改革开放后我国的民族问题研究。其中一个引人注目的现象就是中国各综合大学的社会学系中几乎没有人专门研究民族和族群问题，我国研究少数族群问题的学者仍然集中在各民族院校的"民族学"专业任教或在民族研究所工作，延续把斯大林民族著述奉为理论基础和经典著作的传统，因此在理论和研究方法上与西方社会学的"种族与族群研究"存在一定差异。这一局面无疑对我国族群研究的学术积累和开拓创新带来一定的束缚。

本文将首先讨论中国学者对西方社会学核心领域"族群分层与流动"研究成果的借鉴，指出中国学者应当注意存在于中国少数族群与美国少数族群之间的群体历史与语言文化方面的重要差异，随后将重点讨论中国国内的语言使用格局和区域分布，并探讨在这样一个语言使用与学习格局中应当如何思考相应的学校教育语言体系，从而为各族之间的交流、合作和共同繁荣创造一个适宜的语言交流模式与语言学习环境。

一　社会学关于"族群分层与流动"的研究

社会分层与社会流动（social stratification and social mobility）是社会学研

---

① 如费孝通的大瑶山调查、李安宅的藏区研究等。

② 具有代表性的是蒋介石在《中国之命运》中提出的"中华民族是多数宗族融和而成"。参见蒋介石《中国之命运》，正中书局，1943，第2页；蒋在1942年8月西宁讲话中提出的"中华民族乃是联合我们汉满蒙回藏五个宗族组成一个整体的总名词"等观点。

究社会结构和社会变迁的核心概念，也是社会学的一个重要研究专题和分析视角，而“族群分层与流动”（ethnic group stratification and mobility）则是社会学研究一个多族群国家内部群体关系的核心概念①，研究的是各群体在社会整体结构中的相对地位以及各群体在社会流动机制中的上升渠道和机会概率，换言之，就是调查与分析各族群在社会结构中是否出现“群体性倾斜与失衡”现象，分析各族群成员在争取个人向上流动时是否可获得大致相同的机会。

在一个主张并努力争取实现种族/族群平等的国家，当社会学家们发现某族群处于“群体性劣势”的状态，其成员的上升渠道遇到制度性障碍并导致族群分层结构发展态势趋于恶化时，那么，学者们就需要根据现实社会中出现的具体问题提出必要的政策调整建议，在制度上创造出能够帮助“弱势群体”成员排除各种阻碍、实现社会流动的新机制。例如在20世纪60年代，针对美国社会存在严重的学校种族隔离和就业歧视现象，美国学者们提出了通过立法、行政和经济手段废除公立学校种族隔离制度的主张和具体实施措施，同时针对著名高校招生中少数族裔学生录取比例过低的现象，学者们联合各界进步人士推动了《肯定性行动法案》（*Affirmative Action*，或译《平权法案》）在联邦议会的通过与实施②，使美国著名大学（如8所常春藤名校）本科招生中的黑人比例接近黑人在人口中的比例，从而逐渐培育出黑人中产阶级和一批活跃在各领域的杰出黑人精英，改善了美国的“族群分层”结构和优秀黑人青年在社会结构中向上流动的机会。由此可见，“族群分层与流动”研究在认识多族群社会中族群关系的现状、存在问题及提出改进思路与具体措施方面，确实非常重要。

二　中国的“族群分层与流动”需借鉴西方学术成果，但应避免“路径依赖”

自20世纪80年代以来，我国学者也开始关注中国的“族群分层与流动”

---

① Glazer, Nathan and Daniel Moynihan, eds. *Ethnicity: Theory and Experience*, Cambridge: Harvard University Press, 1975.

② Simpson, George and Milton Yinger, *Racial and Cultural Minorities: An Analysis of Prejudice and Discrimination*, 5th edition, New York: Plenum Press, 1985.

这一研究领域，并努力借鉴国外的研究思路和经典案例来开展国内的专题研究。相关的研究成果包括对人口普查提供的各民族受教育结构、劳动力行业与职业结构数据开展的比较分析①，也包括在不同的少数民族聚居区开展的专题实证调查（城乡居住格局、族际通婚、语言使用、双语教育、族际社交网络、人口流动、大学生就业、族群收入差距等②）。尽管在这个领域及相关专题方面发表的研究成果数量还不多，但表明中国的“族群分层与流动”研究已经起步并且开始引起社会各界的广泛关注。

“族群分层与流动”这个社会学核心概念是美国学者首先提出的，这个领域的大多数经典研究（特别是量化分析）的对象是美国和加拿大的数据与案例③，这与美国种族矛盾比较突出这一历史背景以及美国应用社会学研究比较发达、社会调查数据比较丰富有密切联系，中国学者可以从西方学者的研究成果中借鉴许多东西。笔者最近一直在思考，中国学者注意吸收美国族群分层研究的学术积累无疑是完全必要的，但是美国社会的种族/族群关系毕竟与中国社会的族群关系（包括历史与现状）存在重要差异，中国学者在思考中国的族群分层问题并开展实证研究时必须从中国的国情出发，我们在借鉴美国研究成果时要注意避免出现文献阅读和研究设计中的“路径依赖”，不能完全循着西方学者的足迹走。

三　美国“族群分层与流动”研究的特点

美国是一个由移民建国并以欧洲白人移民及其后裔为人口主体的国家。土

① 参见马戎、潘乃谷《居住形式、社会交往与蒙汉民族关系》，《中国社会科学》1989 年第 3 期，第 179 ~ 192 页；马戎《西藏的人口与社会》，同心出版社，1996；马戎编著《民族社会学：社会学的族群关系研究》，北京大学出版社，2004，第 266 ~ 295 页；马戎《我国部分少数民族就业人口的职业结构变迁与跨地域流动——2010 年人口普查数据的初步分析》，《中南民族大学学报》2013 年第 4 期，第 1 ~ 15 页。

② 参见马戎《少数族群的现代化发展与双语教育》，《北京大学教育评论》2012 年第 3 期，第 136 ~ 156 页；菅志翔《我国少数民族社会发展基本状况分析》，《少数民族社会发展与就业》，社会科学文献出版社，2009，第 3 ~ 60 页；马忠才《西部少数民族的社会变迁与族群分层》，北京大学社会学系博士论文，2012。

③ 参见马戎编《西方民族社会学经典读本》，北京大学出版社，2010，第 126 ~ 226 页。

著北美印第安人的人口规模很小并聚居在西部偏远贫瘠的“保留地”[①]。尽管有些部落（纳瓦霍人）由于语法特殊而受到语言学家的重视，甚至其语言在二战期间成为美军特定“密码”，但是北美印第安人部落在历史上没有发展出自己的文字系统[②]，也没有可与白人主流文化相抗争的语言体系、宗教体系和文化传统。目前美国印第安人已通用英语，在美国政治、经济、文化等领域均处于十分边缘的地位，对美国的社会稳定与发展几乎没有什么影响。正是由于印第安群体在美国社会中的边缘地位，印第安人研究长期以来在美国族群问题研究中一直十分边缘，没有受到主流社会学者们的重视。

但是美国黑人的情况则有所不同。自 16 世纪开始的奴隶贸易使大约上千万的黑人被贩卖到美洲，黑人构成美国人口和美国经济的重要组成部分，南北战争后黑人摆脱了奴隶身份并开始向北部和西部迁移。2010 年黑人约占美国总人口的 12.6%，而且 99% 居住在城镇，黑人在许多城市中（包括首都华盛顿）已占人口半数以上[③]。人口规模和高度城市化使得黑人在美国政治与社会生活中具有举足轻重的影响力，美国历史上许多重要事件都与黑人问题密切相关，20 世纪 60 年代风起云涌的黑人运动几乎撕裂了美国社会[④]。所以，美国学者的种族/族群研究对象长期以来集中在白人 - 黑人关系上，相关的族群分层与流动研究也大多以黑人群体为对象。

但是我们必须注意的是，经过了几百年与白人的共处并曾长期处在从属的奴隶地位，美国黑人的语言（英语）和宗教信仰（新教、天主教）已经与白人主流社会趋于一致。换言之，黑人奴隶与白人奴隶主之间长期存在深刻的阶级矛盾和种族偏见，但是不存在明显的语言隔阂与宗教冲突，即不存在文化区隔。同时，尽管在居住街区层面存在一定的“种族居住隔离”，但是黑人已经与白人同样遍布全美各州各城市并在各行各业就业，不存在较大地理行政单元

---

① 根据美国 2010 年人口普查数据，印第安人和阿拉斯加土著人合计为 290 万，占美国总人口的 0.9%。

② 印第安语包括十几个语族，至今没有公认的语言分类，（中南美洲）有些印第安语已有文字。参见中国大百科全书总编辑委员会，中国大百科全书出版社编辑部编《中国大百科全书（民族）》，中国大百科全书出版社，1986，第 504 页。

③ 1960 年华盛顿市黑人占总人口半数以上，1980 年黑人占人口半数以上的城市有 9 个。参见马戎编著《民族社会学——社会学的族群关系研究》，北京大学出版社，2004，第 237 页。

④ 参见约翰·霍普·富兰克林《美国黑人史》，张冰姿译，商务印书馆，1988，第 547 ~ 587 页。

的“行政区划区隔”。因此，只要把美国宪法中“人人生而平等”的精神真正落实到黑人公民身上，为黑人青少年提供良好的教育和就业机会，通过几代人的社会流动，就可能出现种族关系的改善和传统矛盾的化解，马丁·路德·金博士的“黑人梦”就可以实现。

四　中国几个主要少数族群与美国族群问题的不同之处

中国有三个主要少数族群（如维吾尔族、藏族、蒙古族）的情况与美国少数族群的情况相比，有几个重要的不同之处。

第一，这些群体虽然在历史上也经历了不同程度的地域迁移，但迁移的范围仍在东亚大陆这片土地上，近几百年他们作为本地居民已经在现居住地扎下根来。这与美国各移民群体（如欧洲裔、非洲裔、亚裔、拉丁美洲裔）跨越大洋、洲际迁移的历史不同。

第二，这些族群在历史上发展出各自的语言文字、宗教信仰和生活习俗，尽管他们的宗教信仰（佛教、伊斯兰教）的源头可能来自境外，但是在几百年的发展进程中这些群体已经创造出具有本土特色的灿烂文明体系。中国主要少数族群的文化积累和传统文化体系与北美土著印第安人的文化积累不同，从文化相对论的角度来看，这些文明并不逊色于中国东部汉人创造的中原文明。按照顾颉刚先生的说法，中国存在西部的“藏文化集团”、“（穆斯林）回文化集团”和中原地区的“汉文化集团”这三大文化集团①。尽管这些文明体系与中原文明之间已有许多世纪的交流融汇与互相渗透，但是彼此依然存在明显差异。这与美国黑人与白人在文化上（语言、宗教）具有较高同质性的情况全然不同。

第三，中国的这些少数族群人口规模大（如维吾尔族人口已过千万、藏族人口628万，蒙古族人口600万）并高度聚居在政府为这些族群建立的自治区。在中国的地理行政区划结构中存在“民族自治地方”和非自治地方，我国少数民族自治地方约占中国陆地面积的64%。因此，少数族群在中国的政

① 参见刘梦溪主编《中国现代学术经典（顾颉刚卷）》，河北教育出版社，1996，第780页。

治生活、经济发展、文化生活中处于举足轻重的重要地位，这与仅占美国领土面积2.4%的土著印第安人“保留地”的情况无法相比，与散布在全国各地和各行各业的美国黑人的情况也无法相比。

第四，这些族群的语言（维吾尔语、藏语、蒙古语）是本族聚居区的主要交流工具，本族的宗教信仰（伊斯兰教、藏传佛教）、传统价值伦理、生活习俗（饮食禁忌、婚俗葬俗等）是当地文化生活的基调。也就是说，在中国的几个主要的少数族群聚居区，当地族群与汉族人口之间存在着界限清晰、色彩鲜明的文化区隔。

从以上四个方面来看，在中国的社会文化场景中研究族群关系，所需要关注的专题就不应当仅限于研究“族群分层和流动”，影响少数族群成员参与社会流动的因素也不仅仅是受教育机会和就业机会的平等问题。正是由于中国各族聚居区之间存在明显的文化区隔，于是使用哪种语言文字作为公共活动工具语言和学校教学语言便成为一个重要和敏感的议题。它既涉及当地族群的文化自信、尊严和文化传承，也涉及全国性就业市场对于工具性语言（汉语普通话）的倾向性偏好。而这个“族群文化区隔”在美国传统的白人－黑人种族关系研究中是被忽略的。美国学者也曾发表了一些对于族群语言、宗教差异的实证性调查文献，但是这些研究的对象偏重于新移民（如来自亚洲的华裔、越南裔或来自拉丁美洲的墨西哥裔、古巴裔），美国推行的“双语教育”实际上是要引导新移民从使用母语过渡到英语。所以，如果我们在开展国内族群研究时主要借鉴的是美国白人－黑人关系研究成果，研究的主题集中于“族群分层与流动”，分析的指标体系方面主要关注教育程度、行业结构和职业结构的族群比较，那么，我们就有可能忽略中国国情中的“族群文化区隔”这个重要的社会现实。

五　中国西部地区的“族群文化区隔”

中国一些地区的社会现实中存在的“族群文化区隔”或许可以主要归纳为三个方面：语言、宗教和生活习俗。不同的语言文字是群体间最重要的文化差异，宗教传承以语言文字为载体，生活习俗（如饮食禁忌）又与宗教信仰密切相关。一个社会中存在的“族群文化区隔”必然影响社会结构中少数族群的社会地位与社会流动。这三个方面中，最直接影响族群之间交流、理解与建立合作关系的是语言差异，我们研究中国社会中的“族群文化区隔”也可先从语言差异入手。中国的几个主要的少数族群大多具有自己独特的语言与文字体系，如维吾尔语和蒙古语分属于阿尔泰语系下的两个语族，藏语属汉藏语系，这几种语言无论是发音、词汇还是语法等方面都与汉语普通话之间存在很大差异。

因此，中国社会公共生活中的语言应用和学校里的语言学习模式显然不可能与美国社会一样。美国土著印第安人和黑人已通用英语，那些以个人或家庭为单元零星迁入美国的新移民为了适应新社会，具有很高的英语学习热情，他们对就业市场把掌握英语作为基本要求视为理所当然，并不反感。因此，即使在部分少数族裔家庭和少数族群社区内有些人继续使用母语交流，但是在美国政府机构、公共部门、服务业和学校通用的工具性语言是英语。在中国的情况则有所不同。在一些少数族群聚居区如新疆的南疆和藏区，一方面，民众使用的主要语言仍然是自己的母语，母语是民众日常生活和人际交流中的重要工具性语言，当地居民也缺乏在日常对话中学习汉语的语言环境；另一方面，汉语普通话已经成为全国性的行政部门、经济活动、高等教育体系中的主要工具性语言。当地少数族群的年轻一代应该如何选择语言学习，这两种工具性语言之间无疑存在着某种冲突。因此，承认在语言文字领域中现实存在的“族群文化区隔”，讨论如何在公共空间和教育体系兼顾全国性的工具性语言和地方性的工具性语言，在研究中国族群关系时便成为一个具有特殊意义的重要专题。

六 中国少数族群聚居区的语言使用格局

从中华各族交流交往交融的长远发展大局考虑，中央政府和学术界有必要对中国各地区语言使用格局现状的整体性框架进行分析并对其发展目标提出一个清晰的思路与设想。《宪法》中提出“各民族都有使用和发展自己的语言文字的自由”，但是少数民族民众在使用语言文字权力方面的“自由”与社会制度中各种语言的实际相对“地位”还不是一回事。《民族区域自治法》第三十六条规定“民族区域自治地方的自治机关根据国家的教育方针，依照法律规定，决定本地方的教育规划，各级各类学校的设置、学制、办学形式、教学内容、教学

用语和招生办法”[①]。但是在各地区教育体系的实际运行中，当地族群的母语与汉语普通话之间是一种什么样的关系？学校和公共场所中的语言应用模式呈现的是怎样一个发展趋势？这些问题都需要深入的调查，需要慎重考虑与分析。

首先我们可以分析一下与居民日常生活相关的语言使用格局，“日常生活用语”指的是居民在家庭内部和基层社区内用来交流的语言，通常是他们的母语。我们可以根据某种语言文字使用人数的规模和在当地总人口中的比例划分出各种语言的分级“生活语区”（参见表 1）。

表 1　生活语言使用人口所占总人口比例与“生活语区”类别划分

语言使用人口占该地区总人口比例	生活语区	语言使用人口占该地区总人口比例	生活语区
70% 以上	第 1 类	10% ~30%	第 4 类
50% ~70%	第 2 类	5% ~10%	第 5 类
30% ~50%	第 3 类	1% ~5%	第 6 类

以新疆的“维吾尔语区”为例，如果我们划分“生活语区”的单元是地区（自治州、区属直辖市），那么使用维吾尔语言人数占总人口 70% 以上的地区（如和田、喀什、阿克苏、吐鲁番）可划为“第 1 类语区”，占总人口的 50% ~70% 的“第 2 类语区”缺失，占 30% ~50%（如巴音郭楞）为“第 3 类语区”，占 10% ~30%（如乌鲁木齐、克拉玛依、哈密）为“第 4 类语区”，5% ~10% 的“第 5 类语区”缺失，1% ~5% 的（如昌吉、塔城等）为“第 6 类语区”。如果使用某种语言的人口不足 1%，在划分语区时可忽略。这并不表示其语言不重要，仅反映在分析地区语言使用格局时其权重较小。

我们可以用同样的方法在划分新疆维吾尔自治区内的“哈萨克语区”“蒙古语区”“汉语区”等，而且许多地区很可能是多语种重合的“复合语区”[②]。如在乌鲁木齐市总人口中，汉语为母语的人口（汉、回、满、土家等）约占 83.8%，维吾尔族人口占 12.8%，哈萨克族占 2.3%，那么乌鲁木齐市可划定为一个多语种复合的“汉 1 – 维 4 – 哈 6 语区”（参见表 2）。

---

① 宋才发主编《民族区域自治法通论》，民族出版社，2003，第 363 页。

② 在“藏语区”内部还可以进一步划分出“安多藏语区”、“拉萨藏语区”和“康藏语区”。

表 2　新疆维吾尔自治区各自治州、地区、直属市人口族群构成与“生活语区”

单位：%

州地市	汉	回	汉回合计	维吾尔	哈萨克	蒙古	柯尔克孜	其他	总计	生活语区
乌鲁木齐	75.30	8.03	83.33	12.79	2.34	0.35	0.07	1.12	100.00	汉1－维4－哈6
克拉玛依	78.07	2.23	80.30	13.78	3.67	0.68	0.04	1.63	100.00	汉1－维4－哈6
吐鲁番	23.30	6.38	29.68	70.01	0.06	0.03	0.00	1.22	100.00	维1－汉4
哈密	68.95	2.97	71.92	18.42	8.76	0.40	0.00	0.50	100.00	汉1－维3－哈4
昌吉	75.14	11.55	86.69	3.92	7.98	0.40	0.01	1.00	100.00	汉1－哈5－维6
博尔塔拉	67.19	4.49	71.68	12.53	9.14	5.64	0.02	0.99	100.00	汉1－维4－蒙5
巴音郭楞	57.50	4.94	62.44	32.70	0.09	4.12	0.01	0.64	100.00	汉2－维3－蒙6
阿克苏	26.62	0.55	27.17	71.93	0.01	0.04	0.46	0.39	100.00	维1－汉4
克孜勒苏	6.41	0.10	6.51	63.98	0.01	0.01	28.32	1.17	100.00	维2－柯4－汉5
喀什	9.15	0.15	9.30	89.35	0.00	0.02	0.15	1.18	100.00	维1－汉5
和田	3.33	0.09	3.42	96.43	0.00	0.01	0.05	0.09	100.00	维1－汉6
伊犁州直属	39.91	10.60	50.51	23.99	20.05	1.16	0.63	3.66	100.00	汉2－维4－哈4
塔城	58.59	7.45	66.04	4.12	24.21	3.33	0.21	2.09	100.00	汉2－哈4－维6－蒙6
阿勒泰	40.93	3.94	44.87	1.79	51.38	0.98	0.01	0.97	100.00	哈2－汉3－维6
石河子	94.53	2.32	96.85	1.20	0.58	0.13	0.01	1.23	100.00	汉1－维6
全自治区	40.57	4.55	46.12	45.21	6.74	0.81	0.86	1.26	100.00	汉3－维3－哈5

资料来源：新疆维吾尔自治区人口普查办公室编《新疆维吾尔自治区 2000 年人口普查资料》，新疆人民出版社，2002，第 46～72 页。

在计算表 2 时，我们采用的是 2000 年人口普查数据。中央 1999 年宣布实施“西部大开发”战略后，大量基础设施建设项目和区外流动人口陆续进入新疆，这些流动人口都被包括在 2010 年人口普查中。所以，如果我们研究的重点是本地居民的语言使用，2000 年普查数据可能比 2010 年普查数据更接近本地居民的族群人口构成。

我们从表 2 可以看到，新疆这个多族群居住区在语言使用格局方面呈现的是一个多元模式：在全区 15 个地区、自治州、直辖市当中，6 个地州市的汉语使用人口（包括汉族和回族）占当地总人口 70% 以上，汉语人口在另外 3 个地州市占 50% 以上；维吾尔族在 4 个地区占总人口 70% 以上，在 1 个地州占 50% 以上；哈萨克族在 1 个地区占人口的 50% 以上。同时，没有一个地州市是“单语语区”，都是“复合语区”（两种至四种语言）。从语言使用格局来看，新疆维吾尔自治区是一个名副其实的多族群聚居区和多语言文化区。

七 绘制全国及各省区的“语区分布图”与“理想型”语言使用模式

我们可以采用以上方法绘制出粗略的全国“语区分布图”，还可以根据各地州（最好具体到各县市）的各族人口结构画出各自治区、自治州（县市）的“语区分布图”。因为我国行政体制中的“地区”“自治州”地域面积和人口规模通常也比较大，地区、自治州首府城市与县城、乡镇人口的族群构成可能存在很大差异。

表 3 新疆喀什地区下属市、县人口族群构成与“生活语区”

单位：%

市县	汉	回	汉回合计	维吾尔	塔吉克	柯尔克孜	其他	总计	生活语区
喀什市	21.78	0.29	22.07	77.36	0.07	0.07	0.43	100.00	维 1 - 汉 4
疏附县	1.53	0.04	1.57	98.27	0.00	0.09	0.07	100.00	维 1 - 汉 6
疏勒县	6.96	0.10	7.06	92.64	0.00	0.10	0.20	100.00	维 1 - 汉 5
英吉沙县	1.91	0.03	1.94	97.72	0.01	0.26	0.07	100.00	维 1 - 汉 6
泽普县	20.62	0.39	21.01	76.67	1.88	0.04	0.40	100.00	维 1 - 汉 4
莎车县	4.44	0.12	4.56	94.66	0.36	0.14	0.28	100.00	维 1 - 汉 6
叶城县	5.76	0.20	5.96	93.06	0.50	0.25	0.23	100.00	维 1 - 汉 5
麦盖提县	19.97	0.23	20.20	79.63	0.00	0.00	0.17	100.00	维 1 - 汉 4
岳普湖县	6.72	0.03	6.75	93.17	0.00	0.00	0.08	100.00	维 1 - 汉 5
伽师县	1.99	0.02	2.01	97.93	0.00	0.00	0.06	100.00	维 1 - 汉 6
巴楚县	17.48	0.20	17.68	82.10	0.00	0.01	0.21	100.00	维 1 - 汉 4
塔什库尔干	3.82	0.17	3.99	5.15	84.86	5.89	0.11	100.00	塔 1 - 维 5 - 汉 6
全地区	9.15	0.15	9.30	89.35	0.99	0.15	0.21	100.00	维 1 - 汉 5

资料来源：喀什地区统计局等编《喀什地区 2000 年全国人口普查资料》，新疆统计印刷厂，2002。

如以新疆喀什地区为例，下属喀什市和 11 个县的人口族群构成和相关的复合“生活语区”可参见表 3。我们从表 3 可以看到，以汉语为母语的人口（主要是汉族与回族）在当地总人口中的比例在 4 个市县超过或接近 20%，同时在 5 个县的比例不到 5%。这两组地区的“生活语区”应当说存在显著差异。我国的基层学校根据所在地的行政级别和人口规模分为几类，城市中学、城市小学、县中学、县中心小学、乡镇小学，分别位于城市、县城和乡镇。在少数族群聚居区的这三级居民区的人口规模和族群构成通常都有明显的差异。甚至不同的乡镇也可能存在很不同的人口族群构成。这些因素都是我们在思考当地的语言使用模式和学校教学语言格局时不能忽视的。

当然，在绘制这样的“语区图”时，各地区各族群人口的实际使用语言与官方登记的“民族成分”不一定完全一致。例如内蒙古南部一些县的蒙古族居民在日常生活中已不再使用蒙古语而通用汉语，那么，在我们根据人口“民族成分”数据来划分“语区图”时，如遇到这类情况则应实事求是地按照当地居民的实际应用语言情况进行绘制。另外，如果某地区的外来少数族群流动人口达到一定规模，他们的工具性语言需求在当地公共活动中也是需要予以考虑的。如近期内地一些大城市的公安部门开始招收维吾尔族和藏族人员，即考虑到了这些城市中流动的维吾尔族和藏族人口在语言交流方面的客观需求。

根据多语种复合语区内各族居民的母语结构，我们可以设想一个“理想型”（ideal type）的生活语言模式。如以上述乌鲁木齐市为例，“最优模式”就是当地所有居民都能够熟练掌握两种（汉语、维吾尔语）甚至三种语言（汉语、维吾尔语、哈萨克语），如同瑞士的国民普遍掌握法语、德语和意大利语那样。如果达不到这个最优模式，退而求其次，第二等的“次优模式”就是以汉语为母语的人口中有13%能够说维吾尔语，有3%能够说哈萨克语；同时维吾尔和哈萨克人口中都有84%能够说流利的汉语。乌鲁木齐市各族居民如能达到这样一个语言使用比例，无疑将有助于各族居民在日常工作与生活中有效地相互交流。

通过各类“语区”的划定，我们对于生活在各“语区”中的各族居民的语言能力结构可以得到一个理想模式。那么，对于向下一代教授语言文字负有最重要责任的学校体系也就有了自己的语言教学目标，即如何使各族青少年在学校里能够学习并掌握当地“语区”的主要语言，以实现“最优模式”或“次优模式”这样的目标。从这个角度和标准来看，喀什地区（维吾尔族占人口的90%）甚至乌鲁木齐市（维吾尔族人口占12.7%）没有一所汉族学校教授维吾尔语，就是不可思议的。按照“次优模式”，至少喀什90%和乌鲁木齐13%的汉族学生应当在学校里系统地接受维吾尔语课程教育。

与“日常生活用语”有所区别的是“公共活动用语”，它指的是居民们参与当地社会活动和与公共部门（政府部门、邮局、银行、税务、工商、公安、司法等机构）打交道时使用的语言。在殖民地社会，公共部门使用的语言通常是殖民者的母语，而不是当地居民的母语，这反映出来的是族群歧视与不平等。而在一个“以人为本”坚持“民族平等”原则的社会，公共部门应当要求下属职员主要以本地居民中大多数人的母语来与本地居民交流和提供服务①，因此“日常生活用语”与“公共活动语言”应当是一致的。

对“公共活动语言”的认定涉及社会公共领域的语言政策问题。在各“生活语区”内公共机构工作的人员当中，使用这一语言的比例应当与所属“生活语区”的标准相一致。例如在属于“第1语区”的喀什地区，维吾尔族约占总人口的90%，当地公务员（不论属于哪族公民）熟练掌握维吾尔语的比例最好也能够达到90%，为此当地政府机构在招收公务员时就需要参考这个比例。

八　语言工具性比较中的效用权重

在衡量不同语言的交流和学习功能时，除了人口规模因素外，还需要考虑另外一个维度，即在社会生活和就业中，不同语言所发挥的实际功能可能具有不同的权重，或者说不同语言的“应用工具性效度”可能存在显著的差异。语言的“应用工具性效度”即掌握这种语言后可以接触的各种有用信息的广度和深度。当我们把一种没有文字的语言与另外一种历史悠久、已形成完整文化体系、有大量文献积累并与现代工业知识系统接轨的语言从“应用工具性效度”这个角度来进行比较时，可以清楚地看到这两种语言给人们带来信息的量与质之间存在巨大差异。所以，在我们对国内群体使用的各种语言进行比较并思考不同地区的理想语言模式时，就必须参考“应用工具性效度”这个因素，给不同的语言以不同的权重。

我们首先可以粗略地把国内各种语言分为“有文字的语言”和“无文字

---

① 《宪法》第一百三十四条“各民族公民都有用本民族语言文字进行诉讼的权利”。司法诉讼仅仅是国民公共活动中的一种，民族聚居区的其他部门（邮电、银行、商业、交通等）也应提供以当地民族语言为交流工具的社会服务。

的语言”这两大类，我们关注的主要是那些有独立文字体系的语言。在对有文字的各种语言进行“工具性效度”比较时，我们可以考虑几个指标。第一个也是最简单的参考指标是该文字年出版物的种类（不是册数），第二个参考指标是国家图书馆中该文种藏书种类，如果关注的是某专业领域的最新知识积累，那么还可以加上第三个参数，即国内该专业领域最新研究成果发表时使用的语言文字①。

顺便提一句，世界各国之所以要在本国学校系统地教授某种“外国语言”，其考虑的基点当然不是国内使用这种语言的人口所占比例，而纯粹是对世界上各种语言（包括国内各种语言在内）在“工具性效度”方面的相互比较。世界各国的语言在国际交流中始终存在相互竞争的态势，在人类进入21世纪后，正如亨廷顿所说：“英语是世界上进行知识交流的方式，正如公历是世界上的计时方式，阿拉伯数字是世界的计数方式。”② 英语的“应用性工具效度”在全世界各主要语言中具有突出的优势地位。

我们可以借用上述三个指标来对中国国内各种语言的“工具性效度”进行比较。首先，中国的出版物中约98%是汉文出版物。2000年全国总计出版图书143376种，出版少数民族文字图书2598种。少数民族文字图书约占图书总数的1.8%。2010年全国总计出版图书328397种，其中少数民族文字图书9429种，少数民族文字图书占出版图书总数的2.87%。我国的少数民族文字出版物基本是在国家经费补贴政策下得以出版的，其中相当部分是政府文件和政策宣传读物，介绍现代科技、社会科学普及读物和最新科研成果的少数民族出版物很难见到。

笔者曾经对新疆大学、内蒙古大学、西藏大学这三所民族自治区主要大学图书馆的民语藏书种类和汉语藏书种类进行过比较，发现新疆大学图书分类目录中的维吾尔文藏书种类大多不到同类汉文藏书种类的10%，内蒙古大学的蒙文藏书大多不到汉文藏书的5%，西藏大学的藏文藏书除藏文古籍外大多不到汉文藏书的0.1%③。汉语的“应用工具性效度”是显著超越国内其他任何

① 毫无疑问，目前全世界各主要专业发表最新研究成果的绝大多数都是英文杂志。

② 参见S. 亨廷顿《文明的冲突与世界秩序的重建》，周琪、刘绯、张立平、王圆译，新华出版社，1999。

③ 参见马戎《中国少数民族地区社会发展与族际交往》，社会科学文献出版社，2012，第148～149页。

语言的。因此，如果我们把汉文作为国内第一类工具语言，把目前国内少数族群文字出版行业的五种主要文字（维吾尔文、蒙古文、藏文、哈萨克文、朝鲜文）作为第二类工具语言，把其他族群文字（彝文、壮文、苗文等）作为第三类工具语言，那么可以粗略地假设一个表示语言工具性效度的加权系数：第三类语言的加权系数为0.5，第二类的加权系数为1，第一类语言的加权系数为2。当然，这里提出的加权系数的具体数值都是假设，各类工具语言之间的差距和加权系数值可以通过各项衡量“工具性效度”的具体指标进一步测定。在这里，笔者只是希望提出各语言之间存在“工具性效度”方面的差异，并以此为依据在对语言学习模式进行比较时建议考虑增加一个加权系数。

九　学习与就业语区

在增加了语言的“应用工具性效度”这个维度和相关的加权系数后，我们可以提出第二种语区格局即“学习与就业语区”。它不同于前面的“生活语区”，因为增加了语言“在学习现代知识体系时的效度”以及“现代产业就业对语言工具的要求”这两个因素。“现代知识体系”指的是与工业化、现代化相联系的理工农医科知识和社会科学知识，与之相对应的“传统知识体系”指的是人文学科与传统文化（语言文学、历史、宗教经典等），现实就业市场为掌握“现代知识体系”（尽管程度不同）的劳动者提供的就业岗位显著地超过为掌握“传统知识体系”的劳动者提供的岗位。这也是现代学校学生的人数大大超过私塾、经文学校、寺庙教育学生人数的原因。

我们把表2中新疆各地州市的语言使用人口比例乘以上述假设的加权系数，就可以得到与“生活语区”有所不同的“学习与就业语区”（表4）。

表4　新疆维吾尔自治区各州地市的“生活语区”与“学习与就业语区”

州地市	生活语区	学习与就业语区
乌鲁木齐	汉1－维4－哈6	汉1－维4－哈6
克拉玛依	汉1－维4－哈6	汉1－维4－哈6
吐鲁番	维1－汉4	维1－汉2(汉加权)
哈密	汉1－维3－哈4	汉1－维3－哈4
昌吉	汉1－哈5－维6	汉1－哈5－维6

续表

州地市	生活语区	学习与就业语区
博尔塔拉	汉 1 - 维 4 - 蒙 5	汉 1 - 维 4 - 蒙 5
巴音郭楞	汉 2 - 维 3 - 蒙 6	汉 1 - 维 3 - 蒙 6(汉加权)
阿克苏	维 1 - 汉 4	维 1 - 汉 2(汉加权)
克孜勒苏	维 2 - 柯 4 - 汉 5	维 2 - 柯 4 - 汉 4(汉加权)
喀什	维 1 - 汉 5	维 1 - 汉 4(汉加权)
和田	维 1 - 汉 6	维 1 - 汉 5(汉加权)
伊犁州直属	汉 2 - 维 4 - 哈 4	汉 1 - 维 4 - 哈 4(汉加权)
塔城	汉 2 - 哈 4 - 维 6 - 蒙 6	汉 1 - 哈 4 - 维 6 - 蒙 6(汉加权)
阿勒泰	哈 2 - 汉 3 - 维 6	汉 1 - 哈 2 - 维 6(汉加权)
石河子	汉 1 - 维 6	汉 1 - 维 6
全自治区	—	—

注：加权的方法，汉语使用人口的比例乘以 2，再重新进行归类。

从表 4 中，我们看到经过加权计算后，汉语的重要性在 9 个地州市得到加强。维吾尔语继续在 5 个地州市保持最重要语言的地位，这 5 个地州市学校里的维语教学和公共机构职工招募中对维语文能力的要求应当得到远比其他地州市更多的重视。

十　公立学校中的语言教学模式

根据以上试探着划分出的新疆“生活语区”与“学习与就业语区”，我们可以进一步探讨公立学校中的语言教学模式。

1949 年后，在我国几个主要的少数民族自治区的中小学教育体系中逐步建成了“普通学校”（或称“汉校”）和“民族学校”（或称“民校”）这样一个双轨体制。比如在今天的新疆，我们可以大致归纳出几种教学模式。①传统汉校模式，所有课程都用汉语讲授，同时加授一门外语（多为英语），不开设当地民族语文课。②传统民校模式，所有科目都以母语授课，加授一门汉语文（有的地区从初中开始，有的地区从小学高年级开始）。近期一些地区开始推行“双语教学”后又出现两种新模式。③双语教学模式，部分课程（数学、物理、化学、生物及英语）用汉语授课，部分课程（语文、思想品德、历史、地理等）

用母语授课。④新汉校模式，所有课程用汉语授课，加授一门母语文。

从前面讨论的新疆各地州市“生活语区”与“学习与就业语区”情况来看，除石河子市之外，传统汉校模式完全不适应新疆其他各地州的实际情况。其他三种模式在居民中都存在广泛的客观需求。由于各地州市居住着使用不同母语的各族居民，我们在考虑学校教学语言模式时，不能设想在一个地区只设立一种模式，而是应当三种模式并存，只是各种模式的学校数量和招生规模的比例在不同地区各不相同，并与当地“生活语区”与“学习与就业语区”类型与结构密切相关。

各个学校具体采用哪一种教学语言模式，还会受到其他客观条件的限制。第一个因素是合格的师资队伍，即能够按照该模式的要求开展高质量的教学活动的教师人数，目前南疆许多县市发展双语的瓶颈之一就是缺乏真正能够胜任双语教学的合格教师；第二个因素是学生的语言基础，如果学生在小学升初中或初中升高中时从一种语言模式的学校转入另一种语言模式的学校，他们对新教学模式的适应将会相当困难。任何一种新的语言教学模式，都必须从学校的最低年级开始实践，并根据教学效果逐级发展。

与此同时，我们在尊重家长学生的选择权利时，还需要注意的是语言使用（日常交流、学习与就业）的客观需求有可能与居民的主观愿望之间存在偏差，有时主观愿望反映的是当事人的感情倾向而不是理性判断。在这种情况下，政府和教育主管部门只能顺势引导，决不能强制推行某种语言教学模式。对于把俄语作为“国语”来强制推行的做法，列宁曾进行严肃的批评①。

各地州的教育主管部门在考虑学校设置时以及各种模式的学校在进行招生时，有几点需要注意：首先，要充分考虑当地民众的生活语言状况和对公共服务的语言要求，这就是“生活语区”因素；其次，各地区设置学校应坚持因地制宜和实事求是的原则，为学生提供具有不同教学语言模式的学校，既照顾居民对母语学习和传承的愿望，也考虑学生毕业后的就业与个人发展的前景，不能只从

① 列宁强调要考虑在民族问题上显得特别重要的少数族群的“心理状态”，“而这种心理状态，只要是在稍微采取强迫手段的情况下，就会玷污和损害集中制、大国制和统一语言的无可争辩的进步作用，并将这种进步作用化为乌有。但是，经济比心理状态更重要：俄国已经有了资本主义经济，它使俄罗斯语言成为必不可少的东西”。参见列宁《给斯·格·邵武勉的信》，《列宁全集》第19卷，人民出版社，1959，第253页。

行政管理效率和财务经费考虑而只设立一种或两种模式的学校，要给家长和学生提供选择的机会；再次，至于学生进入哪一种语言教学模式的学校学习，要充分尊重家长和学生的自愿选择，然后根据各级学校的学生报名情况，调整下属学校和班级的具体设置。要注意学生对各类学校的申报情况很可能是一个动态的不断变化的过程，要根据各学年的实际报名情况及时做出调整，这些动态变化也正是我们观察一个地区语言学习发展趋势和民众心理变化的重要指标；最后，对于非母语（如汉语）的学习要注重质量，既不能求规模也不能求进度，如果在发展“双语教育”中出现“大跃进”的浮夸现象，那只会损害“双语教育”的声誉，挫伤少数族群民众学习汉语的积极性。我们要注重实效而不是统计指标，检验教学质量的试金石不是试卷与考分，而是社会就业市场。

未来中国少数族群学生理想的语言学习和使用状况可能是这样的结构：“母语 + 本国族际共同语（汉语） + 国际通用语（英语）。”正如欧洲各国学生的语言结构：“母语 + 本地区另外一种通用语（对于德国人来说可能是法语） + 国际通用语（英语）。”这可能是中国各少数族群地区语言应用模式的长远发展趋势。

结束语

中国的族群关系及其变迁涉及许多方面，既涉及历史上各群体之间的政治关系、经济贸易、文化交流到人口迁移与通婚，也涉及近代来自西方“民族”概念和“民族主义”思潮在各族精英和民众中的影响。因为“土改”带来的政治红利，1949 年中华人民共和国建立后中央政府一度得到少数族群广大民众的高度认同。实行“改革开放”政策后，国家层面的意识形态凝聚力逐步淡化，市场体制的迅猛发展和大量外来流动人口使社会经济发展滞后的边疆少数族群在资源开发、劳动力就业、文化生态等方面受到极大冲击，也引发了一系列社会经济问题和政治认同、文化认同问题。在这样的历史发展阶段，中国在体制改革上走回头路是不可能的，边疆地区的“族群分层与流动”问题必须引起我们的高度重视，我们不能让“民生问题”与“认同问题”叠加起来。但是与此同时，我们不能简单地借鉴西方社会学在族群关系方面的研究成果，还需要关注中国特有的族群“文化区隔”问题。而如何认识中国各族群之间现存的语言区隔、探讨如何在今后逐步打破这些语言区隔，无疑是摆在全体中国国民面前的艰巨历史性任务。

B.4

全球化时期民族地区文化建设的思考与建议

李　炎*

摘　要：面临全球化时代民族发展中许多既新又复杂的问题，根据对滇西民族地区文化产业发展与公共文化服务体系构建调研中发现的问题，从民族地区和政策调适的视角，笔者建议确立民族地区文化发展分类指导原则，针对不同民族地区社会经济文化发展现状，制定适合不同民族地区文化发展的相关政策；培育民族地区特色文化产业集聚区；利用边疆跨境民族和国家沿边开放口岸，建设一批国家文化口岸，推进民族地区文化交流与文化贸易，提升民族地区文化影响力；整合国家民委、中国社科院及民族地区高校研究机构资源，构建国家民族地区文化建设与文化预警观测研究体系，加强对民族地区文化建设的战略咨询研究。

关键词：全球化　民族地区　文化建设　文化产业集聚　国家文化口岸

改革开放以来，尤其是在“十一五”和“十二五”期间，随着国家经济实力的增长，围绕各民族人民日益增长的精神文化需求和国家利益，从“构建覆盖全国的公共文化服务体系，推进文化产业成为国民经济支柱性产业”

* 李炎，云南大学国家文化产业研究中心副主任，云南大学文化产业研究院院长，云南省哲学社会科学研究基地（民族文化与文化产业发展）负责人，教授。

"建设具有中国特色的社会主义文化强国"的总体目标出发，国家加大了对民族地区公共文化服务体系建设的力度。具体通过乡镇文化站建设、"村村通"、公共图书馆和电子阅览室等重大公共文化工程的推进，以及在全国范围内组织的"大地情深"——全国城乡基层群众小戏小品展演，中华红歌会、"春雨工程——全国文化志愿者边疆行"等大型公共文化活动，基本上构建了民族地区公共文化服务体系，活跃了民族地区的文化生活，促进了民族文化的传承传播，推动了民族地区社会经济文化的协调发展。

全球化，是20世纪中后期影响民族国家构成、世界格局和区域形势最为重要的力量。在全球化进程中，作为人类群体的民族也发生了深刻的变化。全球的人口流动，使族类群体趋于多样，改变了国家的民族构成和族际关系，导致族际关系的复杂化。随着经济与文化交往的加强，在外来文化的影响下，民族国家中民族成员对民族群体的认知普遍加强，维护自身文化价值与地位，对异文化认知需求与本能排斥意识同时得到强化；民族观念和文化自信力在世界范围内被不断明晰与拓展。这些新的民族问题已深刻影响着民族国家的构成要素、组织架构、运行方式和国家治理。

在全球化时代，民族发展中面临许多既新又复杂的问题，现实的状况与传统的观念、民族理论、甚至政策体系之间出现了巨大的反差。民族政策一直是国家治理的重要方式，尤其民族地区文化政策是应对日趋复杂的民族与国家关系，调适民族利益，维护国家安全的重要手段。面对全球化时代日趋复杂的民族现象和族际关系，我们一方面要坚定民族理论和民族政策的理论自信和民族工作的道路自信；另一方面要坚持一切从实际出发，解放思想，实事求是，广泛吸收借鉴全球各国少数民族政策的教训和经验，对民族地区的文化政策需要进行必要的调适，以适应民族地区发展的实际需求。民族地区应以调适日趋凸显的民族认同与国家认同的紧张关系、推动民族地区可持续发展、维护国家安全为目标，结合不同地区民族发展的历史与沿革、社会发展现状、民族问题等，制定有针对性、分类指导的文化政策，以此推动民族地区的长治久安与可持续发展。根据2013年暑期由国家民委、中国社科院文化研究中心与云南大学国家文化产业研究中心对滇西民族地区文化产业发展与公共文化服务体系构建调研中发现的问题，结合云南大学国家文化产业研究中心长期对西部民族地区的关注与研究，从民族地区面向全球化、在现代化进程中政策调适的视角，提出以下建议，供国家民委相关部门参考咨询。

1. 确立民族地区文化发展分类指导原则，针对不同民族地区社会经济文化发展现状，制定适合不同民族地区文化发展的相关政策

民族地区文化建设在坚持面向基层服务，加快推进重点文化惠民工程的基础上，应根据不同民族地区社会经济发展现状，及其在全球化时代面临的主要矛盾和社会问题，制定不同地区文化建设的分类指导原则。西北和青藏少数民族集聚地区，由于主体民族相对集中，在进一步加强公共文化基础设施建设，完善公共文化服务体系，繁荣少数民族文化的基础上，应围绕民族团结、国家安全与民族地区长治久安这一主题，弘扬中华优秀传统文化，加强各民族之间的文化交流，加强传统文化与当代科技的融合，构建现代文化传承传播体系，普及科学知识，弘扬科学精神，强化国家主权意识，以潜移默化、贴近人民群众日常文化生活的宣传活动，营造民族团结与安定的良性文化氛围，促进西北民族地区的文化发展，消解民族权益与国家利益之间的矛盾，维护国家的统一。

东北地区民族较少，主要集中在沿边地带，一些少数民族是跨境民族，国家主权与地区安全成为该地区面临的主要问题，民族问题被复杂的国家利益所掩盖。东北地区的文化建设应围绕国家主权与地区安全，强化民族团结与国家形象，将民族地区的文化建设与全球化时代国家之间的文化交流融为一体，推进民族地区的繁荣发展。

西南地区是我国少数民族最为集中的地区，民族众多，除西藏外，“大杂聚，小聚居”是民族分布的主要特点，与云南、广西等毗邻的国家，经济与文化实力相对较弱，多个民族长期跨境而居。西南少数民族集聚地区，民族之间大的冲突与国家安全问题并不突出，通过民族地区经济与文化发展，带动西南少数民族地区社会的可持续发展是西南边疆民族地区的主要社会问题。具体要加强公共文化服务体系，在旅游产业带动下，依托丰富多彩的民族文化，发展民族地区文化产业，通过特色文化产业发展促进民族文化传承传播，促进民族地区产业结构调整，实现民族地区经济与社会的可持续发展。

2. 依托民族地区文化资源和产业结构调整，培育民族地区特色文化产业集聚区，推动民族地区文化传承传播与产业化发展

在国家西部开发，推进民族地区社会经济文化协调发展的进程中，西部民族地区文化资源相对富集的地区通过旅游产业的带动，逐渐形成了以民族文化产品与服务为主体的特色文化产业集聚空间。民族地区这种文化产业集聚与东部沿海中心城市依托国家公共文化设施、历史文化街区、文化创意产业园区为中心形成文化产业集聚相比，其产品内容与形式、产品生产组织方式、服务提供方式都有较大的差别，民族地区文化集聚区的生活性、体验性、民族性更强，产业之间界限相对模糊，传统产业与现代产业之间的融合更加紧密，文化与经济的交融更加密切，不仅促进了民族地区文化的传承与传播，也推进了民族地区社会经济的跨越式发展。为此，建议结合“十三五”国家和地方推进文化产业发展的规划，由国家民委联合文化部等相关部门，在历史文化名村建设的基础上，选择文化资源与产业集聚优势明显，文化旅游产业发展基础较好的地区，培育建设10个国家民族地区特色文化产业集聚区。加强产政学研协同创新，联动各级政府和相关研究部门，通过协助规划编制，协助资本与创意人才引进，帮助提升民族文化产品创意设计，构建文化营销平台，拓展产业发展空间，促进民族文化资源与科技的融合的方式，培育和建设民族地区特色文化产业集聚区，带动民族地区文化传承传播与产业化协同发展。先期可选择云南滇西北、贵州黔东南、青海黄南热贡等民族文化产业集聚较好地区进行试点，在培育建设过程中总结经验，进一步拓展民族地区特色文化产业集聚区的数量和规模。

3. 利用边疆跨境民族和国家沿边开放口岸，建设一批国家文化口岸，推进民族地区文化交流与文化贸易，提升民族地区文化影响力

口岸是由国家指定对外往来的门户，是国际货物运输的枢纽，是一种特殊的国际物流结点。口岸已不仅仅是经济贸易往来（即通商）的商埠，它还承担着政治、外交、科技、文化、旅游和移民等方面的交流与往来功能。随着我国改革开放进一步深化，口岸也已不仅仅局限在沿海的港口，在开展国际联运、国际航空邮包邮件交换业务以及其他有外贸、边贸的地方，国家也设置了口岸。目前我国共有港口、航空、铁路、公路四种口岸310个之多，广西、云南、西藏、新疆、内蒙古、甘肃、黑龙江、吉林、辽宁9个省（区）与周边国家接壤的口岸有65个，其中54个为一类口岸，这些口岸基本分布在边疆民族地区，承担着中国与东南亚、西亚、东北亚各国之间的政治、经济的交流与往来的任务，随着国家文化软实力的进一步提升，这些口岸还承担着科技、旅

游与文化的交流与往来的职责。近年来，在国家和地方政府的支持下，围绕边疆文化建设、口岸建设，地方政府加强了口岸文化旅游功能的提升、国门形象工程的建设。一些口岸已经成为民族地区跨国文化交流、文化旅游、文化贸易的重要集散地，带动了民族地区文化经济的发展。可依托国家口岸自由贸易的相关政策，培育具有地方特色和民族特色的跨国文化交易市场、特色文化街区、特色文化产业园区，培育8～10个民族地区国家文化口岸。为增强民族地区国际文化交流，提升民族地区与国家的文化影响力，推动边疆民族地区的文化贸易、文化产业的发展。

4. 构建国家民族地区文化建设与文化预警观测研究体系，加强对民族地区文化建设的战略咨询研究

在全球化时代，民族地区的文化表现形态与民族文化诉求变得越来越丰富，传统民族文化与民族的现代化诉求、民族权益之间的矛盾更加复杂，民族文化保护与传承、民族文化与外来文化的碰撞、冲突、交融也更加复杂，不同民族地区的表现形式、面临的问题也更加多样。在民族地区治理的视域中，文化政策是文化建设的重要依据，只有加强对民族地区文化传承传播与产业化发展重点的动态性观测、分析研究，及时追踪民族地区文化建设的现状、发展态势与存在的问题，才能制定具有针对性的民族地区文化发展的政策，推动民族地区文化的发展。中国社科院文化研究中心多年来一直致力于国家文化建设的理论、战略咨询与政策法规的宏观研究，具有较广的国家文化发展的理论视域。东北、西北和西南地区很多高校，结合民族学学科建设，积累了民族地区文化研究的众多成果，构建了各自的田野调查和文化建设的观测研究基地，可在国家民委的领导和支持下，以中国社科院文化研究中心为中心，整合民族地区高校研究机构的研究力量，构建国家民族地区文化建设与预警观测研究体系，加强对民族地区文化建设的调研、追踪和观测研究，为国家相关部门及时了解民族地区文化建设现状与发展态势，制定具有针对性的、实效性强的民族地区文化政策，提供有效的信息与实证研究支持，推动民族地区文化的健康发展。

民族地区的文化建设是扎实推进社会主义文化强国建设，建成小康社会，实现中华民族伟大复兴的重要内容，在民族地区文化建设进程中，构建产政学研协同创新体制，加强研究、发现问题、关注亮点、以点带面，及时调适文化政策，将有利于民族地区的文化建设，促进民族地区的社会经济文化的协调发展。

年度主题：边境民族地区文化发展战略

Annual Topic：A Strategic Investigation into Cultural Developments in Minority Areas

B.5

抓住主要矛盾　转变政策思路　建设西南边境地区文化纽带

国家民委文宣司和中国社会科学院文化研究中心
中国少数民族文化发展战略研究课题组*
李　河**　执笔

摘　要：目前，西南边境地区及相邻国家间已经形成“和平发展”“于我有利”的基本态势，全面“深化合作”成为我国与中南半岛国家间竞争发展的战略趋势，西南边境地区跨境民族

---

* 课题组成员：武翠英、李景源、张晓明、张学进、章建刚、李河、任乌晶、李民、惠鸣、意娜。
** 李河，中国社会科学院文化研究中心副主任，研究员，中国社会科学院哲学研究所博士生导师，联合国教科文组织《保护和促进文化表达形式多样性公约（2005）》所属“文化多样性国际基金项目”（IFCD）6 人评委。

的文化纽带作用凸显。然而当前西南边境地区少数民族文化面临双重“断裂”，跨境民族“文化纽带”作用难以发挥。课题组建议应从“外防为主”的政策思路转变为以“根本改善边境群众的文化民生权利”“提高边境地区对外文化影响力”为主旨的文化建设思路。应以建设边境地区“文化纽带”为目标构建公共文化服务体系，适应建设“文化纽带”的需要，加强少数民族语言文字与汉语言文字互译机制建设，在西南边境民族地区文化体制改革中采取特殊政策，沿边境构筑高位势文化特区。

关键词： 西南边境地区　跨境民族　文化纽带

2011 年 10 月，国家民委文化宣传司和中国社会科学院文化研究中心组成联合调研组，赴云南、广西边境地区调研边境民族地区少数民族文化发展问题。在 17 天里，调研组驱车 3000 公里，西起云南沧源佤族自治县，东到广西东兴市，重点考察了佤族、拉祜族、傣族、瑶族、哈尼族、壮族和京族等少数民族地区，总共调研 8 个州（市）、12 个边境县（市）、11 个边境村寨、8 个边境口岸和边民互市点、11 个自然和文化及历史保存地及文化建设示范点，召开大小会议 17 次，直接参会者近 200 人。

本次调研重点涉及我国西南边境民族地区与相邻国家的竞争发展态势和跨境文化交流状况，西南边境民族地区公共文化服务体系建设的成就与面临的挑战，西南边境民族地区文化安全状况与文化体制改革的情况等。调研组（即本文课题组）认为，我国西南边境民族地区与相邻国家之间进入了竞争 - 发展的新阶段，文化交流与合作的重要性正在日益增加，跨境民族在这一区域内的文化纽带作用正在日益凸显。一方面，在我国西南边境地区，我国与邻国在陆地边界、跨境民族归属与认同等问题上已无明显的利益冲突点，以和平发展为主轴，以深化合作为趋势，加强经济建设与文化交流已成为这一地区的压倒性主题；另一方面，从经济社会与文化发展态势来看，云南、广西地区与缅甸、老挝和越南这些邻国相比，已在整体上取得“我强外弱”的优势，这种优势在未来10年还会迅速提升。

基于上述判断，课题组认为，为了充分发挥跨境民族在我国与中南半岛国家及东盟国家进一步深化合作与交往中的文化纽带作用，我国西南边境民族地区的文化建设应当进行两个方面的战略调整：一是西南边境民族地区的文化建设应当及时从既往“外防为主”的政策思路转向以“充分落实边境地区各族群众的文化权利”“提高边境地区对外文化影响力”为主旨的政策思路；二是高度重视这一地区跨境民族的文化建设，构建西南边境地区跨境民族文化纽带，为我国未来数十年与中南半岛国家、东南亚地区的经济政治互动提供重要的文化软支撑。

一　西南边境地区及相邻国家间已经形成“和平发展”“于我有利”的基本态势

我国云南省和广西壮族自治区边境线共有近5100公里，分别与缅甸、老挝、越南接壤，沿边有10个国家级口岸，10个省级口岸，20多条跨境公路，93条边贸通道。从总体上看，云南、广西的经济社会和文化发展状况，普遍好于与之直接接壤的三个国家。国际货币基金组织提供的数据表明，2010年，缅甸人均GDP为702美元，老挝为984美元。与之相邻的我国云南省虽然人均GDP在全国排名靠后，但也达到了2327美元。此外，越南2010年人均GDP为1184美元，而与之相邻的广西则达到2987美元。

课题组在云南、广西边境调研中，亲身体会到我国边境地区良好的公路设施。在沧源地区一些干部提到，缅甸一侧掸邦、佤邦的基础设施都是我方帮助建设的。在磨憨口岸调研，有人说老挝的口岸设施也由我方援助建设。不少人骄傲地说，对方国家再有10年也赶不上我们现在的水平。目前，西南边境地区经济竞争的态势整体上是“我强外弱”，而且我国与邻国在该地区的陆地边界、跨境民族归属与认同等问题上无明显的利益冲突点，和平发展是主题。

未来10年间，我国经济发展优势将进一步增强。据推算，到2020年，云南省人均GDP将达到7036美元，广西将达到10785美元，同期，缅甸将达到1661美元，老挝将达到2329美元，越南将达到2803美元，与目前相比差距均进一步拉大。经济发展的优势将进一步强化对境外的文化吸引力，我国西南边境总体上越来越趋于稳定和繁荣，局面还会更加有利于我方。

二　全面“深化合作”成为我国与中南半岛国家间竞争发展的战略趋势，西南边境地区跨境民族的文化纽带作用凸显

在全球经济区域化的背景下，我国与中南半岛国家之间的合作正在不断深化。2010 年 1 月，面积达 1400 万平方公里土地、世界上人口最多的自由贸易区——中国 - 东盟自由贸易区正式建成，中国 13 亿多人口与东盟地区的近 6 亿人口被紧密联系在同一个市场中。2011 年，中国 - 东盟的双边贸易额达 3629 亿美元，东盟已成为中国内地对外投资的主要目的地，超过日本成为中国第三大贸易伙伴。据云南省相关学者研究，到 2015 年，中国与大湄公河次区域国家的贸易总额有望超过 1500 亿美元，中国有可能上升为东盟第二甚至第一大贸易伙伴。随着人民币国际化的推进、《大湄公河次区域经济合作新十年战略框架（2012 ~ 2022 年）》等合作机制推动和“泛亚铁路”的最终建成，我国西南边境地区与中南半岛国家之间将形成更加紧密的经济、文化和科技联系。

不可否认，今后若干年内，我国西南边境地区与中南半岛国家之间“和平发展”“深化合作”的战略态势还会遇到某些挑战。从区域内因素看，南海争端还会在一定程度上影响中越和中国 - 东盟全面合作关系的顺利发展，缅甸边境特区武装力量与其政府军的冲突和摩擦还会对中缅边境的和平发展带来一些影响。从区域外因素看，如美国还会借助“跨太平洋战略经济伙伴协定”（TPP）等途径干扰我国与中南半岛国家之间的经济合作，并通过“前沿部署外交”等方式离间与挑拨中国同周边国家的友好关系。但从总体上看，这些因素难以从根本上改变我国与中南半岛国家之间“和平发展”“深化合作”的趋势。

我国西南边境地区跨境民族与相邻国家的相同民族，同宗同源，历史上有着紧密的宗教、文化和经济联系，这是我国与中南半岛国家之间进行经济、政治、文化和科技交往的重要纽带。在我国与中南半岛国家之间已经形成“深化合作”的大趋势下，西南边境地区跨境民族的战略关注价值与文化纽带作用将益发凸显。

（一）从“稳边”“固边”和发挥对外影响力的角度看，西南边境地区跨境民族具有重要的战略价值

云南、广西边境地区的跨境民族数量近20个，占全国跨境民族总数的1/2强，包括壮族、苗族、彝族、瑶族、傣族、哈尼族、傈僳族、拉祜族、佤族、景颇族、布朗族、阿昌族、布依族、怒族、京族、德昂族、独龙族和仡佬族等。从人口规模来看，壮族、苗族、彝族、瑶族、傣族、哈尼族、布依族等都是超百万甚至超千万人的大民族（当然，这些人口不一定聚集在云南、广西两地），其境外同一民族或同源民族的人口规模也不小。

除了数量较多，西南边境地区跨境民族还有两个特别值得关注的特点。其一，一些跨境民族虽然在我国境内是“少数民族”，在境外却拥有众多人口，甚至是相关国家的“主体民族”。如景颇族在我国只有13万人，但其从属的克钦族在缅甸多达60万人；傣族在我国境内120万人，但与其同族异名的老挝佬族有300万人，缅甸掸族有420万人；“京族”在我国仅两万多人，但在越南却是“主体民族”。其二，跨境民族在历史上有着共同源头，通常在语言、习俗和传统记忆方面保持高度接近。如我国傣族、壮族（包括越南的侬族）、布依族、仡佬族等有着共同的语言来源，它们又与老挝的佬族、泰国的佬族以及主体民族泰族、缅甸掸族和印度阿萨姆邦的阿洪傣等有着明显的同源关系，总人口多达6000万。又如，我国的彝族、佤族、景颇族与缅甸主体民族缅族和一些大的少数民族都属于藏缅语系的不同语支。

西南边境地区跨境民族的上述特点，使其具有很高的战略价值。首先，从国家层面来看，跨境民族是我国与相邻国家进行交往的重要纽带，我国边境安全、我国与周边国家的关系，很大程度上取决于跨境民族的稳定状况。其次，由于我国跨境民族在邻国可能是人口规模较大的“少数民族”，甚至是“主体民族”，因此，跨境民族的安定与否对我国与邻国的影响就呈现一种对我相对有利的不对称局面：境外国家对我国的影响通常只局限于我国边境地区；我国对境外的影响则可能超越邻国的边境地区。

（二）当前形势下，西南边境地区跨境民族的“文化纽带”作用日益凸显

国际交往中，不断深化的经济交流必然会伴随着不断深化的文化交流，而

文化交流又会促进更加紧密的经济交流。在我国与中南半岛国家不断深化合作与交往过程中，西南边境地区跨境民族的“文化纽带”作用正在日益凸显。

第一，根据文化产品遵循的“上善若水，下流甚利”的流通规律，我国边境地区与邻国在文化发展方面会呈现这样一个大格局：如果境外文化发展程度高、力度大，则会通过跨境民族（虽然只是影响渠道之一）影响我国，但这种影响一般只局限于边境地区相关少数民族人群。反过来看，如果我国跨境民族的文化发展程度高、力度大，则可能对邻国产生超越边境地区的深度影响。

第二，云南、广西边境地区普遍出现的“我强外弱”局面，提升了西南边境地区全境的对外吸引力，为我国地区文化影响力的辐射创造了良好的条件。

从云南沧源一路走到广西东兴，课题组了解到，我国边境地区在经济、社会和文化方面取得的发展优势，使境外国家对我国边民的影响力减弱，我国边境地区对境外的吸引力大幅度提升。云南景洪、河口与广西的凭祥和东兴等大小口岸，均有大量的境外人员过境来做生意，大量的境外民工到境内来挣钱。此外，在云南、广西边境地区，大量的境外妇女“嫁入”（许多没有取得合法手续）中国边境一侧。单是广西靖西地区，这样的妇女就不下万人。再有，云南河口地区每年还有免费招收来自越南的中学生或专科学生，境内的中文培训学校大量出现。最让课题组感动的是广西东兴的京族。该民族总共不到 3 万人，与越南主体的越族原为一体。但就是这个民族，为中越反击战做出了巨大贡献。目前，京族参军人口比例也在各民族中居首。京族群众对我国的由衷认同溢于言表。

基于上述原因，在河口、马关、大新、凭祥、东兴等地的座谈中，许多干部不约而同地说：“文化影响力？不是他们（指邻国）影响我们，而是我们影响他们。”

第三，目前，西南边境地区发挥对外文化影响力的关键因素是充分发挥跨境民族的文化纽带作用，建立我国与区域内相关国家之间的“文化亲近感”。

从总体上看，尽管我国西南边境地区与中南半岛和东盟国家出现了密切的经济合作，并形成了一定程度的对外文化影响优势，但这一区域内，我国与相邻国家政治文化冲突频仍，文化上交流与合作的深度与广度远不及经济领域。

之所以出现这种状况，既有区域内宗教、文化、政治发展的历史原因，也有我们自身的原因。从历史原因看，中国与东南亚地区是全球传统文明形态最复杂的地区。这里汇聚了大乘/小乘佛教传统、伊斯兰教各派、基督教/天主教传统以及儒家传统等各大文明系统。近代以来，整个东亚和东南亚国家在其现代化转型中，都有意无意地把其民族国家身份塑造当作国家战略，而在身份塑造中，相关民族国家的文化自主性的重塑成为一个重要动态。这种塑造或多或少都把“去中国化”或改写中国传统文化的影响当作一个重要任务。这种情况在韩国如此，在越南如此，在其他国家也如此。从我们自身的原因看，表层现象是中国在加速扩大与东南亚国家的经济联系的同时，尚未同步建构起良好的道德形象和道义形象，深层原因则在于西南边境地区仍然缺乏一种有利于我国对外文化影响力进一步发挥、有利于推进区域内更深层次文化交流与合作的战略。

课题组认为，破解这一困境，进而全面深化中国与中南半岛国家和东盟全方位交流的关键是充分发挥西南边境地区跨境民族的“文化纽带作用”，建立起我国与相关国家之间的“文化亲近感”。“文化亲近感”可以是基于文化交流的相互熟悉与了解，也可以是基于审美价值的文化分享与互动，还可以是基于历史的文化记忆与认同。它比一般所说的“文化贸易”少些商业气息；比“文化交流”少些官方味道。这种“文化亲近感”是跨境民族文化可以提供的最重要内容，是形成族群、国家相互信任的最重要文化基础。

正因为这一点，能否善用云南、广西较大规模跨境民族的文化资源，使其成为中国与周边国家的“文化纽带”，并使之转化为区域发展的文化软支撑，成为我国西南边境地区文化建设的一项重要的战略任务。

三　西南边境地区少数民族文化面临双重“断裂”，跨境民族“文化纽带”作用难以发挥

西南边境民族地区跨境民族的“文化纽带”作用能否充分发挥，在很大程度上取决于这一地区跨境民族的文化资源的保存状况。

西南边境跨境民族的文化资源还剩下什么？这些资源能否承担起“文化纽带”的作用？针对这些问题，云南、广西一些学者指出，如今西南边境地

区的主要矛盾不是外部敌对势力的文化渗透，而是境内少数民族文化特质的迅速消亡。

调研中课题组注意到，以广西壮族为代表的一些少数民族“汉化”程度很高，许多地区的民居、服饰、语言与内地无异。这些民族与其境外对应民族在语言、文字、生活方式和文化共同感等方面正在出现“断裂”。课题组还注意到，随着推广普通话教育，随着年轻人大量外出务工，边境村寨中留守的少数民族群众与现在主流媒体和各项公共文化服务工程所提供的文化产品之间也存在着“断裂”。

重新评估跨境民族的文化资源价值，认真制定措施保护和恢复跨境民族的基本文化特质，既有利于实现这些少数民族从“文化断裂”到“文化纽带”的转变，也是对那些留守在村上的少数民族民众基本文化民生权利的高度尊重。

（一）跨境民族主要传统文化特质流失造成对外文化联系“断裂”

建国 60 多年来，尤其是改革开放 30 多年来，我国边境跨境民族的重要文化特质在迅速消解流失。这种状况有些是合规律的，但也有政策失误或政策不到位等原因。我国少数民族重要文化特质的消解情况主要包括四点。

一是境内少数民族以传统宗教和信仰、传统经典和传说为骨干的教化系统已经基本解体或极度弱化。

二是境内少数民族在 50 年代和 60 年代普遍改用或创制了新文字。这与通用老文字的那些境外相关民族形成了书面语层面的文化断裂。而这种书面语层面的文化断裂与上面提到的传统经典教化系统的解体密切相关。

三是在推行国家 9 年制义务教育背景下，云南广西大部分边境地区已没有实质性的民语教学。此外，随着越来越多青年人到外面务工，许多少数民族村寨 40 岁以下人口已很少使用本民族语言。与此相关的是，少数民族语言的文化消费品远远不能满足当地群众的需要。

四是在新的生活方式冲击下，传统民居形式、传统服饰、传统工艺以及与传统宗教或传统历法密切相关的节庆仪式活动迅速消解。许多地区如今恢复传统文化活动需要从国外寻找相关传承人。

以上情况表明，我国跨境民族，尤其是其 40 岁以下的中间人口，以宗教或传统经典、书面语言和日常语言以及传统工艺为主要标志的传统文化特质正在迅速流失。譬如，主要信奉佛教的傣族地区普遍推行九年义务教育，现在流行的新文字也与传统寺庙经典使用的老文字全然不同，再加上近年来年轻人大量外出务工，因而佛教发展在当地呈退化局面。很少人能读懂寺庙的经文，一些寺庙不得不到国外请僧人做法事。

造成我国跨境民族文化特质消失的主要原因有两个。其一，我国现代化进程的“不可抗力”。一般来说，少数民族传统生活方式是由四大要素支撑的：即共同的地域、共同的神话或宗教信仰、共同的语言（或文字）以及共同的节日习俗。但如今以市场经济为巨大引擎的现代化进程对这四大要素形成了强大的解构力量。它以前所未有的力度推动着两千多年前秦代的那个天下一统的理想，即“书同文、车同轨、行同伦”——其中最强劲的解构力量是“车同轨”，因为道路的打通意味着市场经济的全面进入，意味着大量年轻人外出务工，意味着“共同的地域”的解体，而这恰恰是少数民族形成与保持的第一重要的条件。“书同文”则以国家九年义务教育以及少数民族新文字创造为标志，它们使通用语迅速取代了少数民族语言文字的优先地位，使相关少数民族与那些由老文字记载的历史、与那些在境外依然使用老文字的同一或同源民族出现“文化断裂”。而所谓“行同伦”则是指少数民族那些源于特定宗教或传统经典的生活伦理与活动仪式迅速消失。其二，“外防为主”的文化政策思路一定程度上导致对民族文化特质的忽视。从发展规律上看，前现代意义的少数民族文化特质的消失确实是现代化统一市场发展的结果。但我们也看到，当今世界上并非所有地区的现代化都直接导致其相关少数群体文化特质的迅速流失。有些地区为应对现代化的“统一化”或“齐一化”力量，还在政策层面凸显了少数群体文化特质保护的优先性。因此，这里显然存在着政策调整的巨大空间。但由于我国历史上饱受外患之苦，由于我国边境地区在很长时间内没有形成对外发展优势，因此我国的边境文化政策一向沿袭“外防为主”的政策思路。为此，割断境内外民众的文化纽带（如宗教和文字）、隔断他们之间的文化联系、放任相关民族文化特质的流失成为普遍的现象。在这种背景下，人们一般认为，“文化多样性”是个负担，“语言多样性”是个负担。这种看法在课题组几年的调研中经常碰到。

应该看到，这种放任少数民族文化特质流失的情况从根本上反映出的是那种习惯于消极应对的“弱国心态”。

（二）西南跨境民族留守人群日常文化生活的“断裂”

传统文化特质的流失，少数民族语言文字产品没有得到国家层面的政策关注，这不仅使跨境民族与境外对应民族出现文化断裂，也使境内跨境民族人群在文化消费需求与国家提供的文化产品之间出现“断裂”。这种断裂导致的直接后果是：国家的公共文化服务在形式上到位了，但跨境民族群众的基本消费权利却在实质上缺失了。

必须说明，这里所说的边境少数民族群众，特指那些留在边境村寨的“留守人群”。我们在云南广西边境看到，少数民族村寨普遍是妇女儿童以及40岁以上的男子。他们的受教育程度不高，许多人使用民族语言阅读的能力就很低，更不用说使用普通话去阅读和欣赏文字作品和视听作品。

这些“留守人群”是近年来国家实施的“广播电视村村通工程”、“乡镇综合文化站和农村文化活动室”和“农家书屋”等工程的关注对象。这些工程把基础设施建到边境行政村一级，将大量视听和文字文化产品送到了边境地区跨境民族行政村一级。从总体上看，国家在边境地区的公共文化服务力度不可谓不大。

但无论在新疆西藏，还是在云南广西，课题组都看到这种公共文化服务其实很多缺乏内在的“服务意识”。其“服务”方式大多是统一配送。既不顾及当地群众的“公共文化需求表达”，更不顾及当地群众的真实“文化消费能力”。这就造成了边境地区公共文化服务“形式上到位，实质上缺失”的局面。

课题组在对景洪、河口和广西等地少数民族人群的调研中注意到，有关部门多年来推行的各项文化工程，如乡镇综合文化站和农村文化活动室建设、“农村电影放映工程”“广播电视村村通工程”“农家书屋”工程等却往往只强调硬件建设，强调造了多少文化站，送了多少书，放了多少场电影，但却没人真正关注或评估边境少数民族留守人群的年龄结构、性别结构、文化结构，一句话，没有人关心这些留守人群的“文化需求结构”。课题组在景洪勐腊县村寨中注意到，当地许多30岁以上的妇女普通话水平几近于零。这些人群更需要的是那些本民族语言的视听娱乐产品，而不是汉字文化产品。

谈到民族语言的视听娱乐产品，课题组在调研中看到，“村村通工程”实施后，多数边境少数民族可以接触到电视节目。但这些节目大多是普通话。而这些群众反映，他们没能力像汉族群众一样欣赏相关电视节目，尤其是春节晚会上的语言节目。当然，一些地区也有一些民族语言广播电视，但主要播出的是新闻节目。为改善这种情况，云南、广西有些地州设有少数民族语广播影视译制中心。但这些中心产量很低，目前为人们津津乐道地依然是多年前译制的“西游记”“红楼梦”等作品。而在目前的大背景下，这些数量不多的译制中心面临撤销或合并的危险。

此外，云南广西边境地区少数民族能歌善舞，独具特色的艺术文化资源深厚。但目前该地区文艺演出团体普遍存在经费短缺，人员不足，作品缺乏的问题。目前我国演艺院团事转企改革，更可能造成这种局面的恶化。

总体看来，课题组看到，云南广西边境地区确实存在着公共文化服务形式上到位，而地区群众基本文化权利实际上缺失的情况。这种断裂与前面所说的境内外民族的“文化断裂”其实是一个问题，由此导致的直接后果就是跨境民族的文化纽带作用难以实现。

四　调整西南边境地区文化政策的根本思路，建设西南边境文化纽带

大体说来，在领土纠纷与民族认同成为主要矛盾的时期，边境地区采取“外防为主”的政策是很自然的，在此语境中，跨境民族的文化纽带联系往往被视为文化渗透的渠道之一。然而，一旦和平发展与经济建设上升为地区的主要矛盾，跨境民族的文化纽带联系就应成为我国鼓励文化交流、文化贸易、传播积极文化影响的重要战略资源，成为构建“（国际）区域和谐”的文化软支撑力量。因此，仅就云南、广西边境地区而言，文化发展面临的主要任务已经不再是如何加强对外部的防范，而是如何提高公共文化服务体系的效率，如何促进少数民族群众文化权利的落实，如何使得文化发展与经济发展更为协调，如何与相邻国家经济文化交流更为顺畅，如何构建一个经济、社会、政治、文化、生态的发展统筹兼顾，更为和谐的区域开放－发展模式的问题。

基于对西南地区边境地区总体发展态势的分析，课题组建议该地区文化建

设的政策思路应该转型，即应从“外防为主”的政策思路转变为以“根本改善边境群众的文化民生权利”“提高边境地区对外文化影响力”为主旨的文化建设思路。在这个转变中，“发挥西南跨境民族的文化纽带作用”可以成为重要抓手。课题组建议如下。

（一）从边境民族地区实际出发，以建设边境地区“文化纽带”为目标构建公共文化服务体系

课题组认为，云南广西边境民族地区文化建设面临的主要任务是要大大加强公共文化服务体系建设。而为了克服跨境民族居住分散，经济发展水平比较低，文化发展需求各有不同等不利因素，真正实现“公益性、基本性、均等性、便利性”等要求，除了大大增加中央财政专项经费支持力度外，更需要突破常规，创新公共文化服务提供模式，大大提高使用的效率。

课题组建议，以建设“文化纽带”为宗旨，围绕跨境民族文化发展需求，将以往通过“条条”（通过各个政府管理部门设立的“工程”）和“块块”（依赖地方政府财政“配套资金”）分散提供的公共文化服务体系建设资源汇集起来，进行“政策整合”“渠道整合”“资金整合”，全面重构符合边境民族地区文化发展需要的特色公共文化服务体系。要特别注意将一些人口规模较大少数民族作为“文化纽带”建设的基本主体。比如说，那些境内人口规模在100万以上的民族，如壮族、苗族、彝族、傣族等，文化建设水平提升将使得境外同民族获益，直接扩大了我国的国际文化影响力。像京族这样在国内只有不到3万人的小民族，由于与越南主体民族——越族是同民族，也可以视为境外相关人口规模较大民族，如果在文化建设上卓有成效，必将对越南产生示范和引导效应，因此需要大大提升其文化建设重要性的层级。

（二）适应建设“文化纽带”的需要，加强少数民族语言文字与汉语言文字互译机制建设，将少数民族文化内容建设放到首位

课题组认为，边境民族地区少数民族语言文化产品缺乏已经成为阻碍文化发展的主要问题，必须尽快加以解决。调研中滇、桂两省（区）的同志都在谈论少数民族语言频道频率的开通、少数民族语言节目的创作和译制问题，以及民族语言节目在哪一个范围里播出、有关译制中心设在哪一级等问题。在课

题组看来，这些问题需要从建设“文化纽带”的高度加以强调。

我国普通话影视作品十分丰富，精品众多，国家应加大对这些电视精品民族语言译制工作的投入。同时，也要对民族语言节目资源进行整合，建立共享机制，只有这样才能使各个少数民族地区都有更多选择，也使有限的民族文化资源的使用效果最大化。应该看到，加大对跨境民族语言的影视出品译制工作的扶持力度，丰富跨境民族语言优秀影视译制作品的供给，必将扩大我国在相邻国家的文化影响力，提升我国文化软实力。

特别需要指出的是，要鼓励边境民族地区与相邻国家之间开展全方位的文化交流和培训，主动创造边境民族地区对外文化传播的开放优势，让中华民族的优秀作品通过电视和互联网更多地流通到相邻国家和地区。

（三）适应建设“文化纽带”的需要，在西南边境民族地区文化体制改革中采取特殊政策

课题组认为，以跨境民族为对象构建公共文化服务体系需要体制机制上的特殊安排，要加强边境地区的国有文艺院团建设，培养这些院团的原创能力，使它们承担起对外扩大我国文化软实力的重大责任。

在跨境民族聚居地区实施文化体制改革要慎重，需要设计适应特殊发展需要的目标模式。在没有完全弄清情况的时候，切忌照搬内地模式，对文化体制改革实行“一刀切”。特别是院团改革需要慎重，不能照搬内地改革的模式和时间表，盲目加以推进。建议按照“总体保留、慎重转化、鼓励转制、推动整合”的原则，仅下达指导性意见，给予少数民族地方院团以改革方案的设计权，改革模式的选择权，以及改革时间的确定权。

边境民族地区文化制度建设要特别关注人才建设。在这一点上我们需要学习越南的做法，进行全方位的制度性和政策性安排，既要大幅提高边境地区国家公务人员、教师以及文化工作者工资收入，实质性地提高其生活水平，也要大幅提高长期居住在边境地区的少数民族群众的政策补贴，令其安居乐业，守土安边。

（四）根据“文化纽带”建设要求，沿边境构筑高位势文化特区

课题组认为，“文化纽带”建设还需要有重大项目作为“抓手”，在短期

内获得面貌一新的效果，为此课题组提出了“沿边文化特区”设想，希望能够再增加一些投入，使得我国边境地区在新一轮全球化国家间综合实力竞争的大形势下，为国家文化软实力的提升做出更大贡献。

目前，滇桂两省区都增加了许多新的边贸口岸，如云南普洱的关累、广西凭祥的浦寨等在国内媒体上的出镜率都很高。可以看到，这些新增口岸已经在规划不同于传统边境口岸的新型边贸口岸，往往是一个享有各类特殊政策的园区，远景发展往往就是新的居民点，甚至是一个不断提升级别的行政区域。未来的边境线就是由这样一串串的口岸城市带连接而成的。这些地区的城镇化发展应该一开始就与其文化发展、人口素质的提高紧密结合起来，成为党中央提出的“面向南亚东南亚开放的桥头堡”。课题组建议，以“沿边文化特区”为名，对滇桂边境沿线口岸做一个整体规划，将经济、社会、政治、文化建设做统筹考虑，特别是将文化建设作为口岸城镇化的重中之重，加大文化、教育设施建设的投入，甚至建立一些特殊的“国际化社区”，一开始就吸引边境两边的人民共同生活、工作，成为文化多样化和多元化融合发展的典范，长期保持在沿边地区的竞争优势。

B.6

发展问题，还是安全问题？

——滇桂边境民族地区“国家文化安全”形势调研报告

国家民委文宣司和中国社会科学院文化研究中心
中国少数民族文化发展战略研究课题组*
章建刚** 执笔

摘 要： 根据对调研结果的分析，滇桂边境两侧的经济发展和文化建设呈明显的我方优势。但与此同时，中越两国尤其是两国边境地区，呈现强烈发展竞争态势。课题组认为应该从发展的高度看待这种挑战，并采取有力措施提升边境地区的竞争力和文化影响力。从东西部均衡、辅助少数民族文化发展和巩固边防的三重视野出发，课题组建议通过进一步调研，将基层公共文化服务体系的关键节点、民族语言广电节目译制平台和边境口岸城镇文化机构的设置找准、落实，在多重增加公共财政投入的同时，提高公共财政的利用效率。

关键词： 滇桂边境民族地区 国家文化安全 强竞争态势 高位势文化特区

国家文化安全的概念近年来不断被提及，并最终进入最高层话语系统。尽管国内一些论者偶尔提及国外同类著述，但经过主题词网络检索，在国际

---

* 课题组成员：武翠英、李景源、张晓明、张学进、章建刚、李河、任乌晶、李民、惠鸣、意娜。

** 章建刚，中国社会科学院哲学所、文化研究中心研究员，博士生导师，文化蓝皮书《中国文化产业发展报告》主编，联合国《保护和促进文化表达形式多样性公约（2005）》中国政府首席专家。

上并没有找到与此对应的概念及定义：国家安全概念是存在的；国家文化安全概念是没有的。这是一个中国人自己制造的概念，且未经过严格界定。与此同时，一些部门也不断对我国各边境地区所谓“文化安全”问题进行搜集整理，向上级报送，一时间仿佛四面楚歌、风声鹤唳。真所谓概念混乱导致形势误判。

在这一大背景下，国家民委于2011年10月组织我们对云南、广西边境地区的“国家文化安全”形势进行调研。通过调研课题组真切感到，滇桂两省区边境民族地区的“国家文化安全”形势总体良好，大可不必草木皆兵。滇桂两省区与周边国家接壤地区的经济社会发展和文化交往态势是我方的压倒优势。此时真正应该做的恰恰是，利用这种比较优势，更自觉而恰当地扩大中国发展和中国文化的国际影响力。这里有几个相关问题需要讨论。

一 国家文化安全概念的厘清

讨论有必要从概念澄清开始。我国一些论者所说的“国家文化安全”是一个有诸多歧义的词组，几种主要含义有着很大差别，而在使用过程中作者们往往在不同词义间游走，还常与相关概念混搭使用。这种混乱的讨论极易导致对形势的误判，甚至自我恐吓。课题组希望向这些论者提出的问题是：你们所说的国家文化安全究竟是指称与文化介质相关的国家安全问题，还是一国境内的某种文化安全问题，抑或所谓“国家文化”的安全问题？

这个意义上的“国家文化安全”也相对可精确界定。在当今国际关系背景下，国家安全指的就是特定民族国家的主权、边界、境内居民的生命财产受到尊重，不受他国的武力进犯或威胁。主权既包括各项主权权利的行使，也包括合法政府的存在；边界既包括陆路边界，也包括领空领海。除了外交手段，国家安全通常依靠一支武装力量来守护。国家安全工作的目标主要是防止外部势力的侵入和渗透。当然，这样的国家主权观念及国家安全观念在全球化背景下也面临种种挑战，民族国家有被逐步超越的趋势。同时国家安全问题也有了传统安全和非传统安全两种之分。

人及其社会总是文化性的存在，因此国家安全也会与某些文化因素、文化传播介质相关。例如在和平时期，相互有敌意的国家会通过各种文化传播媒介对对方国家的国民进行敌视性宣传；其内容是煽动分裂国家、煽动推翻现政权、散布各类谣言等。这就是所谓的“心理战”。此外情报工作似乎也只是在窃取、传送某些代码、信息。当代一些战争爆发时，敌国的广电信号传输网络甚至不再被第一时间摧毁，而是通过技术手段让其传输自己的信息，这就需要做一些技术准备。近年来人们谈论的“非传统安全问题”首先是指没有国家特征的国际恐怖主义。而国家间战争最终爆发前，国与国之间互联网上的战争（“黑客入侵”“网络攻击”对方官方、军方或重要政府部门网站等）似乎已成为“非传统安全问题”中与文化介质相关的形态。西方人也看到，当前世界上民族国家的边界具有较多的可渗透性。应该说，信息的渗透是最方便的。这个意义上的国家文化安全值得关注；国家强化此类安全部门也顺理成章。

但是应该承认，这一类与文化介质相关的国家安全问题及其影响是有限度的。其一，文化活动在本质上就是观念的交往与相互影响，文化是持续的观念及习俗的变革。精神性的（intangible）文化形态和文化形态之间本身如不借助物质暴力手段就无法相互消灭。文化交往即使包含争执也最终导致视野融合和价值观普遍化。在国家关系问题上也不例外：总体上说表达通往理解；世界和平是文化交往和对话谈判的结果。所以不能把所有不同的声音包括批评都当作“敌对的”加以屏蔽；不能将不同文化（价值观与生活方式）的共存本身感知为不安全。言论上的攻击毕竟不造成物理伤害。当今世界上毕竟没有哪一个民族或哪一个国家的文化可以被整体地视为罪恶。现代人讲的宽容首先就是对不同思想、不同文化甚至宗教观的宽容；人们要求对文化多样性进行保护首先就是对所有自然产生的文化品种的保护。这时过度的“不安全感”是没道理的。其二，谎言、谣言的影响毕竟有限或说是有条件的，向他国散布假、恶、丑文化内容的行为也自毁形象。其结果也只会使对方国民增强识别能力。其三，有关现代传播媒体技术使用的国家主权会在国际不断形成相应的规范，很多恶意的传播方式尽管在技术上是可能的，但在国际关系准则上是受到禁止的。在相关问题上积极参与有关国际规则的制定和国际仲裁才是应对挑战、维护安全的积极方式。

在传统交通通信及武器装备条件下，边境尤其是大国的边境总是被看作国家安全的薄弱环节。外敌总是通过对边界的突破开始入侵的。然而通信技术的发展表明，假如有“文化上的恶意入侵”，那么首先会是从敌国的心脏区域发动的，因为这里的通信网络及使用人口是最密集的。甚至武装入侵也可以从一国的首都打响（如美国入侵伊拉克从在巴格达的“斩首行动”开始）。因此今天的边防力量部署很可能距边境线更远。而所谓边境少数民族地区的国家文化安全状况更应该是有特指，而非泛泛而论的。

（二）一国之内的文化安全问题

相对地说，国家文化安全第二种可能的含义即文化安全或一国领土内的文化安全不是那么容易说明的。文化是在共同体内通过个人的创造性思维和表达及在人际间交流并获得认同成为现实的，是各个“想象的共同体”关于生活意义的设定。文化是具有内在功能的系统，同时又是无形的、柔性的。这种观念性、符号性表达本质上是向善的，并且没有直接的安全或不安全问题。文化也可能因创造性枯竭而衰亡，这时它遇到的是健康而不是安全问题。当然文化表达最终也会变成物质力量，而这种力量首先是通过物质性符号载体的存在（如文物、艺术作品、文化制品等）来实现的。但在不引起进一步物质力量的使用和可能的冲突之前，它仍是一切价值与价值创新的源泉。因此现代国家的《宪法》都会赋予公民各项文化权利，保护言论及出版自由等。公民间的文化表达也要相互尊重对方的人格、感受，甚至隐私，不应相互辱骂；不同国家的公民或政府在发表有关其他国家的意见时，也应怀有基本的尊重。但即使在这些方面出现一些问题也不直接威胁国家安全。而在国家被武装占领、公民人身自由被暴力限制之前，一国领土范围之内的文化被他国文化侵害甚至彻底泯灭根本就是当代的天方夜谭。

这个意义上的国家文化安全唯一具有某些合理性的指称就是一国之内文化符号信息传输系统的安全。这既是指物理意义上的（广播电视等）设施网络运行安全，也是指合理设计的文化传播（市场与公共服务）制度体系正常贯彻实施。这些系统保证了公民文化权利的行使及有效性，即保障了公民的文化自由。人心、思想本身是难以禁锢的，但“文化大革命”就是粗暴地破坏了整个国家正常和正确的文化传播系统与文化制度，从而禁绝了绝大多数公民在公民间进行自由文化表达的恶劣事例。这种情况与其用“文化不安全”来表述不如用文化专制表述更直截了当。反之我们看到，改革开放尤其是六中全会通过的《决定》就是要求通过体制改革和技术创新不断构筑我们良好的文化信息传播系统，落实公民的有关文化权利。这种状况与其用“文化安全”来表述不如用文化发展来表述更切合实际。而如果文化发展和文化专制只能用“文化安全”来表达，那么恰好说明这个国家范围内、出于某些原因，还有某种文化以外的因素威胁文化本身的常态发展，影响文化内在功能的充分发挥。由此可以看出，国家范围内的文化传播体制机制的运行安全是公民文化自由落实的基本手段，后者才是目的。就当前中国国情而言，如果对国内所谓文化安全的担忧不是针对实质性文化体制改革迟迟迈不开步来说的，就没有什么实际意义。

（三）“国家文化”的安全问题

要澄清国家文化安全第三种可能的含义就要弄清“国家文化”的特指。“国家文化”只是文化中的一个类别。它可能有这样几种所指。一是“国家标识”，如国旗、国徽、国歌或表示国家认同的其他高度浓缩的历史或艺术符号。二是国家在特定时期强力倡导的某种与其国际存在或政府形象有关的文化方向或艺术风格，如汉语普通话和简化汉字。三是特定时期的“国家意识形态”，特定的官方价值体系或价值观（甚至宗教观）。需要指出的是，这几类内容都应该是公民意志的集中体现。“国家文化”的来源也是公民的文化创造，国家文化只是对公民文化创造的政治性综合。长远地看，这些国家文化也是在与公民和社会的文化互动中历史地变化着的。尽管如此，这些内容又毕竟是国家运用其垄断权力或唯一合法使用的暴力机器在国内推行的；而在推行过程的不同时期里可能与公民社会或一些公民个人、群体形成这样那样的不同看法或态度，正因此才区别性地把它们称为国家文化。也正因此一些国家文化内容基本上都不存在真正的安全问题——在外敌武装占领一个民族国家前是无法对其特有文化进行封杀的；在国内公民没有可以合法使用的暴力手段对这些国家文化内容进行消除（发生内战的情况暂且排除）。因此这实质上还是国内文化发展方式问题。历史经验表明，现代国家特别需要与公民社会和公民个人就文化价值观展开对话，而不是动辄给对方扣上“危害国家文化安全”的帽子，更不能轻易动用“安全力量”对其加以镇压。这个意义上的“国家文化安全”是个危险的概念，国家应特别防止“秀才遇见兵，有理说不清”的事件发生。还应注意，国家文化（state culture）与国别文化（national culture）含义是不同的。中国文化（尤其传统的华夏文明）并不等于中国当代的国家文化。

综上所述，上面三种情况中只有第一种涉及国与国的关系，因此与国家安全问题相关。后两种情况中存在的问题也可能会招致国际舆论品头论足，但品头论足不直接威胁国家安全，反之可以促使我们更自觉地思考。文化交流即使由于种种看法上的差异而变成了诽谤、谩骂，也不会构成对任何公民直接的人身伤害或对一国领土、政权的物理性侵害。而上述国家安全意义上的各项指标得到满足，其境内的文化及其发展就可以免除各种外源性不安全。因此课题组仅承认某些涉及文化介质、特定文化内容的国家安全问题存在，即只承认上述第一种意义上的国家文化安全概念的合理性。课题组认为脱离国家安全语境的其他文化安全概念应该慎用，尤其应防止它们的滥用。相对国内已有的各种耸人听闻、具有多种歧义的国家文化安全观，课题组把自己经过谨慎界定的国家文化安全观称为一种弱的国家文化安全观。这种国家文化安全观也正好适用于课题组在滇桂边境地区的调研。

二　滇桂边境民族地区基本不存在国家文化安全问题

有了经过认真界定过的国家文化安全观，才可能结合调研结果，对相关区域的国家文化安全形势给出独立的判断。

30 年改革开放使中国成为有国际影响力的经济大国。中国的改革需要深化，对外开放仍需扩大。科学发展观强调了文化、社会、政治的发展要与经济发展并驾齐驱，相互促进；中国的对外交往中文化应该发挥更大的作用。在中国偏远的内地，对外开放的步伐也在加快，内陆边境两侧跨境民族的存在正是扩大这些区域对外开放的有利条件。这时的开放不仅是经济或商贸的开放，也势必会伴有文化与生活方式的交流及相互影响。尤其与云南广西交界的越老缅三国也都处于不断变革、迈向现代化的进程之中，因此与我国的可持续发展具有相同的政策定向和相似的策略。可以说，大湄公河流域各国的发展是共荣互利的；各国间尤其需要相互学习，加深信任，优势互补，拓展合作。近年来中央政府从国家层面在这个方面做出了巨大努力，且已经取得有目共睹的成就。在这个大背景下，针对该边境民族地区的国家文化安全问题讨论涉及国家间关系，尤其不宜误判形势、夸大其词。

2011年10月7～23日，调研组（即本文课题组）一行在滇桂两省区驱车3000余公里，在约30个地点进行调研，其中包括边境自然村11个、口岸或边民互市点8个、各类文化专门场所（遗址、景点、学校、企业等）11个。调研组召开座谈会14次，邀请各方面专家及村民173人参加。调研组把调研焦点锁定在边境我方一侧的跨境民族县乡村镇上，也分别在两个省区的省会城市各召开一次政府有关部门的座谈会和一次学者座谈会。座谈会都明确以“国家文化安全”为题，但调研组能够听到的相关案例及经过追问能够落实的事实并不多；更有很多专家表示，该区域的国家文化安全现状较好，仅存在一定隐患。应该说明的是，在调研组的边境调研中，几乎没有听到什么超出在北京进行相关文献检索时获得的新事例、新案情（近年来，课题组一直关注国家文化安全问题的讨论；也作为咨询专家参与过云南有关方面的课题讨论，并看到过课题的最终文本。课题组还多次参与过云南省社科联组织的省内外社科专家边疆行活动，对于云南各地的文化发展状况有较多了解）。此外调研组还发现，所有的座谈对象都没有像调研组这样对国家文化安全概念的内涵进行过事先分析和梳理，并在这个基础上对问题进行谈论。当然由于时间短暂，调研组两周的调研仍然是仓促的、走马观花的，或许有重大遗漏。这就是说，调研组的判断仅以调研组了解到的情况为限。

调研中听到的反映主要有下列几类。第一类是境外广电媒体信号“渗透”问题；第二类是与宗教传播相关的问题；第三类是边境两侧跨境少数民族群众的人员往来问题；第四类是境内外文化产品流通的问题。从分类标题上说，它们都不直接构成上一节所说第一种含义的国家文化安全问题，都必须进行进一步分析、判别。此外与国内其他省区“三种势力”相关的案情基本没有听到。

（一）境外广电信号“渗透”不构成对我国国家安全或国家文化安全威胁

与缅甸和越南接壤的地区较多反映境外广电信号渗透的问题；在内地课题组也听说边境一些地区可以通过私自安装的接收设备，收看到境外的电视节目。但经过追问了解到情况是这样：目前的广播电视信号传输设备与移动通信信号传输设备不同，无法精准界定自己的工作范围，在山区就更是这样。要保证本国居民的收看，信号势必会部分地越出国界。而如果邻国居民有适当的接收装置，当然就可以收看到我国的电视节目。在越界发射信号问题上，广播技术很容易做到，一些国际性或针对国际社会的广播台站（如 BBC 等）都是使用这些技术工作的。换句话说，广播信号的跨国界传播是一种技术上的常态。不同国家的广播信号之所以不会相互重叠、相互干扰，是因为国际上关于无线电频率使用有一些共同遵循的基本法律规范。而在相互具有敌意的国家间各方也都有一些针对对方广播信号的干扰技术可以使用。因此课题组必须对这些问题进行深入询问。

经追问，我边境地区可收听到的国外广播节目绝大部分是邻国或相邻地区针对其当地居民的，如介绍其国内经济社会发展，提供当地居民喜闻乐见的娱乐节目，并不针对中国居民或中国少数民族居民。它们使用的都是该国的语言或该地区的少数民族语言，而基本没有使用汉语的。只有缅甸果敢地区有一家中文电台，因为那里的居民使用汉语。所有这些电台电视台的播出内容没有专门针对中国居民尤其没有直接针对中国国家政策的；其功率设定也主要是服务于自己的边境地区居民的。滇桂周边各个国家的发展战略、政府方针或官方意识形态有一定差异是不可避免的。但中、越、老、缅的官方意识形态及发展模式其实差异真不是很大，都曾是并继续是“社会主义国家”。在广西，听当地专家说，越南就曾对基督教活动有所抑制。此外，一些边境广电台站（尤其是缅甸边境地区的广电台站）在技术上对中国有援助需求；在内容上对中国节目有引进需求。

被认为针对中国国家政策的广播电台有两类，数量极少。一是一直有反华宣传的“美国之音”已经声明停播，剩下的如“澳广”等也未必充满敌意；二是从事宗教宣传的广播电台选址在菲律宾的马尼拉或中国香港，这些宗教内容严格说不是政治性的，通常也不专门针对中国信众，尤其不专门针对中国边境地区的跨境民族边民。严格说这些广播台站并不是沿中国边境外侧设立的。广西大新县硕龙镇的村民知道有一个“河内之声”广播电台，以前算“敌台”，但不知道最近在播出什么内容。还有地方反映邻国地方广电节目中曾有一些色情内容。课题组相信类似黄赌毒泛滥的问题，任何一个国家恐怕都不会容忍，差别只会出现在掌握的分寸上。而通过正常的外交渠道，相关问题是可以得到解决的。

从影响的角度上说，广电节目的相互覆盖也有语言门槛。只有跨境而居的相同民族可以听懂国境两侧的同种民族语言或方言的广播。这样的人口为数不多。据说早先广西那坡的苗族群众就因为长期收听境外的苗语广播而信奉了基督教，而我方当地没有苗语广播。在为本国少数民族提供特定语种的节目问题上，相邻国家的公共文化服务政策的确是可比较且具有竞争性的。但只要有关国家的发展政策、民族政策和民族语言政策并不相互对立，两国间不处于战争状态，就谈不上“国家文化安全”受威胁的问题。在滇桂两省区，广电部门的同志讲起这类竞争给人留下深刻印象。一是讲越南在扩大其广电信号覆盖范围上动作很大；而我方的建设力度、覆盖范围就更大。现在广西我方就开办了一个《北部湾之声》，用越语向东南亚覆盖。毕竟中国的经济实力比越南强很多。而境外电视节目课题组虽然也想看到，一些地方同志也承认当地可以看到，但所到之处（如河口和东兴的越南商贸城中）都未能如愿。

既然没有沿中国边境布设、专门针对中国国家政策和中国居民、使用我方语言的广电台站存在，那么结论就是：境外广电信号“渗透”基本不构成我国国家文化安全问题。

（二）边境地区的宗教传播问题也未构成对国家文化安全的威胁

宗教问题尤其是基督教的传播在中国各地都变得突出。信仰自由是我们基本的宗教政策。近年来宗教受众的增加和国家的发展相关，尤其和发展的不平衡相关。用马克思的话说，宗教是对底层民众所受苦难的精神慰藉。宗教是一种历史性存在，短时期内无法消除，也不必总是另眼相看。因此这个问题是要靠我们国家的协调发展尤其是真正的文化发展加以引导解决的。同时，我们既有宗教活动管理方面的政策和法律，也有外国人入境方面的政策和法律。我们依据法律进行宗教管理就能较好地保障国家安全。

在边境地区课题组听到“性质最严重”的事例有两个。一是云南临沧地区反映缅甸“佤帮”曾邀请我境内信众出境参加基督教传入佤族地区 100 周年活动。结果课题组根据自主办教的原则，做工作进行劝阻，解决了有关问题。二是国外的和尚私自入境在我们的佛寺里主持佛事活动。经追问，情况是由于我方长期没有培养自己的高级僧人（傣族缅寺里的“大和尚”），结果一些村寨的寺庙里没人主持佛事活动，少数民族信众的宗教需求无法满足。于是村民们私下从缅甸请来了大和尚驻寺（例如在镇康）。在课题组看来，这类情况主要应根据外国人入境的有关规定进行管理。根据自主办教的规则，原则上中国的寺庙不应由外国人主持有关活动；但确因僧人空缺需临时求助的，可根据特事特办的原则进行有管理的引入。前些年，我方也有一些居民到境外去接受培训，学成后回国来主持寺庙活动。近年来景洪地区已开办佛学院，本国的僧人已可学以致用，从境外引进僧人的境况将彻底改变。更何况佛教（南传小乘）对我国社会的发展不构成严重威胁。基督教的问题比较敏感，据说西方宗教组织在东南亚有关国家举办神职人员的培训，也给缅甸的“佤帮”分配了名额。这些边境外的动向还可继续观察。同时课题组听说，一些佤族群众信仰基督教是因为感到自己原有的“原始宗教”“不规范”才改信基督教的，看来宗教也有个现代化的问题。我们在这方面如没有恰当措施引导，外部势力就可能发挥影响。

一些地方反映，近年来一些国外的 NGO 获准到中国偏远地区开展扶贫、环保、教育等方面的工作（例如临沧地区就有20余个国际或国内 NGO 存在），其中有的具有宗教（慈善）背景，在进行协议约定的工作之外，也有一些传教行为发生（据说还有一些国外组织到我们境内架设仪器收集气象资料）。但这种案例并不是很多，而且已经引起我国有关部门的注意。这种情况同样可以运用外国人来华工作的有关法律法规进行管理，不会造成很大影响。

既然国家不将各种宗教教义、仪式活动及信仰本身视为敌对，因此除非这些外来宗教人员从事了其他敌对活动，或对我国宗教政策持严重批评态度，课题组均不将其视为对我国国家安全或国家文化安全的威胁。于是结论二，滇桂边境地区的宗教传播问题即使不宜予以正面评价，也还达不到对国家文化安全构成严重威胁的程度。

（三）当前少数民族边民的跨国往来对边境地区的发展和国家文化安全有益无害

所谓跨境民族通常是指分别居住在相邻国家边境两侧，且具有共同语言、信仰和生活习俗的少数民族，例如云南的佤族、傣族、苗族、瑶族和广西的壮族、京族等，他们的族人也居住在与云南广西接壤的缅甸、老挝和越南。这些少数民族边民通常在边境另一侧有亲戚朋友，相互间可能通婚；通常会经常走动，尤其是在民族节庆活动期间。因此这些跨境而居的少数民族居民之间有较频繁的经贸、社交和文化往来。调研中听到当地同志讲，这些边民是“出国容易进城难”。因此有些人认为，这些少数民族边民的民族认同强烈就会影响其国家认同，进而威胁国家安全。课题组了解到的情况不是这样的。

人的身份认同具有多重、复杂结构。民族认同和国家认同虽然在某些情境中会有一定的冲突，但本身不是必须二中选一的身份认同。今天的世界上，任何民族认同内容中都不包含对国家认同的唯一选择或排斥；反之即使是单一民族国家的认同中也不必然包含对其他民族居民身份的排斥。二者互不隶属。种族主义、极端民族主义在今天都几乎没有市场。国家建设强有力、公民权利落实充分、对外政策得当，国民的国家认同就深入人心，包括跨境少数民族国民。课题组这次调研所接触的边境少数民族相对来说人口较少，还可能在相邻的两个国家内都是少数民族，因此他们的民族认同对国家认同很难有较大干扰。但不同国家的经济社会发展水平、具体的民族政策、边境政策对其国家认同尤其国家政策认同会有一定的影响。通常说，经济社会发展较快的国家比相对较慢的国家具有更强的竞争优势。这一点，在滇桂边境一目了然。

中国经济的连年高速增长、边境地区社会的持续发展、边民收入的不断增加、少数民族政策的不断落实使中国的边境地区对境外边民具有强烈的吸引力、感召力。有不少越南边民在广西、云南打工；（云南的江城、勐腊和广西的大新、东兴等地）有不少老挝、越南女性私下嫁给中国边民；有一些缅甸、越南孩子到中国来读书（学汉语和中国文化）。相反，中国边民到邻国通常是经商；几乎没有中国女性嫁到越南、老挝、缅甸；很少有中国孩子去邻国读书。在云南，沧源县开办了几所“国门学校”，不少缅甸孩子过来读书。虽然缅甸居民到中国学校学习要收学费，但因人数较少，而且和中国学生一起作息，所以伙食补贴就一起提供了。因此中国学校的声誉很好。现在，临沧地区的教师没有从缅甸来的，但中国的教师有到缅甸教书的，而且教材也应邀从我国输出。景洪职业教育学院与缅、老、泰等国都有教师、学生之间的交流。勐龙幼儿园有 30 多个孩子从境外来入托。在红河州的河口、蒙自等地甚至越南的老街，都有为越南学生开办的中文班。中国文化的影响很大。

跨境民族过共同的节日。节日期间相互往来，也形成对比。西双版纳地区和老挝、泰国的傣族都过泼水节，但日期不一样，显然“我们这边更隆重”。云南、广西的一些地市，近年都搞了一些国际性旅游商贸节。云南普洱市江城县与相邻的老挝越南省份搞起了“丢包节”，省里更是推动设立了大湄公河次区域六国艺术节；广西也承办了中越青年大联欢等。广西龙州 5 个乡镇搞起了歌墟节，每次越南过来的边民有 10 万之众。京族“哈节”时搞篮球赛、对歌，中越两国边境县市轮流主办，搞成了旅游品牌。滇桂边境地区的县歌舞团或村业余宣传队也会到邻国的边境地区进行演出，进行少数民族民间音乐舞蹈交流。由于各国经济实力有差异，这些文化交流通常是中方出资较多，为中国的国家形象添了彩。京族是越南的主体民族，在中国人口很少。但在东兴市的京族三岛，可以感受到当地京族居民强烈的民族自豪感和对京族历史文化的深刻了解，同时又有同样明确和强烈的国家认同。

应该承认，这里所说的人员往来绝大多数是通过正常出入境渠道和程序实现的，但也有少数情况是“私下的”，没有办理合法手续的。如一些“老挝媳妇”始终上不了户口；一些游客“偷渡”到境外“一日游”等。但如果我们对边境地区的生活不再陌生，就会知道国境线往往不是一堵密不透风的边墙。既然边境地区并没有出现少数民族边民大批非正常集中越界迁徙；既然跨境民族的人员往来可以为边民提供种种便利，同时为国家争得荣誉（因此这种积极的民族认同在一定程度上可能超越国家认同），我们正应该利用这种国家间的特殊民族纽带，促进共同发展和边境繁荣。因此结论三，当前少数民族边民的跨国往来对边境地区的发展和国家文化安全有益无害。

（四）周边国家文化制品稀少，谈不上对我国国家文化安全的威胁，而是不利于当地文化交流和文化产业发展

就课题组了解的情况而言，滇桂两省区边境内外狭义文化产品流通是很少的，涉及跨境民族之间的文化产品流通也非常有限（时间关系课题组根本无暇进入各县市乡的文化制品商店）。普洱市和西双版纳傣族地区反映，近年来傣歌传唱越来越少，因此据说从老挝方面有一些傣歌光碟被边民带进来。而在勐腊县曼龙代村曼龙勒村民小组，村民们在文化室音响设备伴奏下跳起纯正的傣族舞蹈，课题组在文化室内却没有看到境外制作的音乐光碟。倒是有的专家谈到，近年来一些少数民族的非物质文化遗产正在流失，而在中国已经遗失了的乐器、民歌等，刚好可以从周边国家里重新找到。至于我们的音像制品，主要流向东南亚各国。云南河口县的同志反映，越南提出中越之间可以搞新闻互

动，并主动送消息过来；双方交往中也有一些出版物交流。这样可以使我们对对方有更多的了解。他们说，越方对我国的文化“渗透”不强，主要是饮食方面有影响，歌舞、文学、电视剧在我们这里没有市场。我们的歌曲、电影、光碟在对面却很常见。他们的宾馆一般都可以看到中国的电视节目。广西凭祥的同志也反映说，对面越南只有三个电视频道，节目粗糙，所以那边的观众主要是看我们的。东兴市还有商家把一些中文流行歌曲改为越语重新录制，制成光碟销往越南。

传说广西和云南文山地区有苗族传统服装被外国人收购，导致非物质文化遗产流失。课题组了解到的情况也不支持这个说法。这里所说的传统民族服装最多不过是当地居民现在还在穿着的民族服装，而且有许多是从工厂里批量生产出来的民族服装，这已经是旅游纪念品的范畴。应该说这后一类的交易是越多越好。云南文山的同志说，传统民族服饰目前国内外都有一些市场，几千甚至几万元一套，民间有人收藏。20 年前当地就有人收购，转运到泰国清迈。新制的民族服装可以卖到越老泰等国。文山有三家收购商，还曾到越南去收。据他们说，见到过一些与苗文化有关的制品，多是从美国、加拿大带进来的。但课题组未能见到。

除了正式渠道进口的各类时政或学术性期刊，口岸地区没有见到国外通俗刊物存在。广西的同志反映说，自治区受中央外宣办委托办了一个越文的杂志《荷花》，我方人员带出去如果让越方公安发现是会被收走的。

与境外广电信号渗透问题一样，既然境外并无大批针对我方政策、充满敌意的宣传品或不良文化产品非法流入，那么也就不会对我国国家文化安全构成现实的威胁。因此结论四，在边境地区几乎看不到周边国家的文化制品，更谈不上会对国家文化安全构成威胁。而如果说滇桂边境边民往来是有益无害，那么边境地区文化制品贸易量偏小则是有害无益。

三　滇桂边境地区的发展面对邻国的竞争挑战

课题组认为，在滇桂边境谈论国家文化安全状况多少有些文不对题，但在中越边境沿线，的确随处可以感到两国间关系存在某种紧张。经过考察和分析课题组认为，这种紧张不是安全问题，而是两个同样处于全球化和快速现代化崛起的国家在边境地区呈现出的强竞争态势。在河口，两条界河的两岸分别矗立起高高的挡墙，以前自然形成的蜿蜒河道及宽阔沙洲景观不复存在，河流变成了“船闸”。这是两国生存与发展竞争的结果，也是强竞争态势的生动写照。

中国的快速发展必然会对邻国造成影响，但缅甸边境地区由地方势力控制，老挝国家实力不强，因此对中国的强势发展不作特别回应。唯独越南作为一个革新开放、崛起较快的区域国家与中国赛跑，形成了强竞争态势。可以说，在中国陆路边界中，中越边界全线是人口最密集、经济合作最热络、口岸最多、相互竞争也最激烈的一段（港澳是中国自己的特区，不计；俄罗斯远东地区、蒙古人口稀少；朝鲜经济发展滞后；中印至中哈边界受地理和气候条件限制，通行困难；缅甸经济滞后、边界地区由地方武装控制；老挝经济缺少活力）。尽管越南的人均 GDP 到 2010 年只有 1100 美元左右，但边境线对面已有宽阔的高等级公路，有大量的施工机械在运作。云南河口县城受地形限制无法展开，在两公里远的北山建设了一片新城区，越南就在红河对岸用推土机推出了一块平地，建立了商贸区。据了解，越南采取了一系列特殊优惠的边境政策和少数民族政策，包括从中国“照搬”过去的各种政策措施来提升国家形象，稳定边疆，强化边境安全；沿中越边境形成一条快速发展带。

云南和广西的同志介绍说，越南政府对到中越边境居住的农民会分给土地，补贴建房和购买耕牛；对愿意到中越边境地区工作的教师和国家公务员，给予待遇上的优惠，而且越是一线人员优惠越多；越方教师、官员出国也很注意着装、仪表，等等。据说以前有一些越南孩子到我方就学，现在越南沿边境 10 公里内有特殊教育政策，学生的学费全免，因此不用过来读书。边境对面居民的医疗待遇也是较高的。课题组此行唯一听到因中国公共卫生服务条件比越南差而偷偷赴越就医的事例：一苗族儿童患肾结石，到我方医院治疗要花 5000 元人民币，结果他就由朋友带到越南，以越南人的身份得到免费治疗。以上这些“兴边富民”措施不仅促进了当地的发展，也有效巩固了他们的边防。据广西的同志说，我们的人到对面探亲，就有公安跟踪；而对面的人到我们这边来，几个月也没有人报告。这在一定程度上可能是真实的。

近年来，越方沿边境一线的公共文化设施、机构、设备有极大改善。在河口有所谓“大国家小声音，小国家大声音”的说法，是指越南的广播喇叭声音大，广播台站的发射功率也大。我们的一些信号盲区还可以收到越方的信号。越方为他们的贫困户免费发放了电视机、收音机。越方一些文艺团体的编制很充分，专业文艺人才进得来，年龄大了也可以妥善安置。另外，越南在高等教育发展和人才培养上也大力推进，近年来高考率、高考入学率都比我们高：他们是 8000 万人口 100 万考生；我们是 13 亿人口 800 万考生。相形之下，他们的百分比更高。

然而，我们并不能简单地将这些举动看作是敌对的。越南人未必愿意做我们的兄弟和朋友，更愿成为我们的竞争对手。这时竞争是互惠的。在河口，每天有数百辆大吨位卡车装载矿石从口岸输入，在山腰车站装火车运往蒙自。但在这个过程中，他们不仅有博弈的意识，要在国际竞争中拔得头筹，而且也真心实意地向我们学习，了解我们进而希望超越我们。云南的同志反映，越南经常放映我们的电影或电视剧，译制工作并不精细，通常是男女两位译员做同声传译。这样可以保证越南居民有更多的文化产品可以消费。广西的同志反映，我们的文艺团体过去演出以后，越方都会安排他们的文艺团体进行观摩、学习，连服装、道具都要学。河口的同志感到，越南人学汉语的愿望比中国人学越语的强烈得多。为合作防治艾滋病越方就专门培训有关人员的汉语。我们也许不能盲目自大，认为越南是个小国，什么都不如我们。这些年来，越南的开放程度比我们高，政治体制改革的进程比我国步子大；尽管其边境管理在不断加强，但出入境程序却在不断简化。广西的边民反映，我们的人要去越南需要到县里办手续，派出所还要盖个章，收 10 块钱；而越南边民要过来只要公安屯盖个章，不收钱就过来了。我们在河口和东兴越南商贸城里看到，越南商品的质量在提高；越商的品牌意识、诚信意识在提高；越南商品的知名度、美誉度都在提高。

对于越南的快速发展和竞争姿态，我们要怎么看呢？尽管中越间有领海岛屿归属之争，但我们不要以为除了敌人就是朋友，竞争对手才是更常见的伙伴。看来安全并不是衡量发展与竞争态势的最重要指标。

四　促进我国边境民族地区的快速发展要有新的认识和新的举措

调研后课题组成员自问：为什么滇桂边境对面是发展程度远不如我们的国家，文化上没有什么傲人成就；境外广电信号的有限“渗透”并没有多少负面影响；文化产品的流入几乎可以忽略不计；宗教传播也不比内地更严重，而我们的一些部门和学者却高呼“国家文化安全受到威胁”？课题组发现，在“国家文化安全”这个未经厘清的概念之下，还隐藏着另外一些严重问题。

在座谈过程中，一些专家说的国家文化安全缺陷是指国家公共文化服务体系在滇桂地区设施薄弱、不敷其用；另一些专家说的国家文化安全是指在快速现代化过程中国家主流文化对同样属于这个国家的一些少数民族的传统文化造成威胁；还有的专家说国家文化安全是指在与邻国的文化发展竞争中我们有些力不从心。应该说，这里所有这些国家文化安全概念的使用都不恰当，但错误概念所指向的现实问题又确实存在。国家在这些问题上确实应该有新认识、新措施和新的投入力度。

我们感受了中越两国发展中的强竞争态势，反过来我们也看到，与越南接壤的云南广西两西部省区，在国内发展中却相对滞后，更谈不上多少后劲、潜力。于是，国家比较时明显的发展优势就变成两国边境地区比较时的相对均势，某些方面比较甚至可能处于劣势。

据此课题组认为，国家对滇桂边境地区的扶持政策应该具有三重视野，应该以三重举措和三重投入进行应对。三重视野是：第一，要迅速弥合东西部地区的发展差距，公民的文化权利应该是平等的、均衡的；第二，对少数民族文化的发展要予以差异性制度安排保障；第三，边境是特殊区域，沿边境的县、乡、村，应优先予以特殊政策扶持，尤其面对强竞争态势国家的区域。

（一）东西部公共文化服务设施与供应的差距应尽快缩小

应该说，滇桂地区的宣传文化部门都在努力工作，不仅希望丰富边境地区少数民族居民的业余文化生活，也希望通过打造有民族文化特色的产品，既保护非物质遗产，又促进边民增收。云南就针对现代化进程中传统文化表达方式的式微制定实施了“土风计划”。但西部省区经济发展滞后，财政拮据，公共文化服务体系建设与东部地区相比严重滞后。如据反映，广西龙州县文化馆每年只有3000元经费，还不够付电费；边境半数县乡没有经费搞活动。在广西，广电信号还差两万多自然村没覆盖，而且前期投入的接收设施已经开始坏损，高额维修成本由谁承担的问题并不明确。因此广电信号覆盖和村民是否可以收看还是两个问题。云南广西的村级文化室、农家书屋普遍覆盖率很低。共享工程村级终端网速太慢不受欢迎，后续维修也没有经费。许多自然村与行政村相距较远，根本没有公共文化服务设施，因为不通电甚至连电视也看不到。有的地方反映能够收看到的电视频道与城市地区相比数量少很多。在云南边境，不少乡村希望政府能够提供的只是一块露天的水泥球场，可以兼做文艺演出场地使用。这些项目解决起来所需经费并不算多，广西发改委的同志建议，少数民族村寨文化活动场所建设应从中央财政开个专项。

除了经费，更重要的是管理。目前我国各级公共文化服务体系还普遍缺少系统整合，没有明确哪一级是功能协调的关键节点。但毕竟东部地区、传统汉族聚居区由于人口密度大，交往多，因此乡镇会成为事实上的公共文化服务关键节点。例如在江苏的吴江甚至重庆的铜梁或北碚，村庄相距不远，乡镇综合文化站可以整合协调村级各类文化活动。与东中部汉族聚居的乡村相比，滇桂边境地区的乡镇与村寨、行政村与自然村之间的距离更远。在云南广西边境，自然村与行政村都可能相聚 10 公里甚至更远，村民平时根本不到乡镇去。书报即使发放到了行政村，也根本到不了其所属自然村。但它们可能距边境很近，距邻国的同族村寨很近。因此在这些地区公共文化服务不仅设施建设、相关设备配送应更快跟上东中部，而且应能找到五大惠民重点文化工程的关键整合节点加以重点打造。这个节点应比东中部的乡镇层级更低一些，很可能会是周期性举办街墟（即集市）的行政村或自然村。这个节点不仅要配备房屋器材，而且要配备人员编制和活动经费，要对相关人员进行培训。这样才能使文化包括“国家文化”也包括传统民族民间文化发挥作用，不断创新。

（二）加强民族语言文字与汉语言文字互译机制建设

由于少数民族居民在社会生活和发展过程中相对处于弱势地位，因此对于少数民族文化的发展创新需要予以特殊的政策扶持。语言多样性是文化多样性的基础，因此不同民族语言互通互译是解决问题的关键。当前在滇桂地区很多少数民族群众（尤其是进城后的少数民族群众）已经不会说本民族的语言。反之留在边境地区的少数民族居民仍然不太通晓汉语。今天的条件下要保护民族语言的多样性，关键是要实现少数民族语言和国家通用语言方便快捷的双向转换。这时（广电）媒体的确是重要手段。调研中滇桂两省区的同志都在谈论少数民族语言频道频率的开通、少数民族语言节目的创作和译制问题；谈论

民族语言节目在哪一个范围里播出、有关译制中心设在哪一级等问题。边境很多县乡村，没有针对当地少数民族的特定语种广播。例如在河口瑶族自治县，只能收到红河州开办的哈尼语、彝语的译制节目，瑶语、苗语的就没有；因为红河是哈尼族彝族自治州。上文提到广西那坡由于只有壮语广播，苗族长期收听境外的苗语广播结果信奉了基督教的事例，原因也是一样。这都说明在当前条件下，少数民族语言广播电视节目的提供在加大投入之前有必要重新规划整体的布局，体制性的问题首先需要解决。重要的不是发射功率的增加，而是节目内容的调整。有专家提到，国外的哈尼、爱伲都叫阿卡，泰老越缅等国都有。国外有人专门制定这些民族的文字，以利文化传播，将来会影响到国内。这样的事需未雨绸缪。

课题组强调语言屏障的克服，最终是希望现在处于发展劣势的少数民族居民将特定传统文化中的美好价值按照自己的意愿和表达方式带入新的时代。但消除语言障碍应从两个方向做工作，即让使用汉语的居民方便地了解使用少数民族语言的居民的文化表达，反之亦然。因此应充分认识掌握少数民族语言的重要意义。我们当前的一些人才评估机制如职称、职务评定的标准对少数民族公务员、文化管理人员对母语的掌握基本上是忽略不计，因此这些民族干部总觉得有些自卑；而汉族干部也没有更大的热情去掌握少数民族语言。这种状况需要改变。这样也才能从根本上改变对少数民族语言文化实行“封闭保护”、“静态保护”、“原汁原味保护”或“输血”等消极保护思路。

（三）沿边境构筑高位势文化特区

文化改革发展已经成为国家的大政方针。出于对东西部发展水平的均衡、促进少数民族文化发展的考虑而对滇桂边境地区加大文化方面的投入也是大势所趋。但我们还应有一种边防意识，有一种和邻国进行文化发展竞争的意识，为此再增加一些投入。例如云南的河口，和中国近现代史上许多重大事件有关联，是中越交通和国际国内旅游的重要枢纽。其对岸越南的老街省、古柳市近年来发展很快，人口不断增长，城市不断扩大。而河口由于受地理条件限制，土地整理、城市建设成本高，县城城区面积难以展开，极不利于与边境对岸的发展竞争。有关部门应该进行调研，为其沿红河旧国道开辟新市区进行前瞻性规划。

广西的同志介绍说，2002 年时发现我们的一些边境学校设施比越南的还差，还有茅草房。于是自治区搞了两期的“边境大会战”，成效明显。现村级完小至少有一栋教学楼，初中以上还有一栋宿舍楼，比越南那边稍好。现在应该实施边境地区学校教师周转房工程，还应提高边境寄宿制学校的生活补贴标准。广西的同志认为，边境地区村村通电视天线零配件维修费用也应列入预算。云南沧源的同志提出，现在国家应该优先在边境乡村开展学前教育机构的建设，这样到了九年基础教育时期，孩子们的汉语水平更高，教育的效果会更好。有搞民族工作的同志说，不要认为边防工作只是军队在做，边防工作有许多文化内容，在邻国间强竞争的态势下，文化的工作甚至比“武化”的更重要。例如滇桂边境所有的县市，当地政府都提出要保留一支由财政供养的歌舞团的要求。课题组也认为既然公共文化服务已经承诺提供免费的图书报刊，承诺博物馆免费开放，那么有什么理由不可以提供一些免费的文化表演服务呢?!比起语言文字类和文物类的文化产品，表演类产品更易超越国界，更易产生跨文化的影响。而由于人口密度低，演出成本高，表演艺术市场在边境地区通常较小，商业性的演出团体很难独立支撑。课题组认为，这些艺术团体应予以保留，由财政全额负担，同时认真确定其服务功能、编制及服务提供标准。

目前，滇桂两省区都增加了许多新的边贸口岸，如云南普洱的关累、广西凭祥的浦寨等在国内媒体上的出镜率都很高。这些口岸不同于传统的边境口岸。传统口岸可以只是交通通道，而新的边贸口岸很可能直接就是新的居民点。与享有各类特殊政策的园区建设相配套，口岸很快就会是一个乡镇级的行政区划。未来的边境线就是由这样一串串的口岸城市带连接而成的。因此这些地区的城镇化发展与其文化发展、人口素质的提高紧密相关。习总书记曾希望滇桂地区能够建成面向南亚、东南亚开放的桥头堡。这些口岸园区就是特区，就是一线桥头堡，因此各级政府要予以特殊关注。而且对外开放的桥头堡关键是要有对外文化辐射力，必须首先从文化、教育设施建设上予以重视。这些边境县市镇从一开始就会有国外居民长期居住，会有涉外文化事务发生，因此还应加强同时掌握当地少数民族语言、汉语普通话及邻国语言的人才培养，这样才有利于国际交往，长期保持在沿边地区的竞争优势。这都是需要从现在起予以格外重视的。

归纳起来，课题组说的三重视野指向了三重措施。相应地，课题组也提到三条具体的政策建议：第一，进一步调研确定滇桂边境跨境民族聚居区公共文化服务体系整合结点的位置，明确其功能并着手打造；第二，进一步调研确定上述地区广播电视民族语言节目译制平台的定位和工作目标；第三，着眼于对外文化交往、文化辐射，进一步调研确定边境口岸城镇的文化设施建设和文化机构设置规划。相对我们的邻居而言，现在这样做还不算太晚！

每隔一段时间，就有机会到边境地区走走看看，可以切身感受到国家的发展，同时也感受到发展的不平衡，因此更深切地体会到贯彻科学发展观的必要性和紧迫性，体会到文化发展与改革的必要性和紧迫性。平心而论，我们与东南亚几个周边国家相比，只是幅员辽阔，传统文化资源更加丰富；人口众多，因此文化产品种类繁多。论质量，我们都还没有多少世界级的艺术精品问世；我们在国际社会中都还患有一定程度的“失语症”。“亚洲”迄今还鲜有文化认同，还只是一个地理概念。因此我们高度评价中国－东盟自由贸易区框架下的种种文化合作尝试；高度评价中央电视台“今日亚洲”这样的栏目。课题组认为亚洲尤其是中国应该在文化上对世界做出更大贡献。文化发展已经成为中国人民的心愿和希望，与此同时我们对能够促进文化大发展大繁荣的新体制新机制有更多的期盼。离开文化体制改革，文化发展繁荣就是一句空话。我们一些同志的“不安全感”就来源于此。课题组调研结束的时候，刚好党的十七届六中全会召开。会上通过的《决定》给了我们新的期待！

B.7

东北及内蒙古边境地区少数民族文化发展与对外文化交流状况调研报告

国家民委文宣司和中国社会科学院文化研究中心
中国少数民族文化发展战略研究课题组*
张晓明　章建刚　贾旭东　李　河**　执笔

摘　要：从本质上讲，我国沿边民族地区文化形势无论有多少差异，发展应该是个最根本的主题，“发展战略”的制定是首要的任务。课题组认为，必须把边境少数民族聚居地区文化发展问题作为我国国家文化政策中一个独立的“单元”来看待，制定专门的“发展战略”，形成配套性的政策。建议强化延边朝鲜族文化产业部门国际竞争力建设，扩大中国朝鲜族文化的国际影响；建议在边境陆路口岸设立文化中心；建立“中国边境民族地区发展数据评估系统”。

关键词：边境地区　少数民族　文化发展　对外文化交流

* 课题组成员：丹珠昂奔、武翠英、李景源、张学进、张晓明、章建刚、李河、贾旭东、任乌晶、李民、惠鸣、意娜。

** 张晓明，中国社会科学院文化研究中心研究员，中国传媒大学文化发展研究院博士生导师，中国城市经济学会秘书长，“文化产业重大课题研究计划”管理办公室主任、首席专家，文化蓝皮书系列《中国少数民族文化发展报告》《中国文化产业发展报告》《国际文化产业发展报告》主编；章建刚，中国社会科学院哲学研究所、文化研究中心研究员、博士生导师，文化蓝皮书《中国文化产业发展报告》主编联合国《保护和促进文化表达形式多样性公约（2005）》中国政府首席专家；贾旭东，中国社会科学院文化研究中心常务副主任、研究员，中国传媒大学文化发展研究院博士生导师；李河，中国社会科学院文化研究中心副主任，研究员，中国社会科学院哲学研究所博士生导师，联合国教科文组织《保护和促进文化表达形式多样性公约（2005）》所属“文化多样性国际基金项目”（IFCD）6人评委。

概 述

2012 年 8 月 27 日至 9 月 12 日，国家民委文化宣传司和中国社会科学院文化研究中心组成的联合调研组，赴内蒙古及东北地区的中俄、中蒙、中朝边境开展少数民族文化发展与对外文化交流状况调研。调研的重点是跨境民族的文化交流情况，少数民族文化传媒体系对外影响状况，人口较少民族文化发展状况，公共文化服务体系建设，文化产业发展状况，以及韩国文化产品在中朝边境地区的传播和影响状况等。调研组路线覆盖了内蒙古自治区呼和浩特市、呼伦贝尔市、满洲里市、鄂温克族自治旗、新巴尔虎右旗；辽宁省丹东市、宽甸县；吉林省长白县、延吉市、图们市。

本次调研是国家民委文化宣传司和中国社会科学院文化研究中心边境民族地区文化发展系列调研的第三次。2010 年新疆调研的主题词是“稳定”（“促进新疆稳定发展的文化建设策略”），2011 年云南广西调研的主题词是“文化安全”（“边境少数民族地区文化安全问题”），而本次调研的主题词则是“发展”与“交流”。回顾三次调研，课题组认识到，从本质上讲，我国沿边民族地区文化形势无论有多少差异，发展应该是个最根本的主题，“发展战略”的制定是首要的任务。新疆调研课题组强调的是，“稳疆兴疆战略”中文化发展战略是短板；云南广西调研时课题组明确地认为，“文化安全归根结底是文化发展问题”；这次课题组更是把“发展”和“交流”看作是中俄、中蒙、中朝边境地区少数民族的文化状况的主流。当课题组将边境民族区域形势的性质界定为“发展”时，也就将相关事态判定为毗邻国家间正常与和平的“竞争”。而这种和平的竞争最终会反映为文化的竞争。说文化竞争是基于文化多样性长期格局的考虑，既不同于“文化冲突论”，也不同于泛泛而言的“文明对话论”。本次调研课题组最后形成了一个核心建议就是：必须把边境少数民族聚居地区文化发展问题作为我国国家文化政策中一个独立的“单元”来看待，制定专门的“发展战略”，形成配套性的政策。在传统社会，边远民族地区被当作与其他大国之间的缓冲区和“化外之地”，是被忽视的区域；今天，它应成为发展中中国的金色边框及国防巩固毫不含糊的“硬化带”。因此我们需要一种专门的政策视野，需要一个特殊的“政策单元”。从国家发展的宏观大局来看，这件事已经到了必须重视的时候了。

为此，在2010和2011年赴新疆、云南、广西调研的基础上，调研组提出三项建议，主要观点如下。

（一）建议强化延边朝鲜族文化产业部门国际竞争力建设，扩大中国朝鲜族文化的国际影响

课题组在《强化延边朝鲜族文化产业部门国际竞争力建设，扩大中国朝鲜族文化的国际影响》报告中分析了延边朝鲜族文化发展状况，提出了中韩之间“隔空竞争”的新的文化竞争类型，并在此基础上提出了增强延边朝鲜族自治州文化单位的功能，加强其文化生产能力和竞争力的建议。为此，就需要打破受到“行政级别”限制的旧体制的“旧路径”，打造面向全国市场、区域市场和全球市场的地方特色文化生产机构。在此基础之上，再施以公共服务扶持幼稚产业的政策措施。事实上，这是一个解决沿边境地区，特别是少数民族聚居地区文化发展的带有普遍性的政策建议。我国陆地边境线长2.28万公里，与14个国家接壤，沿陆地边境分布着9个省（自治区）的136个边境县（旗、市、市辖区）及新疆生产建设兵团的58个边境团场，这些地区的文化系统不仅承担着对内满足各族人民文化生活需求的任务，而且承担着开展中外文化交流，对外传播中华文化的重任。此外，这些地区往往幅员辽阔，居民居住分散，在“一刀切”的行政体制中通过常规的行政拨款或者“专项资金”支持往往难以实现有关部门制定的所谓公共文化服务“均等化”的标准。因此，将其划入一个整体性的文化政策单元，由中央财政统一安排资金直接支持，可能是一个必要的选择。

（二）建议在边境陆路口岸设立文化中心

调研组在《关于在边境陆路口岸设立文化中心的建议》中提出在陆路边境口岸设立文化中心的建议，可以说是对于我们整个边境地区文化调研在空间布局上的点睛之笔，也成为边境地区文化政策作为独立的地理单元的重要支撑系统。目前我国边境陆路国家一类口岸在60个左右，占沿边地区国家一类口岸总数的一半多。陆地边境地区的文化问题具有地域层面的特殊性、国家层面

的战略性和对象上的外向性三个层面的特征。边境陆路口岸，是国境线内外文化交流、传播、冲突与融合的窗口和平台，在边境陆路口岸设立文化中心具有特别重要的战略意义，需要新的制度安排。

（三）建议建立“中国边境民族地区发展数据评估系统”

调研组《关于建立“中国边境民族地区发展数据评估系统”的建议》可以被看作是对于课题组三年来系列调研活动的系统回顾，以及对于建立起一个边境民族地区文化政策单元的基础性的工作建议。该报告系统地提出了建立一个“中国边境民族地区发展数据评估系统”。报告指出，目前边境民族地区文化政策的制定依赖于各种“调研”活动，这些调研存在严重的不够科学的弊病。比如说调研活动所依赖的数据受到作为被调研对象的政府部门的汇报模式限制（由政府部门提供），调研模式受到国家目前拨款模式的捆绑（被各种“专项”资助引导）。这种状况已经到了必须做根本性改变的时候了。只有依赖专业化的科研机构，对边境民族地区及毗邻国家相关区域的发展状况做整体性的系统比较研究，掌握边境民族地区的文化发展状况的真实数据，才能对形势做出科学评估和及时预测，才能为政府相关决策提供科学严谨的依据，才不会出现“出事才管，出小事小管，出大事大管”，以及“会哭的孩子有奶吃”等不正常现象。

建议一：强化延边朝鲜族文化产业部门国际竞争力建设，扩大中国朝鲜族文化的国际影响

（一）新问题的进入：我国陆路边境地区的强竞争热点在哪里

边境民族地区文化发展系列调研进入了第三年。这次课题组注意到边境地区跨境民族文化发展竞争的一个新类型：以同一民族文化为基础的“隔空竞争”。我国东北尤其是延边朝鲜族文化发展的有力对手是韩国。隔着朝鲜，延边及东北各地的朝鲜族居民与韩国社会形成经济与文化生活的多重重要纽带关联。

中国的和平发展是在全球化和地缘政治格局中推进的。国家自觉地为发展

营造更为有利的国际环境。优化国际环境尤其周边环境的努力也越来越多地从传统的友好援助模式向可持续的市场竞争模式转变。这是因为我们的邻国也处于现代化转型过程当中。我们都在现代化进程中赛跑。今天，我们国家已从对“被开除球籍”的焦虑中解脱出来，更自觉地向一个负责任的地区大国的角色转变。课题组是在这样的大背景下，关注我国陆路边境跨境民族地区的文化发展问题。

经过三年的调研，课题组认为我国陆路边境地区的“国家文化安全”形势总体上是好的。在很大程度上由于我国经济发展、综合国力提升和对周边国家的贸易额增加、外贸产品质量逐步提高，我方相对优势地位已经形成，因而带动了中国文化对周边国家的影响力、辐射力的提高。对于西藏、新疆这样存在某种程度敏感问题的省区，这种优势地位的积极作用为相关内政问题的解决创造了更好的国际条件。这样的势头应该有意识地加以保持和持续扩大。

在调研中，课题组也意识到在我国陆路边境地区中有一些地段的国境两侧存在着强竞争的“热点地区”，这里包含文化竞争的成分。中俄边界、中哈边界区域有一定反映，俄哈两国的人均 GDP 水平高于中国。但毕竟俄罗斯、哈萨克斯坦的主要经济、人口中心距边境较远，该区域的中国居民人口稀少。而且从积极的方面看，强竞争促进两国贸易额及经济的相互依存度增加。中越边境是另一个类型。中越边境强竞争态势的背景更复杂。两国不仅有一些领土（领海）争端，有一些历史纠葛，更有国家和政治体制现代化方面的竞争关系。国家制度现代化进程的竞争就是对两国各自经济发展的更好国际环境的竞争。但越南毕竟是一个不大的国家，经济发展水平还在中国之下。中缅边境有类似演化的趋势。这种小的邻国如果连成片问题也会积少成多，必须防微杜渐、未雨绸缪。而通过 2014 年在中朝边境地区尤其是吉林延边的调研课题组又遇到一个新的竞争类型，这个类型的竞争包含更多文化竞争的成分。

（二）延边朝鲜族居民的日常生活状况：“生活”在哪里

实地调研最大的优点是可以让调查者看到问题的整体并进行深度挖掘，看到实际情况的各个侧面，哪怕有些侧面不是当下调研的重点。但是其中的一些侧面的暴露完全可以使对问题的感受发生重心偏转，对问题的判断发生质的变化。延边调研就有这样的特点。如果没有对实地的考察，仅仅听汇报、看数据，课题组对延边朝鲜族自治州文化机构的发展现状会相当满意。延边刚刚举行过自治州成立60周年的庆典，为此当地进行过扎扎实实的准备，也得到了国家方方面面的支持，当地各项事业发展的数据非常耀眼、耐看。延边很多公共建筑（如新落成使用的图书馆、博物馆和体育馆）具有鲜明的朝鲜族传统建筑风格，反映了当地朝鲜族居民的自尊与自信。同时朝鲜族居民的汉语水平普遍很高，与当地汉族及其他民族共同生活，关系融洽。因此尽管图们江出海口地处中俄朝韩日的接合部，当地涉外事务有较高的复杂性，但边疆的稳定显而易见。

然而情况还有另一些侧面，让我们对它做如下描述：中国朝鲜族是1700年以后尤其1900年后从朝鲜半岛迁移来的。20世纪，朝鲜族的迁徙史与中国各族人民反抗日本的侵略战争及殖民统治紧密联系在一起。目前中国的朝鲜族人口有近200万，其中半数的户籍在延边；余下的在东三省其他地区也有较多分布。改革开放尤其是中韩关系改善以后，朝鲜族人口事实上又一次表现了较大的流动性。一方面是大批青壮人口流动到东南沿海地区，另一方面是据说有近50万人口流动到韩国务工。延边边境地区不少朝鲜族村庄留下的基本上只有老人。这是一种特殊的城市化进程。

延边朝鲜族人口的生活较为富裕。得益于一方面有政府的改革开放及各项兴边富民政策的落实，另一方面又有在外务工人员把相当一部分所得汇回家乡。据相关统计，2011年按户籍人口计算，全州人均生产总值达到29782元，约合4500美元，与全国平均水平较为接近，高于中西部大多数少数民族地区。2011年全年实现社会消费品零售总额302.9亿元，人均约在1.5万元，比上年增长17.6%；消费增长也很强劲。

延吉市有面积较大的韩国商城，韩国生产的各类日用百货甚至包装食品琳琅满目，深受当地居民欢迎。看来韩国人把以工资方式支付给中国朝鲜族居民的钱又以商品交换的形式重新挣回去了，形成了一个循环。并且一般说，这些商品的价格比国内同类产品要高一些，韩国产品不走价廉质次的低端市场路线。因此当地居民在支付较多货币购买了韩国产品后，还得到一个明确印象：韩国商品是先进的、优质的。

由于朝鲜族居民使用朝鲜半岛通用的朝鲜语（或称韩语），因此对内容较为生活化的韩国影视节目、印刷质量较好的韩文图书更为欢迎。国内普遍存在的“韩流”在这里更为强劲。居民楼宇上装了“小耳朵”（电视接收天线）的现象较为常见。应该说，我们的朝鲜族居民在韩国打工的画面不会出现在韩国的电视节目中；中国朝鲜族在延边的日常生活也不会出现在韩国的电视节目中。但现在电视屏幕上在分处两国的朝鲜族居民间提供了一座“共通的”“象征性”的视觉符号桥梁，在实现了情感沟通后还会在人们头脑中留下某种文化想象或幻觉。于是不仅韩国的商品是先进的，韩国的文化也是先进的。这里“先进”的含义是含混的，既不完全错，又不完全对。如果家人在韩国打工，家庭靠韩国寄回的钱生活，使用的是韩国产品（包括韩国的食品），在学校看到很多韩国图书，晚上观看的也是韩国的电视节目，那么，这些居民生活在哪里（哪个国家）的问题就很值得追问了。结合课题组最近对东亚各国在现代化进程中表现出“文化民族主义”倾向和“去中华文化化”的讨论，课题组清晰地意识到，原来我们考虑陆路边境的邻国时不应把韩国忘掉。韩国是一个与我们形成极强竞争态势、隔空（跨越朝鲜）对我边境地区具有较大影响的陆路邻国。朝鲜与韩国是一个民族，两个国家都希望“祖国”能够统一。尽管与我们直接接壤的朝鲜目前经济不算发达，国家也不十分开放，但韩国却是我们陆路周边经济发展水平最高的国家，其人均 GDP 已在 2 万 ~3 万美元。它的经济竞争力与文化辐射力不可低估，在延边尤其不容忽视——三地的居民同是朝鲜族。

尤其要提及的是，在韩国文化的影响当中，还有基督教、天主教的成分。这些西方宗教在韩国传播得非常快。现在它们可以有一个新的传播介质：某种共同的民族生活与民族心理。延吉市的基督教或天主教教堂已经在城市景观中占有一席之地。

（三）延边朝鲜族自治州文化机构的发展现状：我们的应对能力如何

虽然这是一个与文化认同相关的问题，但首先应该强调，我们不是忧虑所谓“国家文化安全”。这种中间隔着一个国家的毗邻关系与国家安全没有直接关系，反之我们将坚定不移地与之开展持续的经济合作及发展竞赛。而且我们也看到，在延边，除了朝鲜族居民，还有几乎同等数量的汉族、满族及其他民族居民。我们对朝鲜族居民生活现实及文化态度的提炼也不过是对部分见闻的概括，以显示问题的尖锐。课题组的意图是在更积极的意义上思考，中国朝鲜族应该有自己对未来生活的想象吗？中国的朝鲜人与朝鲜和韩国的朝鲜人在不

同的制度环境中，会创造出不同的朝鲜族文化吗？中国朝鲜族的文化创造是否会为整个中国文化的创新与传播做出更多的贡献呢？事实上，韩国生活着5000万朝鲜人；朝鲜生活着2200万朝鲜人；相比之下中国的朝鲜族人数很少。在人数相差悬殊的情况下，我们才在民族语言相近、经济生活相容的前提下，考虑民族文化的发展方向问题。每个民族文化内部都会有不同的亚文化，各种文化、亚文化间的交往、融合会丰富人类文化的多样性，也促进世界的和平发展。但一个人数较少的亚文化怎样能够通过特色的创新既与同民族的其他亚文化相互激荡，又与他所在国的其他文化相互砥砺并推动一个现代国家的新文化构建，是一个现代国家的政府需要认真考虑和谋划的。

课题组在这样的思考中，关注到延边朝鲜族自治州一些文化单位的发展现况，尤其是其发展的不足。

延边自治州电视台是我国唯一用朝鲜语制播节目的电视媒体，但这些花费了不少制作成本的电视节目还不能在延边以外的一些朝鲜族自治地方落地，更不能在其他有大批朝鲜族人口聚居的城市社区落地。例如在北京的望京地区，生活着不少的朝鲜人（既有东北各地的朝鲜族，也有韩国的朝鲜人），但延边电视台的朝鲜语节目这里收看不到。据说转播也有设备成本，因此要收“落地费”。但课题组认为，在国家的卫星电视系统中增加一个频道节目的传输其成本微乎其微，公共服务的效率倒是有所提高。其间的阻力更多来自地方行政体制及相关利益格局。

延边人民出版社是国内唯一朝鲜族语言文字读物出版机构，自1951年建社至今共出版了12000多种图书。它的版本库收藏着全部这些出版物，而它的办公楼（连同库房）以及它的部分职工宿舍楼已相当破败。这个社的领导有决心和魄力，希望把自己图书出版发行的网点散布到韩国和朝鲜去，希望以世界所有使用朝鲜语的人口（包括在韩国打工的中国朝鲜族人口、韩国和朝鲜的学术界等）作为自己的目标读者，且已经取得了一些初步的成果，如一些新书在首尔举行首发仪式，并从1997年起每年都在那里办书展，展出几百种朝鲜语出版物。但他们没有想到，国家新闻出版总署旨在对各主要少数民族语言出版进行资助的“东风工程”竟把朝鲜语遗忘了。据说蒙藏维哈语都进入了，新疆人民出版社的大楼都盖起来了，而经过努力说服，有关部门只是表示将在“十三五”期间予以考虑。据说国家现在要做“中国文字库”。中国文字库不仅是中文（汉语）字库，而是中国所有在用文字的字库。遗憾的是，朝鲜文又被遗忘了。

朝鲜族能歌善舞。成立于1946年的延边歌舞团编创过很多著名的朝鲜族歌舞节目，不少节目的创作与表演不仅可与朝鲜或韩国的国家艺术团体的节目一争高下，还显示出中国朝鲜族歌舞乐的独特魅力（如延边朝鲜族的唢呐比朝韩两国的唢呐尺寸要长，音色也有差异）。多少年来，国家与省里一直对歌舞团有所投入。但一次次的“体制改革”思路并不连贯，结果是创编和表演人才的不断离散又重聚。至今在人员聘用、激励机制等方面仍然不能形成成熟、有效的制度。团里很多艺术家本身就对朝鲜族歌舞等非物质文化遗产了解非常透彻，他们帮助整理非遗项目，而且他们更能说清这些项目的由来，但国家级非物质文化遗产传承人轮不到他们。传承人出自什么范围本身就反映了该非遗项目的发展水平，传承人出现在教育机构或文艺团体里是相关非遗项目发展充分的标志。演出场所是另一个问题。延吉现有一个私人投资的演出场所（“欢乐宫”，据说还有国外资助），旅游演出很受欢迎，而延边歌舞团现在还没有像样的演出场所；许多高科技的舞台设备、道具在频繁的搬动、装运过程中屡屡受损。总之，无论与全国其他知名院团还是和新疆歌舞团、西藏自治区歌舞团相比，延边歌舞团及其演创人员的待遇都有差距。团里的同志说：“总说延边可以享受西部待遇，这些待遇在哪儿呢?”

朝鲜族重视子女的教育。延边的朝鲜族中小学历来坚持双语教学，教育水准也很高。但现在朝鲜族人口在减少，学校生源在减少，师生比变高，因此按学生人数下拨的教育经费就不敷调用；教师待遇低了，不仅招不到新教师，老教师也留不住。反之，学校图书室里，国内出版的朝鲜语读物少了，韩国捐赠的读物却多了起来。

市新华书店建筑老旧，读者购阅图书空间局促；延边州一些边远山区，文艺团体很难把戏送下去……凡此种种，不一而足。当课题组询问个中原委时，一些同志总是较为含糊地说，延边只是一个自治州，因此朝鲜族的待遇比不上自治区一级的藏族、维吾尔族或蒙古族。这个说法值得推敲。

（四）解决问题的出路何在

听上去，有关方面都是在向财政尤其是国家财政张口要钱，要加入有关的

"工程"，为此也希望提高单位的行政级别。但这是一个过于简单的想法，甚至这是近年来市场化的改革（包括财政体制尤其文化体制改革）滞后，国家财政以民生、维稳的名义任意立项支出所造成的误导。面对事业发展的瓶颈，看着国家的资金大量地往外流，谁能保持一颗平常心冷静旁观呢？这次调研中听到一些地方同志讲："中央财政蒸蒸日上；省级财政喜气洋洋；地级财政勉勉强强；县级财政哭爹喊娘；乡级财政名存实亡。"这的确是个严重的问题。但在问题实质性解决之前，"哭爹喊娘"恐怕也是必要的；有关的"工程"必须尽快加入进去。然而我们还是要有大局观，找到根本解决问题的思路。

据说前几任吉林省委领导同志曾正确提出过发展"中国朝鲜族文化"的定位。所谓中国朝鲜族是要与朝鲜和韩国的朝鲜族打擂台同台竞技的。延边的确只是一个自治州，而它对面的重量级竞争对手是隔着朝鲜迅速发展的韩国。韩国是我们陆路边境外发展水平最高的国家（朝鲜的改革开放具有较多不确定性，但已经有不少中国厂商蹲在鸭绿江边等了），也是与中国进行文化资源竞争及文化产品市场竞争意图最准确的国家！但既然我们已经在与其进行经济的竞争了，已经有大规模的人员往来了，已经有大量的文化往来了，那我们就势必要正面应对种种文化上的挑战。同发达国家竞争并不可怕，那里有巨大的市场。延边的文化机构、文化产品生产服务单位的领导有勇气做大做强。但我们必须看到，这是要延边州朝鲜族文化生产部门打开韩国、朝鲜文化市场的课题；是地方特色市场主体要去面向全国市场、区域市场和全球市场的问题。只有做到了这一点，延边当地的文化创新与文化认同问题才真正解决、社会才真正长治久安了。与韩国、朝鲜进行现代化发展及生活水平竞争的直接感知者、体验者是中国朝鲜族居民；用朝鲜语言文字产品与韩国、朝鲜进行发展竞争的主要力量在延边。延边的文化产品生产部门现在是代表国家与韩国和朝鲜进行文化对话与竞争。而且，整个中国文化包括其各民族的文化也都会通过延边朝鲜语文化产品的中介向韩国和朝鲜传播。面对这样的课题，延边的同志现在心有余而力不足。因此，国家和地方有关部门要以公共政策（包括公共财政）扶持幼稚产业，以强化地方文化产业部门的能力建设（因其现在直接面对的消费者群体还小，在这个地级民族自治地方文化及经营人才集聚不足，等等）。这就是我们在地方有关同志向中央要政策、要钱、要级别、要待遇的背后读出的真正含义。中央或省级有关部门也应从这样的大局出发，在现行政策许可范围内，本着改革和适度前瞻的态度，不拖延不推诿地帮助延边朝鲜族自治州的有关部门解决那些极为实际的具体问题。

建议二：关于在边境陆路口岸设立文化中心的建议

在中蒙、中俄和中朝边境地区少数民族文化发展调研中课题组发现，居住在上述边境地区的少数民族都在不同程度上受到国境线另一侧国家文化的影响，其中，中朝边境地区还受到韩国文化的影响。评估这些文化的影响，课题组认为，可能会在一定程度上削弱国家的文化认同，可能会阻碍边境地区的文化发展，甚至可能会危及边境地区的稳定、繁荣与发展。鉴于这些文化影响主要通过边境陆路口岸，伴随着商贸和人员往来的过程，并在这一过程中发生与扩散，特建议在边境陆路口岸设立文化中心（以下简称“口岸文化中心”），以防患于未然，并扩大我国文化的传播能力、提高我国文化的吸引力和竞争力。

（一）理由与根据

1. 陆地边境地区的文化问题

（1）相互影响。作为政治和军事边界的国境线，可以实现双边人员和物质的物理隔离，却无法彻底实现双边信息和文化的物理隔离。即使通过技术和强制手段实现了物理隔离，也不能切断双边文化间的历史联系。陆地边境地区的文化发展，必定会受到国境线另一侧地区文化发展的影响。

（2）冲突与融合。国境线双边人员、物质和信息的交流过程，也是文化的交流、传播与相互影响的过程。在这一过程中，双边文化的冲突与融合在所难免。

（3）跨境民族。在我国陆地边境地区生活着30多个跨境民族，这些跨境民族的存在，加剧了陆地边境地区文化问题的复杂性。同宗同源，具有共同民族特征的跨境民族，其本身的民族文化基本相同，却也存在着差异，在各自所属国家主体民族与少数民族的区别，又决定了境内外双方文化依存的性质和影响力的不同。跨境民族文化上的同与异、主与从，是陆地边境地区特殊的文化问题，当其与国别文化、民族文化和地域文化相遇，国境线文化交流、传播、影响、冲突与融合，便呈现错综复杂的景象。

2. 陆地边境地区文化问题的重要性

我国陆地边境线长2.28万公里，与14个国家接壤，沿陆地边境分布着9个省、自治区的136个边境县（旗、市、市辖区）及新疆生产建设兵团的58个边境团场。陆地边境，是我国面向东南亚、南亚、中亚及东北亚开放的重要门户。陆地边境的战略意义表明，陆地边境地区的文化问题，不仅具有当地的重要性，而且具有全国的重要性，关系到我国与周边国家的关系，特别是国家的文化认同、文化软实力和文化竞争力，影响着陆地边境地区乃至全国的稳定、繁荣与发展。

3. 边境陆路口岸的文化意义

口岸，作为国家指定的对外往来门户，主要功能是经济贸易和人员往来，而经济贸易和人员往来带来的自然是文化的交流与传播。口岸这种文化交流与传播功能，在边境陆路口岸表现得更为直接和突出，也更加重要。陆地边境地区的文化问题，主要是在边境陆路口岸表现和反映出来的。边境陆路口岸，是国境线内外文化交流、传播、冲突与融合的窗口和平台。因此，在边境陆路口岸设立文化中心具有特别重要的战略意义。

（二）现状与问题

1. 当前边境地区陆路口岸文化设施建设相对滞后

据课题组了解的情况，目前我国边境陆路国家一类口岸在60个左右，占沿边地区国家一类口岸总数的一半稍强。在这些口岸地区，目前国家还没有专门针对边境地区文化问题的制度化解决方案，文化建设还仅仅停留在构建公共文化服务体系和发展以旅游为主要形式的文化产业方面，以及一些应急性的措施。文化建设的这种状况与边境陆路口岸本应承担的文化功能不相匹配。

2. 当前边境地区陆路口岸文化设施承担着特殊功能

边境陆路口岸地区，与非陆地边境地区一样，构建覆盖全社会的公共文化服务体系自然非常重要。但是，对于解决陆地边境地区的文化问题而言，构建一般性的公共文化服务体系是远远不够的。因为一般性的公共文化服务体系，解决的是具有全国普遍性的人民群众基本文化需求的满足问题，虽然一些地区的公共文化服务体系带有一些地方特色，然而主要是内向性的。而陆地边境地区的文化问题却具有地域层面的特殊性、国家层面的战略性和对象上的外向

性，解决这三个层面的问题，需要新的制度安排。

3. 陆地边境地区的文化问题需要系统的治理型解决方案

针对陆地边境地区的文化问题，国家也有一些应急性措施。如，境外非法宗教势力向境内渗透问题、境外广播电视接收问题、境外出版物非法入境问题等。这些应急性的措施，虽然重要，也有一定的成效，但毕竟治标不治本。文化问题讲究的是潜移默化、润物无声。陆地边境地区的文化问题，需要的是必要应急性措施基础上的全面系统的治理型解决方案。

4. 陆地边境地区的文化问题需要从战略高度予以重视

总的来说，陆地边境地区文化问题的重要性尚未引起应有的重视。相关部门应站在国家稳定、繁荣和发展的战略高度深刻认识这一问题的重要性，并提出相应的解决方案。

（三）构想与建议

1. 目的与功能

在边境陆路口岸地区设立文化中心，目的是解决陆地边境地区的文化问题。口岸文化中心的核心功能，是扩大我国文化的传播能力、提高我国文化的吸引力和竞争力，口岸文化中心同时兼具口岸地区公共文化服务的功能。口岸文化中心的核心功能通过展示、交流与交易三大平台实现。

展示平台旨在通过展览、阅览、收听、收看等方式，集中展示我国先进文化、口岸地区民族文化和地域文化的魅力、提高其影响力和吸引力、提升其竞争力。交流平台，旨在通过举办多样性的文化活动，促进境内外的文化交流，加深双方的文化理解。交易平台，旨在通过文化产品和文化服务的交易，促进文化贸易的发展，拓宽我国文化产品和服务的传播渠道，提升我国文化的传播能力。

2. 形态与类型

口岸文化中心在物理形态上是一个具有展示、交流与交易功能的文化设施，可以是独立的建筑物，也可以与其他设施共用一个建筑物。在概念形态上，口岸文化中心就是整个口岸所在的地区，从境内外人员、货物和信息往来集中的地区、到其接触的每一个节点、一直扩展到口岸影响的整个空间范围。

依据所服务对象的不同，口岸文化中心分为两种类型，一是境内外人员并重型，二是以境内人员为主型。依据口岸的重要程度和文化影响力，口岸文化中心可以分为不同的等级，可以是三级，也可以是二级。不同级别的口岸文化中心，在建筑面积、功能分区、装备、设备、活动开展等方面具有不同的标准。

3. 数量与布局

在数量上，口岸文化中心应与边境陆路口岸的数量相等。也就是说，每一个边境陆路口岸都应该设立一个口岸文化中心。布局，指的是不同类型和等级的口岸文化中心在边境陆路口岸地区的空间分布。境内外并重型口岸文化中心应分布在境外人员占本地流动人口比重高、人员往来频繁、境外人员平均逗留时间长的地区，反之，配置以内为主型口岸文化中心；境内外并重型口岸文化中心，应为高等级的口岸文化中心，以内为主型为低等级口岸文化中心。但是，低等级口岸文化中心的建设标准应明显高于同级别的公共文化设施水平。

4. 规划与建设

国家应制定口岸文化中心建设规划。因为口岸地区文化问题主要与民族问题密切相关，故建议应由国家民委牵头、国家各文化主管部门支持、国家口岸办公室配合，共同制定和实施口岸文化中心建设规划。

口岸文化中心的建设，应与口岸地区公共文化设施建设统筹协调。在建设模式上，可新建，也可在原文化设施基础上改建和扩建，或通过原公共文化设施转换的办法另选址新建。鉴于兴边富民工程实施的成功经验和良好效益，口岸文化中心建设规划可纳入兴边富民工程，增加兴边富民工程预算，以支持口岸文化中心建设。或者，仿造兴边富民工程，与财政部门协调设立国家口岸文化中心建设工程，主要由国家财政支持进行建设。

5. 管理与运营

口岸文化中心建成后，应由口岸所在地区的文化行政主管部门管理。在运营上，应探索新的运营模式，以提升运营效率，更好地发挥口岸文化中心的功能。同时，塑造口岸文化中心的民间形象，摆脱官办色彩，特别是内外并重型口岸文化中心，以提升口岸文化中心的对外亲和力和影响力。运营经费由口岸文化中心建设工程与国家公共文化建设的相关经费共同补贴，地方政府相应配套，并鼓励口岸文化中心运营团队在保证公共服务的前提下不断提高自身的收入能力。

建议三：关于建立“中国边境民族地区发展数据评估系统”

由国家民委牵头，中国社会科学院和国内有关学术单位提供学术支撑，建立“中国边境民族地区发展数据评估系统”（以下简称“评估系统”），使国家有关部门对我国跨境少数民族及所在地区的发展状况做到“地区分类、整体统筹、实时评估、及时预测”，有针对性地制定相关政策，及时地因应周边国家因我国影响力的快速提升而做出的政策调整，以实现“科学固边”的目标。

（一）“评估系统”将大大深化对边境地区的整体性和对比性研究

“边境少数民族地区”与一般“民族地区”的主要区别是“跨境”。从境内看，我国 55 个少数民族有近 34 个是跨境民族，分布在 22000 公里边境线上的县旗市；从境外看，我国的毗邻国家数目在世界居于首位。通常人们说我国有 14 个邻国，但课题组在辽宁、吉林边境调研后认为，我们的邻国还应包含那个由空中和海上走廊连接起来的韩国，因为它对中国东北边境的经济和文化影响远高于与我国直接接壤的朝鲜。总之，境内多民族，境外多邻国，这是我国边境少数民族的基本现实。而在过去数千年里，边境之于国家整体的关系向来是“天下未乱边先乱，天下已治边未治”（费孝通先生语），这个历史提示着固边战略对我国整体发展的重要战略意义。

固边的战略意义自不待言，但要形成科学的固边战略，首要和基本的条件就是要建立对边境少数民族地区发展的数据和评估系统。该系统应包含以下要素。

第一，该系统必须覆盖边境民族地区的经济、社会和语言文化（含教育）发展状况以及相关政策情况的整体。

第二，该系统的数据要具有“纵向可比”和“横向可比”特性。“纵向可比”可描述边境某一跨境少数民族及所在地区的发展效率评价；“横向可比”可描述边境内侧跨境少数民族及所在地区与境外相关人群和地区的态势强弱评价。

第三，该系统数据的“横向可比”还应包括某一边境地区与其他地区发展状况的发展程度比值。

一旦实现以上三点构建要素，“评估系统”就有可能帮助国家有关管理部门和政策研究实体实现“地区分类、整体统筹、实时评估、及时预测”的目标。

“评估系统”特别强调可比性研究。课题组认为这将保障我们对特定边境民族地区的发展现状和未来态势做出准确判断。这里特别要关注以下三点。

1. 边境内外发展程度对比有助于判定边境地区内外强弱态势

在西南边境民族地区调研时，一些地方基层干部强调当地经济社会发展水平落后，跨境少数民族容易受到外来诱惑或不良影响，从而可能会成为不稳定根源。这些描述大体正确，但却不够全面。按照对比研究的要求，课题组希望得到与境外相关人群和地区的发展程度数据，结果没有拿到任何可靠材料。即使在省会与相关少数民族问题研究学者座谈，他们对境外地区的发展状况也完全缺乏了解，没有任何一手材料。结束调研后，我们以云南省为例大体整理了其境内地区与境外国家的经济发展对比材料。

云南省与缅甸、老挝和越南三国相邻，边境两侧5000人以上的跨境民族有15个（不含汉族），民族关系复杂。云南省2011年人均GDP仅为2952美元，在我国31个省区市倒数第二，远低于国内平均水平的5450美元，新疆的4685美元，甚至低于西藏的3120美元。一省的平均水平如此，跨境少数民族所在地区的数据会更低：临沧人均GDP为1426美元，文山壮族苗族自治州为1488美元，西双版纳傣族自治州为2254美元，红河哈尼族彝族自治州为2293美元。显然，从国内比较来看，云南是个欠发达省份，它的边境地区更是如此。

然而，多年以来，云南跨境民族众多的边境地区却又是国内最稳定最祥和的地区。这不仅因为当地居民的平价购买力水平并不低，更因为它的整个经济发展程度都相对高于境外邻国：从现状来看，缅甸2011年人均GDP约为850美元，老挝为1200美元以上，越南1300多美元，这些数据普遍低于云南省平均水平。从走势来看，越南在过去20年GDP增长年均超过7%，老挝自2008年以后也达到了7%以上的增长，但云南的经济增速却一直超过10%。因此，这些国家在未来超越云南发展程度的可能性不大。

相比于云南省，广西壮族自治区在经济上相对于越南的优势更加明显，2011 年人均 GDP 达到 3945 美元，而且对越优势还在迅速拉大。

基于以上经济对比数据，课题组将云南、广西相对于境外的基本现状概括为“我强外弱”，而且其走势日趋向好。反过来看，我国辽宁和吉林边境地区与韩国相比，从现状看大体上就是“外强我弱”，从走势看这种态势还很难得到迅速改变。还有一些地区，如新疆与西藏共与 12 个国家接壤，除俄罗斯和哈萨克斯坦外，新疆与西藏与其他 10 个毗邻国家可以说是“我外皆弱”。不过从走势来看，随着国家在未来 10 年大力推行援疆援藏战略，2020 年这两个地区相对于邻国或会形成经济上的高原隆起效应。

以上对比数据其实还是非常粗漏片面的。因为课题组没有途径获得反映境外相关人群及所在地区真实生活状况的可支配收入数据、社会保障体系数据、文化教育方面的数据，等等。

2. 边境内外政策对比可提升我国边境地区的政策应对意识

单凭上述经济硬指标的对比得出的“强弱态势”结论还是不全面的。其实，真正影响到边境某一地区人群生活水平和质量的是那些社会发展（如教育、医疗或其他公共服务设施）和文化发展的对比数据。而这种发展的好坏往往与一个国家和地区的涉边政策密切相关。

我们在中越边境、中蒙边境的文化调研以及中韩文化关系的调研中强烈感到，虽然经济发展一般决定着其社会和文化发展状况，但一些国家出于战略考虑，或会对其边境地区的社会和文化发展采取一些特殊政策。

这一点在 2011 年中越边境调研中感受至深。我们了解到，越南近年来为吸引优秀公务员和教师人才前往边疆，连年出台几十项优惠政策，包括到边疆的人才工资高于内地 15% 以上，等等。这些政策甚至对我国边境地区的干部的心理都产生了一定影响。此外，2012 年 8 月，越南有关部门针对中国和韩国电视剧节目发出限播令，体现出明显的文化民族主义取向。此外，2012 年 9 月课题组在内蒙古调研时也多次听到当地人们以羡慕的口气谈到蒙古国的艺术文学发展，给人留下了“经济优势在内、文化优势在外”的印象。

还有一些涉边政策本身并不是明确的“边境政策”，但却对边境地区产生很大影响。譬如在很长时间内，哈萨克斯坦免费教育和优越的医疗制度，吸引了不少人以各种方式移民该国。而韩国优越的发展条件，也吸引了辽宁、吉林

70 万精壮年人群前往上学打工。

必须看到，毗邻国家涉边政策的调整服务于他们的区域发展战略。譬如随着东盟 - 中国“10 + 1”自贸区的形成和发展，某些邻国的对华贸易政策做出倾向于宽松的调整。但由于南海领海争端，一些毗邻国家在文化上采取日益强烈的民族主义立场，上述越南对中国电视的限播令就是在这个背景下出现的。

从更大的背景来看，由于中国在发展道路、制度设计乃至文化核心价值上与周边多数国家的现代性选择全然不同，由于中国近年的崛起激起邻国民族主义的反弹，中国与周边多数国家进入了历史上前所未有的“文化上相互疏远”的时期。这种情况不尽见于蒙古、韩国、越南，而且即将见于缅甸。

古语讲，“察邻国之政而知兴衰之机”，这对边境民族地区的调研和研究十分重要。中国曾是所谓“中华文明圈”的核心，是区域内的文明典范国家，但今天边境内外文化发展对比研究和涉边对策对比研究表明，这种文化软资源已大量流失，与毗邻国家的“文化软支撑”建构变得十分困难，这必须引起我们的高度关注。

3. 边境各地发展程度对比有助于形成“地区分类、整体统筹”的意识

近几年国家对新疆、西藏地区加大扶持力度。课题组在西南和东北边境调研时听到不少议论，希望有关部门“一碗水端平”，实施统一的边境政策。议论者大都会拿出一些本地区的发展数据，但这些数据与新疆、西藏地区的数据究竟有多大差异？人们对此不甚了了。课题组在调研过程中形成了两个想法。

第一，应该对中国边境民族地区进行更加明确的整体区域界定，在此基础上将边境民族地区变成一个“政策特区”，从而有针对性地制定系统配套的相关政策。

第二，这个政策特区虽然是一个整体，但也应当进行“地区分类”。而这种分类当然依赖于对边境不同地区发展程度的可对比性统计和研究。

以上谈到了边境内外、边境各地的对比研究的重要意义。但我国迄今为止没有一个整合度较高的数据评估体系。课题组在调研中每每感到，境内少数民族及所在地区的相关数据容易获得，境外相邻地区的经济、社会和文化发展数据以及政策调整材料却难以获得。甚至专门研究少数民族问题的学者对境外相邻地区的居民实际收入状况、公共设施情况、教育医疗情况、邻国涉边政策情况等了解甚少，大多都是听说和风闻。在这种情况下，我们的边境地区发展状

况调研，包括文化发展状况调研，大多缺乏科学研究的基础。它不可避免地会造成调研者在选取指标时的随意性——根据个别观察概括出整体结论；根据某一地区的观察概括出全局性结论；根据某一时期的观察概括出中长期的结论。这样的区域调研同时也不具有可比较性。这种状况急需改变。

（二）建立“评估系统”有助于创新目前的调研模式

过去三年，课题组走过了5个省会，14个地市，近30个县旗，整体印象是：除新疆、西藏少数地区存在不安定隐患外，边境大部分地区近年来在经济、社会和文化方面发展迅速，正在整体上改变与毗邻国家的对比态势。这在很大程度上得益于地区和基层从事少数民族工作的干部的责任感和较高素质。国家涉及边境少数民族地区的相关政策也具有较高的传递效率。它使课题组形成了这样一个明确判断：中国边境少数民族地区能否实现长治久安和健康发展，第一取决于内外实力对比，第二取决于政策适当，第三取决于干部素质。

但是，课题组在调研中也强烈感受到，要深入了解和准确判断边境地区的现状和前景，迫切需要改善和创新目前的调研模式。这个模式有两个相关特点：其一，调研数据严重依赖于作为调研对象的政府部门的汇报模式；其二，调研模式严重受到国家目前拨款模式的捆绑。

1. 调研数据严重依赖作为调研对象的政府部门的汇报模式

前面提到，“边境少数民族文化发展战略”课题组开展座谈不下百余次，其中与政府各级部门的正式座谈会50余次。这种座谈会是课题组获取全面材料、特别是准确数据材料的唯一机会。但这类座谈会参加多了以后，课题组成员常有一种“被喂食”的感觉：听到的大多是不想听的，想听的东西又总是听不到。从西北到西南，从西南到东北，作为政府部门的调研对象提供的材料大都出自相同的模式。超出这个模式，再重要的信息也无从获得。这一方面反映出我国各级部门上下一致的行政效率，但其弱点是不利于新问题的发现与研究。

譬如在新疆，课题组原本想对某些重要的少数民族语言进行现代性转型程度评估。这就需要了解该对象语言的日常使用情况、对传统经典和宗教经典的负载程度、对现代科学与文学的内外翻译状况等等。但由于超出了政府部门的常规调研框架，类似的材料取得极为困难。我们都知道，少数民族语言的现代性转型程度研究，对于考察文化多样性，对于考察一种语言对于某一群体日常意识的影响，对于确定相关少数民族的文化发展战略，都是极为重要和不可或缺的。

上述例子表明，课题组的调研数据严重依赖于作为被调研对象的各级政府部门。从这些对象所拟定的框架而得到的材料，肯定缺乏科学性，也不利于新问题的发现和研究。这也是本课题组建议建立“评估系统”的重要原因。

2. 目前的调研模式严重受到国家拨款模式的捆绑

对这个问题，课题组的感受更深——虽然我们是一个以“文化发展战略”为主题的调研组，但几乎在所有地区的所有座谈会中，地区和基层干部的座谈主题背后都是一个“钱”字。进而言之，通过调研汇报争取国家拨款的机会，这几乎是每个作为政府部门的调研对象的唯一动机。

边境民族地区一般发展落后，“钱”确实是一个极为重要甚至最为重要的资源。许多地区因为财政紧张，无力承担国家各部门要求的文化工程建设的“地方配套”资金。还有一些地区，在勉力完成了国家有关部门要求建设的文化工程硬件设施（如博物馆、文化站、文化资源共享中心）后，也缺乏维持日常运转和维护的资金。

但调研中也发现，确实有不少地区，其财政情况并不算拮据，其文化方面的投入也并不大，但也依然会以“边境即前线”为由，找出各种理由要钱。近来谈论最多的理由是“文化安全受到威胁”。新疆、西藏以外的许多边境地区在调研座谈中，大都会强调本地区的“不稳定”态势。一些部门的调研报告也会论断说“边境文化安全正成为国家安全的薄弱环节之一”。这些说法不能说错，但由于缺乏客观数据或信息，课题组很难准确判断出它们的准确程度，它们在多大程度上受到非常态化信息的左右。

课题组经过多次讨论认为，这背后掩盖的一个深层问题是：至少在文化建设领域，我国边境地区的政策形成模式明显受到国家目前财政拨款方式的绑架。

一般而言，国家财政除了常规性的行政开支外，就是就某个具体项目进行拨款。为论证某个项目，国家有关部门会组织相关政策调研，一旦完成立项，就能争取到相应的专项资金。如果该项目涵盖整个边境地区，它就会上升为对不同地区均“一刀切”的国家政策。

这种调研模式有其优越性，可以集中力量解决明显的薄弱环节。但是其片面性亦很明显，由于缺乏对情况的全面了解和统计数据的支撑，项目立项往往沦为主题先行的命题作文。相关部门为通过立项，其调研团队的调研预案就已注入过强的“预设性”。这种先入为主的调研主题和分课题，必然产生使调研结果服务于调研目的的结果。

另一方面，地方各级政府部门也往往会把每一次国家有关部门的调研变成地方与国家博弈的机会，提出获取资助的理由。

基于这样的拨款模式和调研模式，相关政策的形成基础就会缺乏科学性和特殊针对性，而人们在落实相关项目时也不太会关心这些项目的真正必要性和实效性。更严重的问题在于，由于缺乏前瞻性的科学评估和及时预测，许多地区出事后国家相关部门会立刻大幅度增加政策倾斜力度和立项优先幅度，从而给许多地区的干部造成“出事才管，出小事小管，出大事大管”的印象，认为“哭声大的孩子有奶吃”，甚至形成“鞭打快牛”的错觉。

显然，不改善上述拨款模式和调研模式，我国的涉边政策就很难实现决策科学化，不可能达到“地区分类、统筹协调、实时评估、及时预测”的目标。为此，本课题组提出建立“评估系统”，就是为了有效改善上述局面，使未来政府部门、学术研究部门的政策调研获得科学的基础。

（三）建立“评估系统”的初步构想

课题组关于建立“中国边境民族地区发展数据评估系统”的设想正在初步讨论阶段，其内容大体如下。

1. 目前相关数据的现状

涉及中国边境少数民族及所在地区发展状况的数据并非没有。目前一部分数据可以通过公开出版物获取，如各边境地区年度性政府工作报告、《中国县域经济社会发展年度报告》（中国社会科学院）。此外，还有一些是非公开的数据来源，它们通常分布在各行业管理部门。出于以下原因，这些数据难以满足我们的科学政策研究需要。

其一，这些数据大量分散，需要一个专门平台加以整合。

其二，这些数据大量出于原有模式。由于缺乏新的统计范畴，相应的新数据便无法生成。前面提到的涉及少数民族语言现代性转型程度的指标系统就是目前缺乏的一个数据范畴。

其三，有关邻国经济、社会、文化发展状况或相关政策情况的数据严重缺乏。相当一部分或分布在各相关使馆和外交部相关部门。

2. “评估系统”的基本架构

课题组总体设想是将“评估系统”分为两个部分：其一是“适用于中国整个边境地区的发展状态指标的测度体系”；其二是“邻国边境地区发展状态指标测度体系”。

其测度指标的“大类”包括：经济、社会、文化和相关的政策动态。每一大类下相应分成若干“亚类”，如文化大类中需要纳入语言、文字、教育等类。每一亚类下还相应分成若干“小项”。

3. “评估系统”的主体和系统载体

其一，国家民委文宣司是“评估系统”的行政管理主体。

建立“评估系统”的重要条件有两个：第一是协调掌握分散数据的各政府相关部门；第二是协调与边境少数民族问题研究有关的各学术单位和实体。国家民委承担着国家少数民族事务政策的协调咨询功能，它最有条件完成涉及“边境民族地区发展数据”各政府部门的协调工作；完成专业研究学者与国家政策制定和实施部门的协调工作。

其二，中国社会科学院文化研究中心是“评估系统”的学术支撑主体。

中国社会科学院文化研究中心是院级机构，多年来从事国外文化政策和中国当代文化政策研究的工作，其所属《中国文化产业年度发展报告》《中国公共文化服务年度发展报告》《国际文化产业发展报告》《中国少数民族文化发展报告》已成为该中心的文化品牌。此外，该中心的十大学术理事单位包含中国社会科学院十个研究所；其行政理事则涵盖文化部、广电部、新闻出版署和财政部国有文化资产管理办公室等国家主要的文化管理部门。这种学术研究位势和行政网络位势使它有充分条件联合国内相关研究机构，为“评估系统”提供学术支持。

其三，“评估系统”的基本载体形式。

就载体形式而言，“评估系统”将形成数据库和网站，并在此基础上形成周期性的数据分析报告。

该数据库和网站将为由国家民委文宣司和中国社科院文化中心合作出版的《中国少数民族文化发展蓝皮书》提供更好的数据和研究支持。

此外，依托该“评估系统”，中国社会科学院文化研究中心可以会同相关研究实体，为国家相关管理部门提供政策咨询，或通过“要报”“内参”方式提供研究成果。

总体说来，建立“中国边境民族地区发展数据评估中心”，将有助于国家有关部门对边境地区做到“地区分类、整体统筹、实时评估、及时预测”。

年度聚焦：文化产业与民族地区文化发展

Annual Focus: Cultural Industry and Cultural Development in Minority Areas

B.8 民族手工艺产业发展传承需要市场政策扶持

国家民委文宣司和中国社会科学院文化研究中心
中国少数民族文化发展战略研究课题组*
章建刚**

摘 要： 目前，民族手工艺发展面临着现代技术冲击、文化内容创新、商业模式更新等困境，而现有的“非遗”保护、引进投资等相关扶持政策都难以从根本上对其予以改善，民族手工

* 课题组成员：武翠英、任乌晶、张晓明、章建刚、李河、李民、施维达、李炎、惠鸣、意娜、祖春明、王佳、李佳、陈曦、李志慧。

** 章建刚，中国社会科学院哲学研究所、文化研究中心研究员，博士生导师，文化蓝皮书《中国文化产业发展报告》主编，联合国《保护和促进文化表达形式多样性公约（2005）》中国政府首席专家。

艺产业的市场培育政策明显缺失。新的扶持政策应是市场化取向的，是对民族手工艺产品交易市场的潜心培育，具体包括市场信息服务、对当地从业者的创意及精加工培训、鼓励从业者创办现代文化企业、鼓励集聚区内形成行业协会等措施。

关键词：民族手工艺产业　政策缺失　市场培育政策

2013年文化中心与国家民委连续多年开展的民族地区文化发展调研的主题被确定为“文化产业与民族地区文化创新发展”，具体路线则被锁定在云南的大理、丽江及贵州的黔东南自治州。半个月的调查行程课题组的关注焦点有两个：少数民族民间手工艺发展状况和民族地区古镇的旅游开发状况。关于后一个问题本文暂不涉及。

雨季里十余天时间，除先后召开六七场座谈会①和一系列古镇行，调研组集中到访了少数民族手工艺产业厂点共计十余个：大理三文笔大理石厂、大理周城朴真扎染坊、鹤庆新华村若干家金银铜饰家庭作坊（包括“民间工艺美术大师”寸发标家）、剑川（“工艺美术大师”段国梁创办的）兴艺古典木雕家具厂、建设中的剑川狮河木雕产业园区及若干家庭作坊、贵州凯里九黎苗妹民贸民品企业厂区和批发店、丹寨县石桥村一家传统土法造纸厂、丹寨县宁航蜡染有限公司和国春银饰有限责任公司等，在昆明期间还重点考察了民族村中几位民间手工艺大师的展示点；调研中与有关民间艺人、当地各级干部简单交谈，总之只是走马观花、浮光掠影，远远说不上深入细致。但反过来说，由于这次调研与云南大学文化产业研究院展开合作，整个云南段的线路设计极有针对性，行前或途中得到一些文字资料，过程中也有些许理论上的探讨，因此见闻、感受相当充实。相对地说，贵州段课题组原希望看到联合国相关机构援助的两个民间手工艺保护开发项目，结果都阴错阳差（由于气候、路况、行程

① 分别与大理市政府、丽江市政府、云南省民委（昆明）、贵州省民委（贵阳）、凯里州民委、从江市政府等进行座谈。

安排或行前信息不确切等原因）未能如愿，但所见相关民族手工艺产业发展状况也与云南的情况构成相互比照和印证，深化了对这次调研主题的认识。

笔者在这次调研中获得的一个明确印象是，由于对少数民族民间手工艺乃至整个少数民族文化发展的认识有局限及不同理解，各地方政府的相关扶持政策有缺失，因此这些手工艺产业没有得到充分支持，也没有形成期待中的产业规模，没有形成强有力的产业品牌，有的甚至仍然处于自生自灭的状态之中。具体地说，各地很少有与各少数民族经济社会发展阶段相匹配的、自觉的市场培育政策措施，因此很难真正促进这些民族手工艺产业的健康发展，做大做强；也无法有效地助推当地少数民族社区及其文化的发展创新与传承。这种局面应该尽快改变。笔者的简单分析如下。

一　现状与特征

云南大学文化产业研究院的学者对大理－丽江地区的民族民间手工艺发展有多年的跟踪研究，并倾向于认为那里已经形成了一个西部地区特色文化产业集聚。除了课题组实地看到的手工艺品种，该区域还有下关的沱茶、剑川的石雕、丽江的土法造纸和皮具等多种民族民间手工艺产品生产。云南省民委木桢巡视员的座谈会汇报材料提到：“民族民间工艺方面，全省生产销售企业发展到7000多家，涌现出了建水紫陶、鹤庆银器、会泽斑铜、永仁石砚、个旧锡器、大理石器等工艺品牌，建成了鹤庆新华银器村、腾冲荷花玉雕村、石林阿者底刺绣村、剑川狮河木雕村、大理周城扎染村和昆明民族民间工艺品交易市场等一大批专业市场和生产集聚地，年销售额超过80亿元。”显然，民族手工艺产业的发展在云南各地具有一定的普遍性。

鹤庆县的汇报材料中介绍说，新华村“有工艺品加工户987户，占总户数的76.2%，从业人员1600余人”；“2012年全村经济总收入10852万元，其中工艺品加工销售收入8845万元”，并因此使全村“农民人均总收入10900元”，大大超出全州“农民现金收入5689元”（见大理州民委汇报材料）的平均水平。剑川县的汇报材料则说：“2012年，全县从事木雕产业人员7000多人，有专业生产厂家15家、个体经营户1500户，木材初级专业市场4个，品牌商品34个……2010年全县木雕工业总产值首次突破亿元大关，2012年实现工业产值2.2亿元。”云南大学文化产业研究院提供的材料还提到：“目前（下关市）喜洲镇周城村有18户经营扎染，直接从业人员79人，2011年产值为7620万元，上缴税金1.2万元。”这些数据表明，民族民间手工艺生产及流通在云南这样的边远、民族和欠发达地区不仅有较多留存，而且对当地社会经济的发展起着有力的推动作用。

云南大学文化产业研究院的多项研究认为，大理－丽江地区民族手工艺产业的兴盛有其特定的历史原因，如滇中地区温和的气候带来相对发达和富裕的农业文明（白族民居强调文化装饰的特点在全省是较为突出的）；南方丝绸之路与茶马古道的交汇带来深厚的手工艺传统和商业文明（不同民族的生活习俗中蕴含了对其他民族地区物产的依赖）等。更为重要的是，改革开放30多年来，在国家市场经济发展和国际旅游时尚兴起的大潮中，在交通不断改善和人口迁徙便利的条件下，有着手工技艺和经商传统的当地居民自己慢慢摸索到了利用传统技艺致富的门道，并逐渐形成了规模；在一定程度上，他们又恢复了自己曾有的生活方式与文化传承，而在这个过程中，地方政府并未进行过多的干预。这些云南学者还倾向于强化这种民族地区发展模式，让这种“社会化小生产”自然地发展，也让这些少数民族能够按照传统的生活方式生活下去，并因此使他们的文化尤其是各种“非物质文化遗产”得到更本真的保护。显然，这是人类学家的一种典型思路。

这些学者还认为，当前对这些手工艺产业及艺人家庭收入的统计数据并不真实，或者说工匠们对自己的收入有较大“埋伏”。课题组调研中的一些感受也证实这种估价。但这些学者同时相信，这样的模糊没有什么了不起，甚至更有利于“藏富于民”。的确，中国东西部省区的发展似乎都伴随有这样的现象。

二　研判与诊断

但是笔者对当地及国内其他地区民族手工艺产业发展的认识及判断和上述看法有些差异。笔者更强调变，变就是发展，是历史的辩证法。

首先，静态维持的保护思路不一定适宜。笔者认为任何作为民族生活的文化是流动的，理论把它相对固定住，为的仅仅是对它有反思和理解；同理，作为民族文化符号的创作过程包括技艺是生生不息的，其产品或符号形式相对固定，有相对明确的物理存在方式。因此我们应该从发展的角度看待民族手工艺生产活动，看待一个民族的历史现实，弄清“保护”的含义和最佳方式。笔者以为，尊重一个民族内在的发展动机，顺应并推动发展较慢的民族加速发展才是最好的保护。当然，希望各民族的发展能更可持续，其发展中的内外部关系更和谐是一个更高的境界，因自己片面发展的窘迫而希望将更多民族拉入单向度的发展也是应该避免的。快不是绝对的好。因此各级政府的很多政策措施应该具体分析。简单地希望保留民族生活的某种历史形态只是快速现代化过程给不少先行者或文化学者带来的怀旧冲动。

其次，对课题组所见到的各种民族手工艺产业而言，它们自身的存在状态都没有很长的历史，甚至应该承认它们对发展的适应性很强。例如，大理周城的扎染恐怕只是近些年来的技术创新，而在它之前，有清晰图案的传统蜡染占有该产业的主导地位（现在贵州丹寨宁航蜡染有限公司的产品图案和蜡染技术更传统，但在染料的处理和织物材料的选择上有所创新）。同样，鹤庆新华村的白族银匠们主要生产的都是藏族居民使用的生活器具及宗教用品，鹤庆有更多的银匠在拉萨从业。剑川的木匠曾经在整个滇中和滇西南走乡串寨，兴建房屋（那时他们从事的是“大木作”）。现在他们的产品成为“大木作”（建筑）和“小木作”（家具）之间的过渡产品，即雕花门窗及附属饰品。这些产品上的图案没有太多少数民族文化或宗教内涵，主要是世俗的甚至汉地的流行题材（连大理白族民居外墙上书写的也通常是“紫气东来”或“耕读人家”的字样）。至于大理最出名的大理石产品除了一些简单的建材产品外，更是以“创作加工”出具有各种山水画纹样的挂件、摆件为主。凡此种种，都说明这些民族手工艺产业正在为一个更大范围的文化消费品市场进行生产，更多为其他民族为外地进行生产，而且也更多为各种装饰目的即为文化的交流而生产。这是这些传统产业可能继续存在甚至获得新生的机遇所在。民族手工艺无论作为实用技艺还是“非物质文化遗产”本身就是不断流变的。因此课题组希望强调，除了少量样本的保留，应该为民族手工艺产业进一步的转变、自觉的转型提供支持。

之所以要如此，还是因为这些民族手工艺产业也面临发展的窘境，在市场和同行竞争格局下，它们面对各种新技术、新材料、新工艺、新工具及其继而产生的新产品的强烈冲击；一些产业的原材料已经变得十分紧缺，需要外地替代品的补充（比如大理石，当地的生态保护政策已经在很大程度上禁绝了石材开采）。因此这些民族手工艺产业能否长期“原汁原味地”持续发展是让人怀疑的。

进而，云南大理以及黔东南的各种民族手工艺产品无疑来自各少数民族一些传统的生产技艺，但这些技艺很少是某个民族所独有的，因此这些产品的独特性应该体现在其文化内容及工艺表现形式方面。产品的文化内容独特性本来是来自于相对封闭的民族生活，但今天，这些传统技艺的承继者们必须考虑将原本为共同体内部服务的手艺用于为大批共同体外部善意的来访者服务，在一定程度上也要满足他们有些“外行”的趣味需求。这方面，传统的工匠们似乎并不十分自觉。体现在传统手工艺产品上的传统内容或文化符号本身就是匠人们代代因袭而来的，他们自己很少需要进行解释和创新，与此同时他们与外来者也有知识不对称的问题存在。这几乎是所有传统手工匠人的弱项，也是这些产业难以为继的困顿所在，但并非这些匠人们对改变有强烈的抵触。周城扎染也许有其技术上的历史渊源，但当前图案的更多现代趣味来自艺人们在市场中采取的差异竞争战略（这样他们可以把来自外地的差异化产品作为补充放进自己的展销场所，也增加其基本销售额）。

接下来，当这些产品向外部人提供时，在更多的场合是以商业交易的方式进行的。大理 - 丽江的居民对此并不陌生，反之正是能够处理好不同民族商业往来的种种规范，历史上的茶马古道才持久兴旺。问题是今天，这条“茶马古道”被无限拓宽了，通往了世界，甚至连上了互联网。我们的工匠们还在坚持，并看到了更好的前景，但传统的交易方式和手段今天够用吗？不需要更新吗?！例如他们在本地产品销售竞争激烈的情况下，不得不接受产品被贴牌在外地销售，进而只能参与低端市场的现实。如果上述问题的答案总是否定的，那么谁可以帮助他们？什么可以扶助他们?！

笔者以为，国家的发展是自觉的，因此各级政府应该发挥主导作用，为当地居民的致富乃至可持续发展提供政策引导和援助。公共政策是政府通过公共服务培育当地市场的首要工具。尽管有经济学理论强调“最小化政府”，希望市场能自发地形成。但另外的经济学家则看到市场或经济只是社会发展的一个层面，而自发的市场也会发生“失灵”。不少发展经济学家或比较经济学家会承认国家、政府在现代化过程中也有一定的经济职能。在偏远的少数民族地区，政府的作用可能尤其需要强调，中央政府的很多扶助、优惠政策也需要通过地方政府创造性的工作得到实施。

政府的政策是方方面面的，必须对其进行分析评价。面对云南贵州等地民族手工艺产业发展的现状，各地政府显然也采取了诸多政策措施予以扶持。但从目前课题组调研得到的各种文件看，各地政府的政策措施有一些明显缺失。人们常说政府的公共服务不要缺位、越位或错位，在现实中这几种情况常常是伴随发生的：一种正确的政策缺失也可能是以另一种不太适宜的政策补充的，这时缺位是用越位替补的。从当前的情况看，市场培育政策缺失是明显的。

从调研所获大理市及其下各县的汇报材料和近年有关文化发展的政策规划等看，这种缺失表现为以下方式。

首先，文化发展政策过于笼统，发展文化产业的规划也包括“文化事业”；反之，发展公共文化服务的规划也包含发展文化产业的内容。究其原因，国家有关部门没能正确而细致地对这两类不同的文化部门及相应政策要求分清楚，没能使各级政府部门及有关领导对两者有清晰的分辨。再深追究，这是计划经济思维的遗产，是文化体制改革严重滞后的结果。

其次，在促进文化产业发展的部分，有关文件也是从媒体新闻出版谈起，然后是影视产业、节庆文化和会展产业等，说到文化产品开发才谈到有关民族手工艺品生产的问题。民族手工艺产业的地位较低。

具体到促进民族手工艺产业发展方面，优点是突出强调与旅游产业相结合，打造一批产业集群或产品集散地，缺点是较为宏大、空洞，片面强调“大项目、大集团、大园区、大品牌”等，难以落实到对手工艺人或工艺户以及手工艺集聚社区、匠人自律组织的扶持上，难以促成民族手工艺产品品牌的形成。

总之，在“文化市场”的概念上，各级政府看到的只是交易场所，而不是一套合理有效的法律关系和法制环境，因此也不会有行之有效的市场培育政策措施。更可悲的是课题组一提起市场管理，各级政府想到更多的是“市场执法”或“扫黄打非”。

通过有限的观察和资料审读课题组发现，各民族手工艺集聚地政府的相关扶持政策主要有两类：一是与“非遗”保护相关的政策，各地很看重对传承人、大师的认定和财政补贴、年轻一代艺人的培养等；二是一些地方有意识地从外地引进较有实力的文化公司及投资，希望由他们组织地方市场，引领地方民族手工艺产业的发展。应该说，这两类政策措施对民族手工艺的发展传承具有一定的促进作用，但并不能予其根本性的援助。前一类政策政府对传承人的财力投入十分有限，且各地一再增加“非遗”项目的申报，已使中央或省级财政感到力不从心。上级部门已经意识到，凡是以“保护”为名的申报，都是冲着公共财政来的，而公共财政的投入不会产生真正有意义的经济产出；其对各类“非遗”的传承也未必有显著的作用（不同地方政府认定的传承人身份甚至又带来传统人事管理弊病）。第二类政策主要是地方政府为使当地经济有较快发展而采取的措施，出于安全的考虑引进的更多是国有资本。但这些大企业的进入首先是瞄准当地的基础设施和重要文化资源（如旅游景观），一旦他们垄断了地方市场，作为个体经营者的民族手工艺人或农户通常会处于更为被动的竞争地位。一些操作中的弊病还会带来更多的社会不公，既不利于民族手工艺产业的发展，也不利于和谐社会的构建（元阳哈尼梯田景观开发过程中就有这类问题的苗头[①]）。课题组也可以看到，这两类政策对上面提到的民族手工艺发展面临的三类困境（现代技术冲击、文化内容创新和商业模式更新）都没有直接的改善。我们显然需要新的政策视野，这种新的政策将处于已有的两类政策之间，并且它才是有效促进民族手工艺产业发展的基本措施。

三　相应的政策建议

现在有必要再明确一下当前民族手工艺产业发展的问题究竟是什么，然后给出相应的政策建议。

当前云贵两省的少数民族地区民间手工艺产业集聚现象发生在整个国家进入现代化（交通基础设施的极大改善）及“第二次现代化”（即知识经济和文化创意产业、新型服务业发展时期）的大背景之下；而成为风尚的普遍旅游动机（大量的游客）和被公认为具有鲜明民族文化特色的旅游目的地是其存

---

① 参见拙文《村民参与开发是红河哈尼梯田申遗及可持续发展的方向》，《学术探索》2009 年第 3 期。

在的第二重背景。在当地政府与居民强烈的致富与发展动机驱使下，各民族民间手工艺产品生产正经历历史性转型，原先为共同体内部功能服务的实用性或符号性产品正在转而成为服务于外部多个共同体成员（广大游客和文化消费者）的文化符号消费品；大批的民族手工艺人正在转变成为民族地区文化创意产业主体，成为该产业特有中小微企业的业主或个体从业者。如果这一产业得到成功发展，有关地区就实现了跨越式发展。这是中国西部省份在科学发展进程中可努力争取实现的战略目标。

在这样的前提下，各地方政府对民族手工艺产业的扶持政策应该是市场化取向的，是对当地手工艺产品交易市场的潜心培育。尽管民族手工艺市场是充分开放的，但观察表明，我们的民族手工艺从业者们在很大程度上还是在一种前市场的状态中拼搏。这里说的市场显然已经不再是传统农业社会和自然经济条件下的商品交换，而是规范的、可以和国际市场无缝对接的现代国内统一市场，体现为大批产权归属清晰的企业组织、较为规范公平的交易过程、充分并较为透明的信息披露机制、良好的价格形成机制和市场退出机制、成熟的税收机制、有效的消费者权益保障机制和各种文化产品的知识产权保护机制等。

同时应该看到，如果不引入机械加工，民族手工艺产品就只能走精品路线、瞄准高端市场，政府可以通过以下公共政策和公共服务为手工艺人及小微型手工艺企业、企业化的家庭作坊提供如下帮助。

（一）市场信息服务

民族手工艺人只有在对市场有尽可能清晰了解的情况下，才能制订出有效的营销策略并通过市场获利。当前大理及其他民族地区的手工艺市场是游客需求主导的，而目前几乎所有旅游目的地的地方政府都没有专门的部门对游客市场进行过细分研究，进行过行情预报；地方旅游部门的统计指标相对简单，并难以和整个地方的经济统计相整合。手工艺从业者希望知道即将到来的游客从哪里来，消费偏好（文化趣味）怎样，消费水准有多高等细分信息（如其间的性别、年龄、受教育水平等方面的差异）。云南省不仅较早发展旅游产业，而且在近年还做出了“旅游二次创业”规划，即便如此，人们还是看不到当地发布的游客分析报告。

（二）为了让从业者的手工艺产品更好满足外部消费者的需要，政府应有意识地对当地从业者进行传统内容创意和形式精加工方面的能力培训，强化从业者创新产品的知识产权获得与保护的意识

当前几乎所有的传统手工艺产品都具有制作工艺复杂、人工技艺含量较高而文化含量较低、意义含混的缺陷，因而难以走上高端市场并做大市场规模。手工艺产品不断向艺术作品靠拢、转化从而实现产业高端化、品牌化，这是传统手工艺产业可持续发展的必然要求。当然也应该鼓励从业者从各自民族文化传统中汲取灵感，将传统文化中蕴含着的美好价值带入现代社会。

（三）政府应该鼓励从业者注册、创办更规范的现代文化企业

这样做不仅有利于从业者公开参与市场竞争，也有利于传统技艺的传承。这方面，云南腾冲的大村经验有一定借鉴意义。村集体不仅支持农户参加火山石建材加工合作社，而且还实地进行“孵化”，将经营比较成熟的农户推向市场，经过工商注册使之成为独立公司。这样，相对较为传统和含糊的村社制度及人际关系的发展就会与更为城市化的经济社会制度相融合，促进城乡一体化进程。大理的很多民族手工艺集聚区在乡村。剑川县政府兴办木雕产业园区的举措也具有这方面的积极意义，但对多重的功能及未来发展趋势还可进一步思考。

（四）政府还应鼓励集聚区内形成行业协会，让基层主动维护集体权益，规避恶性竞争，杜绝假冒伪劣，加强行业自律

这方面鹤庆新华村村民有了一些初步的实践，但推进起来困难重重。目前省文化投资公司已经介入当地开发进程，较为成熟的行业协会将使当地手工艺人在未来的竞争中处于更为有利的地位。地方政府由地方纳税人供养，理应为当地居民争取更多合法权益。

地方政府培育当地民族手工艺市场的政策措施也许还有其他方向，而上述相关政策的缺失、缺位具有普遍性。其实整个中国的文化创意产业发展都还迈不开步，一些大都市中本已比较活跃的原创部门、那些个体从业者或小微企业都得不到产业政策的支持，经济体制、工商管理和税收等方面都还没有建立起相应的扶持、培育体制，对这些工作各级政府的考核指标体系中没有列入。这就使那些依赖复制技术的大型文化传媒企业为内容不足而长期苦恼。更深一步说，文化表达不足，文化发展乏力，提高国家文化软实力和国际贸易竞争力云云永远是一句空话。在这方面我们可以期待地方政府尤其少数民族自治地区的政府先行先试，创造出一些具有普遍示范性的经验来。

在调研走到贵州时，课题组也了解到存在着民族手工艺产业发展的另一个途径。贵阳市按照非物质文化遗产产业化开发的思路，选择了一批传统民族工艺品图案，通过设计将其部分元素转化用于批量制作的时尚产品。这是将民族文化符号经过提炼和精加工，再以产业化的方式加以推广、传播的思路。他们甚至希望只将设计部分留在贵阳，而将量产放到珠三角地区去。与前面的讨论相比，这更像是一种经济学家的文化传承思路，而人类学家通常会更关注当地少数民族居民的生活方式及其转变。

B.9

民族地域特色文化产业与旅游业融合发展的路径选择

——大理-丽江地区和黔东南州调研报告

国家民委文宣司和中国社会科学院文化研究中心
中国少数民族文化发展战略研究课题组*
惠　鸣**　执笔

摘　要：文化产业与旅游业融合发展已成为云南省和贵州省发挥特色资源优势，增加村民收入，促进农村人口就业，实现经济社会可持续发展和推动区域现代化建设的重要引擎。当前大理-丽江地区和黔东南州文化产业与旅游业融合发展的过程中存在市场开放度较低、无序开发现象突出、利益分配不平衡、品牌提升受限、民营文化企业融资困难、创意开发与经营人才缺乏等突出问题。对此，需要提高文化产业和旅游产业的市场开放度、创新政府部门政绩考核方式、建设文化产业与旅游产业协同创新平台、加强对中小文化企业和旅游企业的辅导与支持并加快人才培养速度。

关键词：民族地区　文化产业　旅游业　融合

---

* 课题组成员：武翠英、任乌晶、张晓明、章建刚、李河、李民、施维达、李炎、惠鸣、意娜、祖春明、王佳、李佳、陈曦、李志慧。

** 惠鸣，中国社会科学院文化研究中心副研究员，文化蓝皮书《中国少数民族文化发展报告》执行主编。

2013 年 7 月 22 日至 8 月 5 日，调研组（即本文课题组）对云南、贵州两省文化产业和旅游业发展现状进行了专题调研。本次调研的主题是“民族地区文化产业和旅游业与少数民族文化创新发展”。目的是通过对云南“大理－丽江地区”和贵州黔东南州民族地域特色文化产业和旅游业进行重点考察，了解相关地区文化产业和旅游业融合发展的现状、特点和面临的挑战，并提出对策建议。

一　调研线路与基本内容

本次调研地点包括云南省大理市、鹤庆县、丽江市、剑川县、巍山县、昆明市和贵州省贵阳市、黔东南苗族布依族自治州凯里市、雷山县、丹寨县、从江县等 11 个市、州、县，其中重点调研地区是云南省大理州、丽江市和贵州省黔东南州。调研组先后考察了大理市三文笔村、古城、喜洲镇、周城村、双廊古镇、鹤庆县新华村、丽江市大研古城、束河古镇、剑川县狮河村、沙溪古镇、巍山县巍山古城、巍宝山、东莲花村、雷山县西江千户苗寨、乌东村、从江县银潭村、岜沙村等近 20 个民族地域特色古城、古镇和村寨，以及昆明市云南民族村、凯里市民族风情园、凯里市九黎苗妹工艺品有限公司、丹寨县黔山古法造纸专业合作社、丹寨县宁航蜡染有限公司等十多个文化企业和产业园区。调研组还就文化产业开发、民族特色村寨保护与旅游产业开发与各地政府部门、学者专家、居民和企业家共举行了十多场座谈会。

调研组结合调研过程中发现的各类问题和形成的认识，对本次调研成果进行全面概括和总结，提出了对民族地域特色文化产业和旅游产业融合发展的认识、判断以及政策建议。

二　云南省大理－丽江地区和贵州省黔东南苗族侗族自治州文化旅游业融合发展的现状与特点

本次调研将文化产业和旅游业融合发展作为考察的重点。文化产业和旅游业作为大理－丽江地区和黔东南州的优势产业，突出体现在两个领域的融合发展中，一是民族民间手工艺品为主体的民族地域特色文化产业，二是民族文化特色古城、村寨的旅游业开发。

经过对调研地区的深入考察和分析，课题组对云南省、贵州省及重点调研地区云南省大理州、丽江市和贵州省黔东南州文化产业和旅游业发展融合发展情况形成以下几点判断。

（一）文化产业与旅游业融合发展已经成为云南省和贵州省发挥地域特色资源优势，实现经济社会可持续发展、推动区域现代化建设的重要引擎

云南省和贵州省地处我国西南地区，都是生态多样性、地理多样性和民族文化多样性高度富集的地区，两省都各自具有丰富的历史文化资源。计划经济时期，由于地处西南边陲，交通不便、经济落后、民族众多、教育水平低等原因，云南省和贵州省工业化进程缓慢，经济发展水平在全国居于落后地位，各族人民生活水平普遍较低。改革开放以来，随着我国市场经济的逐步确立，以及对外开放的不断深化，云南省和贵州省逐渐融入全国统一市场和全球市场。在这种背景下，传统上制约两省工业化发展的交通区位因素、生态与地理多样性因素、民族与文化多样性因素成为发展旅游产业与文化产业等现代服务业的优势资源。云南、贵州两省都抓住我国旅游产业和文化产业快速发展的历史机遇，立足各自独特的生态、地理、历史和民族文化资源，大力发展文化产业和旅游产业，推动旅游业与文化产业融合发展，取得突出成就。目前，云南和贵州两省都已经成为我国民族地区发挥地域和民族文化资源优势，推动文化与经济融合发展，实现转变经济增长方式和创新现代化推进路径的典型省份。

根据课题组调研掌握的数据，云南、贵州两省及相关地、市旅游产业发展速度都显著超过全国平均水平。从2006年到2012年，云南省、贵州省旅游业总收入占全国旅游业的比例分别从5.59%和4.23%提升到6.57%和7.18%，已经成为云南省和贵州省在全国省域经济竞争中的优势产业。从经济和社会贡献来看，旅游业云南、贵州两省经济社会发展贡献巨大。2011年，云南旅游业增加值达到550亿元，占全省GDP的6.3%，占第三产业增加值的16.4%，成为继烟草及加工业之后的第二大产业，直接从业人员72万人，带动间接从业人员350万人。2012年贵州省旅游业产值占三产的17%，增加值达536亿

元左右，占全省 GDP 的 7.8% 左右，全年带动社会就业 154 万人，受益人数超过 340 万人，对全省经济社会发展的贡献明显提升。

从两省文化产业发展态势来看，两省的文化产业都已经在本省经济发展中占有重要地位。2011 年，云南省文化产业增加值达到 534 亿元，占全省 GDP 的比例达 6.11%，成为全省支柱产业；同年，贵州省文化产业增加值为 140.23 亿元，占全省 GDP 的 2.46%，同样成为全省经济重要组成部分。

本次调研的重点地区大理州、丽江市和黔东南州分别是云南省和贵州省民族文化和自然与人文景观极为丰富的地区。大理白族自治州是全国白族传统文化保存最为集中最为完好的地区，丽江市是我国纳西族居住最为集中的地区，是纳西文化的中心，黔东南苗族侗族自治州是我国苗族和侗族集中居住地区，也是苗族和侗族传统村寨、民居和服饰等传统文化保存最完整的地区。它们在各自本省旅游产业和文化产业融合发展宏观背景推动下，依托民族文化资源和自然与人文景观资源各自在文化产业和旅游产业发展领域都取得了重要成就。2011 年，文化产业增加值在丽江市、大理州和黔东南州各自 GDP 中比例分别达 11.8%、6% 和 3.1%，均高于全国平均水平，其中丽江市、大理州文化产业都为支柱产业，丽江市文化产业占 GDP 的比例更是远远超过中西部地区绝大部分城市，直逼国内一线城市的水平。黔东南州文化产业增加值占本地 GDP 的比例虽然略低，但作为发展水平较低的欠发达地区，人均文化产业增加值与全国平均水平的比例（33.9%）也高于人均 GDP 与全国平均水平的比例（32.39%），表明文化产业在黔东南州经济部门中已经初步确立相对优势（参见表 1）。

从旅游业发展来看，2006 ~ 2012 年的七年间，大理州、丽江市和黔东南州人均旅游业收入增长率分别为 22.3%、26.88% 和 29.35%，均高于全国平均水平和本省平均水平。2012 年，大理州、丽江市和黔东南州人均旅游业收入分别为 5489.80 元、16736.13 元和 5716.01 元，均显著高于本省平均水平和全国平均水平（参见表 2）。

这表明，“十一五”以来大理州、丽江市和黔东南州的文化产业和旅游产业均实现快速增长，民族文化和地域自然人文资源的突出优势已经体现在产业优势中。文化产业和旅游产业已经成为三州（市）发挥地域特色资源优势，实现经济社会可持续发展、推动区域现代化建设的重要引擎。

表 1　调研地区 2011 年文化产业增加值与全国平均水平对比

地域	文化产业增加值（单位:亿元）	文化产业增加值占GDP 比重(%)	人均文化产业增加值(元)	人均文化产业增加值与全国平均水平的比例(%)
全　国	13479	2.85	1000.4	100
云南省	534	6.11	1153.1	115.3
贵州省	140.23	2.46	404.24	40.4
昆明市	259.5	8.62	3972.1	397.1
贵阳市	34.21	3.05	916.8	91.6
大理州	34	6	635.0	63.5
丽江市	21	11.8	1674.5	167.4
黔东南州	11.747	3.1	339.5	33.9

注：各地文化产业增加值为国家统计局 2004 年统计标准；人均文化产业增加值、人均文化产业增加值与全国平均水平的比例是根据各地区当年常住人口计算得出，其中大理州人口数据为 2011 年全州户籍人口。

资料来源：文化产业增加值来自各调研地区政府部门汇报材料；其中贵阳市文化产业增加值为 2010 年；昆明市文化产业增加值为 2012 年全市的初估值。

表 2　“十一五”以来云南省、贵州省及相关市、州旅游业增速比较

地域	2006 年			2012 年				2006、2012 年
	常住人口(万)	旅游业总收入(亿元)	人均旅游业总收入(元)	常住人口(万)	旅游业总收入(亿元)	人均旅游业总收入(元)	人均旅游业总收入与全国平均水平的比例(%)	人均旅游业总收入增长速度(%)
全　国	131448	8935	679.74	135404	25900	1912.79	100	18.82
云南省	4483	499.78	1114.83	4659	1702.54	3654.30	191.03	21.88
昆明市	615.2	156.37	2541.77	653.3	426.68	6531.15	341.45	17.03
大理州	348.6	57.2	1640.84	355.86	195.36	5489.80	287.00	22.30
丽江市	115.4	46.29	4011.27	126.2	211.21	16736.13	874.95	26.88
贵州省	3690	387.05	1048.91	3484	1860.16	5339.15	279.12	31.16
贵阳市	396.66	84.54	2131.30	445.17	602.7	13538.64	707.79	36.08
黔东南州	387.52	47.29	1220.32	347.27	198.5	5716.01	298.84	29.35

资料来源：中国旅游统计年鉴历年数据及各地国民经济与社会发展公报历年数据。其中，大理州 2012 年人口数为户籍人口数。

（二）云南省和贵州省在文化产业和旅游业融合发展中，分别开创了独特的发展路径

根据调研所取得的数据，课题组对云南省和贵州省文化产业和旅游产业发展进行了比较。结果表明，云南省和贵州省在文化产业和旅游业领域各自拓展了不同的模式，形成了各具特色、相互竞争、互有优势的格局。

在文化产业领域，相对于贵州省，云南省起步更早，优势突出。云南省通过精心打造新闻出版、影视动漫、民族演艺、文化旅游、休闲娱乐、工艺美术、珠宝玉石、节庆会展、茶文化、体育十大主导产业，实施大集团牵动、大园区带动、大品牌驱动、大开放促动战略，以及积极促进文化与旅游融合发展，创造了民族地区文化产业发展的“云南现象”。无论是按旧的文化产业统计指标（参见表1），还是按新的文化产业统计指标（参见表3），云南省文化产业增加值总量、文化产业增加值总量占全省 GDP 的比例，以及人均文化产业增加值都显著高于贵州省。

表3　新统计标准下调研地区2012年文化产业增加值与全国平均水平对比

地域	文化产业增加值（单位:亿元）	文化产业增加值占 GDP 比重(%)	人均文化产业增加值(元)	人均文化产业增加值与全国平均水平的比例(%)
全　国	18071	3.48	1334.60	100
云南省	380.27	3.70	816.21	61.12
贵州省	152.03	2.22	436.37	32.70

注：云南省、贵州省文化产业增加值包括规模以上文化单位和个体经营者；全国文化产业增加值的统计数仅包括法人单位。

资料来源：国家统计局、云南省和贵州省公开发布的数据。

在旅游业发展领域，贵州省充分发挥后发展优势，形成对云南省的全面超越之势。“十一五”以来，贵州省抓住新交通、新平台、新改革、生态文明、美丽乡村五大机遇，围绕“多彩贵州”文化旅游品牌，深入实施“文化旅游发展创新区”“国家公园省”“大西南旅游门户和集散中心”“世界知名、国内一流旅游目的地、休闲度假胜地和文化交流的重要平台”等战略，积极推动

全省旅游业与文化产业融合发展，取得了突出成就。在“十一五”开局的2006年，贵州省、贵阳市和黔东南州的旅游产业发展还全面落后于云南省、昆明市、大理州和丽江市。在经过七年间的加速发展，2012年，贵州省旅游业无论是年均增长速度、总收入还是人均收入，都已经实现对云南省的全面赶超，创造了旅游业创新发展的“贵州现象”，成为我国民族省、区中发展旅游产业的新样板（参见表2）。

对大理州、丽江市和黔东南州文化产业与旅游产业发展数据的考察印证了云南省和贵州省在相关领域的发展逻辑。2011年，黔东南州文化产业占本地GDP的比例为3.10%，不及大理州的1/2和丽江市的1/4，人均文化产业增加值也明显落后于大理州和丽江市（参见表1）。大理－丽江地区文化产业相对于黔东南州，具有突出的优势。

2012年，黔东南州2012年人均旅游收入达到5716.01元，超过云南旅游业大理州的5489.80元（参见表2)。“十一五”以来七年间黔东南州人均旅游收入平均增速29.35%，超过同期大理市的22.3%和丽江市的26.88%。这表明，在旅游产业发展的战略举措和政策保障机制上，黔东南州采取了正确的、比大理州和丽江市更为有力的措施，找到了适合自身特点的旅游产业与文化产业融合发展路径，旅游业的潜力得到快速实现。

通过对“十一五”以来两省旅游业发展数据的进一步比较，课题组发现，尽管2006年以来，贵州省旅游业总收入和人均旅游收入增长速度比云南省更快，但云南省在吸引境外游客的数量上，仍然远多过贵州省（参见表4）。2011年，云南省入境旅游人数和收入继续保持全国八强、西部地区首位。这一数据表明，云南旅游业发展速度虽然相对贵州更加平缓，但国际知名度比贵州更高，原因在于云南相对强大的文化产业提升了旅游业的品牌和知名度。

云南省与贵州省在文化产业与旅游业领域的相互交错的产业优势与劣势表明，对于贵州省而言，文化与旅游业融合发展的关键在于以旅游产业倒逼文化产业升级发展，弥补文化产业发展的短板；而对于云南省而言，文化与旅游业融合发展的关键在于充分发挥文化产业的优势，进一步以文化产业提升旅游产业。这一结论得到黔东南州和大理州、丽江市文化与旅游业深度融合发展现象的有力支持。

表 4　2006、2012 年云南省和贵州省国内外游客增长比较

地域	2006 年		2012 年		2006、2012 年国内游客增长率(%)	2006、2012 年境外游客增长率(%)
	国内游客数（万人）	境外游客数（万人）	国内游客数（万人）	境外游客数（万人）		
全国	139400	12494.21	296000	13240.5	13.37	0.97
云南省	7721	394.4	19600	886.4	11.80	14.45
昆明市	2169	70.75	4580.5	113.74	13.27	8.23
大理白族自治州	766	20.93	1791	56.20	15.21	17.89
丽江市	429	30.87	1514.4	84.70	23.76	18.32
贵州省	4716	32.14	21330.68	70.50	28.60	19.35
贵阳市	1845	8.9168	6332.59	11.62	22.81	4.51
黔东南苗族侗族自治州	630	4.77	2389.5	20.40	24.88	27.40

资料来源：中国旅游统计年鉴和云南省统计局、贵州省统计局历年公开发布的数据。

（三）民族特色村镇在大理－丽江地区和黔东南州文化产业和旅游业融合发展中具有突出的引导性作用

民族特色小镇、村寨是云南省和贵州省发展民族地域特色文化旅游业重要组成部分。2009 年，在旅游业二次创业的大背景下，云南省提出将要推动 40 个重点旅游市县、60 个旅游小镇、200 个旅游特色村、10 个国家公园、50 个休闲度假点等旅游目的地建设。2012 年，《贵州省生态文化旅游产业发展规划》明确提出，要以“一个旅游中心、六条旅游走廊、七大旅游区以及八个枢纽节点”的基本格局，串联、支撑、带动 70 个旅游小镇、100 余个特色村寨。足见特色小镇和村寨在云南、贵州新一轮旅游产业升级发展中的重要地位。

对沙溪古镇（寺登村）、银都水乡新华村、双廊镇、西江千户苗寨四个特色村、镇的旅游业考察表明，民族和地域特色村镇是云南贵州文化产业与旅游业融合发展中增长速度快、带动作用强的排头兵，也是旅游业发展中的综合性增长极。四个村镇中，沙溪古镇由于开发较晚，节奏也较为平缓，所以旅游收入还不是十分突出，但其未来的增长前景极为可观；双廊镇由于位于大理－丽江旅游热线上，又处于环洱海旅游观光圈，外来投资和旅游者涌入迅速，人均

旅游收入增长很快，2012 年已经达到全国平均水平的 4 倍以上；鹤庆县银都水乡新华村 2012 年全村工艺品 76.2% 的农户从事金、银、铜工艺品加工销售，加工销售收入 8845 万元，占全村经济总收入的 81.5%。如果将银都水乡新华村投资公司的收入计算在内，新华村 2012 年日均接待游客 7300 多人，村域人均旅游收入达到了全国平均水平 45 倍。这一惊人成绩背后是民族特色手工艺银饰的产业化开发与旅游体验相融合的商业模式，新华村金银铜器的声誉、大理 – 丽江旅游热线上每天进村观光购物的游客是最关键的因素。贵州省黔东南州雷山县西江千户苗寨 2012 年 1 ~ 10 月接待游客 238.7 万人次，实现旅游综合收入 22 亿元，按全寨 5600 多位居民计算，人均综合旅游收入达到全国平均水平的 54 倍，村民的人均纯收入也实现了快速增长（参见表 5）。

表 5　部分调研地区 2012 年人均旅游业收入与全国平均水平的比例

	旅游业总收入（亿元）	人均旅游业收入（元）	人均旅游业收入与全国平均水平的比例（%）
全国	25700	7259	100
沙溪古镇（寺登村）	0.2	7680.5	105.81
银都水乡新华村	18.7	330272	4549.83
双廊镇	1.1	29729	409.55
西江千户苗寨	22	392857	5412

资料来源：全国、云南省、贵州省和相关城市、州的数据来自国家统计局网站和各地 2012 年国民经济与社会发展公报。沙溪古镇、新华村和双廊镇的数据来自当地政府部门汇报材料。西江千户苗寨旅游综合收入来源于媒体公开报道，为 2012 年 1 ~ 10 月数据。

如何妥善保护、有序开发各类民族地域特色村寨，将在很大程度上影响到大理、丽江、黔东南州乃至云南、贵州两省文化产业与旅游业融合发展的整体前景。

（四）民族民间工艺品的生产和开发成为村民增加收入和就业发展的重要部门

民族民间特色工艺品是云南、贵州两省文化产业和旅游产业融合发展的重要组成部分。“十二五”期间，云南省民族民间工艺品生产销售企业发展到 7000 多家，年销售额超过 80 亿元。形成了建水紫陶、鹤庆银器、会泽斑铜、永仁石砚、个旧锡器、大理石器等著名工艺品牌和鹤庆新华银器村、腾冲荷花玉雕村、石林阿者底刺绣村、剑川狮河木雕村、大理周城扎染村和昆明国贸民族民间工艺品交易市场等一大批专业市场。贵州省刺绣、蜡染、织锦、银饰加工、木雕、石雕、骨角雕、竹编、藤编、古法造纸等十多个大类旅游商品体系正在加快形成。

调研过程，课题组特别关注民族民间工艺品对当地群众就业的促进作用。仅从调研组获得的文化产业领域相关数据来看，其就业带动作用是十分明显的。给课题组印象最深刻的是贵州省丹寨县10000多人在从事民族民间工艺品的生产。云南省大理州剑川县的木雕产业也创造了7000多个就业岗位。鹤庆县新华村仅依靠银饰工艺就创造了1600个以上的就业岗位。丹寨县晟世锦绣公司走出了一条“农户+合作社+企业”的路子，2012年刺绣销售产值就达到了800万元，带动每位社员每月收入700~2000元，占社员家庭收入的一半以上。课题组考察过的凯里市苗妹银饰有限公司、丹寨县宁杭蜡染有限公司等公司，在带动当地少数民族群众就业方面也都有不俗的表现（参见表6）。

表6 调研地区2012年部分民族民间工艺品生产创造产值和就业的情况

地 点	产业或企业规模（年产值，万元）	产业发展模式或方式	创造就业（人）
丹寨县	—	民族手工艺品生产从业者	10000余
剑川县	22000	全县木雕工业总值	7000余
凯里市苗妹银饰有限公司	3000	家族企业，生产、销售、设计研发一体化	70余
丹寨县晟世锦绣刺绣合作社	300	组织妇女进行以刺绣为主的手工艺品制作	300余
丹寨县宁杭蜡染有限公司县	540	公司+基地+农户，从事蜡染产品开发和销售	70余
鹤庆县银都水乡新华村	8845	“一村一品”、“前店后厂”方式进行银器及工艺品加工销售	1600
大理州周城镇璞真综艺扎染坊	300多	公司+农户	400余

资料来源：各地汇报材料提供及调研组访问企业取得的数据。

在不用地方政府大规模投资的情况下，依靠本地民间资本和分散的小企业就创造了如此众多的就业岗位，充分说明了开发传统民族民间工艺文化产品的重大经济带动作用和就业促进作用。

（五）文化产业和旅游产业融合发展成为推动大理 - 丽江地区、黔东南州新农村建设和新型城镇化建设的重要角色

调研过程中，课题组深刻感受到，文化产业和旅游产业已经成为大理 - 丽江地区和黔东南州民族地区新农村建设和新型城镇化建设的重要推动力。在黔东南州雷山县上乌东村和从江县银潭村，在“联合国 - 西班牙政府千年发展目标基金项目”的推动下，依托旅游业和文化产业开发建设特色村寨的道路、旅游厕所、旅游标识、停车场、传统民族风格的家庭式酒店，维修保护传统民居和大院、培训村民从事旅游服务的知识和能力，等等。云南大理州的喜洲镇、双廊镇、沙溪镇、新华村，丽江市的束河古镇，贵州省雷山县的西江千户苗寨，都已经成为全国知名的旅游文化小镇，村镇生活设施和旅游公共设施齐全，现代服务业发达，原来的居民经济收入和生活水准大幅提升，生活方式实现了现代化转型。

以上现象表明，文化产业和旅游业的融合发展，使云南和贵州民族地区广大乡村找到了一条充分发挥自身民族文化、历史文化资源和生态环境优势，跨越工业化发展阶段，直接与现代服务经济对接，实现经济、社会和生产方式跨越式发展的道路。这种发展方式，不仅对云南、贵州这样的民族文化资源富集区具有重大意义，而且对于我国其他民族地区的发展道路选择也具有重要的启示意义。

三　文化产业与旅游业融合发展对当地民族文化传承发展的影响

考察文化产业与旅游业融合发展对少数民族文化发展的影响，是本次调研的一个重要目的。通过深入考察，课题组得出以下几点判断。

（一）文化产业与旅游业融合发展对云南、贵州少数民族文化的保护和传承产生了积极而深远的影响

文化产业与旅游业的融合发展使云南、贵州各级政府和广大群众从不同角度认识到保护文化遗产和传统文化的重要性，对少数民族文化的保护和传承产

生了深刻影响。各级政府部门对非物质文化遗产保护的积极性很高。云南、贵州两省都建立起了比较完善的非物质文化传承人认定和扶持体系，以及系统的非物质文化遗产保护名录。各地政府认识到民族文化资源在促进可持续发展和跨越式发展中的地位，格外重视民族文化和民族传统建筑、服饰的保护和利用。

因文化产业与旅游业融合发展引发的对民族文化和传统文化的自觉珍惜，表现在当地文化生活的方方面面。云南沙溪古镇旅游产业开发中，政府对世界濒危建筑遗产寺登街古镇文化资源倍加呵护。政府与瑞士联邦理工大学合作，从2003年至2010年，历时七年对古街的维修和保护先后实施三期工程，严格按传统工艺修复寨门、街道、古街临街立面、兴教寺壁画试验性修复、景区水电基础设施改造等一系列工作，为沙溪古镇的旅游有序发展奠定了良好基础。在大理巍山古城，我们看到当地政府和群众对古城的由衷爱护，政府将130多座传统民居纳入保护体系，进行严格保护，并有计划地迁移古城内生活的人口，为古城保护减压。贵州省雷山县西江千户苗寨历史悠久，寨内民族文物众多。我们看到，县政府在景区内建立了西江苗族博物馆，将苗族传统农耕、生活习俗、建筑、宗教、节庆、银饰刺绣和服饰等文物进行集中保护和展示。景区内群众自发收集文物，建立了40多家“家庭动态博物馆”，每年从景区门票收入中提取18%（逐年增加）的资金设立民族文化保护基金，实行每季度评分发奖，2009～2013年已累计发放金额超过1500万元，有效促进了民族文化的保护传承。在贵州省黔东南州从江县岜沙苗寨，我们感受到当地导游对符合当代生态保护要求的岜沙树葬文化的自豪感。在从江县的座谈会上，一位深爱侗族大歌的侗族干部，直接提出对当前侗歌大歌传承方式的反思。他认为，学校的老师来教孩子们唱侗歌还不到位，由村寨中的歌师来教才能真正传承侗歌的精髓。

这些感受和经历，让课题组深深体会到，文化产业和旅游业发展并没有让少数民族群众疏离自己的民族文化，相反，让他们更加热爱、更加努力、更加自觉地推动民族文化的保护和传承。

（二）文化产业和旅游产业融合发展为少数民族文化发展与创新提供了强大的推动力量

少数民族文化是少数民族群众精神世界的支撑，也是他们日常生活的意义世界。文化产业和旅游产业的融合发展，使少数民族文化的文化符号、服饰、建筑风格与手工艺品进入游客视野和外部市场，少数民族的文化符号在新消费时空中，获得了新的意义。在这个过程中，少数民族文化得到当代发展。

少数文化符号不只是直接进入现代市场。文化产业和旅游产业的融合为少数民族文化提供了强大的创新力量。少数民族文化符号通过与时尚设计和大众消费结合，借助现代设计和现代舞台，与其他文化的符号交融、整合，民族文化的内涵和边界得到新拓展。在昆明市云南民族风情园、雷山县西江千户苗寨、凯里市苗妹银饰有限公司等多个场合，课题组都看到传统的扎染、蜡染工艺和图案，已经与时装、时尚家具、家居床品的设计和生产相结合，民族文化遗产重新焕发光彩，成为日常生活和时尚的组成部分。同样，在课题组看来，《印象丽江》《云南印象》《多彩贵州风》等一系列产生了重大影响、取得重大经济收益的少数民族题材实景演出，都对少数民族文化的展示、传播和发展做出了重大贡献。它们本身都是少数民族文化艺术在当代的鲜活样态。

（三）文化产业与旅游业的融合发展，对少数民族传统文化保护与传承提出了新的要求

民族地域特色文化产业与旅游业的发展，是将少数民族文化由传统社会的文化空间带入现代文化市场的过程。这一过程，既为少数民族文化创新发展带来新的历史契机，也使少数民族文化面临现代文化市场和多元文化竞争的激烈冲击。在原有的相对封闭的文化生态快速瓦解的情况下，少数民族的各种物态文化日渐减少，非物质文化消亡进程加剧。这要求我们，在民族地域特色文化产业和旅游业融合发展的同时，要加强公共文化服务，通过文化立法、财政保障、体制创新、教育培训等多种方式实现对民族地域特色文化资源的保护和传承。

四　大理州、丽江市和黔东南州看民族地区文化产业和旅游产业融合发展中存在的突出问题

通过大理州、丽江市和黔东南州文化产业和旅游产业融合发展进行深入考察，课题组也发现，这些地区的文化产业发展还存在着一些具有普遍性的问题，需要逐步解决。

（一）文化产业市场开放度较低，市场在资源配置中难以发挥主导性作用，从根本上制约了文化产业与旅游产业的融合发展

尊重市场规律，发挥市场在资源配置中的主导性作用，科学有序地培育市场、预测市场、开发市场是民族地区文化产业和旅游产业健康发展的保证。但由于民族地区文化产业市场普遍存在市场开放程度低，市场机制发展缓慢，导致市场投资主体发育不足，本省、区国有文化资本在重大投资领域占据主导地位。这种市场格局造成两个方面的影响。一是市场资源主要流向国有投资主体，民营企业很难获得公平的市场投资机会和竞争条件，导致市场竞争不足，从整体上抑制了文化产业和旅游产业发展的竞争力。二是由于市场投资主体竞争性不足，造成市场规律对投资行为约束不足，项目开发中求大求全、论证草率，造成投资效率低下。课题组在调研过中发现，当前云南、贵州各地在发展文化产业和旅游产业时，不少由国有资本投资的重大的投资项目缺乏科学、严谨的论证，给投资造成很大隐患。在新华村文化旅游投资已经具备相当规模、旅游收益规模相对稳定的状态下，2012 年，云南省文化产业投资控股集团又联合鹤庆县，在新华村投资 50 亿元，打造新华民族文化旅游小镇，并预估项目建成后，预计每年可增加新过夜游客 100 万人，就业岗位 5000 个，税收两个亿。在这个项目中，如果过夜游客实际达不到预期目标，就意味着项目的巨额投资无法收回。课题组在巍山县调研了解到，该县打算引进省级国有投资集团，斥资 63 亿元用于打造南诏国历史文化旅游景区。这几个投资巨大的文化旅游项目，究竟投资风险如何，有待市场证明。

（二）文化产业和旅游产业开发中急功近利、无序开发现象比较突出

在调研中，课题组发现，一些旅游景区开发中存在着急功近利、无序开发的现象，对景区的可持续发展造成重大威胁。这种现象在双廊镇表现为道路和景区规划滞后，家庭式客栈和旅馆开发中不注意保护传统民居，使景区核心资源受损，严重影响景区各项产业的长期可持续发展。在雷山县西江千户苗寨，这种现象表现为部分村民不遵守景区的检票规则，用私车私搭游客进寨，破坏景区管理秩序，另有一些村民则在山上私建房屋出售或出租，对景区生态和环

境造成严重破坏。在丽江市大研古城，这种急功近利的现象表现为过度追求商业利益，把古城的原有居民绝大部分迁出古城，交给商业者经营。这些无序的现象，影响着旅游和文化产业的品质，需要政府部门介入来帮助克服。

调研地区旅游产业与文化产业融合发展过程中的无序性还体现一些政府行为中。在调研中课题组了解到，政府一方面要推动民族地域特色文化产业与旅游产业发展，实现发挥地域资源禀赋的可持续发展，但另一方面，又对文化产业和旅游产业的经济收益信心不足。为快速提升本地 GDP，贵州省一度要求全省加快工业化，每个县都要建工业园区，吸纳东部产业转移。从可持续发展的角度，这种做法仍然是急功近利的表现。能不能坚持绿色发展、可持续发展，能不能坚持走发挥地域特色文化和生态地理资源优势，考验着地方政府和官员的定力。课题组了解到，在整个黔东南州，只有雷山县顶着压力，坚持走文化与旅游相结合的发展道路，没有建立工业园。

（三）文化产业与旅游产业发展融合发展中的利益分配格局不平衡，不利于和谐发展

调研中课题组发现，云南省和贵州省文化产业和旅游产业融合发展过程中，利益分配格局不平衡现象也较为突出。在民族特色村寨开发中，这一现象最为明显。如在从江县岜沙苗寨，由于处于产业化开发初期，没有资金积累，几乎全寨的村民都无力筹资建设家庭旅馆，所以有着巨大收益预期的家庭旅馆只有外来投资者开办，这意味着本地居民在收益分配格局中处于不利地位。在著名的鹤庆县新华村，旅游集团通过每日近万游客获取的商业收益与村民通过家庭式银器和销售获得的收益相比，高到远远不成比例。在巍山县，政府相关部门一方面希望云南省文化产业投资集团大手笔投资，开发建设“南诏王宫”，另一方面又担心面对强势的云投集团，本地政府和民众的利益得不到保护。

如果本地居民在文化产业与旅游产业开发的收益起跑线上就与外来投资处于不平等地位，这将对增加本地居民家庭的经济收入十分不利。如果这种利益上的不平衡长期存在，就会抑制少数民族群众保护传统文化资源、积极参与文化与旅游资源开发的积极性，最终也不利于民族地区文化与旅游产业的长期发展。

（四）文化产业与旅游产业融合发展面临品牌提升瓶颈制约，发展潜力受到限制

民族地区文化产业与旅游产业融合发展发展的重要途径就是通过现代创意与设计，给古老的民族文化符号注入新的时代内涵。在这一过程中，逐步形成新的品牌，获取稳定的品牌收益，是实现民族特色文化旅游业可持续发展的重要方式。对于一些享有地名声望的品牌，需要解决好地名品牌的共享和企业自有品牌的关系，形成地名品牌和企业自有品牌相互支撑、相互提升的利益格局。但是，品牌提升往往需要大量的导入资金。由家庭和个人创办的文化企业和旅游服务企业，通常都是小微企业，资本较小，很难承担更多的品牌打造费用。在这种情况下，民族地域特色文化产业和旅游业融合发展的空间受品牌提升的瓶颈性制约，发展潜力受到限制。

（五）民营文化企业融资困难，产业升级受到制约

通过与相关文化旅游企业家的交流，课题组深刻感受到当前云南和贵州地区民营文化企业和旅游企业普遍面临着融资困难的问题，企业扩大生产和提升产品设计开发受到很大制约。由于缺乏抵押品，不仅小微文化企业面临着贷款融资难的问题，就连最具有代表性的民营文化企业《云南印象》集团，也因缺少合适的抵押物法而无法从银行获得发展所需要的资金。从整体上讲，民营文化企业这种融资困难已经成为制约云南、贵州民族地区文化产业和旅游产业融合发展、全面升级的最大障碍。

（六）创意开发人才与经营人才缺乏，制约企业发展

人才因素也是制约云南、贵州各地文化产业与旅游产业融合发展的又一个重要因素。课题组看到，在民族民间工艺品开发领域，由于缺乏设计人才和经营管理人才，产品的同质化和低端化问题十分突出、企业的经营管理水平提升也受到很大限制，小微企业向成长为中小企业机会也受到很大限制。同样是由于经营能力和现代商业服务能力的缺乏，许多民族群众无法成为农家乐和家庭旅馆的经营者，外来投资者成为最大的利益获得者。创意开发和企业经营人才是当前民族地区文化创意企业最为短缺的两类人才，必须下大力气解决这两类人才的短缺问题。

五　对促进民族地区文化产业和旅游产业融合发展的政策建议

云南省、贵州省、大理州、丽江市和黔东南州在推动文化产业与旅游产业融合发展的道路上，各自形成了不同的发展模式和特点。但它们所遇到的问题，对于我国民族地区文化产业和旅游产业的发展则具有普遍性和代表性。课题组从促进民族地区文化产业和旅游产业深度融合发展的角度，提出以下对策建议。

（一）大力提高民族地区文化产业和旅游产业的市场开放度，进一步完善文化产业与旅游产业发展的市场环境

建议相关省、区在建设全国统一市场的宏观背景下，大力推动民族地区文化产业和旅游业市场的开放度，进一步完善文化产业和旅游产业发展的市场环境。一是要确立市场在源配置中的决定性地位，形成市场主导资源配置、充分开放的市场发展环境，为民族地区文化产业与旅游产业融合发展奠定坚实的市场基础。二是要进一步优化民族地区文化产业和旅游产业融合发展的市场环境，纠正对国有文化企业特别是国有大型文化企业在投资、银行融资、税收减免和财政支持上的偏向，使各类所有制企业不分大小都能公平享有金融、税收、财政、土地等市场资源，公平参与市场竞争。三是要把培养民族地区文化和旅游产业融合发展的内生力量和促进居民家庭收入提升融合起来，大力支持民族地区家庭或个人参与文化产业和旅游产业开发，实现包容式发展。

（二）创新民族地区政府部门政绩考核方式，建构有利于民族地区文化产业和旅游产业融合发展的政策环境

建议突破以 GDP 增长考核地方发展成就的原有模式，建构有利于民族地区实现绿色发展、可持续发展和有利于少数民族文化创新发展的区域发展指标体系。从而使民族地区各级官员和政府部门能够抛开 GDP 考核的压力，专注于研究和实施推动本地区实现科学发展的战略目标和推进节奏，促进民族地区实现适合自身特点、自身节奏的绿色可持续发展，以自身独特的发展模式融入国家整体现代化的进程。

（三）建构融合式公共文化服务，搭建民族地区文化产业与旅游产业协同创新平台

建议根据民族地区培育内生性文化与旅游产业力量的要求，全面升级公共文化服务方式，推动融合式公共文化服务，使公共文化服务介入文化产业和旅游产业融合发展的产业辅导，成为民族地区“文化富民”重要推手。

在融合式公共文化服务的框架下，可以建立由公共文化服务部门引领，政府、艺术设计院校、设计师、文化企业、特色村寨、少数民族群众、社会志愿者共同参与的协同创新平台。协同创新平台的主要在两个领域发挥作用。一是推进民族地区文化产业和旅游产业与科技实现深度融合发展，全面提升民族地区文化产业和旅游产业品质、品牌和附加值。二是通过协助规划编制，培育和建设民族地区特色文化产业和旅游产业集聚区，带动民族地区文化传承传播与产业化协同发展。

（四）加强政府部门对中小文化企业和旅游企业的辅导与支持

建议根据从民族地区中小文化企业自身发展能力较弱的特点，加强对中小文化企业和旅游企业的产业服务和辅导。包括向中小文化企业提供市场信息，对当地从业者进行传统内容创意和形式创新能力培训、鼓励文化产业和旅游产业的从业者成立行业协会，提高行业自律水平，等等。

（五）加强民族特色文化产业和旅游产业融合发展的人才培养

根据民族地区文化产业和旅游产业融合发展中出现的人才缺乏问题，建议建立由政府专项培训、普通高校和职业院校培养、大型文化企业挂职培养、志愿者、公开招聘等多种途径构成的创意设计和管理人才培养及支持体系。依托这一体系，全面提升民族地区中小文化企业和旅游企业的产品开发能力和管理运营水平，推动文化产业和旅游产业在相对落后的民族地区实现加速融合发展。

B.10

培育特色文化产业聚集区 促进民族地区可持续发展

李 佳 李 炎*

摘 要： 滇西北的大理、丽江借助旅游产业发展的良好态势，形成了一个具有共同内核的文化区块，逐渐形成了发展特色文化产业聚集的路径。但目前特色文化产业聚集区发展中存在着区域民族特色文化产品生产与服务相对不足，民族文化资源开发中存在着保护与可持续发展意识不强、文化资源流失严重、民族文化产品的文化创意与文化科技附加值不高等问题。本文的建议如下：加强民族地区文化保护与传承研究，规划、培育一批国家级的民族地区特色文化产业聚集区；强调包容性增长，强化民族地区文化产业在地方社会文化经济可持续发展中的作用；搭建民族地区文化传承传播与产业化协同创新平台；培养一批具有全球化视野与市场经济意识的民族文化保护与传承人。

关键词： 文化区块 特色文化 产业聚集区 文化传承传播 产业化协同创新平台

滇西北的大理、丽江分属于不同的行政区划，但地域相连，文化相近，由于资源、传统、基础设施和市场等要素紧密联系，形成了一个具有共同内

* 李佳，云南大学文化产业研究院副研究员；李炎，云南大学国家文化产业研究中心副主任，云南大学文化产业研究院院长，云南省哲学社会科学研究基地（民族文化与文化产业发展）负责人，教授。

核的文化区块，与滇西北其他地区如迪庆州、怒江州有不同的文化特征和产业发展路径。大理、丽江历史上均处于茶马古道上，是西南地区民族贸易和民族迁徙通道，是重要的商贸中心和物资集散地，同时也成为区域性文化交流中心，兼具开放与包容的文化特征。地缘和文化特征造就了这一区域的耕读传家和重商的传统，加之少数民族众多，形成有别于中原主流文化特质的农耕文化、商业文化和手工艺传统。近年来，旅游产业迅速发展，形成以大理州、丽江市为中心的两大旅游区，并北向与迪庆州相呼应，形成大香格里拉旅游环线。外向型旅游产业带动了文化市场的发展，大理、丽江相应形成两大文化产业市场，在两大市场之间，分布若干手工艺品生产基地、大量手工艺品店铺和一系列风情浓郁的民俗文化村落，产业聚集态势初显，带动当地经济的可持续发展。

2013 年 7 月 22 ~ 29 日，由国家民委文化宣传司、中国社会科学院文化研究中心和云南大学国家文化产业研究中心组成的调研组，赴大理、丽江，进行为期 7 天的调研活动，调研以大理、丽江文化旅游市场，民族村寨文化发展，乡村文化旅游和民族民间工艺品业的发展现状、走势及特色文化产业聚集区的培育为重点，同时涉及民族文化资源的保护与开发，区域文化产业发展，城乡文化消费市场培育，文化产业对地区产业结构调整，公共文化服务体系建设，文化建设与新型城镇化发展等方面。调研组一行对大理州白族自治州及其所属鹤庆县、剑川县、巍山县，丽江市及其所属古城区进行了调研，深入 11 个古镇和传统村落。从功能上来看，这些村落和古镇可粗略分为三种类型：第一类以手工艺品生产为主，如新华村、狮河、周城；第二类以开发民俗文化体验及休闲度假为主，如大理古城、沙溪寺登街、喜洲镇、双廊镇，丽江大研古镇、束河古镇；第三类以保护为主，进行适度开发，如巍山古城、巍山东莲花村。这三种类型互相之间有交叉，并非截然分开。

通过听取情况介绍、实地调查、座谈交流、分析研究，调研组认为，大理、丽江是民族地区文化产业成长性较好的区域，产业发展覆盖面广，群众参与度高，其文化产业发展方式在资源条件较好的少数民族地区有一定的普适性，应以提升当前成长性较好、发展潜力较大的民族民间手工艺品产业和民俗文化产业作为培育特色文化产业聚集区的切入点和突破口。在下一步发展中，可通过进一步提高产业化程度，强化聚集效应，以点带面，逐步实现各个产业门类的整体推进、多领域联动，促进民族地区区域文化产业的快速进步和民族地区的可持续发展。

一　“大理、丽江”特色文化产业聚集区发展的基础

在文化产业发展中，可以凭借资源优势，突破产业发展的一般序列，显化比较优势，发挥后发优势，实现文化产业的跨越式发展。大理、丽江的旅游产业起步较早，借助旅游产业发展的良好态势，文化产业发展获得了有利的契机，旅游产业奠定了特色文化产业聚集发展的基础。

（一）文化资源富集，产业发展初具规模

大理、丽江区位独特，历史上均是茶马古道上的重镇，大理、丽江也成为民族融合、经济发展和文化交流的区域性中心，自然和人文生态环境优越，民族文化保护与传承情况较好，历史名城、传统村落密集。富集的文化资源为大理、丽江获得了一系列世界性的文化声誉。丽江的大研古镇先后被列入世界文化遗产、世界记忆名录东巴文化古籍、三江并流世界遗产名录等联合国的世界文化遗产项目。自然资源、历史文化资源和民族文化资源丰富，形成发展文化产业的资源优势，在从资源到现代产业的转换过程中，文化产业发展初具规模。2011 年，按原国家文化产业统计指标统计，大理州文化产业增加值达 13.418 亿元，占 GDP 的 6.2%，超过云南省平均水平；丽江市实现文化产业增加值 21 亿元，比上年增长 24.2%，文化产业增加值在 GDP 中所占的比例提高到 11.8%，居云南省首位，比全国的 2.75%、云南省的 6.1% 分别高 9.05、5.7 个百分点，文化产业已成为当地重要的支柱产业和新的经济增长点。

（二）文化产业发展亮点纷呈，资源整合态势出现

在文化产业发展过程中，大理、丽江亮点不断呈现，文化旅游、休闲度假、文化娱乐、民族民间工艺、演出演艺及文化创意等多样化的文化产业业态和产业结构基本形成，产业链不断延伸。依托丽江、大理古城形成的两大市场及黄金旅游线路，有效整合了散布在区域内的点状资源，为进一步的整体规划和全面布局打下了良好的基础。文化产业与旅游产业呈现良好的互动发展格

局。大理市周城扎染、三和大理石、鹤庆县新华村银铜器、剑川县木雕等民族民间工艺品已成为省内外具有影响力的文化品牌，促进了云南省民族工艺品的产业化发展。大理市洱海东岸的双廊、喜洲和丽江市的束河、洱源的西湖等已形成国内具有影响力的休闲度假品牌；以大理古城、丽江大研古镇、束河古镇为核心的酒吧文化、休闲娱乐、演出演艺、摄影等产业业态发展迅速，规模和影响力不断提升；大理、丽江以民居为主体的主题客栈、风情客栈，推动了文化体验经济的发展。在市场不断成熟，产业化发展的引领下，以大理、丽江为核心的滇西北丰富多彩的民族文化资源整合态势已经呈现。

（三）文化产业聚集格局出现，发展合力初步形成

按照发挥优势、注重特色的思路，大理、丽江大力推进特色产业发展，在强势发展的旅游产业催动下，民族工艺、文化旅游、休闲度假、文化创意、节庆会展等门类发展较好，具有地域特色的文化产业群、文化产业板块和文化产业市场不断发展，一批专业化的民族工艺品生产加工基地初具规模，民族民间工艺自主品牌开始出现，一系列民俗文化体验基地星罗棋布，集国际、国内和本地文化消费于一体的多样化产业聚集格局出现。

根据资源的集中程度和空间分布状况，大理、丽江初步形成以下产业集群：以丽江大研古镇、束河古镇、大理沙溪寺登街为中心的民族风情、茶马古道民俗文化体验区，以大理双廊为中心的环洱海民俗文化体验区，以大理喜洲为中心的民俗建筑文化体验区，以大理鹤庆新华村为中心的金银铜手工艺品生产区，以大理梅园为中心的石雕产业区，以大理周城、巍山为中心的扎染产业区，以剑川狮河为核心的木雕产业区等。空间集聚格局逐渐凸显，特色产业群优势明显，行业人才集聚，特色鲜明，经济效益显著。

大理、丽江文化产业集群有自身特点，依托文化禀赋，展现其生态、人文、历史资源保存相对完好，生活气息浓厚的优势，以大批本土从业者为主体，不断吸引着来自国内外的文化创意群体，在政府引导与市场推动下，形成了本土文化持有者、外来文化创意群体与旅游消费者三大文化创意推动群体，以社会化小规模的产业生产组织方式，有序地推动区域文化旅游产业的发展，形成了中小历史文化城市、民族文化村镇、旅游景区景点、世界级的文化遗产和自然遗产与农耕文化系统融为一体的文化集聚空间，这不同于东

部以城市为中心，依托资本、科技优势，建设产业园区为主体的产业集聚方式。

（四）中小城市文化创意初显，发展空间潜力巨大

在文化创意产业发展的潮流中，大理、丽江以生态环境、传统民居、传统音乐、传统手工艺文化等资源禀赋，营造了独特的文化创意氛围，吸引了一批国内外文化创意者聚集，探索文化创意产业发展的新模式。2008 年，"中国创意（中小）城市"评选中，大理、巍山等 13 个城市获得年度大奖。丽江案例进入 2010 年《中国创意产业发展报告》，被誉为"创意产业的国际性展台"。创意产业在中小城市的发展具有广阔的前景，其拥有丰富的民族文化传统和承载这些文化、掌握区域传统工艺技术的创意阶层，具备了创意产业发展的垄断性优势，在未来的发展中，在资源环境约束日渐增强的形势下，创意城市的发展将成为趋势。大理、丽江拥有独具特色的文化产品、宽松的创意环境、独特的人文特征和频繁的文化交流等优势，在文化创意产业方面发展潜力巨大。

二　大理、丽江特色文化产业聚集区的发展路径

大理、丽江民族文化资源相对富集，在旅游产业带动下，以市场发展为基础，以民俗文化、休闲度假、文化旅游、民族工艺品、文化创意产业为主要内容，逐渐形成了特色文化产业聚集的路径。

（一）依托民族文化资源，发展特色文化产业

地域性文化根植于特定的地理环境，在文化产业发展中，区域特色越来越重要，拥有深厚的文化底蕴和颇具特色的文化资源但经济相对落后的地区，通过发展特色文化产业，缩小地区差距，促进经济结构调整和布局优化，已经成为超越传统产业为主导地区的重要战略选择，这为区域特色文化产业的聚集发展提供了广阔的前景。

大理、丽江充分利用资源优势，选择具有区域比较优势的产品进行生产，发展具有强烈区域性和根植性的文化产品，实现差异化竞争。借助大理和丽江

两个潜力巨大的市场，形成文化产业聚集，其中包括资源、生产、市场等若干要素，从而带动当地传统经济的转型和现代服务业的发展。

（二）拓展城乡文化消费市场，构建现代文化产业服务体系

增加文化消费总量，提高文化消费水平，是文化产业发展的内生动力，是推动文化产业发展的关键环节和重要着力点。大理、丽江旅游产业起步较早，发展势头良好，2012 年，大理州共接待海内外旅游者 1847.29 万人次；丽江市共接待游客 1599 万人次，两地旅游总收入分别是 195.61 亿元和 211.73 亿元。旅游拉动了文化消费，大理、丽江从民俗体验和手工艺品的区域特色出发，开发特色文化消费产品和服务，提供多样化消费方式，不断拓展市场。鹤庆新华村以“坐地”和“行商”两种方式生产销售，目前，新华村有上千人分布在藏区及甘肃、青海、四川、贵州等省区的少数民族地区，拉萨八廓街因新华村匠人聚集而形成了鹤庆街，由此形成了不断拓展的内外两大市场。

在拓展文化消费市场的过程中，大理、丽江不断完善公共交通、住宿、餐饮、购物等服务体系，通过营造激励文化创新的市场环境，发展文化产品市场和现代文化产品流通组织和流通形式，加快培育文化要素市场，已经逐渐建构统一开放、竞争有序的特色文化产业服务体系。

（三）聚合区域文化资源，培育民族文化品牌

民族文化产业发展的经济基础薄弱，规模较小，集群化的发展方式是较为可行的选择。大理、丽江在历史发展过程中，根植于悠久传统的民族手工艺品与地域特色浓郁的民俗文化村镇，在文化上血脉相承，在空间分布上彼此错落。这一地区有一大批工艺师阶层，他们传承了精湛的传统技艺，其中有联合国教科文组织任命的大师，也有国家级、省级的非物质文化遗产传承人，如鹤庆新华村的寸发标因制作的银器构思独特、工艺精良，被联合国教科文组织授予“民间工艺美术大师”称号。在重商传统和现代市场经济的历练中，一些工艺师有较为敏锐的眼光和商业意识。这些人才不仅提升了工艺品创意设计、制作加工水平，还吸引和带动了更多的从业人员，推动了当地民族民间工艺品生产和市场发展。一批现代艺术家和创意人才常年居住和关注大理、丽江的文化发展，在大理才村码头等地形成现代创意人才的集聚地，在古老民族民间工

艺和现代艺术之间搭建了桥梁。本土工艺师和外来艺术家及创意人群形成了区域性文化产业发展的重要人力资源。

大理、丽江依据资源禀赋，积极传承本地文化文脉，发展根植于区域内人文、资源的特色文化空间和产业聚集区，依赖民俗文化村镇、传统手工艺品生产和优秀的人力资源，塑造特色文化空间，发展特色文化产业聚集区。在发展特色文化产业聚集区过程中，不改变原有聚落方式的前提下，以资源富集的区域和周边的民俗文化村镇、旅游景区、手工艺品生产村落为依托，形成民族文化体验、民族演艺、民族餐饮、民族手工艺为主体的创意产业空间，发展特色文化产业生产基地。以历史文化名城、世界自然遗产和文化遗产为中心，整合周边星罗棋布的数十个点状资源，以本地和外来的创意人才为核心，形成以大理古城和丽江古城两大文化空间带动，以酒吧、演艺为主的现代文化产业创意街区和以地域性乡村文化为主的文化产业发展，打造具有国际影响力的文化品牌。

（四）立足文化惠民，转变区域经济发展方式

文化产业的发展一是要做到发展成果与民共享，惠及民生；二是考虑覆盖面和群众参与度，具体体现为对就业率增加的贡献，就业是保障收入的基础，也是保障民生的关键。文化产业与民生协调发展，事关人民群众的精神信仰、思想状况、文化权益和生活品质，可以增强民众追求幸福生活的自觉性，提高创造幸福的能力，这是文化产业发展的根本动力，也是文化产业发展的重要条件。

利用民族文化产业的大众式生产经营方式和地方生产生活关系相对密切的特点，推动个体、自由职业者和掌握传统技艺者等不同群体就业，采用灵活多样的就业形式，降低进入门槛，充分发挥文化产业惠及民生的功能，可以为群众带来提高生活品质和创造财富的机会，促进城乡居民收入。据统计，至2010年，大理州文化经营户达2100多户，丽江市文化经营户已发展至3100多户，仅丽江古城区就有2900多户文化产业经营户，占全市文化产业经营户的90%以上，文化经营户和从业者创造了巨大的经济产值，仅披肩行业就创造产值两亿多元。大理鹤庆新华村，以“一村一品”“前店后厂”的方式发展银器手工产品，年均产值达4亿多元。

（五）涵养民众生活美学，保护和传承民族文化

文化产业的核心在于文化，文化实质是一种生活方式，体现在日常生活中，源于社会发展的历程，建筑、服饰、社交形态等构成某种文化的实质。大理、丽江的历史、人文、宗教、自然景观及建筑等要素构成了特别的生活方式，大理民居灰瓦白墙，雕梁画栋，三房一照壁，四合五天井独具特色，家家门前流水，户户庭院栽花，风花雪月代表着富有诗意的自然景观及历史人文；丽江的雪山古城、茶马古道、异域酒吧及高低错落的民居建筑，穿街过巷的水景观，形成家家流水、户户垂杨、人与自然和谐发展的优美画卷。大理、丽江的这些要素与日常生活融为一体，以差异性和浓郁的地方文化特色丰富和提升了人们的审美品位和生活质量。根植于本地历史的习俗、语言、信仰及其丰富多彩的外化形式，构成了文化吸引力，建立起独特的普世价值和社会认知，构建了自身文化的活力和竞争力。与发达地区发展文化产业的模式相比较，大理、丽江的文化产业发展更多地依赖基于差异性的文化特质，如厚重的历史感、文化品位、宗教氛围、民族风情等。保护滋养文化的原生环境，才能保留核心文化要素，才能保证文化产业的持续发展。

三　特色文化产业聚集区发展中存在的主要问题

特色文化产业聚集区整体处于起步阶段和成长发育时期，潜在优势还未充分发挥，产业发展过程中还存在一些问题。

（一）随着消费市场扩大，区域民族特色文化产品生产与服务相对不足

民族文化产业借力旅游产业发展，大量游客进入后，文化消费迅速增长，但由于开发层次低，具有区域民族特色的产品生产不足，旅游文化产品雷同，缺乏创意，市场上充斥大量粗制滥造的低端手工艺品。受商业化的影响，许多相关产业相继出现了艺术审美口味的庸俗化、低俗化倾向。同时文化服务相对滞后，服务意识比较淡薄，产业发展的软性环境有待提升。

（二）过分强调增长观点，民族文化资源开发中存在保护与可持续发展意识不强

民族地区由于市场化水平较低，政府在搭建文化资源转换平台，发展有地方特色的区域文化产业中起着主导的作用，在民族文化旅游产业化的过程中，由于单一的政绩考核和评价体系，政府缺乏可持续发展的动力，片面追求GDP的增长，重经济效益，轻社会效益，热衷建设大规模的“文化地标”等大项目，不注重对文化的保护和持续发展，导致民族文化的独特性被侵蚀的现象时有发生。

（三）外来文化对地方性、民族性文化产生重大影响，文化资源流失严重

快速的产业化发展，尤其是旅游业爆发式的增长，虽然为民族地区带来了经济收益，但也对民族文化构成了潜在的威胁，自然环境和人文环境都遭到不同程度的破坏。由于外来文化比较强势，而民族文化处于弱势和边缘地位，外来文化对民族文化的挤压和冲击十分严重，文化资源大量流失。同时，在产业发展中片面追求经济利益，急功近利，民族文化资源的闲置、开发不足和滥用的现象并存，甚至出现伪民俗和掠夺式开发等现象，文化保护和传承依然是很大的问题。

（四）民族文化与现代科技融合不足，民族文化产品的文化创意与文化科技附加值不高

民族文化长期处于封闭的发展状态，与外来文化接触较少，对现代科技不敏感，对现代科技对民族文化的传承、传播、交流和发展的巨大作用认识不足，由数字技术和网络信息技术催生的新的文化形态和文化业态在民族地区发展比较滞后。

四 推动民族地区特色文化产业聚集区发展的对策与建议

大理、丽江依托丰富独特的在地文化资源，发展与之相对应的优势产业，

探索特色文化产业聚集的道路，在具备相似资源条件的民族地区有一定的普适性，通过宏观的空间布局和产业配套，可实现民族地区文化产业聚集，促进可持续发展。对于还未形成优势产业聚集的区域，要加强文化保护与传承，培育文化产业发展的条件。

针对当前文化产业聚集发展的一些经验和存在的问题，笔者就进一步培养特色文化产业聚集区、促进民族地区文化产业可持续发展提出如下建议。

（一）加强民族地区文化保护与传承研究，规划、培育一批国家级的民族地区特色文化产业聚集区，促进民族地区经济文化发展

在全国民族地区范围内，通过确定重点发展的文化产业门类，合理布局，引导符合市场和资源禀赋特点的产业聚集，扶持和推出区域特色鲜明且具有战略性、引导性和带动性的产业项目，在重点领域实现突破，建设一批少数民族特色文化产业聚集区。特色文化产业聚集区的建设可以不拘泥于行政区划，以文化资源的分布确定产业聚集区，既可以以块状资源禀赋为建设依据，也可以以线性文化通道为建设依据。

建设国家级特色文化产业聚集区要依托当地文化资源，因地制宜，形式不拘一格。要深入分析各地的资源特色和市场化程度，采取相应的资源聚合方式，可以通过资源禀赋聚合，也可以通过市场聚合，或者通过相关产业带动等。其方式既可以是文化企业在地理上形成群落的产业园区，也可以通过点状资源的串联形成特色文化空间，或者强化相关文化资源之间的关联度以形成文化板块，还可以建设特色文化产品专业市场或专业生产基地。

政府在国家级文化产业聚集区建设中要起到推动作用，政策上要大力支持，在文化产业的产业政策、产业组织、产业发展等方面进行宏观的建构，同时在市场、投资、消费等中观和微观的层次上建构，建立起符合现代产业方式的合理体系，在产业分工体系中占领有利的地位，推动文化产业向更高业态发展。

国家文化产业聚集区要配套相关的公共服务，文化产业聚集区的形成，不但要有适应文化、艺术和创造的有形空间，而且还包括富有活力的文化机构、企业及创意人才的聚集。要积极为文化企业和文化机构提供良好的政策、环境和服务，形成文化遗产密集地、文化设施完善区、文化生产集聚地、文化创意发源地。

（二）强调包容性增长，强化民族地区文化产业在地方社会文化经济可持续发展中的作用

大部分民族地区经济社会发展都较为落后，发展经济的资本、人才、技术等要素稀缺，文化产业的发展一般是走文化资源依赖型道路，将当地特色文化资源和地方性知识转变为经济发展的要素，因此，文化产业的发展对转变当地经济增长方式和产业结构有积极的作用。民族地区文化产业的发展，除了经济收益外，其社会意义重大，一方面，有利于增加就业机会和实现社会公平目标，促进社会稳定。一大批小生产者被吸纳到文化产业发展中，以手工艺品生产、民俗文化开发等方式进入市场，进入门槛低，经济效益明显，既是可持续的生产生活方式，又有利于缓解贫困。另一方面，以产业激活濒临灭绝的文化遗产并产生经济收益，实现活态传承，一批文化资源禀赋较好的传统村庄和古镇通过文化产业的发展繁盛起来，改变了走向凋敝的命运。不阻断原有的文化血脉并转化为经济发展的引擎，不但改善了当地少数民族的经济状况，而且提高了他们的文化自信和文化自觉，对文化传承与保护具有积极作用。

民族地区发展文化产业，其意义超越经济发展的单一目标，从社会进步、文化体验和公共政策等方面重构了区域发展路径，因此，要淡化文化产业片面追求 GDP 的观念，不但要考虑经济增长，也要考虑文化对当地少数民族的意义，尊重和保护传统生活方式和价值观，实现文化产业在地方社会文化经济可持续发展中的作用。

（三）加强民族文化与现代科技的融合，搭建民族地区文化传承传播与产业化协同创新平台

民族文化与现代科技融合能够衍生出新的产品和服务，形成最具发展潜力和后发优势的业态。在民族文化保护领域，使数字化技术实现文化遗产的转换、再现、复原和保存，与传统保护方式相互补充；在民族文化产品生产领域，在加强民族文化保护的前提下，针对市场分层化趋势，以现代科技融入民族文化产品的生产，以提高生产效率，扩大规模，满足不断扩大的大众市场对民族文化产品的需求；在民族文化产品营销领域，适应新型文化发展方式，把民族文化产业与数字技术相结合，加快与信息产业的融合，不断创新和丰富文

化生产和传播、营销方式，培育新的文化消费增长点，使以科技为依托的现代传媒体系成为提升民族文化品牌和打造影响力的最重要手段。

搭建民族地区文化传承传播与产业化协同创新平台，实现民族文化资源的保护与开发的统一，走可持续发展的道路，既能实现文化资源的更新和发展，又能保持自身的传统和特点。加强区域创新体系建设，要立足整体设计，释放并集成区域创新力量，以人力资源为主，形成知识创新系统；以企业和生产基地为主，形成技术创新系统；培育知识推广和中介机构，形成创新技术扩散系统。

（四）加强民族地区文化人才培养，培养一批具有全球化视野与市场经济意识的民族文化保护与传承人，推进民族地区文化建设与产业发展

人才是区域文化产业发展的基础，根植于本地文化的人才是重要的资源，除此之外还要引进高素质文化创意人才、文化产业经营管理人才、复合型文化专业人才和国际性的文化人才。要尊重民族民间传统文化，充分调动和发挥民族民间传统文化人才的创造力，为民族民间传统文化人才营造良好的创作、生活环境，促进民族民间传统文化工作进一步繁荣和发展。组织力量对民间艺术创作人才进行全面普查，详细登记，建立完备的档案。对民族民间工艺大师、代表人物和从业者实施人才建设工程，遴选在文化产业、服务经济等重要产业行业中做出贡献的人才，给予政府荣誉奖项和奖金鼓励；重点对民族民间珍贵文化传承人设置文化传承基金，使之成为艺术技艺传承的基本保障；对从事文化产业及相关服务业的人才，实施降低创业注册资本、发放小额贷款、减免税收等鼓励政策，以技艺、技术和创意等作为资产进行抵押，获得金融资本的支持，或通过价值评估后直接作价入股，吸引投资。

出台吸引外来人才的政策措施，建立会聚产业精英人才的便捷机制，提供条件良好的配套环境，大力引进高层次、高技能、通晓国际通行规则和熟悉现代管理的高级文化产业人才，进一步会聚全国乃至全世界范围内的艺术家和文化创意人才，营造文化创意人才的地域集聚所需的自由氛围、宽容精神和开放度，为创意文化产业带来各种发展机会，形成创意产业精英会聚地。

与东部地区和中心城市的文化产业园区以大型基础设施、国有文化企业为载体不同，中西部民族地区在旅游产业带动下，逐渐形成以地方文化资源、历史文化资源和民族文化资源为依托的特色文化产业聚集区，民族文化产业聚集区立足区域特色，依托地方文化资源，借力旅游市场，惠及民生，充分体现民族地区的发展特色和发展路径。以大理、丽江为核心的产业聚集区发展中呈现的路径、经验，有一定的复制与示范性推广意义，存在的问题在民族地区具有普遍性。在政府政策的宏观层面，相关部门应加强对民族地区特色文化产业聚集区发展的关注，针对发展态势与存在问题及时完善相关产业政策，促进民族地区文化产业的可持续健康发展。

B.11 新型城镇化进程中民族地区乡村的产业转型

王 佳*

摘 要： 滇西地区白族聚居地新华村是新型城镇化建设中乡村转型发展的一个典型案例。新华村产业转型提供了四个方面的经验。一是有效合理开发乡村的传统文化资源、乡民艺术资源、技艺资源等，促使乡村摆脱单一农耕生计模式；二是吸引公司企业等社会力量投入，有效地解决乡村发展新产业过程中存在的资金瓶颈等问题，同时健全行业协会和村民委员会的权益保障机构，提升各级政府部门和重要机构的引导和管理服务效能；三是加强文化与旅游的融合，是文化及相关产业实现转型升级，也是旅游业实现“二次创业”的关键所在；四是传统文化的保护与传承单靠家族传承的方式远不能够满足市场需要，应通过更广泛的群体得以传承。

关键词： 新型城镇化进程 民族地区 现代乡村 产业转型 传统技艺传承

国家在经济、社会和文化发展的宏观战略中，高度重视乡村的发展，“新农村”建设、“文化惠民”工程等一系列推动地方经济社会全面发展的重要举措，都以基层乡村为单位落实和推进。国家和地方在推动区域发展的过程中着重强调推进新型城镇化进程、实现城乡一体化发展，是希望广大乡村和农民能

---

* 王佳，云南大学国家文化产业研究中心，助理研究员、博士。

够摆脱贫困，在经济、社会、文化等各方面获得与城市居民一样的权益。乡村与城市的主要区别在于，大部分的乡村在生产方式上仍主要依赖耕作种植的传统农业，其生产方式相对单一，与现代社会多元化的生产和消费需求间存在着较大的距离。在城市化、现代化迅速推进的过程中，乡村存续和发展的两个根基性要素土地和乡民，正在加剧流失，人均耕地面积在城镇化建设过程中加剧减少，土地的日益稀缺导致更多的剩余劳动力大量进城务工，乡村正在迅速消失。引发的核心问题是，作为传统文化、民族文化存续空间的乡村一旦简单地通过土地被征用的方式变成城镇，那么相应的文化必然也失去了生存之基。

从传统进入现代，从乡村演化为城镇，是社会发展的必然走向，既不能阻止传统乡村向现代城镇发展的合理要求，更不能急功近利，采用“一刀切”的方式，将传统乡村在毫无根基的状况下通过耕地变高楼的方式变成所谓的“城镇”。粗放型的城镇化进程，对传统乡村平稳过渡进入现代社会，会产生巨大的影响甚至阻碍。新型城镇化的提出，凸显了以人为本，城乡统筹、社会经济和文化协调发展的核心理念，思考了乡村与城镇之间的关键性差别，在于生产方式和生产组织形式的不同，以及在此基础之上形成的权益分配与享受方式的不同。因此，真正实现新型城镇化的关键在于，乡村如何既摆脱传统单一的农耕生产方式以改善民生，提高生活水平，又能够传承和弘扬传统文化与民族文化，既获得与城镇发展同等的权益和基础条件，又保持着乡村的特点与都市发展模式形成差异性竞争，归根结底是乡村如何找到自身适应现代社会生产和消费需要的产业、产品并形成产业链，以产业的转型带动传统乡村向现代乡村转变，实现具有浓郁乡土气息的美丽乡村与现代社会发展的有效接驳。

滇西地区白族聚居地新华村的发展，为新型城镇化建设中乡村的转型发展提供了一个典型案例。位于云南省大理白族自治州鹤庆县西北角的新华村，距离鹤庆县城7公里、丽江机场12公里，大理到丽江的铁路在鹤庆县设有站点，新华村位于大丽公路旁边，是大理到丽江黄金旅游线上的重要节点。新华村是一个白族聚居村落，有1295户共计5875人。有901户从事手工艺加工，1427人属于长期从事手工艺品加工（只包含能够制作银器工艺品的工匠技师等，不包含从事市场开拓和专管售卖的人）。全村拥有耕地2965亩，人均5分6厘。地少人多是新华村自古以来的状况，随着人口日益增多，新华村的土地资源日益稀缺。过去勉强可以通过耕种满足全家人的口粮，现在已经逐步出现无法满足的情况。2012 年，新华村总收入 10852 万元，其中个体收入 8845 万元（不含公司），人均纯收入 100900 元。与西部地区很多民族乡村相比，新华村已经实现了主要生计模式从传统种植业向手工艺业甚至服务业的转变，在全村平均水平上解决了最基本的温饱问题，很大一部分从事银器工艺品加工、制作和销售的乡民已经走上了致富的路子。新华村从传统手工技艺被开发成为文化产品，在文化产品生产销售逐步实现集聚的基础上，进一步转向文化旅游、休闲度假等文化服务，走了一条相对清晰的从资源依赖、产品生产向创意制造、服务提供转变的路子，也实现了乡村经济主导产业从传统农业、传统手工业、现代制造业到现代服务业的转型。由此，新华村在短短十来年的时间中迅速发展起来，成为滇西地区乃至整个云南区域经济、文化产业、乡村转型发展的标志性名词，获得“银都水乡”、国家 4A 级景区等品牌和荣誉。

一　产业转型的两个阶段

新华村的发展经历了不同的阶段，第一个阶段的明显变化是：从传统种植农业为主要生产方式到手工艺品蜚声国内受到重视，实现传统农业村向手工艺品村的转型。新华村过去一直以传统农耕作为主要的生计方式，但祖祖辈辈积累下了一门打制银铜器的手艺。这门手艺在过去主要是适应当地生产生活需要，制作日常使用的锅碗瓢盆、少数民族服饰中的饰品等。受到过去交通条件的限制，地理位置相对偏远的新华村人是依靠一双脚和一副担子向外拓展市场。新华村银铜器匠人挑着担子“走四方”，为村子周边有需要的人家打制银铜器以获取一定的收入贴补家用，被称之为“小炉匠”。新华人的脚步越走越远，名声也越来越大，除了滇西地区以外，几乎整个云南省甚至东南亚、南亚的一些国家和地区的家庭或市场上都有了新华村的银铜器制品。而西藏市场的开拓，为新华村的彻底转变开启了一扇门。在西藏，新华村工匠得到了大量宗教礼仪器皿和生活用品的制作订单，新华村银铜器制作工艺因此在西藏逐步扎下了根，一大批新华村工匠结束了挑担四处行走的方式，集中在拉萨市专门的街区从事银铜器制作，形成了一条特色银铜器工艺品街道。在同村人相互带动下，更多的新华村工匠到藏区开拓市场。西藏市场的形成，应该说是新华村从传统农业村向手工艺品村转型的重要基础和条件。一是新华村以一个“银铜器工艺村”的身份被外界所发现、认识并深入了解，缘于在拉萨特色工艺街区旅游的人们问及工匠们的家乡在哪里，而大部分工匠都来自云南鹤庆新华村，由此溯源才找到了这个偏居一隅的小村，进而发现新华村本身是一个自然风景优美，白族传统建筑、服饰和礼仪习俗等保存完好，银铜器工艺已经传承近千年的村落。二是新华村的银铜器工艺在进藏期间，为了适应藏区对银铜器精湛工艺的需求，同时受到藏传佛教艺术风格的影响，在银铜器形制、纹样设计和技艺等方面产生了很大变化，从过去相对简单的银铜生活用具，更多地向装饰性强、纹样繁复、设计精良、工艺更高超的宗教或日常用品转变。新华村的工匠们努力学习藏式风格的银铜器制作，不断提升手工技艺，为后来产生世界级的工艺美术大师、国家级的工艺师打下了重要基础。

随着新华村被认识和了解，其高原水乡的清净秀美、白族民俗的醇厚和特色，银铜器工艺的精湛与悠久历史，给人们留下了深刻的印象。在地方政府的推动下，新华村在 1997 年被确立为迎接世博会的定点接待地，作为省级旅游村进行建设。1999 年，昆明世博会期间，新华村成为集中手工艺品销售的重要卖场，并且发展起农家乐、客栈等定点旅游接待户 10 户左右。90 年代末，新华村很多在外打制银器的工匠艺人，尤其是在西藏的匠人们，一方面由于长期居住高原环境不利于身体健康，需要根据身体的承受能力回家间歇性休养；一方面由于家乡名声逐渐扩大，已经成为省级层面重点关注的地区，一部分人选择回归新华村，在家门口制作银器。2000 年前后，新华村已经有很多匠人在家门口完成银铜器的制作生产，其市场主要分为两个部分，一部分是作为世博会接待点的新华村已经具有一定的品牌影响力，同时 1997 年丽江古城被列入世界文化遗产，位于大理到丽江旅游交通线上的新华村，也乘着滇西黄金旅游线的兴起和不断升温，获得了在地外来游客消费市场；另一部分是新华村工匠过去在“走四方”的过程中联络起来的外地市场，也在逐步扩大和发展，工匠艺人虽然回到家乡，但是外地客户仍然追随着“好手艺”与新华村各家各户的匠人们建立了长期的关系。本土和外地市场的形成，加之游客的进入，使得新华村的主要经济来源从传统种植业逐步向手工艺制作转变。这个阶段，新华村主要完成了以工艺品制作逐步代替传统农耕生产，成为全村经济支柱产业的过程，而旅游业的发展在新华村还处于起步阶段，主要还是依托新华村传统工艺这一资源，依托大丽黄金旅游线的开发，将新华村打造成了银铜器为主

的民族手工艺品卖场。

新华村转型发展的第二个阶段，是从民族民间工艺品村向生态文化旅游村转变。标志性的事件是2003年，新华村通过招商引资引入当时省民营企业前10位的盛兴集团公司，集团公司投资建设专门的旅游接待购物中心“石寨子”，并成立新华石寨子旅游有限公司。2004年石寨子正式接待团队游客，公司的进入和购物中心的建设，是对新华村作为工艺品集散地在硬件和软件上的一次大升级，也标志着新华村的产业发展全面地实现了市场化运营。2007年之后公司又进一步加大投入，建立起国际生态园、寸氏庄园等。国际生态园和寸氏庄园分别是中端和高端酒店，其建设不仅为接待游客住宿，更是通过特有的建筑、景观创意，提升了新华村发展文化旅游业的资源禀赋，无论在硬件还是软件上推动新华村从单纯的工艺品卖场到风景观光、休闲度假、文化体验的综合性文化旅游地转变。在此基础上，2008年新华村争创4A级景区，2009年底正式成为4A级景区。在这个过程中，由盛兴集团支持，新华村的村容村貌也发生了很大的改变，如实现了雨污分流、完善了各巷道路灯等照明系统、完善了全村的广播联络设施等。2012年初，新华村进一步提出了争创5A级景区的发展目标，将与云南省文投集团合作，利用3~5年的时间，投入50亿元，将新华村建设成为旅游小镇、文化产业示范园区。2011年，到新华村的游客达240万人次，景区旅游收入达3.5亿元。

依托一脉相传的银器文化与得天独厚的自然风光，新华村现已发展为集旅游观光、休闲度假、康体养生为一体的多功能旅游景区，旅游业使得传统手工业得到了更大的发展空间，促进了资源、资本、人才、市场、观念等各类生产要素的流动、聚集与优化。“水乡银都”的崛起，也把在外地的新华“游子”纷纷吸引回来。过去全村三个村民小组在家、在外的人数大约各占一半，近年来，南邑村民小组在家的加工户已经达到80%。新华村向旅游生态村转变，外来游客消费市场不断扩大，为本地乡民，尤其是土地资源很少甚至失去土地的乡民们提供了诸多的就业岗位，南邑村民小组就有200多人在公司上班，同时还吸引了不少周边村民和外地人。公司为社会直接提供了3000多个就业岗位，5000余个间接就业岗位。新华村从事民族传统手工艺品加工、制作和旅游商品经营、销售，以及经营客栈、农家乐的商户，用工也达到2000人，其中妇女劳动力超过600人，占全村妇女劳动力的50%。每年到新华村拜师学艺的人数也不断增加。[①] 现在，新华村以公司运营的石寨子为主要的本地银铜器工艺品和云南特产旅游集散地和购物中心，沿主要街道有铺面房屋的村民们也继续经营前店后厂的家庭式作坊，没有店铺房的村民们大多在庭院中制作银铜器，但是他们并不愁销路，大多数人仍然与外界保持了长期的供需关系，并且也有一些人在北京、上海、广州等大城市开拓市场，设立了专门的店铺营销新华的银铜器，为新华村有效地扩大了知名度。结合新华村旅游的迅速发展，有条件的部分村民也提升自家庭院房屋的硬件设施水平，开设客栈和从事特色餐饮服务。新华村在旅游产品、旅游服务方面已经形成了层次立体、类型多样的结构，产业链也不断得到完善。

在这一阶段中，新华村逐步完成了从单一工艺品村到旅游观光、休闲度假、文化体验、购物娱乐等综合一体的文化生态旅游村的转变，其产业也从单一的工艺品制作转向了工艺品制作、文化旅游观光体验、旅游产品生产销售、文化体验服务等集合一体的综合性文化旅游业，尤其是星级酒店、客栈、农家乐和石寨子中的民族歌舞表演、银器博物馆等，标志着新华村已经成为一个吃住行游购娱等功能俱全的文化旅游村，文化旅游业已经成为新华村的支柱性经济来源。文化旅游业是现代服务业的重要形态，具有较强的联动性、渗透性和带动性，能够有效地整合乡村的各种资源，有效地促进乡村在保持文化传统和田园风貌的基础上，实现产业的转型升级，使得“新型城镇化”和“美丽乡村”的建设在某种程度上达成奇妙的统一，即将乡村的生态和文化资源整合进城镇服务业的生产和组织形式中，实现乡村经济生产和文化生产的全新升级。

二　产业转型的困境与问题

新华村十多年来的发展，体现了一种新的发展态势，在总体上改变了传统农村的村容村貌，大大提升了村民的生活水平，该村也成为蜚声国内的旅游热点。但是其发展过程中也在不断地调整和适应，也存在着诸多问题，而这些问

① 王永刚、段培仙：《来自鹤庆新华村的报告：可持续发展的活典型》，云南网，2012 年 10 月 30 日。

题不仅仅是新华村的问题，在整个西部民族地区乡村产业转型发展的过程中都或多或少地存在。

（一）经济基础薄弱形成资源依赖型生产

经济基础薄弱是大部分西部民族地区存在的最大问题，包括新华村在内。可能个别新华村的工艺大师在银铜器制作和营销方面获得了较多的收入，但是从一个村的整体、一个区域的总体状况来讲，西部民族地区尤其是乡村一级缺乏雄厚的经济实力来支撑高投入、大规模文化生产的软硬件条件，也缺乏会聚创造性人才、吸引大企业大公司投资眼光的力量，因此导致了资源依赖型的产业形态仍然是很多西部民族地区的主要业态。资源依赖型的生产，主要是有什么资源就生产什么产品，导致产品生产和服务提供较难与市场需求有效契合，其产品和服务往往文化附加值、品牌效益的提升空间有限，产业缺乏持续发展的强劲动力。新华村也存在这样的问题，企业的进入很大程度上改善了这一状况，但是企业是以赢利为目的的，其对乡村发展的关照仅限于一般环境的改善和地方税收的贡献，单凭一个企业的投入运营，没有办法从根本上改变一个地方长期经济发展滞后的状况，尤其像新华村的市场化发展仅有一家企业投入，企业在市场竞争中出现的任何风险，都可能导致新华村发展出现极大问题。

（二）资源分布零散、配置不优，导致资源消耗型生产

西部民族地区资源丰富，尤其是民族和地方文化资源形态多样、特色明显，但是这些资源在区域发展的层面上来看大多分布零散、配置不优，导致产业生产对资源的消耗度很高。新华村本来就是一个土地资源稀缺的地方，企业主导建设旅游村之后，村民的土地被大量征用，虽然大部分农户已经转变为以银铜器生产为主要生计，但并非所有的农户都能从事手工艺生产，有相当一部分村民仍然要依靠种植来养家糊口。而企业在投建大型项目的过程中，可能出现资金不到位、项目停滞建设的情况，导致大量征用来的土地变成荒地空置。而且土地征用大多采取一次性补偿赔款的方式，有部分被征用土地的村民能够进入公司参与销售或者演艺工作，解决失地带来的生计困难，但无法长期地平衡整个村寨的发展。在土地征用和利益分配方面，村政府、企业和村民之间存在着诸多的矛盾。

（三）管理运营体制机制尚未理顺、缺乏经验

西部民族地区长期以来经济、文化和社会的发展与中东部地区相比都较为滞后，相应的管理运营机制体制也缺乏先进性、科学性，传统的管理运营机制体制仍在起主导作用。市场尤其是文化消费市场的形成在大部分西部乡村更是处于起步阶段，现代市场体系、现代企业制度的建立，还需要充分向中东部经济发达地区学习，也需要根据自身的条件进行长期的摸索与总结。像新华村这样的地方，各家各户从事银铜器工艺的生产，大体上仍旧保持了订单、家庭作坊生产方式，各家各户有自己代表性的产品，一般不会与其他家形成同质竞争，也不会与公司的卖场产生过多的竞争冲突。但是在新华村银铜器质量控制、行业规范等方面出现问题时，新华村的发展缺乏一个科学合理的管理运营体系的弊端就暴露出来，单打独斗的生产方式出现了严重的问题，行业协会只有牌子，没有发挥实质的作用、形同虚设，对新华村传统手工技艺、新华村的品牌没有实施有效保护，大量外地机械生产的不足料、成本低廉的银铜器标记上新华银器的字样以高价出售，甚至进入新华村本土市场销售，以次充好的恶性竞争，势必导致新华村银都的长远发展令人担忧。在面对土地征用问题的时候，新华村缺乏凝聚力，以个体、家庭为单位的村民在面对行政和企业力量的时候，没有办法为自身争取到最好的效益分配方式，而如果一个村子能将所有的土地资源拥有权作为一个整体和企业谈合作与利益分配，那么村民的利益将得到更好的体现。

（四）科技创意融入不够，导致产品单一、层次不强

科技创意是文化产业发展的重要推动力。新华村的银铜器工艺用途虽然已经从单一的传统日常生活用品向多元、丰富的旅游纪念品、艺术收藏品、饰品、养生用品等转变，但是从其形制、样式等方面看，总体上流于普通化，缺乏设计感和创意元素。创意元素对产品价值的提升不可限量，如一些将祥云图案融入手镯、戒指的设计，将木、石和银饰相结合的设计，在网络上能卖到很高的价格，一个戒指、挂坠最低在300元以上，手镯价格在几百甚至几千元不等。而同样用量材料在新华村目前还只能被制作成比较传统的样式，如手镯上面雕刻龙凤、喜鹊等喜庆吉祥图案，价格也主要是根据原材料的价格来确定，

一个雕刻有复杂纹样的手镯比一个光面的手镯在每克上贵 3～8 块钱，其中的附加值目前只是人力资本，而创意和设计的元素大大缺乏。

（五）消费市场主要依靠外来游客群体

新华村为代表的西部民族地区乡村，本土文化消费市场还在形成，市场体系并不健全，主要依靠的是外来游客消费市场。尤其是公司投入建立的旅游购物中心，全部依靠的是大理－丽江黄金旅游线上的团队游客，通过与旅行社和导游建立的关系，大批的团队游客进入石寨子产生消费。但石寨子本来是作为新华生态旅游村的一个核心景点或者综合服务区域进行建设，而目前的经营模式导致外来团队游客仅仅乘坐大巴进入卖场，停留一个小时不到的时间，除了一些游客在卖场中购买旅游纪念品等产生一定的消费，对石寨子周边休闲娱乐街区以及新华村的龙潭、草海都没有足够的时间去观赏游玩，更不用说停留一到两天进行深度的休闲度假游和充分消费了。当然一些自驾游的游客在新华村名气日益提升后，也纷纷进入新华村休闲度假，但是消费市场的拓展还有很大空间。另外一个比较紧迫的问题是，新华村团队游客市场与其在大理到丽江必经之地的区位优势有着密切的关系，按照云南省的交通运输建设规划，大理到丽江的高速公路现在已经在修建中，预计一两年内就可全面通车。高速公路将不再经过鹤庆县而是穿过剑川县，黄金旅游线上的通道消费市场势必有所转移。对外来团队游客消费的过度依赖，必然导致新华村旅游公司面临一个较大困境，如何突破是亟待研究和探讨的问题。另外，西部民族地区乡村在产业转型发展的过程中对外来游客消费市场的依赖，也导致了对消费市场定位不清晰、难以形成聚合效应的问题。

三　产业转型的启示与建议

新华村通过十几年的发展，在乡村生态文明建设、民族文化传承保护、乡民生产水平和生活水平的提高方面，都显现了突出的成效，引起了各级政府、社会的关注，其发展甚至被称为“新华模式”。新华村的发展其实有其自身的资源条件作为基础，更有其特殊性。传统技艺的传承、远播与回归，是新华村特有的历史文化积淀结合了不同时代经济、文化发展的具体需要而形成的，其从传统农业向工艺品业再到以文化旅游为主的现代服务业的产业转型三级跳，不仅因为新华村天生拥有“高原水乡”良好的生态资源禀赋，更因为有政府和企业的介入与推动，还有作为黄金旅游线交通沿线的区位优势，多方资源的整合与推动构筑了新华村产业的转型升级。但是，新华村的发展并不一定是一个能放之四海而皆准的所谓“模式”，不是一种标准，更不是一种可以通过简单复制即“投入使用”的“模式”。当然，新华村的发展有其代表性和示范性，也为新型城镇化建设、文化繁荣甚至整个西部民族地区的经济、社会发展提供了可供参考借鉴的经验。

第一，新型城镇化建设和乡村的现代发展，不能将城市要素，如高楼大厦、房地产等机械地强置于乡村环境中，而是要充分挖掘乡村的传统文化资源、乡民艺术资源、技艺资源等，通过有效合理开发这些资源，促使乡村摆脱单一农耕生计模式，逐步与现代社会多元、综合的生产和消费方式相适应。

第二，通过政府引导、牵线搭桥，吸引公司企业等社会力量投入，以整合方式开发乡村资源，有效地解决乡村发展新产业过程中存在的资金瓶颈等问题，符合现代社会市场发展的规律。但是，完全由企业投入、市场竞争，也存在巨大的风险，如企业资金链断裂、市场出现波动、企业与村民的权益不均衡等问题。需要完善现代企业、现代市场等先进管理运营体系，健全行业协会和村民委员会的权益保障机构，提升各级政府部门和重要机构的引导及管理服务效能。

第三，文化旅游业在西部民族地区的发展中显现出强大的带动性、渗透性和关联性等特质，在充分整合资源，改变新华村生计模式、调整其产业结构方面具有突出优势。文化旅游业是现代服务业中的重要业态，也是西部民族地区文化产业发展的主要业态和其他业态发展的重要平台，加强文化与旅游的融合，探索文化与旅游融合发展的关键，是文化及相关产业实现转型升级，也是旅游业实现“二次创业”的关键所在。

第四，西部民族地区存续的大量珍贵传统文化、民族文化，需要加以保护和传承，但是传统文化能否在现代社会新的文化生态环境中得到有效的存续和发展，取决于那些文化样态是否符合文化“我者”群体在现代社会中生存和发展的具体需要。新华村的银铜器制作工艺也是一项传统技艺，过去主要以父子兄弟相传的方式在家族中传承，这种传承方式也让各家族的工艺师们在工艺制作方面显现不同的风格和长处，如有的家庭善于制作杯盘碗具，有的巧于穿戴饰品，有的长于刀具祭器等。但是随着现代消费市场的形成，单靠家族传承的方式远不能满足市场需要，因此妇女乃至外来的学徒等都参与到该项技艺的学习中，成为技艺传承人。面对土地日益稀少，仅靠耕种已经不能满足生计需要，城镇化进程导致很多失地农民的产生，城镇就业形势紧迫等现实状况，银铜器制作技艺作为一门谋求生计的手艺，在旅游业迅速发展的乡村及周边区域，成为很多人争相学习的技术，这一传统技艺也在现代社会中得到新的、更广泛群体的传承。因此，传统文化的保护与传承要在动态发展中实现，如果传统技艺只是变成博物馆内固定不动的展示工艺品，那么这种文化显然已经走向了衰亡，而能够在现代消费市场中焕发出新的活力，才是文化保护与传承的重要意义所在。

“新华模式”不能够进行简单机械的复制，针对不同乡村的城镇化发展与转型发展问题，不能是复制某种模式，而应该根据具体的情况，制定有针对性的发展规划并认真实践。因地制宜、量身定制发展思路，是具体地区、乡村谋求升级发展的关键。

B.12 文化与旅游产业融合的云南路径

陈 曦*

摘 要：云南在文化与旅游产业融合发展的道路上厚积薄发，走出了一条独特的发展道路，文化旅游业在全国范围内都取得了令人瞩目的成绩。文化与旅游在吃、住、行、游览、购物、娱乐等六大要素上的深度融合，是云南文化旅游业在西部地区独领风骚的成功之道。尽管如此，云南文化旅游业依然受政策前瞻不足、内容创新不足、人才不足等因素制约。面向未来，云南应采取有力政策措施，着力解决这些问题。

关键词：云南文化　旅游业　融合　发展

云南省是全国少数民族最多的省份，民族文化资源的多元与差异成为云南省发展旅游产业、文化产业等相关产业的重要基础，丰富的民族文化与山川地貌多样性的结合，使得云南文化与旅游的发展呈现与地域相对应的人文特质，民族文化传承的脉络与当地居民世代生活的物质环境浓缩成各具特色的文化景观。独特的资源优势使云南成为西部较早发展旅游业并取得较好成绩的省份。大众文化消费时代的来临，使游客对旅游业增容提质的要求变得普遍，文化与旅游产业的融合已受到普遍关注。云南省文化与旅游产业的融合早已开始，并逐步深化。继续拓展两者融合的深度与广度，已成为提升云南旅游业核心竞争力的重要路径。

* 陈曦，历史学博士，以色列巴伊兰大学博士后，云南大学文化产业研究院讲师，研究方向为历史与文化、文化产业。

一　文化与旅游产业融合的厚积薄发

（一）云南文化与旅游融合的起步

云南旅游业从在“七五”时期起步到在“八五”时期的较大发展，都贯穿着文化这条主线。1986 年云南省旅游局的成立成为改革开放后云南旅游业正式发展的标志。这个时期，云南的旅游业发展格局呈点状分布，石林与西双版纳作为面向国内外旅游市场的门户，跨出了重要的一步。这两个地区旅游业的发展从一开始就融入了丰富的民族文化，石林的喀斯特地貌作为世界奇观固然具有很强的吸引力，但云南民族文化的早期宣传与铺垫，为石林的旅游业发展奠定了基础。《阿诗玛》是中国第一部彩色宽银幕立体声音乐歌舞片，于 1982 年获西班牙桑坦德第一届国际音乐最佳舞蹈片奖，自此民间叙事长诗《阿诗玛》开始享誉海内外，其中的影视歌曲《马铃儿响来玉鸟儿唱》响遍大江南北，国内外游客带着对阿诗玛爱情故事的向往及对撒尼文化的好奇，将石林作为中国西部首选的旅游目的地之一。“边境、热带、少数民族多元文化和原始生态”是 20 世纪 80 年代西双版纳面向世界的四个品牌形象，傣族的建筑、饮食、衣着为旅游者提供了开阔的体验空间，特别是被誉为“东方狂欢节”的傣族泼水节，更是将西双版纳的旅游推向了一个高峰，文化与体验，已经在云南旅游消费市场兴起之时就贯穿其中，具有了紧密而自然的联系。

（二）文化与旅游在互动融合中的继续发展

云南省在 1997 年全国优秀旅游城市的评选中崭露头角，从点到面，旅游业的发展逐渐呈集聚态势，分布范围大大扩展，而文化在其中发挥的作用愈加明显。昆明、大理、景洪、瑞丽成为中国第一批优秀旅游城市，云南民族地区的旅游目的地体系进一步升级，著名的旅游目的地品牌开始凸显。在这期间，游客对大理的认知与关注度快速提升。20 世纪 50 年代末长春电影制片厂制作的爱情电影《五朵金花》，是大理文化为外界打开的第一扇窗，先后在 46 个国家公映，创下当时中国电影在国外发行的纪录。大理本身独具特色的白族文化——民居、服饰、歌舞、饮食、历史典故与苍山洱海间的自然美景融为一体，使大理很快走向国内外旅游市场。石林作为第一批云南知名景区，以旅游业为带动，民族民间手工业作为重要的文化产业门类，获得了重要的发展机会，由此将文化与旅游的互动、融合的态势凸显出来。石林周边的彝族撒尼人村寨中女性几乎人人都会刺绣挑花，随着游客的到来，传统的民族手工艺品——彝族刺绣与旅游购物品结合起来，成为带动当地村民致富及区域经济发展的新途径，这一结合也成为云南文化与旅游融合的重要表达，并在此后获得了长足的发展。

这一时期内，旅游业发展已愈来愈多地关注游客所能感受与参与的内容，在旅游业的六大要素中，"游""吃""购"更多地体现出与文化进行结合的主动意识，但多数还局限在简单、粗放的发展水平。在文化与旅游的融合中，路径与方式、层次与结构的构建还处于初级阶段，但也为后来的全面融合奠定了重要的基础。

（三）文化与旅游产业走向深度融合

云南省通过由上而下的推动，激发市场的活力，较为成功地在全国树立起云南旅游产业大省及文化强省形象，在西部民族地区尤为突出，"云南现象""云南模式"等概念，不仅代表着文化与旅游产业的蓬勃发展，更有互动融合所创造的品牌价值与意义。

21世纪初，云南省提出旅游是云南的特色产业、支柱产业、朝阳产业和富民产业，要树立大旅游的观念，按照大产业、大文化、大服务、大市场的思路，突出特色、调整结构、创建名牌，做强做大旅游产业。2000年12月，云南省出台了《云南民族文化大省建设纲要》，次年在云南省第七次党代会上，更是把"建设民族文化大省"列为全省经济社会发展的三大目标之一，文化及相关产业成为云南省国民经济和社会发展的重点。2006年1月，云南省委、省政府提出了实施旅游"二次创业"的响亮口号，强调旅游产品品质和结构的调整优化。2008年4月，《中共云南省委云南省人民政府关于建设民族文化强省的实施意见》出台，提出要努力把文化资源优势转变为经济优势和产业优势，实现民族文化资源大省向民族文化产业强省转变，特别是要大力推进文化与旅游的结合，把云南建设成为国际知名的文化名省和世人向往的旅游胜地。到2008年底，省委、省政府召开了"云南文化产业与旅游产业互动发展工作会议”，全方位提出了文化与旅游两个新兴产业互促的原则、目标、战略和重点工作等。自此，云南省的文化与旅游开始以“产业”对接的模式重新构建了融合的形式、路径与内容，立足云南的资源优势及禀赋，将文化产业的产品与服务多层次、多渠道地衔接到旅游产业的消费终端，在旅游业的六大要素中已呈现文化产业全面覆盖、重点突出的局面。

在云南民族文化大省迈向强省的建设中，文化生产发展的成就最为突出。以民族文化及区域特色文化为基点的文化产业发展模式，培育出了很多具有市场竞争力的文化产品与服务，同时，大多数产品与服务都面向来自国内外的游客，旅游产业巨大的消费空间为文化产品与服务的供给提供了平台，而文化产品与服务提升了旅游业每个要素的内涵。文化附加值的不断提高，无疑又促进了旅游业在深度与广度上的发展，使云南文化旅游业在全国范围内取得了令人瞩目的成绩。

以演艺产业为切入角度看，云南省针对外来游客创作推出的常年驻演项目超过15个，且市场效益良好，这在全国都较为少见。单丽江一市就有超过4项演艺产品常年驻演。《云南映象》《勐巴拉娜西》《吉鑫宴舞》《印象丽江》《丽水金沙》《丽江千古情》等演艺产品已成为游客重要的参与项目，具备了世界级的知名度。

从民族民间手工艺品发展的角度看，建水紫陶、个旧锡器、鹤庆银器、剑川木雕、尼西黑陶、文山刺绣、大理扎染、傣锦、永仁苴却砚等成为知名品牌，形成了鹤庆新华村银器村、腾冲荷花玉雕村等一批工艺产品集聚地。工艺产品与旅游购物品之间的对接，实现了共赢，而手工艺集聚区的旅游业发展模式成为两者融合的新路径。

从影视作品的创作和传播看，继《婼玛的十七岁》《花腰新娘》《千里走单骑》等作品之后，《木府风云》《金凤花开》《中国远征军》《我的团长我的团》《冷箭》《翡翠凤凰》《滇西1944》等影视作品成为对云南旅游业最好的宣传，对影视作品拍摄地及文化符号的向往，掀起了云南旅游业持续的热潮。

二　云南文化与旅游产业融合的主要路径分析

旅游产业体系的构建虽然在不断地突破与提升，但六大要素仍然是构建整个旅游服务体系的基础，而云南省充分利用了文化上的多元性与富足度，将文化及其产业发展的影响因子充分地融入和贯穿旅游业发展的六大要素中，这是旅游与文化融合的实质性存在，体现了两者的不可分割与相互依存。

（一）“吃”中有物

云南的饮食文化历史悠久，蕴藏在众多民族的日常生活中，不仅是各民族关于历史、宗教、习俗的外化表现，更是与他们日常生活息息相关，内涵丰富。当人们品尝云南美食，或是高山深谷，或是绿树河畔，或是庆祝丰收，或是婚丧嫁娶的情景就会进入脑海。

云南的特色餐饮，不仅包括菜肴的口感本身，还包括了古老、独特的制作工艺以及吃法。据统计，目前云南已形成滇菜名肴360余种，滇菜总计847种，其中民族菜肴已近500种，彝、白、回、傣、壮、傈僳、藏、哈尼、基诺、苗、瑶、纳西、普米、景颇、拉祜、佤、布朗、独龙、阿昌等21个民族形成了自己的菜肴体系。[①] 云南最著名的过桥米线和汽锅鸡都有悠久的历史，烹饪及食用都有特定的方式，《吉鑫宴舞》将演艺剧目与过桥米线完美结合，让游客在云南历史的更迭与民族风情的多样中，品味过桥米线及地方小吃，体验独到。游客步入怒江州，漫步独龙江畔，可以在寻求异文化体验的过程中品尝独龙族的石板粑粑、河麻芋头。在西双版纳游客坐进绿树掩映的傣族竹楼，品尝香竹烤饭、包烧豆腐，旁边还有傣族男女曼妙的歌舞表演。到了大理，游客就要品洱海鱼、喝三道茶，喜洲古镇的喜洲粑粑与古镇同样出名。红河州的哈尼长街宴，是独具民族特色的饮食风俗，绿春长街古宴被上海大世界吉尼斯总部誉为“世界上最长的宴席”，品尝哈尼长街宴成为旅游中的新亮点。云南饮食与文化之间紧密的联系以及在消费者群体中到位的宣传，实现了游客在“吃”上的复合体验，将文化由“口”入心。

（二）“住”在“大理”

大理是云南省最著名的旅游景区之一。以大理为代表的滇西旅游带上，分布着最具民族民间风情的客栈。这些客栈以各具特色的民居建筑、风情独具的

---

① 杨丽：《云南民族饮食文化与旅游餐饮业发展浅议》，《经济问题探索》2002年第12期。

装饰情调、极富人性化的住宅格局，将旅游当中的“住”与客栈经营者的生活联系在一起，并将一种休闲到极致、享受在此刻的生活方式融入了游客的旅程，充分实践着“体验经济”时代对“住”的新诠释。

大理数量众多的风情客栈，是一个个极具创意的个体聚合而成的特色产品与服务集群。双廊曾是洱海边的一个渔村，今日已是大理风情客栈最为集中、特色最为明显、知名度最高的区域。由于洱海周边自然风光旖旎，到大理欣赏湖光山色、坐拥日升月落成为旅游消费新时尚。“半岛 63”是一家风情客栈的名字，以“面朝大海，春暖花开”作为其营销宣传的主题。客栈主人在对传统民居改造时，设计了客栈总体的文化情调，只保留了民居基本的建筑艺术风格，大胆地将临洱海的建筑体进行改造，采用厚重的石材搭成大型圆拱窗户，既能够挡住部分水面与阳光造成的强烈反光，又在客栈融入了地中海式的艺术风格，并专门在临海的位置设计了露天的观海平台，向游客免费开放。房间的观景设计总体实现 270 度海景无遮拦。大理很多风情客栈在对民居进行改造时，结合其靠近洱海水滨的优势，在客栈中运用了连续的拱廊、拱门、白色露天观景台等地中海式建筑艺术元素，使原本仅体现白族艺术风格的客栈呈现地中海文化中自由奔放、回归自然的精神气质。

剑川寺登街上著名的“沙溪老马店”客栈，是瑞士理工大学主导完成修复的“样板房”。老马店的现址在 150 年前就是茶马古道上的客栈，供当时茶马古道上来往的马锅头或马帮住宿休息。如今的老马店由内而外都最大限度地保留了走马帮时期的客栈面貌，木梁木柱木窗，到处都是雕花与颜色深暗质朴的桌椅，还有墙上随意挂着的马具，以及院子里的马棚，以使老马店能够原汁原味地呈现历经沧桑的状态。客栈对历史文化体验空间的营造是多种多样的，沙溪老马店是以展示具有历史感的物件来进行空间营造的，表现沙溪从繁荣走向衰落后的沉寂与宁静。客栈中所题“静极生慧”四个字，正是对如今沙溪贴切的描述。①

大理风情客栈正是在潜心营造生活空间中形成的，承载了游客对于另一种生活方式的向往与追求。客栈完全不是一个纯粹的“居住”概念，而是一个

---

① 参见聂晓茜《大理客栈：从白族民居到文化旅游体验空间》（硕士论文），云南大学，2014。

充满体验乐趣与情趣的文化空间，在历史与当下、传统与现代的时空重构中将旅游的内涵加深，“去大理度假”的概念已经深入人心。

（三）“行”走江湖

云南省在基础交通设施快速发展的前提下，依托几乎遍及全省的高速公路，将文化与公路周边自然环境结合，营造行走云南、移步换景的氛围。

云南自 21 世纪初就着手将可利用的文化资源，特别是民族文化资源用以打造公路旅游景观。以云南思（茅）至小（勐养）高速公路为例，为保护野象生存环境，结合公路两旁茂密的原始森林，专门设计了野象通道，这成为中国高速公路生态环保设计史上绝无仅有的一个亮点，更是傣族人生态自然观的具体体现。另外，把全线 15 个隧道中的一部分隧道外口设计为具有浓郁傣族建筑风格的结构样式，并标有汉文和西傣文双语标志，提示着游客将要进入西双版纳，体验热带雨林的自然景观和独特的傣族文化，在几个景观优美的节点上还设置了高速公路观景台，为游客提供停车小憩，亲近自然的机会。2009 年，思小高速公路荣膺全国第一条 AA 级热带雨林高速公路风景区称号。① 2013 年底全线通车的大理至丽江高速公路是目前云南省投资最大、里程最长的交通建设项目，将云南三大旅游知名地大理、丽江、迪庆连接起来。建设之初，就确立了“建设文化旅游公路，打造建设管理品牌”的主线。大丽高速途经洱海、玉华水库、剑湖、拉市海，水体与公路的巧妙衔接使游客行驶在路上也能近距离欣赏灵秀美丽的湖景山色。大丽高速公路的文化建设以“龙跃凤鸣，大丽之道”为核心理念，并按地域分为“风光大理”“智巧剑川”“交融九河”“和合丽江”等四个路段理念。大力弘扬公路文化、地域文化、民族文化、生态文化和历史文化，全线设有 25 个重点文化工程、9 个观景点，为适应不同地域文化和民族文化，公路沿线的所有建筑都按白族、纳西族和藏族民居风格进行了设计。由于大丽高速的走向与茶马古道大理至香格里拉段几乎一致，同时还是我国通达藏区的首条高速公路，因此大丽高速除展现自身风采外，还担负着传承和发扬茶马古道与滇藏公路历史文化的使命。对此，建设指挥部专门在双廊服务区设立了滇藏公路烈士纪念墙、云南历史文化墙及大丽高

① 参见杨景淞《浅议云南旅游产业发展与高速公路景观设计》，《大众文艺》2014 年第 1 期。

速公路建设风采墙，以展示滇西公路发展的三个重要历史阶段。[①] 此外，还在剑湖服务区以“智巧剑川”为主题，集中展示剑川木雕、石雕手工艺文化和民族文化；在拉什海服务区以“和合丽江”为主题，融入东巴文化元素，展示纳西族民族文化，并以东巴象形文字为元素建设主题景观雕塑。公路旅游的盛景已经在云南徐徐展开，未来将真正为游客实现“风景在路上”的目标。

（四）“游”于村寨

云南历史文化名镇及少数民族特色村寨的存在，是“游”与文化最好的结合体。截至2014年3月，云南省共有国家历史文化名城6个，省级历史文化名城9个，国家历史文化名镇名村16个，省级历史文化名镇18个，省级历史文化名村30个，省级历史文化街区两个。大量历史文化名村镇的存在展示了云南丰富的历史与文化，其中多数已经成为云南著名的旅游胜地。同时，以各地州，特别是昆明为中心的大量地方历史文化及民族文化博物馆为平台，充实了文化旅游的内容。

2005年《云南省人民政府关于加快旅游小镇开发建设的指导意见》颁布。2006年60个特色旅游小镇建设计划公布，实施至今，成效明显。丙中洛乡、束河镇、大理镇、官渡古镇、黑井镇、和顺镇、沙溪镇、光禄镇、石羊镇、诺邓村、新华村、霞给藏族村等都依托当地特色的文化将自己营销到海内外，吸引了越来越多的游客，带动了当地的就业，增加了当地人的收入，促进了传统民族民间手工艺的传承。“游”本身的综合性就较强，可以在其中附加的文化值也相对更高，形式和内容也更加丰富，这也正是云南旅游业长盛不衰的原因之一。

（五）“购”到精品

云南物产丰富，“伴手礼”的兴起代表着云南旅游购物品在内涵、品质甚至概念上所做出的革新，文化含金量较高的民族民间手工艺品及珠宝玉石，已

---

① 《大丽高速——打造文化旅游公路》，中国网，2013年7月8日，http：//www.jiaotongwang.cn/yunnan/ztbd/2013－07－08/416042.html。

成为游客青睐的旅游产品。鹤庆新华村已经成为云南银铜器加工的核心区，在1000多户居民中，有80%以上都在从事金、银、铜、铁等金属手工艺品的加工。游客进入新华村所能体验的不仅是手工技艺的在场展示、精品的购买，更能步入“中国·大理‘银都水乡’新华村国家4A级旅游景区”，欣赏与人文有机交融的自然风光，享受现代化的服务配套。新华村90%以上的劳动力直接或间接参与到旅游业中，村民们已不再依靠农业为生，通过参与手工艺产业与旅游业走上致富之路。2011年，新华村经济总收入7980万元（保守估算），其中工艺品加工销售收入6180万元，占经济总收入的77.44%。[①] 此外，珠宝玉石产业与旅游业的结合带动了消费，云南已成为全国最大的玉石加工、集散中心之一。目前，已初步形成以昆明为中心，瑞丽、腾冲、盈江、芒市、龙陵为重要基地，西南延伸到普洱、西双版纳，西北延伸到大理、丽江、香格里拉等著名风景旅游区，覆盖全省、辐射周边的珠宝玉石产业带，两者的融合态势随着云南玉石品牌的建设还在深入，2012年全省珠宝玉石销售额已达317亿元（不含各类玉石毛料及贵金属交易）。[②]

除了传统的销售模式外，新的商业模式开始进入手工艺产业，并与旅游消费市场对接。2013年11月，“翠湖·拾翠滇文化中心”开业。“拾翠”引入云南省十大非物质文化遗产项目，为其搭建展示平台，进行创意设计，提供线上线下销售渠道，致力于解决传统手工艺产品在设计及实用性上与市场需求脱节的问题。“拾翠”系列文化产品——拾翠云陶、拾翠良绣、拾翠如是云茶、拾翠云南非遗杂货铺等自有品牌已经形成，既为非物质文化遗产的传承尝试了全新的路径，更丰富了云南旅游购物品的种类、文化内涵，同时将电子商务引入了云南民族民间手工艺品的销售模式。

（六）“娱”出品牌

在“娱乐”方面，到云南旅游可享受的文化娱乐项目较多，但最具代表性、文化内涵最丰富的莫过于云南的演艺节目。云南演艺产品的具体形态包括

① 范建华：《不离本土的城镇化之路——云南大理新华村的启示》，人民网·理论频道，2013年3月7日，http://theory.people.com.cn/n/2013/0307/c49170-20712367.html。

② 禹江宁、顾彬、徐雁：《文化产业成为云南省第六大支柱产业》，《云南日报》2013年8月9日。

音乐、歌舞、戏曲、杂技等各类演出，其中在旅游热点地区的室内演出与实景演出是主要的两种类别。作为云南演艺产业的著名品牌，《云南映象》在2003年8月推出后，就取得了巨大成功，一度创造了巡演时间最长、所到城市最广、演出场次最多、上座率最高、票房收入最高等我国演出产品巡演纪录，早已成为云南文化的名片①，截至2013年，《云南映象》在昆明驻演10年，保持了稳定的市场占有率，其中超过半数为外来游客。2011年，大型实景演出《印象丽江（雪山篇）》创造了两项新的云南旅游演艺产品②纪录：一是创造了年度观众总人数超200万人次的"单一演艺产品年度观众纪录"，同时也成为首个年度演出总收入超过两亿元的演艺产品。

2014年，中国第一家文化演艺上市公司杭州宋城演艺有限公司在丽江打造《丽江千古情》，全剧综合了剧场、杂技、舞蹈、舞台机械、全景特技、装置艺术等元素，打破了艺术类型的界限。360度全景观影，300位演员上天入地，400套机械道具满场飞奔，深20米、面积达350平方米的神奇水舞台，400平方米具有分屏错屏功能的全彩LED显屏，一套集20多种先进升降台系统，60米长高空滑行轨道，营造大雨滂沱的1000个天幕喷头，高难度杂技《大飞轮》《肩上芭蕾》《滚灯》以及水雷、洪水、瀑布、雨帘、雾深、喷雾、爆破、栈道、大型月亮与雪山机械模型等30多种奇幻技术手段，令人目眩神迷。观众在短短的60分钟内便可看遍丽江的千年长史，不用攀山涉水即可在冰天雪地中感受马帮们在茶马古道上的种种艰辛。③ 这一全新剧目，以演艺与文化公园集合为一体的模式在丽江推出，为云南文化与旅游融合创造了全新的形式与内容。

三 对云南省文化与旅游产业融合的思考

2012年，云南省接待海内外旅游者在2.5亿人次以上，较上一年增长

---

① 唐自然：《从〈云南映象〉看我国文化产业生态环境》（硕士学位论文），中南大学，2008。

② 旅游演出，主要针对游客开展的演出项目，包括大型实景演出、具有地域文化特色的景点演出及传统文化演出，引自《2012中国演出市场年度报告》，中国演出行业协会，2013，第3页。

③ 《〈丽江千古情〉云南旅游文化的灵魂》，昆明日报－昆明信息港，2014年3月10日，http：//history. kunming. cn/index/content/2014－03/10/content_ 3515331. htm。

12%以上；旅游总收入超过2000亿元，较2011年增长14%以上；实现旅游产业增加值650亿元、文化产业增加值640亿元，分别占全省GDP的6.3%和6.2%。2013年共接待国内外旅游者2.44亿人次，旅游业总收入2111.2亿元，在全国名列前茅，在成绩的背后，是文化与旅游业融合发展的有力支撑，但其中也存在值得深思的问题。

（一）政策前瞻性不足

云南各级政府在推动文化与旅游融合中做出了积极的探索，但在政策的指导性与前瞻性上仍显不足。以云南丽江古镇的开发为例，“丽江古镇自1997年被列入‘世界文化遗产名录’以来，旅游业以超常规的速度发展，而今旅游业成为当地经济的主体产业。从1997年到2005年上半年，丽江古镇原纳西族居民由30000多人降至不到6000人。在商业化利益的驱动下，有80%的原住民被外来移民所置换。丽江古镇在开发过程中显然忽视了文化资源的保护，置换了纳西族原住居民‘活着的文化’，完全违背了保护‘世界文化遗产’的准则，从而与政府发展文化产业的初衷相背离”①。在丽江古城，本地人以收租人的方式退出了本该唱主角的舞台，属于他们的文化空间已不复存在，这显然使丽江旅游失去了最有价值的根本。而飞速增长的房租使具有创意的外来人难以进入，丽江古镇中整体商业面貌出现了同质化竞争的局面，缺乏具有创新性的产品。

政府在丽江文化与旅游的发展中应该以政策作为引导，针对可能出现的问题做出更加全面及具有前瞻性的决定。如今，丽江政府对于本地人经营的店铺已采取给予补贴的方式进行鼓励。2014年2月，国务院印发《关于推进文化创意和设计服务与相关产业融合发展的若干意见》，在重点任务中明确提出提升旅游发展文化内涵，以文化提升旅游的内涵质量，以旅游扩大文化的传播消费。在国家层面大力倡导文化与旅游融合发展的背景下，云南省政府更应该及时做出回应，针对云南各地不同的发展基础及情况出台指导文化与旅游融合发展的专项意见，主动推进两者的共赢与共进。

---

① 陈瑛、常志文、李艳：《云南文化产业与旅游产业互动发展研究》，《经济研究导刊》2012年第25期。

（二）融合路径趋同，内容创新不足

云南省文化与旅游融合的路径是基于资源禀赋与民族文化的特质。因此，现有的融合路径是经过多年的市场经验积累、企业主体参与、消费群体检验而形成的模式，尽管种类不多，但因地制宜。主要问题在于，在趋同的模式内，内容同样趋同，缺乏创新，这将限制文化与旅游未来发展的空间。无论是特色民族旅游村镇的建设、民族手工艺品的制作还是演艺产品的编排，都存在内容单一、模式雷同的情况，尽管有如公路旅游、“拾翠”模式、《丽江千古情》等新元素及新内容的进入，但体量过小，难以与快速发展的旅游市场匹配。云南省需大力支持创新，在文化内容外化为形式的创作前端，投入更大的人力与物力。同时，内容与先进科技的结合是未来发展的一个重要趋势，云南省文化与旅游的融合能否在内容创新与新科技应用方面实现突破决定了未来文化与旅游产业发展的深度与广度。

（三）人才匮乏

人才匮乏可谓一个老生常谈的问题，但囿于地域、经济发展水平、社会保障体系等方面的原因，人才问题一直困扰边疆省市的发展，得不到根本的解决。云南省在文化人才、创意人才与旅游业管理人才方面的匮乏，成为制约发展的一个瓶颈。云南省应该在人才引进与人才培养方面下大力气做出创新，在西部地区率先出台更加优惠与务实的政策以吸引相关人才。在教育制度方面要注重培养青年人热爱家乡的观念，给予更多素质教育的空间。同时，加大对云南自然环境、人文条件及创业空间的宣传，只有做到政策优惠、执行有力、环境培育、宣传到位，才能在人才的培养与引进上有所突破。

B.13

赤峰文化产业的“西部模式”与赤峰特色

意　娜* 王岸柳

摘　要：改革开放以来，赤峰错过了几次重大发展机遇。国家实施西部大开发战略以后，赤峰终于融入了国家经济发展的主航道。在增长方式转型和生态文明建设的总体背景下，借助旅游发展文化产业，是实现赤峰经济社会跨越式发展的现实途径。在笔者看来，赤峰未来的发展思路应统筹并充分利用赤峰市文化产业资源优势，走一条不同于东部发达省市，适合赤峰盟情、发展阶段的具有赤峰特色的发展道路，即中国第三阶梯西部文化创意产业非常规跨越式发展道路。

关键词：赤峰　旅游文化产业　第三阶梯　文化创意产业　跨越式发展

党的十八大提出深化改革的重大战略决策，2014年以来，中央密集出台一系列重要文件，推动文化创意产业的大发展，特别是推动我国民族地区特色文化产业呈现了繁荣发展的新局面。面对这一重大转型，按照赤峰市委和市政府的部署，建设一个全面发展的创新型赤峰，是赤峰提高综合竞争力的必然要求，是建设创新型赤峰新形象的有效路径。

---

* 意娜，中国社会科学院民族文学研究所副研究员，中国城市经济研究会文化发展委员会副主任。

改革开放以来，赤峰错过了几次重大发展机遇。国家实施西部大开发战略以后，赤峰终于融入了国家经济发展的主航道。在增长方式转型和生态文明建设的总体背景下，借助旅游发展文化产业，是实现赤峰经济社会跨越式发展的现实途径。机不可失，时不我待。

那么，什么是赤峰文化产业发展的道路?

赤峰文化产业的发展要在中央精神的指引下，走一条不同于东部发达省市的、适合赤峰盟情、发展阶段的具有赤峰特色的发展道路。即中国第三阶梯西部文化创意产业非常规跨越式发展道路。坚持以旅游为中心，生态为基础，文化为底蕴，科技为动力，创意为根本的发展方略；坚持中心突出，多业共荣，越界发展，跨省竞合的发展模式；努力实现三个融合，即文化产业与旅游产业融合发展，传统文化产业与文化创意新业态之间的融合发展，文化产业与文化遗产保护融合发展。

在笔者看来，赤峰未来的发展思路应统筹并充分利用赤峰市文化产业资源优势，坚持以“旅游为中心、生态为基础、文化为底蕴、科技为动力、创意为根本”的发展方略，优化“一核引领、两带贯穿、六群集聚”的空间布局，重点开发、合理开发、适度开发、适时开发和引进开发并举，明确产业选择，谋优质项目，打造产业集群，完善产业链条，促进文化产品输出，塑造“八部玉龙原美赤峰”文化品牌，创新政策设计，完善战略举措，探求中心突出、多业共荣、以点带面、竞合发展模式，促进文化产业与旅游产业、传统文化产业业态与文化创意新业态融合协调发展，以文化产业带动经济繁荣和社会进步。

总之，面对具体的市情，进行具体的分析，寻找自己的“西部模式”。“赤峰特色”是一切判断的基础与出发点。构建我国多层次的文化创意产业结构，在错位发展中找出产业的一种生态平衡系统，是创造中国特色文化创意产业发展的必由之路。

一　赤峰文化资源与赤峰文化特色

赤峰特色一：现代草原文化增长极

赤峰市草原文化资源丰富，包括克什克腾旗西部的贡格尔草原和南部的乌兰布统草原、巴林右旗的巴彦他拉草原、阿鲁科尔沁旗的海哈尔河草原、翁牛特旗的海力苏草原等，借助现代文化开发手段，促进地域空间的有效串联和文化功能的组合互补是整合草原文化资源的方向和手段。

现代草原文化增长极依托集通铁路、303 国道、306 国道、罕白公路与旗乡公路等互连的交通网络骨架，以赤峰市西北部的克什克腾旗为中心，辐射巴林右旗、阿鲁科尔沁旗、翁牛特旗、林西县等地草原文化资源，串联南、北线文化经济带和现代草原度假文化产业集群、游牧帝国（大辽契丹）文化产业集群、红山农耕文化产业集群，关联内蒙古工艺民俗文化产业集群。克什克腾旗西部的贡格尔草原和南部的乌兰布统草原构成增长极的核心区域，是主导产业功能的承担区域。

该增长极基于草原细分化、生活化、游憩化、精品化特点，着力开发草原度假、避暑休闲、冰雪休闲、养生休闲、体育休闲、温泉旅游、会展旅游、文化体验等多元化、复合型、立体化、规模化、高档化文化旅游产品，完善游览、住宿、娱乐、餐饮、购物、疗养、科教、朝拜等产业功能，打造我国著名的现代草原文化展示和体验基地。其中，乌兰布统草原周边主要承担草原度假、避暑休闲、体育休闲、文化体验等产业功能，贡格尔草原周边承担冰雪休闲、养生休闲、地质观光、古城体验等产业功能，巴彦他拉草原、海哈尔河草原和海力苏草原周边主要承担草原观光、游牧骑射体验等产业功能，促进文化资源的关联开发和互补开发。

赤峰特色二：游牧帝国文化增长极

以辽文化、蒙元文化为主要内容的游牧帝国文化是赤峰市特有的文化主题形态，包括辽上京历史文化资源、辽祖州祖陵契丹辽文化遗址、蒙元汗廷音乐文化及艺术资源、应昌路古城遗址、辽中京遗址等特色突出、有文化共通性的文化资源，资源规模体量大，空间分布相对集中，开发基础较好，外部需求充足，具备打造文化增长极的基础条件。

该增长极依托省际大通道、赤大高速公路、国道 303 线、国道 305 线等交通线路骨架，以巴林右旗辽上京等游牧帝国文化资源为文化增长中心和产业功能核心，以巴林左旗、阿鲁科尔沁旗、林西县、克什克腾旗、喀喇沁旗和宁城县相关文化资源为辅助，以巴林右旗旗政府所在地大板镇为交通枢纽，串联南、北线文化经济带和现代草原度假文化产业集群、游牧帝国（大辽契丹）文化产业集群、大喀喇沁休闲文化产业集群，关联内蒙古工艺民俗文化产业集群。

赤峰文创不可单打一，要强化关联开发。以游牧帝国文化作为串联赤峰市辽文化和蒙元文化两大文化形态的重要载体和手段，发挥以游牧体验、遗迹参观、民俗演艺、印石雕刻鉴赏和交易、宗教朝圣等为主题的文化产业功能，促进优势文化资源以点带面发挥规模效益，关联带动巴林石等文化产品走出去，将赤峰市打造成为我国首屈一指的游牧帝国文化体验基地。其中，东北部巴林右旗游牧帝国文化资源重点承担与大辽契丹相关的游牧帝国体验产业功能，是增长极中最具竞争力的部分。阿鲁科尔沁旗游牧帝国文化资源承担与蒙古族相关的民俗演艺、游牧骑射体验等产业功能，克什克腾旗和林西县是游牧帝国文化与现代草原文化的共荣地，巴林左旗以巴林石为重要载体承担联通东西相邻旗县的游牧帝国文化的汇聚点。南部喀喇沁旗和宁城县游牧帝国文化资源的开发主要是为大喀喇沁生态休闲度假服务。

赤峰特色三：红山农耕文化增长极

赤峰市拥有兴隆洼文化、赵宝沟文化、红山文化、小河沿文化、夏家店下层文化等泛红山文化和小河西文化、富河文化、夏家店上层文化遗址遗迹和丰富的特色农牧业资源，是中华农耕文明的起源之一，极具文化开发价值。其中，华夏第一村、二道井子遗址、赤峰博物馆、红山等是中华农耕文化的代表。与其他文化资源相比，红山农耕文化产业化难度较大，但资源集中度高，最易实现品牌价值。

赤峰文创要勾画宽广空间。该增长极的区域范围主要覆盖赤峰市主城区、中部的翁牛特旗、东南部的敖汉旗、东北部的巴林左旗，国道 111 线、国道 305 线、大广高速通赤段、丹锡高速赤大段以及集通铁路赤峰段贯穿其中，串联南、北线文化经济带和游牧帝国（大辽契丹）文化产业集群、红山农耕文化产业集群，关联时尚都市文化产业集群、内蒙古工艺民俗文化产业集群。

未来这一增长极的产业功能定位于历史文化展示、农耕文明体验、特色文化会展、根祖探寻祭祀、品牌运营推广等，以文化旅游、娱乐休闲、商务会展、创意农业、影视动漫、文化餐饮、文化展览等为主要产业形态，深入挖掘红山农耕文化内涵，促进实体项目落地和大型节事活动开展，将红山农耕文化打造成赤峰市最重要的文化品牌。其中，主城区主要承担红山农耕文化的展示和推广功能，翁牛特旗与敖汉旗定位于与红山农耕文化产业集群功能相匹配的农耕文化展示、根祖探寻祭祀等产业功能。

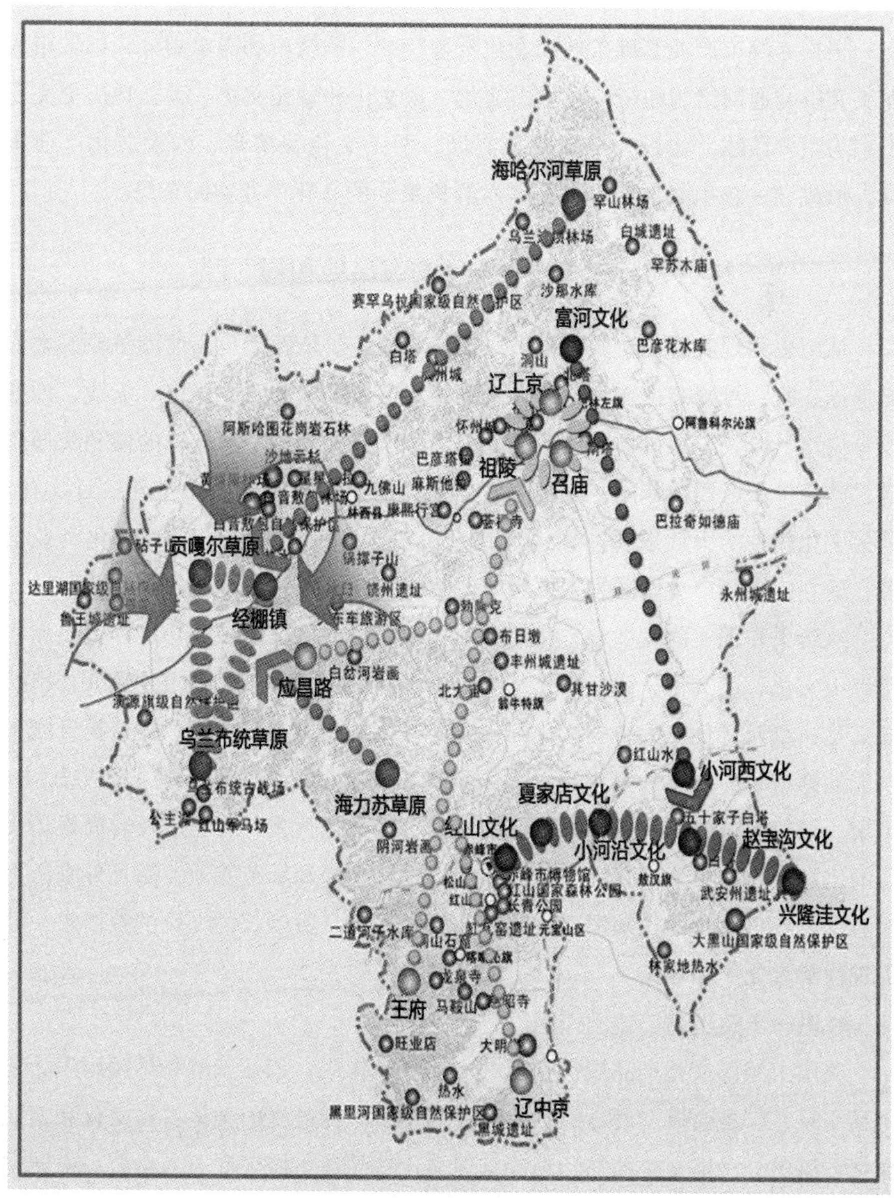

图 1　赤峰市文化产业发展规划“三极”特色

二　赤峰设想：一核引领、两带贯穿、六群集聚

根据赤峰市产业基础条件和文化资源特征，围绕市场需求划分，以城市为龙头，以交通网络为纽带，以红山文化、辽文化和蒙元文化三种独特历史文化形态为主要载体，建设一个文化核心区、两条文化经济带、六大文化产业集群，形成“一核引领、两带贯穿、六群集聚”的文化产业空间布局。

（一）一核引领，夯实产业发展的突出地和辐射源

从历史和现实看，主城区当然居于核心地位。依托赤承高速赤茅段、大广高速赤辽段、丹锡高速赤大段、赤朝高速等四条高速公路，国铁叶赤线、沙通线等铁路，以及玉龙机场现已开通北京、上海、呼和浩特等航线的便利交通条件，整合主城区娱乐休闲、红山园林等文化产业资源和与红山文化、辽文化、蒙元文化相关的民族歌舞、民俗风情、民俗工艺品、民俗餐饮等文化产业资源，确立以赤峰市主城区为主要区域范围的文化产业发展核心。

从历史和现实的发展看，我们必须合理定位主城区的核心功能。突出赤峰市红山文化、辽文化、蒙元文化三大历史文化的汇聚地特点，依托红山文化、辽文化、蒙元文化三大历史文化都市时尚文化的构成基础要素，打造提升城市功能的都市时尚文化的突出地。未来要突出核心的示范、窗口、服务、输出、汇聚、辐射等功能，打造赤峰市红山文化、辽文化、蒙元文化以及时尚娱乐文化的风向标和集中展示基地、服务基地、中转基地和示范基地，满足外来游客对赤峰市特色文化的认知消费需求以及当地居民日益增长的文化消费需求，并促进优势文化产品输出。

1. 进一步突出窗口输出作用

突出主城区文化产品展示基地和中转基地作用，依托旅游和休闲娱乐、艺术品交易、广告会展、设计服务等产业的发展，促进红山文化、辽文化和蒙元文化等历史、民俗文化精品和现代草原文化精品在主城区展示、集散、中转和输出，促进多类文化形态的研讨、交流与对外推广，提升主城区的文化窗口作用。

2. 进一步强化汇聚辐射功能

未来该区域要充分发挥红山文化、辽文化和蒙元文化的汇聚突出作用，辐射带动南线文化经济带、红山农耕文化增长极以及红山农耕文化产业集群、大喀喇沁休闲文化产业集群以及其他区域。利用南北向丹锡高速等交通路线，打通南线和北线两大文化经济带，实现时尚娱乐、森林湿地生态休闲与游牧休闲等产业形态的有效串联和游牧文明、农耕文明的空间衔接。利用主城区窗口输出的基本功能，促进关联文化增长极和文化产业集群，强化文化精品生产、产业载体培养和产业链条对接，创造主城区与其他区域辐射带动和协调互动的文化产业开发模式。

未来该区域要依托汇聚辐射和集中展示等功能，形成强大的文化产业核心竞争力，发挥文化要素整合力强、科技要素使用率高、文化资源汇聚效益明显、文化品牌推广力度大等示范效应，在规模集聚、功能设置、载体建设、品牌打造等方面形成示范，起到引领赤峰市文化消费和辐射带动两大文化经济带、三大文化增长极、六大产业集群的作用，同时，为两大文化经济带、三大文化增长极、六大产业集群提供会展、交易、娱乐、餐饮、住宿等配套产业服务和各类交流平台。

（二）两带贯穿，强化产业发展的交流渠与联动轴

着眼于文化形态交流互惠和文化产业联动发展的原则，以北部赤峰市内蒙古省际大通道赤峰段、集通铁路赤峰段和南部的赤承高速赤茅段、大广高速通赤段为两条道路交通轴线，串联优势产业资源，打造以克什克腾旗为中心的北线文化经济带和以大喀喇沁区域为中心的南线文化经济带。

1. 北线文化经济带以省际大通道为纽带

以赤峰市境内的内蒙古省际大通道赤峰段为主要道路交通架构，形成以经棚镇、大板镇为地理中枢和服务基地，克什克腾旗为经济带中心之一，巴林左旗和巴林右旗为次中心，贯穿克什克腾旗、林西县、巴林左旗、巴林右旗和阿鲁科尔沁旗的北线文化经济带，该产业带东起阿鲁科尔沁旗塞罕塔拉苏木，西至克什克腾旗浩来呼热苏木，全长 386 公里。

2. 以草原游牧文明为统领

该文化经济带将辽文化、蒙元文化两类历史文化和现代草原文化以轴线链

条形式交织融合，这一文化经济带是游牧文明历史与现代的碰撞与交融，吸引全国乃至更广阔市场的消费人群休闲度假游，包括以北京为主的环渤海市场，长三角、珠三角及大西南市场，内蒙古西部、山西、陕西市场，港澳台及日、韩等消费人群游牧文化体验游，特别是韩国消费人群的辽文化根祖探访游。

3. 以关联互动为方向

该经济带串联现代草原文化增长极、游牧帝国文化增长极和现代草原度假文化产业集群、游牧帝国（大辽契丹）文化产业集群，促进经济带与增长极、产业集群关联互动发展，同时促进草原休闲度假、游牧帝国探秘及娱乐文化体验等旅游和休闲产业形态关联发展。该经济带中经棚镇、大板镇是与现代草原文化和游牧帝国（辽、蒙元）文化相对应的两个服务基地，同时又是现代草原度假文化产业集群、游牧帝国（大辽契丹）文化产业集群的服务中心，经济带为增长极和产业集群的打造提供文化相融、资源互补、规模集聚、功能强化、产业延伸等空间。

4. 以优化线路为手段

在已有文化旅游线路基础上，打造经棚镇－贡格尔草原－达里湖、经棚镇－乌兰布统草原、经棚镇－热水－黄岗梁国家森林公园－白音乌拉－阿斯哈图石林、巴林石矿山公园－大板镇－召庙－辽上京－林东镇等自驾路线，先期谋划建设经棚镇至乌兰布统草原，经棚镇经贡格尔草原至达里诺尔湖，或经阿斯哈图石林、黄岗梁国家森林公园、热水塘温泉返回经棚镇的蒸汽火车文化旅游线路，待条件成熟时增设经棚镇经巴林左旗召庙、巴林右旗辽上京遗址至大板镇的蒸汽火车文化旅游线路，可延伸串联阿鲁科尔沁旗的汗廷音乐资源，运用音乐节等形式创新产业形态，为该经济带东部区域聚拢人气，逐步改善西强东弱的产业功能现状。

5. 以辐射带动为目标

强化文化经济带本体功能和作用，辐射带动克什克腾旗贡格尔天然禾草草原景观、阿斯哈图石林、白音敖包国家级自然保护区、达里湖旅游区和乌兰布统草原旅游区、巴林右旗巴林石印石文化资源和格斯尔文化资源、巴林左旗辽祖州祖陵契丹辽文化遗址、阿鲁科尔沁旗罕山山区等产业资源，形成文化产业发展的强大向心力，促进现代草原度假文化产业集群、游牧帝国（大辽契丹）文化产业集群的打造形成。其中，乌兰布统草原与该经济带南北呼应，是该经济带南部最重要的产业支撑区域。

6. 南线文化经济带以高速公路为轴

以西南－东北向赤承高速赤茅段、大广高速通赤段为主要道路架构，形成以赤峰市主城区为地理中枢，贯穿主城区、喀喇沁旗、敖汉旗、宁城县、翁牛特旗等地，覆盖赤茅百公里文化旅游产业带中喀喇沁段的南线文化经济带，该产业带西起喀喇沁旗茅荆坝，东至敖汉旗下洼镇，全长二百多公里，其中，赤峰市主城区是这一文化经济带的服务基地，大喀喇沁区域是该文化经济带的重点辐射带动区域。

7. 以多样文化为基底

该文化经济带包含红山文化、辽文化、蒙元文化与现代时尚文化要素，多样文化资源在空间分布上具有近似隔断性，决定了该文化经济带东、中、西三段的功能异质性。这一文化经济带是农耕文明与游牧文明以及农耕文明、游牧文明与现代时尚文明的碰撞与交融。这一文化经济带西段主要吸引当地市场消费人群进行休闲度假游，中段主要吸引当地市场消费人群和外来游客进行时尚娱乐休闲，东段主要吸引内地和港澳台及日、韩等地探访农耕文明的消费人群进行根祖探访活动，其中，西段（经济带喀喇沁旗沿线）具有文化开发的时空优势。

8. 以产业互补为方向

该文化经济带串联游牧帝国文化增长极、红山农耕文化增长极和时尚都市文化产业集群、内蒙古工艺民俗文化产业集群、红山农耕文化产业集群、大喀喇沁休闲文化产业集群四个产业集群，是对多样文化形态的串联和捆绑，文化经济带的打造将有效提升文化增长极和产业集群的稳固性和综合竞争力。其主要文化经济功能定位于时尚娱乐文化展示、特色商务会展、蒙古族民俗工艺品展示与生产、生态文化休闲、中华农耕文化发展历程展示、农耕文明溯源等，未来将从产业形态、产业功能、产品类型等方面实现互补。

9. 以线路串联为手段

利用米轨小火车等交通工具打造红山－王爷府－旺业甸镇－美林谷文化旅游线路和旺业甸镇－黑里河生态旅游区－辽中京遗址－大明寺－热水镇森林温泉文化旅游线路，适时推进赤峰主城区－红山－小河沿水乡－大黑山生态景区－兴隆洼遗址或其甘沙漠－玉龙沙湖旅游区文化旅游线路建设，实现文化经济带与增长极、产业集群以及四大产业集群直接的串联，实现游牧文明、农耕文明与现代时尚文化的有效对接。

（三）六群集聚，确立产业发展的整合地和主战场

赤峰地域广阔，文化资源多且分布广泛，建设产业集群是对文化资源进行有效整合的重要手段。按照主题明晰、重点突出、链条完善和资源组合的原则，着力建设：①时尚都市文化产业集群；②内蒙古工艺民俗文化产业集群；③现代草原度假文化产业集群；④游牧帝国（大辽契丹）文化产业集群；⑤红山农耕文化产业集群；⑥大喀喇沁休闲文化产业集群等六大文化产业集群。

通过北线文化经济带和南线文化经济带对文化产业集群进行串联，集中体现赤峰文化产业的地方特色，展示赤峰独特的人文生态魅力。其中，时尚都市文化产业集群、现代草原度假文化产业集群、大喀喇沁休闲文化产业集群为“十二五”时期优先建设打造的集群。

总之，以“一核两带、六群”的空间布局为总领，以红山文化、辽文化、蒙元文化等主题形态为核心，增强赤峰市的文化吸引力、文化集聚力、文化辐射力、文化创新力和文化竞争力，形成产业集群效应明显、空间分布合理、产业结构优化的文化产业空间布局。

三　塑造文化品牌形成城市名片

综合考虑赤峰市的资源优势、城市风貌、城市功能、公众认同和历史文化底蕴，可以考虑把“八部玉龙，原美赤峰”作为赤峰市的总体文化品牌定位，符合赤峰市整体特色和综合优势，能够提升城市功能，体现城市发展的总体目标。“八部玉龙，原美赤峰”总体文化品牌内涵可以做如下解读。

八部玉龙——“八部”突出以红山文化为代表的八种不间断的历史文化形态，强调赤峰市华夏文明的起源地之一和北方农耕文明的源头。“玉龙”是指中华第一龙的形象，是代表赤峰市文化品牌的实物标志，同时“玉龙”也突出了赤峰市悠久醇厚的玉文化和龙文化。“八部玉龙”又可与反映游牧帝国文化的《天龙八部》相联系，便于认知和记忆。

原美赤峰——“原美”一是指草原的美丽景观，二是指赤峰市富足的原生态湿地、森林、山地、河流等景观，将优美独特的生态景观打造成文化品牌的宣传口号。“赤峰”既指赤峰市，又寓意赤峰市的地理标志物——红山，“原美赤峰”又可释义为红山悠远的历史文明和原生态美。

要打造城市品牌，必先搭建城市标识系统。建设标准化、国际化、艺术化、特色化的赤峰市多功能形象标识系统，应用于重要会议、招商活动、节庆活动、会展活动等重大活动，标志性建筑物、博物馆等公共建筑，车站、旅游休闲服务区等城市窗口，景点景区、公园、道路、桥梁、门牌等公共设施，公务系统的徽章、名片，特色行业、名企名品的宣传推广等，建设城市文化地标。将城市特有资源，尤其是红山文化、辽文化、蒙元文化等的聚集采用标志性的文化符号，充分体现文化内涵，使文化地标和门户景观、地标景观结合起来。

依照赤峰独特资源，强化自然风光品牌。突出草原、沙漠、河流、红山赤土在生态景观打造中的重要作用，着力培育旖旎群山、生态湿地、氧吧森林、四季花卉等优美环境品牌，全面提升生态品质，增强特色服务。加大赤峰市自然保护区、风景名胜景区的环境保护力度，打造以乌兰布统大草原、达哈拉沙漠、九佛山风景区等草原沙漠资源为主要代表的自然风光品牌和石林、峡谷、湖泊、森林等形成的生态品牌。

赤峰历史悠久，要进一步打造历史文化品牌。广泛传播赤峰市既有的以红山文化为代表的八种历史文化形态以及辽文化、蒙元文化等，依托“华夏第一村、中华第一龙”的深度开发，深入挖掘文化内涵，不断丰富表现形式，形成响亮的历史文化品牌。依托文化产业集聚区的建设、动漫影视作品的制作传播，将蒙元文化、辽文化进行产业化包装，配合丰富多彩的节事，打响蒙元、辽文化品牌。

还要进一步打造赤峰当地的文化品牌和特色民俗品牌，壮大巴林石、工艺品制造的规模，将领头企业做得更大更强。丰富出版物、文艺演出、精品杂粮等文化产品，形成赤峰市的文化品牌，依托内蒙古特色餐饮、服装服饰、农家乐、巴林石、召庙、蒙古风情等结合城市建设，深入挖掘赤峰市活力淳朴的民风民俗资源，形成民俗文化品牌。

专家论坛

Experts' Forum

B.14

民族特色旅游开发的社会文化影响与调适

——以广西壮族自治区为例

赵明龙*

摘 要：改革开放以来，广西形成了风景名胜观光旅游、民族风情体验旅游、民族历史古迹文化旅游、民族特色节庆文化旅游、民族民间非物质文化遗产旅游、民族生态博物馆游览旅游、民族村寨为主题、农家乐为主要内容的乡村旅游和长寿健康养生度假旅游等为主要内容的九大民族特色旅游业。旅游业的全面发展深刻影响了当地文化与外部文化的交流模式，以及当地国民经济发展方式、民众计生方式、物质现代化和文化现代化进程等方面。但在旅游行业规范建构水平较低、急功近利等因素的影响下，民族特色旅游产业发展中存在不少

* 赵明龙，广西社会科学院民族研究所所长，研究员。

负面影响。在促进广西经济社会全面现代化的进程中，必须积极关注并促进当地社会文化调适。这包括制定和实施促进民族特色旅游发展的政策法规、加强旅游景区及周边区域化环境保护、引导民族文化积极变异、正确处理文化资源本真与旅游产品的本真的关系等。

关键词：广西　民族文化　旅游　文化影响　调适

当今，我国民族特色旅游开发如火如荼，民族特色旅游开发在给游客带来愉悦、享受的同时，也给当地少数民族带来可观的经济收入，改善当地基础设施建设和居民生活，并与社会文化产生互动，等等。然而，不可忽视的是，民族特色旅游开发也给旅游地东道主社会文化带来负效应。本文以广西壮族自治区为例，拟就民族特色旅游开发现状、社会文化影响及其调适做一些研究。

一　广西民族特色旅游资源及其开发现状

（一）对民族特色旅游概念的认识

民族特色旅游是指异域独特的以自然风景为依托、以原住民为主体的文化及经济社会为内核，吸引各族旅游者前往游览观光、参与体验、休闲度假的活动。其内涵有三：一是民族特色旅游是自然旅游和文化旅游二者高度融合，民族特色旅游是以异域独特的自然风景为依托，藏族以高原雪山的自然生态为依托，蒙古族以大草原自然生态为依托，广西龙胜龙脊壮族和云南元阳哈尼族均以梯田为依托，等等，离开了这些自然生态，异域的民族特色旅游就不复存在，因此，民族特色旅游不能离开当地自然风景而独立存在，它总是与当地民族文化生活融为一体，它与纯粹的自然旅游和文化旅游是有区别的；二是民族特色旅游主要内涵和灵魂是“原住民”，或者说以原住民为主体的多民族，从而给异域自然生态旅游资源赋予异域民族生产生活方式和独特的民族风情；三是民族特色旅游不同于文化旅游和民俗旅游，文化旅游侧重于“文化”，而民族特色旅游强调民族身份的独特性（特质文化），包括异域原住民的经济社会生活方式及习俗；民俗旅游是民族特色旅游的重要领域和组成部分，而民族特色旅游包含比民俗旅游更多的内容。

（二）广西民族特色旅游的主要特征

广西壮族自治区地处祖国南疆，有壮、瑶、苗、侗、京、毛南、仫佬、回、仡佬、彝、水等11个世居少数民族。壮族现有人口1445万，主要分布在南宁、来宾、柳州、河池、百色、崇左和防城港7市50个县；瑶族人口有149万，主要分布在大化、都安、巴马、金秀、恭城、富川6个瑶族自治县和48个瑶族乡；苗族人口有47万，主要分布在融水苗族自治县、隆林各族自治县和个苗族乡；侗族人口有31万，主要分布在三江侗族自治县、龙胜、融水两个自治县；仫佬族人口有17万，主要分布在罗城仫佬族自治县；毛南族人口有6.6万，居住在环江毛南族自治县；回族现有人口3.2万，散居于桂林、柳州、南宁和百色市；京族有2.3万，聚居在东兴市江平镇；水族有1.4万人，散居于融水、南丹、宜州等市县；彝族和仡佬族分别有0.98万人和0.4万人，聚居在隆林各族自治县和西林县、那坡县。在11个世居民族中，壮族、汉族、瑶族、苗族、京族等为中国与东南亚国家跨国民族。

广西民族特色旅游资源非常丰富，归纳起来主要有16类：①历史文化与遗址遗迹；②风景资源[①]；③崇拜信仰文化，主要是民间崇拜信仰文化，原生态文化较浓郁；④传说神话、民间故事；⑤饮食文化与特产；⑥建筑与设施；⑦服饰文化；⑧节庆文化；⑨歌舞文化；⑩婚丧习俗；⑪风俗与礼仪文化；⑫传统手工艺品；⑬体育竞技文化；⑭民族医药；⑮古籍、文字历法；⑯民族风土人物。

---

① 风景资源又称景源、景观资源、风景名胜资源、风景旅游资源，是指能够引起人们进行审美与游览活动，可以作为开发利用的自然资源的总称。风景资源并不全部是旅游资源，同样，旅游资源也不全部是风景资源。风景资源分为自然景源和人文景源，自然景源包括天景、地景、水景、生景4种；人文景源包括园景、建筑、胜迹和购物4类。本文认为，风景资源是未开发的文化资源，是民族旅游的重要组成部分。本有所列的仅仅是未开发可作旅游资源的自然景源。

（三）广西民族特色旅游开发实践

改革开放以来，广西各级党委、政府重视和加强民族特色旅游开发，目前初步形成了风景名胜观光旅游，民族风情体验旅游，民族历史古迹文化旅游，民族特色节庆文化旅游，民族民间非物质文化遗产旅游，民族生态博物馆游览旅游，以民族村寨为主题、农家乐为主要内容的乡村旅游和长寿健康养生度假旅游为主要内容的民族特色旅游。其旅游实践可归纳为 8 个特点。

1. 打造风景名胜观光旅游

广西旅游开发起步较早，早期的民族特色旅游开发特点是以民族地区山水、滨海风景观光为特色，以适应当时接待性旅游。从 20 世纪 50 年代到 21 世纪初，广西先后开发了桂林山水，以北海银滩、京岛金滩、三娘湾为主的北部湾滨海旅游区，红水河流域旅游区，边关旅游区，以明江、丽江和德天瀑布为核心的左江旅游区，百里柳江，宜州下枧河，融水贝江，澄碧湖，大王滩，大龙湖等景区。21 世纪以来，在一些风景河段开展漂流①。早期及后来的民族地区名胜观光旅游，虽然民族文化元素还不十分突出，但它是民族地区民族特色旅游不可或缺的内容，因为民族地区风景名胜是构成民族特色旅游的重要元素。尤其是旅游开发初期，山水风景更能直接吸引中外观光游客，从而提高广西的知名度。

2. 打造民族风情体验旅游

打造壮乡特色、瑶族特色等 11 个世居少数民族风情旅游是广西民族特色旅游发展的战略举措。20 世纪五六十年代，桂剧、彩调《刘三姐》、电影《刘三姐》等作品，使以壮族歌圩文化为主题的刘三姐从传说故事到舞台形象，再从舞台走向银幕，从壮乡走向全国走向世界。歌舞剧《刘三姐》于 1960 年 7 月赴北京，连续演出近百场，誉满京华。接着到全国各地演出，一年间演出 500 多场，轰动全国。有 20 几个剧种移植演出了《刘三姐》，风靡一时。1962 年，长春电影制片厂摄制的电影《刘三姐》，在全国及东南亚一

---

① 如资江、桂林五排河、灵川东江、宛田十二滩、龙胜玉龙滩藤县蝴蝶谷、岑溪白霜涧、百色大王岭、昭平红石峡谷、东兴北仑河、贺州姑婆山双龙、北流大容山、隆安绿水江、南宁沱江、柳州龙虎潭、靖西古龙山峡谷等漂流区。

带上映，以优美的歌声、淳朴的爱情及壮乡秀丽的风光征服了观众。直到跨入21世纪的今天，刘三姐文化仍在不断创新重塑之中，并向产业化发展，如实景演出《印象·刘三姐》、桂林经典刘三姐大观园景区、河池市宜州刘三姐故里旅游区。如今，广西瑶寨风情、侗寨风情、仫佬风情、毛南风情、京族风情等民族风情体验旅游在八桂大地上全面兴起，成为广西最具魅力的民族特色旅游之一。

3. 打造民族历史古迹文化旅游

广西民族历史遗址遗迹文化十分丰富，仅国家级文物重点保护单位就有66处。至今有不少文物保护单位已开发为旅游景区，如5A景区的桂林独秀峰－王城景区（靖江王府及王陵），兴安灵渠景区，中国红军第七军、第八军军部旧址，百色起义纪念馆，连城要塞遗址和友谊关景区，梧州骑楼城－龙母庙景区，北海近代建筑群，白莲洞遗址景区，恭城三庙一馆景区（文武庙等建筑群），柳侯公园，柳州文庙景区，马胖鼓楼，昆仑关旅游风景区（战役旧址）等。这些历史古迹文化，铭刻了广西少数民族与汉族团结奋斗的历史画面，展现了广西历史上民族团结创造文明和爱国情怀，具有探秘、科考和民族历史研究价值，也是爱国主义和民族团结教育的重要基地和题材，是游客了解中国，了解广西的民族历史文化的载体。

4. 打造民族特色节庆文化旅游

广西各族有丰富的节庆文化资源，是开发民族特色旅游的重要载体。20世纪80年代前后，随着改革开放春风吹拂，广西各族人民逐步恢复了传统节庆活动，尤其是壮族传统歌圩三月三恢复如火如荼，席卷八桂大地，不仅活跃了民间文化活动，也为发展民族特色旅游提供了重要内容。地方政府审时度势，顺应民间传统节庆文化发展，并以节庆活动为依托，引导各地开发民族节庆旅游。1983年广西壮族自治区人民政府在三月三歌圩的基础上，将每年农历三月三定为壮族歌节，并在南宁、柳州、桂林等地举行歌节盛会。1985年4月，在南宁市举行“三月三”歌节期间，自治区旅游局邀请了香港、广州、长沙等地客人及旅行团近200人到南宁洽谈业务和旅游。这标志着广西节庆旅游开发拉开从民间草根走向政府主导开发、从民众自娱自乐走向市场开发的序幕。而1993年3月，由广西壮族自治区人民政府主办的首届广西国际民歌节在南宁市举行，有10多个国家的艺术团体应邀参加了此次活动，从而把民族节庆旅游推向了高潮，推向全球。此后，各地也纷纷举行各种传统民族节庆活动[①]，既有民族民间节庆，也在官方举办的文化艺术节，形成民族民间自发与官方、企业参与办节的多元开发民族节庆旅游的格局。

5. 打造民族民间非物质文化遗产旅游

目前广西非物质文化遗产中，国家级有 47 个，自治区级有 193 个，地级市有 730 个，县级有 5627 个。文化传承人中，国家级 16 人，自治区级 240 人。这些丰富的非物质文化遗产资源，是民族特色旅游开发的重要内容和载体。广西各级政府和文化部门，在保护非物质文化遗产的过程中，积极开发利用非物质文化遗产旅游，取得了较好的成效。一是节庆非物质文化遗产旅游开发如火如荼。如前所述，百色布洛陀文化旅游节、三江侗族多耶节、京族哈节、南宁壮族三月三歌圩节、瑶族盘王节等一批国家级非遗先后得到开发，并成为游客喜欢的旅游产品，促进了民族特色旅游全面发展。二是一些民族传统歌舞、音乐、戏剧、曲艺等陆续开发为旅游项目。如广西宜州市刘三姐歌谣、那坡壮族民歌、平果壮族嘹歌、南宁粤剧、邕剧、桂林渔鼓、广西八音、京族独弦琴艺术等开发为民族特色旅游项目，得到游客的喜爱。三是一些民族技艺获得保护和开发，产生较好的经济效益和社会效益。如广西靖西县旧州有着极为丰富的传统民族文化，以绣球为代表的刺绣工艺堪称壮族文化的代表之一，以壮族织锦技艺开发的壮族绣球，已经成为一个民族文化产业，年产绣球 30 万个，年均产值 400 万元，是远近闻名的“绣球之乡”，被文化部授予“中国民间文化艺术之乡”称号，2010 年被国家文化部命名为国家级文化产业示范基地，其产业经营新模式为“公司 + 协会 + 农户”，实现了经济效益和社会效益双丰收。

6. 打造一批民族生态博物馆游览旅游

2003 年，广西率先在全国探索民族文化“联合体”保护模式，启动“广西民族生态博物馆建设 1 + 10 工程”，即由广西民族博物馆带动辐射，在全自治区各地新建 10 个专业生态博物馆，遵循“文化保护在原地”的理念，通过

---

① 如南宁国际民歌艺术节、武鸣壮族三月三歌节、田阳布洛陀文化旅游节、崇左花山文化节、河池铜鼓文化节、资源河灯节、阳朔渔火节、北海珍珠节、中国崇左德天边关国际文化旅游节、中国凭祥边关旅游节、桂林国际山水文化旅游节，等等。

"政府主导、专家指导、居民参与"的方式，在发展中保护民族文化。广西金秀瑶族自治县是新中国成立后设立的第一个瑶族自治县，这里居住着坳瑶、茶山瑶、盘瑶、花篮瑶、山子瑶等5个瑶族支系，是中国瑶族支系最多的县份，被费孝通誉为"世界瑶族文化研究中心"。金秀生态博物馆成为我国乃至世界瑶族研究的重要基地。2011年4月，广西来宾市金秀坳瑶生态博物馆最后一个建成。至此，经过8年努力，广西民族生态博物馆建设"1+10"工程取得阶段性成果，广西11个民族生态博物馆全部建成开放，广西实施民族文化"活态保护"工程取得关键性进展，民族文化资源研究网络初步构成。同时，民族生态博物馆也是广西对外开放的民族特色旅游重头戏之一，产生了良好的经济和社会效益。

7. 打造民族村寨为主题、农家乐为主要内容的乡村旅游

近年来，广西挖掘开发一些民族村寨旅游，一是在保护传统村寨的基础上开发。此类开发比较成功的有：龙胜县的平安壮寨、金竹壮寨、白面瑶寨、银水侗寨，资源的资江瑶寨、龙州的美女村壮寨等。二是结合民族特色旅游开发，打造民族新村。如宜州刘三姐乡流河社区马山塘民俗村、壮古佬寨，融安县浮石镇鹭鸶洲村，融水县四荣田头民俗旅游村，恭城瑶族红岩生态旅游新村、黄岭新村，右江区的赖浩壮族新村，田阳那生屯壮族农家乐[①]，德保县曼贝依景区，防城市冲敏生态新村，扶绥县岜盆乡岜伦村等。2010～2013年，广西建成星级农家乐749个旅游点，其中五星级有8个，四星级有53个，三星级有261个，二星级有281个，一星级有144个[②]。

8. 打造长寿健康养生度假旅游

广西民族地区长寿养生旅游资源十分丰富，目前全区有巴马瑶族自治县、昭平县、东兴市等19个长寿之乡，占全国长寿之乡总数59个[③]的32.20%，居全国第一。广西利用长寿健康养生这一独特的旅游文化资源，因地制宜地开

---

① 那生屯是百色市、田阳县倾力打造的新农村建设示范点，先后荣获百色市新农村试点建设先进村屯、百色市十大魅力乡村、广西十大魅力乡村、广西农业旅游示范点等荣誉称号，成为广西"农家乐"旅游新亮点。

② 广西壮族自治区旅游发展委员会政策法规处：《2010～2013年广西星级农家乐名录》，2014年5月22日，http：//www.gxta.gov.cn/Public/Article/ShowArt.asp。

③ 根据《中国长寿之乡最新数据达58个》和相关资料整理，http：//wenku.baidu.com/link./2014-9-16。

发了健康养生休闲旅游，形成了以巴马瑶族自治县为龙头、壮族、瑶族聚居区盘阳河流域长寿养生旅游带为重点，沿海东兴县、桂东永福县、蒙山县、容县、岑溪市、富川瑶族自治县、恭城瑶族自治县等为重要组成部分的东西南北中长寿养生旅游格局。目前，已经形成规模的有巴马瑶族自治县。该县现有国家4A级景区两个，四星级酒店两家，三星级酒店4家，旅游宾馆饭店185家，农家旅馆125家，总床位近9000张，旅行社及分社16家，接待国内外游客从2006年的11.6万人次发展到2013年的263.36万人次，每年来巴马休闲养生度假的“候鸟人”超过10万人次，2013年全社会旅游总收入达25.3亿元，旅游业对GDP的贡献率达58.9%，创造了广西旅游发展史上的“巴马现象”。①

二　民族特色旅游开发对社会文化的积极影响

从文化的角度，广西既是中国的，也是世界的。广西民族特色旅游产生的社会文化影响既有超越国界的“文化外交”意义，更有影响广西民族文化发展变迁的本土意义。

（一）广西民族特色旅游业的“文化外交”影响

1. 民族特色旅游促进了跨国跨族交往交流交融

从广西来看，通过开发民族特色旅游，使全球了解了广西，广西也了解了全球。如今每年数百万不同肤色、不同族群、不同国家的游客大进大出广西，不仅游览广西、了解广西，而且也了解了广西各地的民族，促进了双方的交往交流交融。以阳朔县为例，该县是中国山水旅游名县，改革开放后外国游客接踵而来，打破了历史上清一色中国面孔的格局。2013年全县旅游接待总人数约1170万人次，入境游客187万人次。长期居留在这里的境外人员有来自20多个国家和地区的140多人，人数和国别数还在不断增加。据阳朔县有关部门

① 李玲：《国家旅游局对广西巴马瑶族自治县旅游扶贫纪实》，《中国旅游报》2014年10月17日；罗荣玉：《巴马召开全县旅游发展大会2013年旅游总收入达25.3亿》，广西旅游在线，http：//www.gxnews.com.cn，2014-3-7。

统计，自1978年正式对外开放以来，30多年里全县已经有1120对“本地+外国”的跨国夫妻在阳朔喜结连理①，是广西也是全国跨国婚姻最多的县。阳朔人与外国人通婚，有阳朔姑娘嫁给外国小伙子的，也有中国小伙子娶外国姑娘的。现在，阳朔县既有外国女婿，也有外国媳妇。阳朔人与外国人通婚，均是普通的老百姓，甚至是居家乡村的农民。阳朔现象说明，旅游是无国界的，发展旅游可以促进跨国、跨族群、跨文化的交往交流交融，这种交往交流交融符合人类社会发展的规律和趋向。

2. 民族特色旅游推进民间外交经略周边

广西在开发民族特色旅游中，实际上发挥了民间外交、经略周边的作用。广西与东盟山水相连，隔海相望，双方人员往来非常密切。然而，由于南海问题，加上西方国家渲染“中国威胁论”，使中国与越南、菲律宾等周边国家存在一些冲突。由此，一些东盟国家和南亚国家也对中国有这样或那样的“看法”。在这样的背景下，多年来，广西通过开发民族特色旅游，吸引了越南、马来西亚、泰国、新加坡、菲律宾、老挝、柬埔寨、缅甸等东盟游客前来广西。目前，广西每年入境游客超过300万人次，其中近一半来自东盟国家，到广西的东盟游客数量正以每年约20%的速度增长。2012年，中国赴东盟游客达732万人次，较10年前增长了两倍有余，中国已成为东盟的最大游客来源国。旅游与贸易是互动并相辅相成的。在开发旅游的同时，也促进了广西与东盟国家人员交往和商贸发展。笔者发现，在中越边境口岸中，常常是商旅互动与融合。不少人既是商人，也是跨国游客，穿梭于中国与东盟之间。2013年，经广西东兴口岸出入境人员达442.5万人次，同比增长17%。出入境人数继2009年以来，首次超过400万人次，他们当中，有不少人既是游客，也是商人。2013年凭祥市口岸出入境总量为106.67万人次，同比增长1.42%。跨国人员密切往来，大大促进了广西与东盟贸易的发展。据统计，广西对东盟贸易额从2003年的8.26亿美元增长到2013年的159.15亿美元，增长了18倍②。东盟已连续13年成为广西第一大贸易伙伴。

---

① 景碧锋：《来自20多个国家数百外国人住阳朔老外为何爱桂林?》，《桂林日报》2014年10月13日。

② 《2013年广西壮族自治区国民经济和社会发展统计公报》，广西壮族自治区统计局，国家统计局广西调查总队，2014-04-01。

旅游交往促使双方游客相互了解，也使双方商贸合作获得了长足发展，给双方带来了实惠，从而使东盟国家民众耳闻目睹中国坚持改革开放、走和平发展道路，逐步消除对中国的偏见，进而影响政府改变对中国的态度与看法，增强双方的政治互信。因此，旅游者之间、旅游者与旅游地人民之间的社会交往和文化交流，不仅有助于加深人民间的感情联系，而且还可以充当民间外交，对国家外交关系的修复与发展，以及世界和平的维护发挥积极作用。

（二）旅游对旅游地社会文化发展的积极影响

研究表明，民族特色旅游开发对旅游地产生积极的社会文化影响。主要表现在国民经济、计生方式、物质现代化和文化现代化等方面。

1. 促进国民经济发展

民族特色旅游的发展，在一定程度上促进了当地国民经济发展。以广西首批 20 个特色旅游名县创建县为例，创建县的旅游收入和旅游接待人数增长超过全区平均水平，而且对财政贡献有所增加。2013 年，20 个创建县旅游收入 380.6 亿元，比上年增长 23.8%，超过全区旅游收入 22.8% 的平均增速；20 个创建县旅游接待 4801 万人次，比上年增长 15.5%，超过 2013 年全区旅游接待人数 14.8% 的增长幅度；20 个创建县旅游收入占 GDP 比重、旅游税收、旅游从业人员显著增长。大部分创建县旅游收入占当地 GDP 比重明显提高，其中阳朔、凭祥、龙胜所占比重超过了 50%，阳朔已高达 71.7%，旅游业已经成为当地经济发展的主要推动力。各创建县旅游税收也在快速增长，其中东兴、阳朔旅游的税收收入分别达到了 32.48 亿元和 2.2 亿元，占当地财政收入的比重分别达到了 22% 和 42%。①

2. 促进生计方式变迁

发展民族特色旅游，一个显著的进步是促使旅游地居民改变原来的生产方式，从传统、自给自足、单一产业向自由开放、市场化和商业化发展，促进了社会分工。在广西各地常常看到，过去有些人以农为主，现在以旅游为主；有些人原来外出打工，现在回乡开店发展服务业；有些人原来吃了就睡，现在忙

① 《广西：全力创建特色旅游名县　推动旅游跨越发展》，《广西日报》2014 年 5 月 23 日。

着排练民族歌舞技艺，等等。旅游业正在引导广西各地自发地调整产业结构，从单一农业向多元经济文化产业——餐饮业、养殖业、种植业、手工业、商业、演艺业等发展。如今广西涌现了大批因发展旅游业而改变生计方式的乡村。如阳朔县兴坪镇、大新县硕龙镇等乡镇从以农副业为主转变为以旅游业为主；龙胜龙脊梯田壮族平安寨、大新恩城乡那望屯（壮族）、三江程阳八寨等整村由以农业为主转变为以旅游业为主、农业为辅；靖西县旧州村由农业生产为主转变为以生产绣球为主；恭城红岩生态旅游新村、平安乡黄岭新村由以农业为主转变为以旅游业为主、水果产业为辅；等等。2003 年《印象·刘三姐》成为阳朔的旅游产品，带动了来自阳朔当地数个自然村的 600 多位壮族、侗族渔民转换了身份，他们白天亦农亦工，晚上当了业余演员。据悉，参与《印象·刘三姐》演出的农民年人均增加收入 1.5 万元。

3. 促进旅游地居民生活现代化

随着旅游的开发给企业和居民创造了商机，不少企业纷纷进入旅游地开发经营，周边居民也到景区发展服务业，从而带动了当地就业，也增加了企业和从业人员的收入，加快了人们的生活现代化进程。开发旅游业的乡村，短短几年内居民收入快速增长，进而他们的住宅发生了根本性的变化，建起了一座座别墅式楼房，买了小轿车，生活不比城里差。桂林龙胜各族自治县和平乡龙脊村、平安村和大寨村，过去都是龙胜有名的贫困村，由于山高水远，交通不便，群众一直在温饱线下挣扎。自实施旅游扶贫开发以来，修通了村组路，挖掘民族特色旅游产品，深化民俗风情旅游内涵，特别是充分打造了具有 700 多年历史的龙脊梯田、大寨梯田，游客逐年增加，农户利用自家住房改建或扩建办起农家旅馆。2013 年，三个村接待游客 60 多万人次，旅游接待以居民旅馆为主，游客的吃、住、购物在农家。农户年收入多的有 10 多万元，少的也有两三万元。一些常年外出打工的群众纷纷回家从事旅游业，或是办旅馆、饭店，或是帮游客背背包、抬轿。2013 年，龙脊、平安和大寨三个村仅旅游一项人均收入达 6000 多元，农民收入稳步增长，家家户户建起了干栏式现代化民居①，大部分农户有小轿车。如今，“唱着山歌搞旅游，卸下装束忙种养”

① 即外表为传统干栏式，屋内为钢混结构，有现代卫生间、厨房、空调、电视、电话、电脑和网络等一应俱全，既是居民自用住宅，也作商用家庭旅馆，接待游客。

已成为龙胜许多村寨百姓的生活“常态”。[①]

4. 促进旅游地科学技术水平的提高

多年来，广西在发展民族特色旅游中，注重“科技兴旅”，着力提升全区旅游业的信息化水平和科技支撑能力，建立旅游公共信息服务平台，探索发展“智慧旅游”，规划建设一批“智慧旅游城市”和“智慧旅游景区”。如柳州在开展引资入旅中，对深圳华侨城投资建设的文化旅游科技综合体注入高科技。又如阳朔县的金橘产业发展，从原来的传统种植逐步转变为“现代科技＋特色产业＋休闲旅游”的发展模式，经过几年扶持引导，逐步形成了一条特色产业百里长廊示范带，不仅带动了当地金橘产业发展，更有力推动了周边休闲农业旅游的兴起。如今，阳朔金橘不仅畅销上海、杭州等国内大中城市，还远销俄罗斯、日本、新加坡等国家，种植面积也从1999年的不足1万亩迅速发展到现在的10.8万亩，年产量达12.6万吨，种植业产值超过10亿元，带动相关旅游和农产品销售近15亿元。

5. 促进旅游地文化现代化

文化现代化包含文化生活、文化内容、文化制度和文化观念的现代化。首先，民族特色旅游的开发，促进了广西旅游地文化生活现代化。其主要表现为以下几点。一是文化工作者的专业化和职业化、文化就业比例上升。最富有成效的就是实景演出《印象·刘三姐》。二是文化志愿者的数量和来源的扩大。以广西一年一度举行的中国－东盟博览会等“两会一节”为例，每年招募的志愿者上千人，而报名的却高达两三万人，表明文化志愿者数量增加，来源扩大，不仅有英语、新闻、计算机、文秘管理、小语种（老挝、柬埔寨、泰国、越南）专业的学生，也有文秘、经济、历史文化专业的学生。三是文化消费群体扩大，文化消费比例上升。当前，广西大多数城镇居民家庭已经基本解决温饱，消费结构逐渐由物质向精神层面发展，文化消费需求增强，文化消费逐年增长推动文化服务业发展。据统计，2012年广西城镇居民消费支出中，教育文化娱乐服务类支出为946元，占人均消费性支出总额的6.6%。农村居民消费支出中，教育文化娱乐服务支出为214元，占人均消费性支出总额的4.38%。[②] 四是文化消费

---

① 根据2013年广西壮族自治区《全区旅游发展大会会议交流材料》整理。

② 自治区统计局：《广西文化服务业发展现状和潜力分析》，广西壮族自治区统计局网站，http：//www.gxtj.gov.cn/tjxx/yjbg/2014－02－20。

的大众化、多样化、个性化和国际化程度明显提升。

其次，民族特色旅游开发，推进了文化内容现代化。文化内容现代化的主要表现形式是：知识的科学化、理性化、人性化、生态化、数字化、多样化和全球化（简称为“七化”）。民族特色旅游推进传统文化的内容创新和现代化，也是文化现代化的表现。如，近年广西涌现的网络歌圩，就是传统歌圩内容现代化、网络化、数字化和创新的具体表现。

三　民族特色旅游开发进程中的社会文化调适

我国民族特色旅游业在快速发展中推动民族地区全面发展。但在旅游业整体行业规范建构水平较低，开发者急功近利等因素的影响下，民族特色旅游产业发展产生了不少负面影响。如广西民族特色旅游业发展就普遍出现旅游业对东道地区的环境破坏，旅游产业利益分配不均对当地社会公平的影响，游客与当地居民之间的文化观念碰撞，本地民族文化的商业化与失真化等问题。因此，推动民族特色旅游业发展的过程中，必须积极关注并促进当地社会文化调适。只有这样，才能推动民族文化在民族特色旅游产业发展中获得更好的成效。在民族特色旅游开发进程中，社会文化的调适应抓好以下几个方面。

（一）制定和实施促进民族特色旅游发展的政策法规

首先，要建立和健全民族特色旅游的法律体系。要建立健全调适我国民族特色旅游开发的法律法规体系，使得法律法规成为调适民族关系的根本手段。目前，我国已经制定了《民族区域自治法》《中华人民共和国旅游法》，为促进民族特色旅游健康发展，建议国家尽快制定《民族区域自治法》实施细则，将“民族特色旅游”内容囊括其中。同时，建议各民族自治地方制定贯彻落实《中华人民共和国旅游法》实施条例，作为国家旅游法的重要补充和地方法规加以实施；还要制定区域“旅游景区江河源头、干流、支流生态环境保护条例”“旅游景区及周边村落、社区生态环境保护条例”“旅游市场管理条例”等地方性法规，维护景区及周边地区生态环境。旅游景区、社区及村落也要制定规章制度及村规民约，如“景区管理条例”，社区和村落的“村规民约”，通过规章制度管理好当地社区和村落。总之，通过制定、配套法律法规和制度，不断扩大民族特色旅游的法律调整范围，完善我国的民族特色旅游法律法规，把调适民族特色旅游纳入法制化轨道。

其次，创新民族特色旅游政策调适。民族特色旅游的政策调适，就是要利用相关政策来调适国家与各民族之间、主体民族与各少数民族之间、各少数民族之间、开发商与当地少数民族之间在发展旅游过程中产生的利益关系。其中，最重要的是调适各种利益的分配，保障民族地区旅游地各利益相关者的权益，特别是旅游地少数民族群众的利益。为此，建议国家民委、文化部和国家旅游局联合制定“关于促进民族地区旅游业健康发展的指导意见”，对我国民族地区旅游发展提出相应的指导性意见；各民族自治地方也可以出台一些有关促进民族特色旅游发展的地方性政策，以确保民族地区旅游业健康发展，民族关系朝着良性的方向发展。

（二）加强旅游景区及周边区域化环境保护

首先，要加强宣传教育。景区及周边社区、村落民众和游客的环境保护教育，可通过新媒体、发放宣传手册等方式开展，使其增加环保意识，自觉养成环保习惯和遵守环保法律法规。其次，推进区域化环境保护。旅游需要良好的环境，而良好的环境需要景区及周边村落共同维护与整治。不少景区跨越行政区域，因而需要推进景区及周边村落环境一体化整治。要打破行政区划藩篱，按照各自分工，保护好、整治好辖区生态环境。加强景区与周边社区、村落污水、垃圾处理一体化建设，做到排污管网统一布建，垃圾统一埋葬或焚烧。积极开展景区及周边城乡水源保护行动。以饮用水安全为目标，通过“一清一保两治理”（清洁城乡水体、保护饮用水水源地、治理生活污水和畜禽养殖污染）工程，打造“安全、卫生、清洁”的用水环境。再次，开展清洁景区（家园、田园）行动。以景区、家园（周边村屯）、田园环境卫生整治为重点，对公路两旁、水渠两侧的垃圾、杂草、杂物等进行清扫清除；对景区、村街、风景河道占道经营、店外经营、乱搭乱盖现象予以整治；严禁搭建违法建筑，规范建筑材料堆放，保障门前屋后环境卫生整洁；开展垃圾分类、收集、转运和处理工作；开展田园清洁活动，清收和处理各种农业生产废弃物，控制农药、化肥等过量使用，大力推广农业清洁生产实用技术，防治农业面源污染，使农田土壤、水体的污染现象得到有效控制。

（三）引导民族文化变异：传统文化和现代化结合

文化变异具有两重性：一种是积极变异，它“是阻断衰退的重要途径，也是促成繁荣的前提”，“传统文化在新形势下得以保留和发展的重要途径”①；另一种是消极变异，即外来文化与“传统文化碰撞后变异成为消极文化的因子”②，这可能导致文明的冲突。因此，必须正确引导民族文化变异。首先，要鼓励和引导民族文化积极变异。所谓鼓励变异，就是积极主动自觉地推进传统文化与现代生活的结合。所谓引导民族文化变异就是要用建设社会主义文化的总体目标和社会主义核心价值观来规范变异，鼓励引导旅游地民众建设健康向上的、符合人民大众需求的、“以传统文化为底色的现代新文化”③形态——建筑文化、饮食文化、服饰文化、节庆文化等等，使传统民族文化在旅游开发进程中繁荣发展。这就需要当地旅游管理部门在进行规划和开发的时候，对外来文化进行嫁接和改造，将更多民族性特色赋予这些外来文化，这样才能使旅游者更好地认知接待地的文化。其次，对有消极变异的民族文化进行疏导。文化变异的弊端有可能造成传统文化与现代文明的冲突，需要及时疏导。所谓疏，就是用法律法规、规划、制度、规则等规范化强制性的措施引导旅游地民众向符合社会主义文化方向发展，构建传统文化与现代文明相结合的文化形态；所谓导，就是用传统优秀文化、人之常情、世间道理、科学文化、物质利益等人性化措施去引领旅游地民众的心理走向，构建社会主义核心价值观、世界观和人生观，使每个旅游景区不仅有生态美、景观美，也有心灵美的可爱的人。

（四）正确处理文化资源本真与旅游产品的本真

在民族特色旅游开发中，按“新奇特”来改造提升民俗、历史文化旅游产品，从而获得经济效益是可以理解的。但需要注意维护民族文化的本真性。

一是注意把握旅游资源的本真性与旅游产品的本真性。前者追求的是文化

---

① 王希恩：《论中国少数民族传统文化现状及其走向》，《民族研究》2000年第6期。

② 孙铁民：《传统与现实：党风建设面临的文化挑战》，《理论探讨》2002年第5期。

③ 王希恩：《论中国少数民族传统文化现状及其走向》，《民族研究》2000年第6期。

传统的保存和文化环境的本体真实，是旅游客体纯粹的真实，是民族文化旅游资源的真实。后者追求的是游客在旅游产品中获得的真实感受，是旅游主体感受的真实，是旅游经营者从庞大复杂的民族文化资源中精心提炼、加工、组合、包装和浓缩的最易于被游客所接受的外显性文化因素。尽管如此，游客也未必能看到民族文化的本真性，而且游客也未必能体味和辨别民族文化的本真性。从这个意义上说，民族文化资源的本真性不等于民族文化旅游产品的本真性，因为后者具有“创意加工”，但也不是无中生有。

二是要用动态、发展的眼光看待民族文化本真性。这就需要从研究者、旅游地居民和游客三方视角对民族文化旅游产品进行思考和评判，力求使三者形成共识。如壮族歌圩文化，唐代的歌圩文化本真性与民国年间的歌圩文化本真性会有一定的区别，而当今的歌圩文化又与历史上的歌圩文化有所区别，因而歌圩文化的本真性是随着时代的变化而变化的。

三是历史古迹、复建历史古迹、民俗文化等观赏性旅游资源需要活化。历史古迹、复建历史古迹、民俗文化等都是沉睡的、没有生气的文化本真资源，对游客缺乏吸引力，因而要开发为旅游文化产品，就要“活化”。即在遵循文化的内在法则、以人为本、有限满足旅客需求的原则和局部功能创新法对上述旅游资源设计，包括人体工程设计、情境设计和体验设计，还需要与经济规律保持一致，在满足游客需求的基础上，更好地实现旅游的经济效益，促进商品经济的快速发展。因此，对历史古迹、复建历史古迹、主题公园、民间传说、神话等旅游产品的创意，应注意历史本真与旅游产品的本真。如广西骆越古国、句町古国、古丝绸之路始发港遗址、稻作文化发祥地等历史文化遗址，目前其古都中心、文化中心等学术上争论不休，无法定论，在这种情况下，如要开发为旅游产品，不一定要等到学术“定论”，而应该根据旅游文化开发需要，通过创意，以历史传说、想象建构相应的旅游文化产品。即对历史文化、风土人情、民间传说等文化资源，寻求其与自然景观以及游客审美和情感需求的有效对接渠道，实现文化内涵与自然景观的有机交融，这也是可行的，但不能历史化、学术化。

（五）努力提高旅游地居民的文化素质

旅游地的居民包括居住在景区及周边的居民、旅游经营者（包括当地居

民的经营者和外来投资者）。旅游地居民是旅游资源形成的重要因素，是一种特殊的旅游资源。作为旅游资源，旅游地居民要能为旅游者提供愉快的旅游环境和经历，同时他们也应该有权谋求生存和发展的条件。因此，提高他们的文化素质是做好民族特色旅游的重要基础，是作为旅游吸引物长期保持吸引力的根本。一是调适旅游地居民的心态。所谓旅游地居民文化心态，特指旅游地居民对旅游和旅游者的态度。它直接影响旅游的社会文化氛围，影响旅游业的可持续发展。正确的文化心态应该是开放、友爱、真诚与包容。二是加强对旅游地居民的思想和技能教育。积极开展民族团结教育、爱国教育、旅游伦理教育、卫生教育、礼仪教育和旅游服务技能教育等，努力提高其自身素质，以适应民族特色旅游开发需要。

B.15

保护和发展少数民族文化应从继承文化基因举步

——浅谈少数民族特色村寨保护与发展政策

严　庆　龙晔生*

摘　要：村寨是我国少数民族农村人口的聚居场所，也是民族传统文化传承的综合载体，尤其是特色显著的少数民族村寨更是观瞻和理解少数民族传统文化、感悟民族文化多样性的重要文化基因库。岁月的侵蚀、灾害的破坏、人为的舍弃等诸多因素使少数民族特色村寨的保护工作到了刻不容缓的地步，为此，国家有关部门出台了相关政策与措施，将少数民族特色村寨的保护与发展工作提上日程，引导少数民族农村人口在向现代化转型的过程中，承继民族文化多样性的基因，赋予发展主体更多的文化内涵。

关键词：文化权益　少数民族文化　特色村寨　保护　发展

文化是一个民族最为重要和外显的特征，也是一个民族与其生存环境长期对话的结果。我国少数民族的传统文化大多保存和延续在少数民族人口长期居住的村寨、村落①，遍布民族地区的村寨、村落就像一个个传统文化的基因

---

* 严庆，中央民族大学中国民族理论与民族政策研究院教授，博士。主要研究领域：民族政治学、民族理论与民族政策、民族教育；龙晔生，《民族论坛》杂志社社长。主要研究领域：民族学、人类学。

① 村寨，意为村庄、寨子，详见夏征农、陈至立主编《辞海》，上海辞书出版社，2011，第683页；寨子，系指四周有栅栏或围墙的村子，详见夏征农、陈至立主编《辞海》，上海辞书出版社，2011，第5624页；村落，是从民族学、人类学的角度称谓村寨，详见张之杰、黄台香主编《名扬百科大辞典》（中册），台北市名扬出版社，1985，第2511页。

库，记录和呈现着民族文化的多样性，因而保护、传承和发展民族文化，当从保护和发展少数民族特色村寨做起。

一　少数民族特色村寨及其价值

从社会发展和社会变迁的角度看，村落或村寨是农耕社会特有的以土地、家族为重要纽带聚居的单元，这一单元是社会和国家最底层、最基本的社会组织，也是理解社会分工、城市化进程、社会结构构成的基本起点。从人类学和文化学角度看，村落或村寨具有显著的地域性和民族性特征，生态环境、人文环境的差异存续在村落或村寨的历史中，存活在代代相传的物质文化形式和非物质文化形式中，因此村落或村寨具有承载和传续文化的功能，尤其是传统村落或村寨，这一功能更为凸显。

传统村落，是指拥有物质形态和非物质形态文化遗产，具有较高的历史、文化、科学、艺术、社会、经济价值的村落，被誉为中华民族的DNA。[①] 传统村落是寻找文化根性的入口，也是体验文化多样性的展台，是中华民族最为突出的文化遗产。其中，少数民族村寨是展示民族文化多样性的宝库。走进少数民族村寨，就如同打开了一道门，推开了一扇窗，各种各样独具特色的生产与生活场景、民居建筑式样、饮食习俗特点、传统服饰风格、礼仪与娱乐方式彰显着不同的价值选择和审美情趣。可以说，民族村寨文化是一种历史现象，每一时代都有着与之相适应的文化，并随着社会物质生产的发展而发展；民族村寨文化又是一种地域现象，不同区域的民族文化，都有着各自的特征，而且与其他文化相互交融和渗透；民族村寨文化还是一种规约现象，在特定区域内民族成员经世代沿袭并渐次积累，大家共同遵守而约定俗成。[②]

然而，伴随着农村向现代化和城镇化的转型，村落的古朴特征、文化特性正在逐步消退，据资料显示，自2000年至2010年，中国自然村由363万个锐减到271万个，平均每天消失8～100个。[③] 这其中不乏大量少数民族村落或村

① 王菲菲、王学涛、胡靖国、周润健：《把根留住：中国传统村落保护的危与机》，《决策探索》（下半月）2013年第7期，第19页。

② 转引自张跃《中国民族村寨文化》，云南大学出版社，2006，第3页。

③ 程竹：《我们该如何安放“乡愁”》，《中国文化报》2014年3月17日，第4版。

寨的消殒。与物化村落或村寨一同衰颓的不仅是作为凝固艺术的建筑，还有习俗、礼仪等非物质的文化形式。

自20世纪80年代进入改革开放时期以来，民族地区的大批农民工流入东部地区，开始接触到传统居住区以外的文化，一些农民工把在东部地区务工中学到的建筑技术、用到的建筑材料使用在家乡的旧房改造中，致使大批富有民族特色的村落建筑消失。在调研中，笔者了解到影响少数民族村寨传统建筑修缮和存续的原因主要包括：修缮或新建传统式民居，木料等材料费用高；传统的建筑用材防火、防腐、防水性能差；钢筋水泥建筑坚固、性能好，样式时髦；一些家庭收入低，导致老建筑长年失修；水、火、虫等毁坏老建筑（尤其是木质建筑），加之部分农村青年认识不到位，致使一些村寨的民族特色和乡村特色急速消失。同时民族民间手工艺技艺后继乏人，民族文化传承面临巨大危机，有的专家指出，目前许多村庄面临着“速溶化”（村庄在城镇化过程中被拆）、“空村化”（人走村空）、“空心化”（村中的历史遗迹、文物等湮灭）、“过度商业化”（盲目拆、建，破坏原有景观）的趋势。① 少数民族特色村寨保护与发展工作急需提上日程。

二 少数民族特色村寨保护与发展政策的出台

鉴于保护和发展少数民族村落或村寨的紧迫性，2009年，国家民族事务委员会与财政部开始开展少数民族特色村寨保护与发展项目。从2009年到2012年，以中央财政投入为主，两部委在全国28个省区市的370个村寨开展试点，通过保护性修缮和公共设施改造，改变了项目村寨的村容村貌，收到了明显的成效，也在全社会发出了保护少数民族特色村寨的先声。

2012年8月住房和城乡建设部、文化部、国家文物局、财政部印发了《关于开展传统村落调查的通知》，并具体制定了《传统村落评价认定指标体系（试行）》②，旨在保护包括少数民族传统村寨在内的传统村落。与此相呼

① 叶峰：《“城进村退”大潮中如何守护“乡愁”》，《农村·农业·农民》2014年第4期，第11页。

② 具体见中华人民共和国住房和城乡建设部官方网站/法律法规/住房和城乡建设部文件/村镇建设司，http：//www.mohurd.gov.cn/zcfg/jsbwj_0/jsbwjczghyjs/201208/t20120831_211267.html（访问日期，2014年9月20日）。

应，国家民委于2012年12月推出了《少数民族特色村寨保护与发展规划纲要（2011～2015年）》（下文简称《纲要》），系统化推进少数民族村寨保护与发展工作。《纲要》围绕少数民族特色村寨的界定、价值定位、指导思想、基本原则、扶持对象和发展目标进行了明确阐释。“十二五”期间，在全国重点保护和改造1000个少数民族特色村寨。重点扶持的村寨，其少数民族人口比例不低于30%、总户数不低于50户、特色民居不低于50%；同时须具有较浓郁的民族风情和较高的文化保护价值，具有较好的区位条件和一定的工作基础。《纲要》旨在使人居环境明显改善，群众收入大幅提高，村寨风貌、特色民居得到合理保护，民族文化得到有效保护，村寨基本公共服务体系进一步完善，民族关系更加和谐。这一发展目标充分关切到了人的发展与环境（包括生态环境和人文环境）优化、文化存续发展的关系。“住”是村寨的首要功能，因而特色民居保护成为重中之重。国家民族事务委员会在进行政策解读时指出：建筑是文化的结晶。少数民族村寨的特色民居集中反映了当地少数民族的生存状态、审美情趣和文化特色。保护好特色民居，是保护民族文化的重要措施。①

2013年2月，农业部办公厅下发“美丽乡村”创建活动意见②，以推进农村生态文明、建设美丽乡村为宗旨，计划在2013～2015年期间，在全国选择产生1000个“美丽乡村”创建试点单位。该项活动对于提升村落、村寨建设中的生态意识具有指导意义，尤其是强调了村容村貌建设与生态环境之间的和谐。

保护和发展少数民族特色村寨工作铺开以后，各地涌现了不少有效的做法，当然其中也存在一些的问题，为了加强引导，强化标准，进一步规范相关工作，国家民族事务委员会于2013年12月6日出台了《国家民族事务委员会关于开展中国少数民族特色村寨命名挂牌工作的意见》③，这份文件聚焦品牌标准，着意发挥少数民族特色村寨的品牌效应，从而推动少数民族特色村寨的保护与发展全局工作。该文件规定了中国少数民族特色村寨命名挂牌工作坚持

① 殷泓：《少数民族特色村寨如何保护?》，《光明日报》2012年12月27日，第9版。

② 具体见农业部办公厅《关于开展“美丽乡村”创建活动的意见》，http://www.moa.gov.cn/zwllm/tzgg/tz/201302/t20130222_3223999.htm（访问日期，2014年9月20日）。

③ 详见国家民族事务委员会网站/经济发展司/政务公开/工作动态，网址：http://jjfzs.seac.gov.cn/art/2013/12/10/art_3383_196308.html

的四条原则①，提出了申报的五项基本条件，明确了工作程序，体现了该项工作乃至保护和发展少数民族特色村寨工作的严肃性和规范性。

2014 年 1 月，国家民族事务委员会对拟列入“十二五”时期“全国少数民族特色村寨保护与发展名录”的 1000 个村寨名单进行了公示。民族人口数量和村寨特色成为入选的重要参照指标，33 个省、市、直辖市的 1000 个村寨经严格评选入围。其中，少数民族人口众多、特色村寨云集的云南省和贵州省各有 90 个村寨入选，湖南省和湖北省各有 80 个村寨入围。按民族统计，回族、土家族的特色村寨入围数量均超过 100 个，而布朗族、拉祜族、塔塔尔族的各有 1 个。“全国少数民族特色村寨保护与发展名录”的建立，一方面有利于唤起全社会对该项工作的重视，另一方面，有利于发挥示范效应，引导政府和社会展开专项保护。在此基础上，国家民族事务委员会于 2014 年 5 月将 340 个村寨列入首批中国少数民族特色村寨命名挂牌名录。② 名录一公布便在民族地区引起了广泛的反响。

此外，在 2014 年 3 月 17 日正式公布的《国家新型城镇化规划（2014～2020 年）》③ 第二十二章指出：在提升自然村落功能基础上，保持乡村风貌、民族文化和地域文化特色，保护有历史、艺术、科学价值的传统村落、少数民族特色村寨和民居。这种针对性的规定，也再次强调了城镇化进程中的少数民族特色村寨保护工作。

三　少数民族特色村寨保护与发展政策成效及分析

少数民族特色村寨保护与发展工作自 2009 年开始试点，到 2012 年大范围铺开，虽然时间不长，但这项政策的效果已经初步显现，而且势头向好。尤其是在少数民族特色村寨资源丰富的一些区域，政策发力的周期短、见效快。

云南省民委在 2009～2013 年的五年时间里，共安排了 27700 万元，用于

---

① 即，实事求是、公开公正、竞争择优、动态管理。

② 公示的 340 个少数民族特色村寨来自全国 28 个省、自治区、直辖市。其中，贵州省有 62 个少数民族特色村寨入选，数量最多；其次是广西壮族自治区，有 59 个少数民族特色村寨入选；云南省有 41 个少数民族特色村寨入选，位列第三。

③ 《国家新型城镇化规划（2014～2020 年）》，《农村工作通讯》2014 年第 6 期，第 32～48 页。

实施275个民族特色村寨建设项目，其中已完成75个，200个正在抓紧实施。项目完成后能够使每个世居民族都有本民族的特色村寨。[1] 截至2013年底，湖北省已在100个少数民族村寨开展了特色村寨保护与发展试点工作。

总体来看，少数民族特色村寨保护试点工作按照“科学规划、多元投入、突出重点、试点示范、有序推进”的思路，以“特色民居保护和改造、民族文化保护与传承、基础设施建设、村寨整治、产业发展”等为主要内容，取得了显著成效。

第一，修缮和新建了一批少数民族特色村落建筑。根据规划内容和不同民族、不同地区的具体情况，按照保护一批、改造和提升一批、新建一批的要求，建成和保护了一批民族建筑群落。例如，黔东南州雷山县西江村、黎平县肇兴侗寨保持了“千户苗寨”“侗寨鼓楼群”的独有特色和风格；黔南州惠水县好花红村加强“布依大堂屋”的保护和修缮；荔波县拉片村突出瑶山特色民居的建设和环境整治；贵阳市乌当区偏坡村、王岗村改造和提升布依族民居的质量等。

第二，挖掘和弘扬少数民族村落优秀文化。各民族村寨建设了文化活动室、民族文化广场或民俗博物馆、风雨桥或民族文化长廊等文化活动场所，成立了村民自发组织的表演队伍，经常开展民族文化活动。黔东南州雷山县西江村建立了苗族博物馆，展示了苗族迁徙史、苗族文化、建筑风格、生产生活、特色产品等，成立了文化表演队，每天进行民族风情表演；黔南州荔波县拉片村建立了瑶族文化展示馆，展示了瑶族人民从贫困到富裕的变迁史，建立了由本村村民参与的瑶族风情表演队；惠水县好花红村建有4000平方米民族文体广场和文化活动中心，积极保护、搜集、整理体现布依族文化的文物和生产生活用品并陈列于“布依大堂屋”；“侗族大歌”、“苗岭飞歌”、布依“好花红”歌调、彝族“阿西里西”歌舞、各民族节日、民族歌舞表演活动等得到了传承和发展。

第三，打造少数民族村寨优势产业。针对各民族村寨不同自然条件和优势资源，突出建筑、歌舞、民俗、服饰、工艺、饮食等多姿多彩的民族特色，各

---

① 宋雪峰：《多样特色筑起共同梦想——云南省少数民族特色村寨保护与发展纪实》，《今日民族》2014年第5期，第2页。

级各部门不断加强培育市场主体，加大少数民族群众适用技能培训，带动群众因地制宜调结构，大力扶持适合各村实际的特色支柱产业。黔东南州雷山县西江村“千户苗寨”已成为全国知名旅游品牌；贵定县音寨村发展集民族特色、农业观光为一体的乡村旅游，打造“金海雪山”品牌，2013 年旅游综合收入达 16.5 亿元，居民人均纯收入 7400 余元，年均增幅 19% 以上。各民族特色村寨自我发展能力不断提升，少数民族群众收入大幅度提高。①

第四，优化和完善少数民族村寨基础设施。在各级党委、政府的领导下，通过少数民族发展资金的引领，各地积极整合发改、财政、农业、交通、建设、卫生、水利、扶贫等部门资金，捆绑投入于民族特色村寨的路、水、电、房、讯、医等基础设施和基本公共服务建设中，各民族特色村寨基础设施条件和基本公共服务体系不断改善。一大批民族特色村寨已达到基础设施完善、特色产业明显、特色民居凸显、民族文化彰显、基本公共服务完备、民族关系和谐的目标。民族特色村寨已成为了人们体验民族文化、休闲度假、旅游采风的优选地，它们有力地促进了民族特色村寨经济社会发展和民族团结。

再以笔者在湘西南地区实地调研的结果为例，该区域的少数民族特色村寨保护与发展政策也取得了初步成效。

第一，生态环境方面的改善。通过实施民族特色村寨保护和发展计划，民族村寨生态环境明显改善。靖州地笋苗寨、通道坪坦等村寨村容整洁，山水环绕，生态环境非常美。坪坦村因为地处通道县“侗族百里文化长廊”，保存有较好的古建筑群而成为政府重点投入村寨，近两三年间，政府先后投资了 800 多万元用于改建村寨，开展村落房屋圈舍的整改及自来水到户，对坪坦河的河道及周边进行了整治及绿化，村内铺设石板路，增建了 5 个消防池。这些改造让坪坦村成了生态文明样板村。

第二，村民环保意识、生态意识的增强。随着社会主义新农村建设的不断深入，国家有关部委先后开展了少数民族特色村寨建设、传统村落评价认定和美丽乡村创建活动。这些活动都包含了生态、环保和文化等内容。通过国家投入建设，直观地宣传了环保意识、生态意识，使农村生态环保面貌发生了巨大变化。通过政府重点打造的特色村寨，村民的环保意识大大增强，大部分村民

① 数据由贵州省民族事务委员会提供。

能够约束好自己的行为，身体力行地去搞好环境卫生，并开始意识到农药化肥的副作用，生态农业的意识明显增强。虽然现在村民在防治农作物病虫害时还不得不使用农药化肥，但是他们开始区分生态食品与留有农药残留的食品，这无疑是一大进步。宗教、习俗、村规民约对农民的生态环保意识仍然具有很大的影响。民间风水观中的人与山水相协调的理念，对树神和风水林的信仰，对村寨周边的森林等自然环境都起到了保护作用。

第三，民族文化认同和文化保护意识的增强。民族认同心理是保持族群整体性的精神纽带，通过政策实施，特色村寨建设促使少数民族群众对自己民族文化的认同心理增加，传承意愿提升，文化生态意识正在形成和复苏；该政策也促进了少数民族地区与外界的文化交流，在一定程度上增强了当地村民的民族意识。

对以上政策功效进行机理分析，可发现其中内隐的链条：

原有文化资源存续困难→保护与发展政策实践→文化价值发现→传统文化挖掘、整合、衍生→文化环境优化→实现民族文化存续与再生产。

从这个逻辑链条可以看出，政策介入之前的状态是“原有文化资源存续困难”，也就是说少数民族特色村寨的原有文化资源处在村落社会快速变迁中的自我萎缩状态，如果听之任之，不采取针对性保护措施，原有文化资源便会消失。究其原因，主要是各方对原有文化资源的价值认识不足，或者说当下对物质追求的目标过于侧重。而保护与发展政策的介入和实践，一方面引导了人们对原有文化资源的价值进行再认识，另一方面，通过系统化的村寨发展措施推进以及发展观的调整和充实，将文化建设纳入了村落发展建设中，也就是说在村寨的发展中，原有文化资源及其蕴涵的文化不能被忽视或遗弃。在政策的引导和专门支持下，人们开始关注传统文化，并进行相关文化内容的挖掘开发、整合重组、继承拓展，传统文化内容因此得以重拾和丰富；同时，与文化存续、发展相依托的生态环境和人文环境也得到保护，一些产业化的文化内容给当地带来综合效益，保护文化的意识得以在社会上传播，这些因素使得文化环境得以优化，从而也为实现民族文化的存续与再生产创造条件。

结　语

2009 年开始的少数民族特色村寨保护试点工作、2012 年实施的大范围保护政策已取得明显成效，呈现出良好的势头。但通过调研，笔者发现，在少数民族特色村寨保护问题上，还存在着以下矛盾。

其一，特色保护与村寨发展之间的矛盾。村风古朴、特色显著的村寨一般都处在交通不便、环境相对封闭的地方，这些地方基础条件差、经济发展慢、生活水平低，对于这些地方的村民而言，他们更渴望村落的发展，找到致富的门路，而不是把有限的资金用于修葺旧屋，保持老样子。

其二，建筑的文化价值与宜居选择之间的矛盾。特色村寨中的传统建筑一般因受到取材范围和技术的限制、受到旧有规制的限定，从而具有了传统特色。但随着时代的发展，新兴的建筑材料、现代的建筑工艺为年轻一代提供了更多的选择，对于有的年轻人而言，他们在“要传统”还是“要舒适”的选择中出现了矛盾。

其三，村寨主人与特色设计者之间的矛盾。村寨的特色保护与发展需要多方协商，村民、当地政府、投资方之间需要充分沟通，并取得一致。有的少数民族村寨不具备发展“一村一品”的基础条件，设计者的刻意打造有脱离当地实际的倾向。

对于任何一项扭转原有趋势的政策而言，遇到一些困难和阻力都是必然的、正常的，这也说明实施这样的政策不能急功近利，要因地制宜地选好突破点，制定好合理的步骤，通过充分的协商实现各方的认知和行动一致。历史丰厚的赠予，当与居民的宜居要求发生矛盾时，当与时代车轮发生碰撞时，如何协调并共赢，考验着各方的智慧。① 民族地区在寻求经济社会快速发展的同时，也不能遗落传统文化的包裹。少数民族特色村寨是民族文化原生性、多样性的基因宝库，在对其保护和发展方面，国家、地方、相关群体和个人都应有所作为。

---

① 殷泓、史楠：《寨子的昨天、今天和明天——少数民族特色村寨见闻》，《光明日报》2014年7月29日，第5版。

B.16

改变民族地区发展政绩考核方式 推动文化产业真正成为支柱引擎

意 娜*

摘 要： 目前，工业中心逐步西移，要防止西部地区走上用自然生态和文化生态换发展的工业化老路，只有改变民族地区的政绩考核方式。近年来，以GDP考核为主的干部考核制度已明显暴露弊端，而取消GDP考核并不能解决问题。相关政策建议是：①民族地区单设政绩考核机制；②完善包含环境指标、经济指标、文化指标、社会评价指标在内的民族地区干部考核指标体系；③加强考核的宣传和监督力度。

关键词： 民族地区政绩考核方式 GDP考核 干部考核指标体系

2013年7~8月，国家民委文化宣传司与中国社会科学院文化研究中心、云南大学文化产业研究院共同组成的调研组前往云南和贵州，就民族地区文化产业发展专题进行调研。课题组认为，全球金融危机以来，世界各国的经济增长都在低水平波动，中国东部地区传统的投资驱动的增长模式遇到瓶颈，亟须进行转型和产业升级。在这一过程中，工业中心开始西移，以民族地区为主的西部地区正在成为承接东部投资型发展模式的制造基地，而且已经有西部省份开始提出了“工业强省”的口号。在这个关键的时期，如何防止西部地区走上用自然生态和文化生态换发展、先污染破坏自然和人文环境再施治理和抢救

* 意娜，中国社会科学院民族文化研究所副研究员，中国城市经济研究会文化发展委员会副主任。

的工业化老路，成为越来越紧迫的问题。课题组认为，要想从根本上避免这种工业化破坏式发展的路径，扭转地方行政官员的观念，充分发挥地方政府对于发展以文化产业为代表的生态友好型产业的积极性，唯有改变民族地区的政绩考核方式可行。

一 存在的问题

民族地区大多地处中国西部或东中部的不发达地区，在工业化进程中经济落后于其他地区，却恰好更多地保留了自然和文化生态的传统面貌。因此，尽早发现问题，相对于其他地区还具有预防意义。这些年，已经有一些地方发现和修正了以国内生产总值（GDP）为主导的干部考核方式的弊端，但新的方法试用到民族地区也有一定的问题。

（一）以 GDP 考核为主的干部考核制度已经明显暴露弊端

这些弊端包括：一是不衡量社会成本，本该由企业承担的责任叠加到外部承担，造成生态破坏，灾害爆发的频度和烈度增加，社会福利水平下降，人为灾害增加；二是不衡量增长的代价和方式，资源浪费，地方政府负债累累；三是不衡量实际效益、质量和实际国民财富，造成产能过剩、社会财富增速远低于生产增长量、产品质量下降，就业率低；四是不衡量资源配置的效率，造成浪费；五是不衡量价值的判断，例如社会公正、幸福感；六是不衡量分配，造成贫富差距加剧。伴随着“GDP 至上”的观念，中国才会在各个领域都存在着“一刀切”的“指标崇拜”，以及随之产生的“任务经济”（根据指标完成的年度任务）、“任期经济”和“标志崇拜”（各个城市争相建立“第一高”、“第一大”）。

对于民族地区来说，这些弊端不仅是问题，更是避免重蹈覆辙的警示。其实很多地方干部都已经意识到了这些弊端，但由于这是考核他们政绩的最主要手段，这些问题也只能给经济数据让路。有的地方干部说：我们也知道文化产业好，但这是赔本赚吆喝，还是必须发展采矿和工业。

（二）取消 GDP 考核不是解决问题的办法

如今有很多地方已经取消了单独 GDP 考核，如南京、四川、黄山市等。

但 GDP 不是万恶之源，各种弊端的出现不是因为 GDP 本身，而是对它的扭曲使用。它在一定程度上可以加大官员在发展经济上的热情与动力，它造就了中国改革开放以来的经济快速发展，它对地区经济发展有参考价值，中国地区发展不平衡，仅有全国 GDP 并不足以描述区域发展的状况。地区 GDP 数据没有错，错的是本末倒置的考核方式，只要有指标，而这个指标决定了官员的升迁，不管是 GDP 还是教育、卫生、就业，甚至是幸福指数，现有的“数字出官，官出数字”的游戏都将继续。因此，把由于片面追求 GDP 的扭曲现实推到 GDP 本身头上，治标不治本地用其他指标高低衡量政绩，同样不可取。

二　相关政策建议

（一）改变民族地区的政绩考核机制

我国民族地区行政级别复杂，既有省级的民族自治区，也有地市一级的自治州，还有自治县、乡等。即使出台了专门针对民族地区的特殊政策，也难以解决所有现实问题，例如兄弟区县的比较，不符合省区整体战略布局，同一自然区域隶属不同行政区域管理，由于政策不同带来的自然生态和文化生态的破坏。

建议针对民族地区的政绩考核机制，除了为民族地区单设指标，还应从中央到地方为民族地区单设绩效考核机制，层层节制，不与其他地方并列比较，避免上述问题带来的政策被架空无法落实的情况。

（二）完善民族地区干部考核内容和指标体系

建议在民族地区进一步完善干部考核指标体系，突出客观性指标、动态指标和社会公众评价性指标的地位和作用。具体而言，评价指标可以分成四类：第一，环境指标，主要是大气环境、水环境、噪声环境质量的纵向比较的综合结果；第二，经济指标，主要是传统经济考核指标；第三，文化指标，以文化产业产值及其占国民经济比重，以及文化保护成果为衡量标准；第四，社会评价指标，由异地第三方独立机构调查的当地群众对当地政治经济文化环境各方面的总体评价综合指标。

（三）加强考核的宣传和监督力度

要用多种形式宣传和强化综合考核指标的意义，使各地各级领导干部认识到在民族地区实施包含环境保护、文化保护和文化产业内容的政绩考核，是树立正确政绩观的具体体现，是控制自然生态破坏和文化生态破坏，实现民族地区可持续跨越式发展的需要。只有各级领导干部都充分理解这种考核方式，才能最大限度地保证其正确实施。

由于环境问题和文化问题的专业性都比较强，为了确保考核结果的客观性与准确性，需要建立一系列的统计机制、监督机制、检查机制，以确保考核制度的刚性和效力，尽量从制度保证上杜绝弄虚作假的现象。还要协调好民族地区与同一行政区域内其他平行地区的关系，防止因为局部利益矛盾导致的因噎废食。对于考核结果要奖惩分明，真正使民族地区各项工作能够朝着可持续的方向健康发展。

B.17

新疆少数民族地区“双语”教学与新课程改革关系辨析

马岳勇　董新强*

摘　要：新课程改革和“双语”教学是新时期带动少数民族教育发展的内外二力。新课程改革是提高少数民族教育教学的质量，推动少数民族教育深入、持久、稳定发展的内在的根本动力，“双语”教学则是要为其扫清语言障碍，铺平道路，二者缺一不可。然而当“双语”教学被作为推动民族教育发展和提高教学质量的重中之重大力推进，在这种强势的、极端的“双语”教学语境中，已经实施多年而且取得一定成效的新课程改革无奈地被推向台后，于是“语”进“课”退，本末倒置的“语境”转换现象发生了。这一现象反映了民族教育发展中，在新课程改革和“双语”教学的关系、推动民族教育发展的根本动力等问题的认识和实践上尚存在误区。如何正确辨析和处理这些问题，是保证新疆“双语”教学科学、有效、可持续发展的关键。

关键词：新疆　少数民族　双语教学　课程改革

当前新疆“双语”教学问题已经不是一个简单的教育问题。“双语”教学实施的科学性、实效性如何，成为牵动人们神经的敏感性问题，它关系到少数

---

* 马岳勇，新疆师范大学政治与公共管理学院，教授，民族教育研究所所长；董新强，新疆师范大学政治与公共管理学院讲师。

民族地区社会政治、经济、文化发展的问题。在反对民族分裂，维护社会稳定，促进民族团结方面成为一个重要砝码。双语教育实施过程中存在的一些问题，成为境内外三股势力的口实，如何解决好"双语"教学实施过程中的这些问题，也是我们保证其科学、有效、健康发展，反对民族分裂，维护民族团结的有力武器，是民族地区文化、经济可持续发展的重要前提。关于"双语"教学的关注和讨论，如果说以往我们更多的是从推进模式、师资水平、语言环境等角度考察和分析，则从教育价值取向、教育理念及其相应的教学模式转变层面关注和研究的很少。本文中关于双语与新课程改革的关系问题的讨论则涉及双语教育深层的教育理念、教学观念、学生观等价值层面的问题，关系到双语教育实效性问题，关系到双语教育可持续健康发展的问题。而且，在"双语"教学实际推进的过程中，这方面也是被忽视、甚至无视，导致"双语"教学在低层次、低效率，甚至不健康的状态下发展。

新课程改革基于教育生存论的审视，意图改善单纯的知识传授与学生生活世界相脱节，学科知识与现实经验相分离，个体生命生存、生长、发展的需要被忽视的窘境。对于新疆少数民族教育来说，这是一次根本性的变革，在教育理念、课程管理、教学行为、学习方式等方面都带来了巨大改变，极大地改善了新疆少数民族地区的教育面貌。与此同时，"双语"（汉语、少数民族母语）教学作为提高民族教学质量的重大战略措施也蓬勃展开，培养能够跨越语言障碍，顺利进入现代化社会的民汉兼通的人才，这无疑对民族教育和地方经济文化的发展具有重要意义。然而当把"双语教学"极端化，成为发展民族教育的重中之重大力推进时，出现了一种值得注意的现象，即在双语教学的语境下，新课程改革似乎急流勇退，抑或说基础教育课程改革受到了来自双语教学的严重冲击。我们把这种特殊的"语境"转换现象称之为"语"（双语教育）进"课"（新课程改革）退。这一现象反映出在新疆民族教育发展中，对新课程改革和"双语"教学的关系、推动民族教育发展的根本动力等问题的认识还存在误区。

一 "双语"教学、民族教育的发展与课程改革

作为新世纪教育发展的主要论题，有关课程改革的理论和实践讨论是已经

过去十年中教育研究的核心内容。随着新课程改革实践的推进，我国基础教育范式发生根本转化：从普适性教育转向寻求情境化的教育意义。与之相关的民族地区教育发展和课程改革也成为教育学领域研究的重要课题。国内许多学者从借鉴国外理论和经验入手，对发展我国的民族教育事业提出了许多前瞻性的意见和建议。有学者基于中国多民族与多元异质文化并存的现实，并结合国外教育实践，认为我国的民族教育应该追求多元文化教育的理念。[①] 也有学者认为民族地区的课程建设应当更加关注课程和经济文化类型相适应。多元文化教育理念体现在课程领域，使得地方课程、校本课程建设成为少数民族地区许多教育学者关注的重大论题，从而引领了民族教育研究的潮流。

（一）新课程改革与新疆民族教育的发展

首先，新课程改革基于教育生存论的审视，意图解决单纯的知识传授与学生生活世界相脱节，学科知识与现实经验相分离，个体生命生存、生长、发展的需要被忽视的窘境。对于新疆少数民族教育来说，这是一次根本性的变革，在教育理念、课程管理、教学行为、学习方式等方面都带来了巨大改变，极大地改善了新疆少数民族地区的教育面貌。

应该说，新课程改革后所强调的课程管理权限下放，使学校有更多自主权，体现了课程建设要适应地方经济社会发展情况，要关注学生需要的“适切性”。这种适切性要求与多元文化的地域特征相结合，必然是地方文化和主流文化产生互动基础上的地方性知识的建构。

一方面，文化的多样性产生了适应不同文化背景的教育发展和人才培养需要。这为学校开发具有地方特色和民族文化特色的课程提供了可能。多元文化课程理论认为，学生在学校的多数时光都是在文化熏陶中度过的，从这个角度讲，生活世界的教学资源开发，从根本上说是一种文化资源的开发，这就为民族文化的传播提供了极大的空间。

另一方面，学生成长的地域性对知识传承有其特殊要求。新课程改革的一个重要内容就是变原来的单一课程管理为国家、地方、学校的三级课程管理模式，围绕着学生的生活世界来组织课程和教学内容意味着教学的本土化变革和

---

① 参见丁刚《课程改革的文化处境》，《全球教育展望》2004 年第 1 期，第 16 ~ 19 页。

倡导学生本土性知识的构建，这对培养地方经济文化和社会建设需要的地方性人才有直接意义。

上述两方面共同构成了民族地方课程开发、运行的基本特征，它体现了生活在特定区域内的群体发展需要。据此，有学者试图用班克斯的跨文化教师的类型理论来解决民族地区师资力量的培训样式。新疆地区的课程改革推进正是沿着这样一条探索途径，也涌现出和田地区洛浦县布雅乡中学这样一批校本课程建设突出的学校。

当然，从整体看，基础教育课程改革在新疆地区推行仍然困难。地方课程和校本课程建设还缺乏有效指导，学校课程忽视地方经济文化类型差异对民族教育影响的情况仍然存在。一些地区教师专业化素质不高、理念落后，教育教学模式和方法僵硬，学业评价标准单一现象依然存在。

（二）“双语”教学对新疆民族教育发展的意义

基于新课程改革在民族地方所承载的重要社会功能，我们认为它是少数民族教育发展的内在根本推动力。而跨越语言障碍，扩展获取、分享现代知识与信息的途径是提高教育质量的外在障碍。所以，许多学者都对双语教学给予了充分的关注，从多元文化课程建设等方面分析了双语教学的作用和意义。[1] 大力开展少数民族“双语”教学，也被认为是全面提高民族教育质量，推动民族教育事业全面发展的重要前提条件。基于“双语”教学的现实作用和未来效应，它与民族教育发展的关系可以从多个方面加以阐述。

第一，双语教学具有重要的战略意义。双语教学是推进少数民族教育的重要手段，从新疆少数民族经济社会发展和长治久安的角度来看：双语教学重视的是少数民族“民汉兼通”型人才的培养，对传统民族教育、学习方式带来了重大变革，也对少数民族人才培养提出了新的要求，是推进新疆社会经济发展的重要助推力，因而具有重要的战略意义。

第二，双语教学是对少数民族群体发展意识和发展能力的培养，是其从传统走向现代的社会变迁的重要途径。现代社会是一个竞争充分的社会，各个国家、地区和民族要在当代社会中把握和跟随发展的潮流并做出自己的贡献，就

---

① 额·乌力更：《双语问题与中国民族教育》，《民族教育研究》2000 年第 3 期，第 78 页。

要努力使社会经济、科技等多方面的水平得到有力提高，在信息生产和获得方面要有充分的能力。双语教育“就是通过少数民族的母语或者国家通用语言（汉语）来培养少数民族社会成员争取经济、社会、文化方面的平等权利、发展意识和发展能力的活动”。①

第三，双语教师的大规模培训，为教师专业化发展提供了具体有效的途径。从民族教育发展的内涵来看，民族教育的发展一方面要依靠各方面教育条件的改善，另一方面也需要各种教育环境的形成。从教育发展的核心——教师队伍的成长来看，新课程改革对教师提出了更为明确的要求，也对教师的成长和发展提供了一系列可供选择的方法。

（三）新课程改革与“双语”教学关系的再审视

围绕着新课程改革和“双语”教学的关系，当前存在许多不同认识：第一，“转换”说。认为新疆发展民族教育的重点已经由原来大力推进新课程改革转到了力推“双语教学”。在这种语境中，原来在新课程改革过程中力推的课程观、学生观及其在教学模式和方法的要求在教学中都变成可有可无的东西被推向后台；第二，“叠加”说。认为新课程改革和双语教学并不存在替代和转换的问题，两者的关系是一种“叠加”。孰轻孰重需根据现实需要进行区分。

从新疆地区民族教育发展的具体任务和要求来看，上述观点并没有深入描述和理解新疆少数民族教育发展的现实。语境“转换”说实际上是将新课程改革与双语教学的关系倒置，结果导致实施结果不尽如人意；而“叠加”说又使部分学校的课程改革和双语教学都处于为完成任务而疲于应付的状态。

在新疆教育发展中新课程改革与双语教学的关系应该是一种有机的整体关系。我们应该用有机整体论的视野来看待两者关系。新课程改革是提高少数民族教育质量，推动少数民族教育深入、持久、稳定发展的内在根本动力，而双语教学则为其发展扫清障碍，铺平道路。二者是带动新疆民族教育发展的内外二力，缺一不可。从这个意义上说，双语教学的推进应该是当前基础教育课程改革的重要组成部分。

---

① 额·乌力更：《双语问题与中国民族教育》，《民族教育研究》2000年第3期，第80页。

因此，民族地区教育发展还应该牢牢抓住基础教育改革这个根本，在解决双语师资问题以后，仍然面临着教师专业成长和发展的问题，仍然面临着教育观念转变，教学模式优化、教学质量提高的问题。因此，民族教育质量的提高和发展是一个系统工程，要将新课程改革和双语教学以及其他各种举措依据其内在关系进行有机融合。

二 “语”进“课”退的实质与课程改革的困境

当前对于民族教育发展中推进“双语”教学的必要性逐步达成了共识，但在大力推进过程中也显现出许多问题。“语”进“课”退情形的出现，反映出对课程改革和双语教育的关系认识存在误区，这种认识对课程改革和双语教学的推进造成了显而易见的影响。

（一）课程改革的表层化

新疆南疆地区“双语”教学的推进中产生的这种特有的“语”进“课”退的现象反映了民族教育发展的一种特殊现实状况，即推进新课程改革的措施和取得的成绩被推进“双语”教学的压力所覆盖，调查显示，课程设置、校本课程的发展和教师多元文化素质的培养等工作受到冲击，从而显现出特有的课程改革表层化倾向。

第一，课程理念难以深入。教育价值观的变革是新一轮课程改革中关注的重点。在现有的“双语”教学推进中，课程和教学理念的要求难以渗透教育的各个层面，只是流于表面。关于注重儿童的生活世界，以学生为中心来组织、评价教学等理念由于教师的“双语”教学水平不过关，对于新课程理念没有直接认识和深入的感触，从而难以呈现。

第二，教学质量难以有效改善。新课程倡导课堂教学和学习的方式应当多元和开放，而在推进“双语”教学的背景下，使得双语教师较多关注自身的语言表达是否准确，而很少有余力关注教学方式与方法的改进，这种快速推广必然使教师的注意都集中在汉语能力上，因而造成了课堂教学在比较低的层次运行，而缺乏改善。同时，许多学校的地方课程、校本课程变成了民族团结教育读本的学习。

（二）课程设置和管理的形式化

与课程改革表层化相伴随的是课程设置和管理的形式化，这种形式化体现在课程设置和管理的诸多方面。一方面是在推进“双语”教学的过程中，对少数民族教师的汉语水平提出硬性要求；另一方面是对教学模式搞“一刀切”，部分地方要求少数民族中小学都要统一推行特定模式的“双语”教学。除此之外教育管理中的各种检查大多情况下未能真正提高课程实施的效果。

“双语”教学的发展应该遵循“循序渐进、分类指导、因地制宜”的原则①。各个地区和学校都应该根据自己硬件条件和师资准备等各方面情况有条件地开展“双语”教学。不根据学校师资和生源情况选择合适的模式，将引起对民族语言和文化的保护担忧，产生对“双语”教学的质疑，这显然对形成良好的民族教育的发展环境不利。

（三）课程追求的片面化

在“进”与“退”的现状分析中，我们看到了其对课程改革实施和“双语”教学推进的具体影响，但这种影响并不直观，从民族教育的参与要素来看这种影响还存在片面化的问题。

首先，片面强调教师的双语能力。教师作为一个专门职业，是语言能力和教师专业技能的综合，许多教师由于汉语水平不过关，双语教学不能胜任，对教学的规律和方法也欠缺进一步的梳理和总结。而新增补的临岗、特岗教师虽然成为民族地区双语教学的重要力量，但大多对教育规律、新课程改革了解甚少，整体素质不高。

其次，强调教材开发速率的同时，对教材适应性考虑不够。现行的双语教材存在城市化倾向，与新疆南疆的乡村生活特别是儿童生活经验世界相隔较远；另外，教材内容只是从汉语教材翻译而来，不注重民族化和地方化的处理和开发。

最后，强调升学率的同时对学生健康发展、人格的完善等缺乏有效度

---

① 关于征求《关于积极、稳妥地推进少数民族学前和中小学“双语”教学工作的意见（征求意见稿）》意见的通知。

量方式。课程改革所强调的学生情感、态度价值观的要求在某种程度上被忽视。

三 “双语”教学语境中的新课程改革推进策略

从前文分析来看，“双语”教学和新课程改革的推进并不矛盾，因此要解决这些看似是由于二者矛盾冲突引发的问题，只有从二者关系的梳理中加以理解和解决。本文认为以新课程理念作为根本的教育教学指导思想，积极探索促进双语教学的发展、推动新课程改革深入进行的有效措施，是当前新疆民族教育发展的重要问题。

（一）“以人为本”，促进课程理解由扁平到立体

本文认为双语教学本身应当是新疆地区新课程改革过程中大力关注的方面，有其开展的特殊规律。怎样在新课程理念的指导下推动双语教学？可以从课程理念与“双语”教学要求的契合上，以及“双语”教学理念自身的扩展中来找到其发展模式的构建始基。这需要对课程的理解逐渐深入、丰富和立体化。

已经推行的“双语”教学实践告诉我们，对于“双语”教学的模式选择应当遵循新课程改革“以人为本”的价值原则，在尽可能尊重少数民族语言文字发展权利的基础上来发展“双语”教学的模式。基于这种考虑，新疆少数民族地区的“双语”教学模式应当是多样化的。应该给不同的群体提供选择不同模式的空间，同时也要关注因汉语水平不达标从一线教学队伍剥离出来的教师，只有这样才能真正做到“以教师、学生的发展为本”的“双语”教学发展模式。

（二）探索校本教研，使教师专业化发展路径由单一趋向多样

教师素质是制约“双语”教学目标实现乃至民族教育质量提高的核心要素。对此，各级教育行政部门针对教师双语水平差等双语教学中存在的突出问题为解决内容，加大了师资培训的力度。但培训仅仅是教师专业成长的一部分，教师的“双语”教学能力和水平以及专业化成长在更大范围内是在学校

环境中通过教学合作、反思等校本教研活动完成的。因此，在南疆地区培育和提高教师的“双语”教学水平和双语教学能力，要在校本教研的方向上多开拓思路。

（三）构建学校课程文化，实现课程发展和“双语”教学推进的均衡

课程文化是一所学校的课程目标、内容、管理与实施以及在此基础上形成的群体行为习惯和价值取向。学校的课程文化是学校办学特色的直接体现。新疆少数民族聚居地区的学校课程文化应在民族性与时代性的价值取向之间保持适当的张力。具体而言，在课程改革与实施过程中，要保障学校拥有的课程自主权，在三级课程的均衡发展中发扬民族文化。学校在完成“双语”教学推进的任务时，要克服师资缺乏、学生素质和设备等各个方面存在的不利条件，正确引导广大中小学生熟识、珍视并发扬光大本民族的优秀传统文化，建构起属于自己学校的独特课程文化，形成自己独特的办学特色，达到培养地方性人才的目标，以获得来自社会层面的更多认同。

B.18

民族文化在时尚产业领域的发展潜力

蒋彦婴*

摘　要：民族文化与时尚产业融合发展不仅能够促进我国民族文化创新与时尚产业的国际影响力，也能够促进民族地区相关产业发展，提升民族文化自信。促进民族文化与时尚产业融合发展，关键要解决好民族文化发展贴近社会生产和生活方式、贴近青年文化消费需求起点高和知识产权保护等问题。

关键词：民族文化　时尚产业　融合　发展

我国有56个民族，民族文化资源极为丰富。但长期以来，我国民族文化更多的是在文化遗产保护和文化多样性传承的层面为人们所关注和认知。民族文化在很长时间的发展过程中多以保护性研究为方式，针对行业市场的产品开发还不够；民族文化通常在人们的意识中是原生态和淳朴的代表，很多年轻人觉得不够时尚而不予以关心和关注。我国经济全面融入全球化进程和国内文化创意产业的繁荣正在为我国民族文化资源开发带来新的重大机遇，这就是民族文化与时尚产业的融合发展。民族文化与时尚产业融合发展不但可以实现民族文化资源的商业价值，树立面向国际的中国文化的品牌，而且对于树立民族文化自信、促进中华文化对外传播，以及民族文化的创新发展都具有重大的推动作用。

一　民族文化与时尚产业融合发展的当下意义

从时尚设计的角度，我们可以把民族文化理解为构成一个民族生活世界的

---

* 蒋彦婴，中央民族大学中国民族服饰艺术与时尚发展中心副主任，中央民族大学太元乾凰国际创意中心创意主任。

符号体系。这套符号体系是一个民族在其历史上形成的文化身份的外在标识，其蕴含着特定民族的群体性审美观念、对世界的认知观念，是一个民族精神世界的外在呈现。全球化以来，民族文化已无国界。全球化促进了民族文化的交流与交融，使各国民族文化通过时尚产业融合，得到更多的交流和传播。互联网的普及和创意产业的崛起，则为民族文化与时尚产业的深度融合提供了前所未有的机遇。

我国各民族共同缔造了丰富多彩、博大精深的中华文化。民族文化的创新发展，有利于向世界展示中华文化多元一体的发展状况，增进国际社会对我国全面的了解，增强对我国多民族国情和多元文化的认识。借助时尚产业，向世界展示中华民族文化的无限魅力，促进中华民族文化的创新发展，借用民族文化符号，为中国时尚产业进行深度赋值，成为我国时尚设计与民族文化融合发展的双赢之选。具体而言，民族文化与时尚产业融合发展对于我国当下发展具有以下几重意义。

（一）促进我国民族文化发展

民族文化承载了数千年的历史沉淀，但在现代化进程中，民族文化的精神内涵正在不断萎缩，其符号形式也在不断退出人们日常生活，遗产化、碎片化似乎成为民族文化不可避免的历史宿命。但文化多样的重要意义、创意产业的崛起，都使民族文化的当代命运发生了重大转折。前者使我们认识到保护和传承民族文化是所有人的历史使命，后者则为民族文化通过时尚设计与日常生活重新融合，进而实现创新发展提供了重大机遇。民族文化需要借助时尚平台传承与传播。在国家大力促进文化创意和设计服务与相关产业融合发展的战略下，时尚设计者应该抓住机遇，以民族文化为核心，研发具有我国民族文化特征的时尚领域高端产品，并以市场需求为目的，使设计与市场紧密相连。同时，以创新的方式开拓更宽的产品应用范围，使研发产品的文化价值、市场价值最大化，带动民族文化的创新发展。

（二）提升中国时尚产业的全球影响力

20 世纪 90 年代后，全球创意文化产业开始兴起，逐渐成为发达国家与地区经济结构优化调整及富有优势的重要发展产业。我国的时尚产业在国际时尚产业领域影响力与我国经济、文化大国，尤其是民族文化资源大国的地位极不相称。跟风设计乃至模仿设计一度成为我国时尚设计的积弊。迄今为止，我国具有国际影响的时尚品牌寥若晨星。无论是促进我国制造业的转型升级和服务业的品质提升，还是促进我国时尚业自身在国际时尚界的凤凰涅槃，都需要大力推进我国时尚设计业与民族文化资源的深度融合。

民族文化在时尚领域的发展是以民族文化为核心内容，以时尚为手段，以推崇民族时尚创意发展为目的。中国的时尚行业中主要组成部分之一是服装纺织行业，该行业正面临从低端的加工转型升级为智慧型设计创意业的挑战，并且经过多年的淘汰筛选已经进入一个深入提升的阶段。在这个阶段原创设计能力成为行业发展的重点，以前的服装设计行业很多设计师以复制的方式在采用国外的流行设计，这使得国内设计业恶性循环，近两年随着国家倡导的文化创意智慧的不断发展，服装行业的设计水准都有了提升，市场上很多品牌都在探索性地追寻、回归传统文化。

在国际的设计领域立足本国文化的品牌成功案例举不胜举。近几年我国民族文化也开始被国际知名品牌作为文化主题成功开发。这说明了随着国家的不断发展，我国民族文化成为具有国际文化创意价值的文化内容正在影响着世界文创领域。但国内以民族文化作为设计主题的时尚设计在行业领域远远不够。因此，我国时尚设计界要立足于民族文化的高度自信，积极开发民族文化时尚设计产品，以新时代的中国风格、中国气魄、中国精神占领国际时尚设计的高端市场。同时，要发挥我国西部地区民族文化资源极为丰富的优势，促进民族文化与时尚产业深度结合发展，应成为西部地区经济发展的重要支撑，从而充分开发西部民族文化潜力，推动西部地区实现跨越式发展。

（三）带动民族地区相关产业发展，增加就业

民族文化与时尚产业相融合的创意设计可以有效带动民族地区手工业、制造业及旅游业的发展，提升民族地区文创水平，增加地方就业机会，增强青年人对民族文化的发展信心。

1. 民族与时尚产业结合促进旅游文化发展

旅游市场中的旅游商品具有巨大的需求，目前我们随处可见重复性的、廉价的旅游商品，其生产地、工艺特征、文化特征都如出一辙。民族文化与时尚

产业结合发展的一个有利优势将是带动地方旅游文化的创意水准，通过对创新设计能力的提升来达到提升地方旅游商品的文化内涵，发展适合地方开发的具有时尚理念的不同民族旅游产品，从而增加旅游经济效益，增加地方手工业者的收入。

随着旅游从观光到体验式的转变，旅游者的文化需求也不断丰富，精致微观的具有文化价值的旅游产品越来越受到欢迎。文化、旅游、时尚、创意在当代快速发展中相互融合。因此，发展旅游购物，做好旅游商品、旅游纪念品成为各地旅游业的一大需求。旅游商品从设计到制作如果能够以地方民族文化为设计核心理念，以地方手工业作为加工基础，以顺应时尚产业流行趋势的高端产品作为媒介传递文化旅游信息，将大大提升文化旅游的品位。时尚创意设计就是以时尚为设计理念使旅游文化资源转化成为产品，从而成为适合流行文化的商品，开发出其更宽泛的经济价值。

2013 年 3 月，中国国际时装周上呈现了一台以地方旅游文化资源为主题设计内容的时装发布，设计产品包括礼服、成衣、首饰、包、鞋等，这次活动不仅以旅游资源创意转化的方式展现在时尚舞台，同时也产生诸多可以转化生产为商品的产品。

2. 民族与时尚结合带动制造业、手工业发展

民族文化的时尚创意发展是一个智慧型的产业，通过创意产生具有价值的产品。在西部民族地区应该依托民族地区特色手工业发展有本民族特色的设计服务与创意产业，这将提升本地区文化创意产业的独特性与吸引力，同时区别于其他地区，避免同质化发展。以新疆为例，新疆正在大力发展纺织服装产业基地，全力推动纺织服装业带动就业的战略。纺织服装产业基地的发展需要以原创设计作为基础，发展具有地方文化特色的具有国际高度的设计品牌，这是新疆纺织产业品牌战略的关键。

目前各地具有民族文化元素的商品是旅游商品，设计及制作同质化严重，完全不能满足市场的需求，低廉的纪念品已经没有发展的前景。市场需要具有文化、工艺、设计价值的民族文化创意产品，而且这些产品应该融入人们的衣食住行，是具有品牌文化价值的高端设计产品。例如国际知名设计中某品牌致力于手工丝巾的开发，其图案设计来自世界各地的文化故事，其工艺至今仍然坚持三十几道手工工序的印染技术，产品无论从设计内涵还是工艺都是一件具

有文化价值的设计作品，也因此该品牌丝巾成为世界各地人们追捧的高端时尚用品。民族文化与时尚设计融合的关键是以设计保护并传承传统手工艺，而非只是符号化的泛用，这样可以大大提升民族地区手工业的发展。

（四）增强民族文化自信

由于民族文化与日常的疏离，导致观念活跃、热爱时尚的青年人与民族文化不断疏离。这一方面表现为民族文化传承人的流失，另一方面青年时尚设计人才大多不愿介入民族文化时尚创新。在我国的西部民族地区有很多手工艺传承人，其人数不断减少。原因在于青年人更向往发达地区的流行文化，对他们来说更愿意进入大城市的生活而非留在家乡做手工艺的传承人。这又造成我国的时尚行业对于民族文化的关注挖掘远远不及国外。

立足民族文化的时尚设计研究极为重要。这需要从研究、传承、探索出发力求推陈出新，拓展民族文化对于当代社会的新价值，从时尚的角度深入挖掘民族文化对时尚设计的意义与影响，从而提升民族文化的时尚价值。民族文化主题的设计总是给人们以特别的印象。例如意大利时尚品牌 D&G，连续几年的时尚发布都立足意大利西西里的文化风情，其时尚发布所带给人的不只是设计的服装服饰，每次的产品发布都成为世界时尚的一大看点，而且很好地向世界推广了西西里的文化主题，文化与经济价值都获得很好的提升。在国际上有很多世界知名品牌都是以发展主题文化为核心获得不同凡响的成功的，由品牌带来的经济价值及相关发展无可估量。

民族文化所传达的人类历史文明能够在时尚的舞台再创新境，就必然提升人们的民族文化自信，引起更多行业先锋人士及群体的认知，增加青年人对传承民族文化的热情，并为他们开辟一条时尚创意之路。

二　民族文化与时尚产业融合发展的关键

当前，我国时尚设计产业与民族文化融合发展正在迎来一系列重大机遇，抓住这些机遇，促进我国时尚设计产业跨上新阶梯，是时尚设计者的重大使命。2014 年 2 月，习近平总书记在省部级主要领导干部学习贯彻十八届三中全会精神全面深化改革专题研讨班开班式上指出："民族文化是一个民族区别于其他民族的独特标识。要加强对中华优秀传统文化的挖掘和阐发，努力实现中华传统美德的创造性转化、创新性发展，把跨越时空、超越国度、富有永恒魅力、具有当代价值的文化精神弘扬起来，把继承优秀传统文化又弘扬时代精神、立足本国又面向世界的当代中国文化创新成果传播出去。只要中华民族一代接着一代追求美好崇高的道德境界，我们的民族就永远充满希望。”文化部2014年印发了《关于贯彻落实〈国务院关于推进文化创意和设计服务与相关产业融合发展的若干意见〉的实施意见》（以下简称《实施意见》）。《实施意见》着眼于创意设计、动漫游戏、演艺娱乐、艺术品、工艺美术等重点领域，明确了各个领域的发展举措，着重提升其创意水平和原创能力。在此基础上，《实施意见》提出要加强文化创意和设计服务与消费品工业对接、注重文化建设与人居环境相协调、加快文化与科技融合、促进文化与相关产业融合发展，着重以文化提升相关产业产品和服务的附加值，以融合发展拓展文化产业发展空间，实现文化产业与相关产业相互促进、共同发展。促进我国民族文化与时尚设计业融合发展，需要着力解决好以下几个方面的问题。

（一）民族文化与时尚产业融合发展需要贴近社会生产生活方式

民族文化的发展需要以贴近社会生产生活的方式展现。时尚产业是顺应时代发展的主流产业，受众面广，贴近人们生活，民族文化在当代的发展需要与时代发展的新途径结合来传达其丰富的底蕴，而时尚的视角将展现传统文化的新魅力。

我国正在实行“一路一带”战略，这既是我国经济与世界融合的重大战略，更是我国民族文化走向世界的重大契机。千年前世界的时尚奢侈品丝绸，因丝路而流传到世界各地，也可以说时尚开通了人类文明之路。今天通过创意设计的平台将丝绸之路民族文化再次展现在世界时尚领域，在保护其历史传承特征的基础上设计创新，从而促进民族文化推陈出新，再创丝路时尚新起点。

弘扬和传承丝绸之路民族文化，需要探索创新的设计领域，将民族文化与时尚产业结合，研发具有市场应用价值的时尚产品。要鼓励民族文化艺术与时尚设计深度结合，在传承文化精髓的基础上坚持实践“中国设计、中国制造”的原则，以推出高端设计为主导，努力将民族文化与时尚精品深入结合，力求推出有国际水准的民族文化时尚创新设计品牌。

（二）民族文化与时尚产业融合发展需要贴近青年文化消费心理

时尚是一种生活态度，也是一个涉及很多领域的产业，其中包括时尚服饰、时尚家居、时尚美食、时尚旅游等。这些领域都以时尚的态度与时尚的标准作为区别于传统领域的特点，而青年人则是这个理念的最大受众群体，同时青年人的父母也越来越多地成为时尚领域的追随者。

民族文化已经在历史发展中深入人心，但却悄悄地在流行文化的覆盖下远离了青年人。而青年人对民族文化的疏远恰恰是民族文化发展的一大障碍。当前很多青年人在国外流行文化的影响下，对于外来文化从喜爱到模仿，对于远离流行的民族文化漠不关心，好像一提民族就意味着不时尚，甚至有点“土”。民族文化与时尚产业的结合能产生可持续发展的循环效应：以时尚创意设计带动民族手工艺的发展与提升，使民族文化得到更好的传承与发展，将改变青年人的认知，促使他们增强对民族文化的自信心，而且带动地方手工业、旅游业、制造业，这是一个可持续的发展方向。

民族文化的发展需要与青年人关注的文化形式深入结合，改变传统文化的传输路径，以更贴近青年人生活的方式，依托青年更容易接受的时尚产品进行传播，浸润青年人传统修养与文化精神。

（三）民族文化与时尚产业融合发展需要高起点

民族文化需要有国际化的视角来发展，在传承与研究的基础上开发符合国际市场需求的高起点文化创新产品。我国服装产业正面临提升转型，一直以来没有真正融入国际市场导致了服装产业的滞后，在设计理念、流行分析、市场运营等多方面都与国际发展趋势不能接轨。当大量的国外品牌占据了国内的市场，其设计水准、品牌理念都远远高于本土品牌，所带来的冲击可以想象。这使得国内时尚企业开始反省面对国际自主品牌的无力，大量的品牌被淘汰，凡是生存下来的品牌都面临着升级，其重要一点就是升级为具有国际水准的时尚企业。民族文化的创新发展需要高起点，吸取时尚设计及企业发展的经验，站在国际高度看待发展，而避免局域性的、区域性的“自己和自己玩”的现象，要与相关产业融合产生新的生命力，通过多元的产业平台推广民族文化的精髓。

（四）民族文化与时尚产业融合发展需要有效的知识产权保护机制

知识产权保护为民族文化创意产业发展提供良好的发展环境和基础保障。创意是设计师智慧型劳动成果，每一个创意都应追求其独到之处。我国很长时间以来经历了从初级模仿到现今高水准复制的阶段，这个阶段中技术层面得到了大大提升，成为世界最重要的加工工艺基地。我们正在经历新的跨越，从中国制造到中国设计，开创智慧型的升级篇章，其中的核心就是创意，创意通常是从设计师的突发奇想或奇妙的点子开始，由设计师脑力完成的过程，若想更好地发展创意产业首先需要对创意提供灵活有效的知识产权保护机制。如此才能更好地促进设计师创意工作的积极性，使创意产业具有良好的发展环境。

区域报告

Regional Report

BLUE BOOK

在改革创新中实现跨越发展

——广西新闻出版业现状与发展对策

周三胜*

摘　要： 地处中国南大门的广西壮族自治区，经济实力在全国排位处于中等偏下水平，但新闻出版能力却走在了经济实力之前，形成了令出版界瞩目的“广西出版现象”。面对新的机遇与挑战，广西新闻出版业要实现跨越发展，再创“广西出版新现象”，必须坚持解放思想、更新观念，以培育和践行社会主义核心价值观为根本，以深化新闻出版体制改革为动力，以满足人民群众精神文化需求为出发点和落脚点，以强化新闻出版管理为保障，大力实施精品名牌战略、重点项目带动战略、“走出去”战略、科技兴业战略和人才强业战略。

* 周三胜，广西壮族自治区新闻出版广电局出版管理处副处长、博士、副编审，主要从事中国共产党与中国现代化、出版理论与实践研究。

关键词： 民族地区　新闻出版　广西出版现象　跨越发展

作为社会主义文化的重要组成部分，新闻出版在我国文化建设中处于核心位置，肩负着坚守意识形态阵地、传播科学理论、传承优秀文化、引领时代思潮、增强文化软实力的重要历史使命。作为欠发达、后发展的少数民族自治区，广西要把自己建设成为我国西南中南地区开放发展新的战略支点，实现“与全国同步全面建成小康社会”的目标，促进各民族共同团结进步、共同繁荣发展，就必须把握发展现状，明确发展思路，采取有效对策，推动民族地区新闻出版业跨越发展。

一　广西新闻出版业的现状及特点

（一）令出版界瞩目的“广西出版现象”

党的十六大特别是2009年《国务院关于进一步繁荣发展少数民族文化事业的若干意见》颁布以来，广西坚持一手抓繁荣、一手抓管理，全面深化出版改革，着力推动出版创新，促进了广西新闻出版业的繁荣发展。广西新闻出版业的总体经济规模综合排名在西部12个省区市中居前列，在5个民族自治区中居首位；若干个单项出版品牌在全国居领先地位，比如广西师范大学出版社集团和接力出版社通过改革创新，已发展成为具有全国影响力的文化企业，成为广西出版的名片。在全国500多家图书出版单位中，广西师范大学出版社的总体经济规模综合排名进入全国50强；在全国106家大学图书出版单位中广西师范大学出版社综合实力居第十位，在全国28家少儿类图书出版单位中接力出版社综合实力居第六位。① 在中国出版界最高奖项——中国出版政府奖评奖中，接力出版社和广西师范大学出版社双双荣获中国出版政府奖、“先进出版单位”奖。

在2012年各地区图书出版能力排行榜中，广西的图书出版能力居全国第

① 中国新闻出版研究院：《2013年新闻出版产业分析报告》，2014年7月。

十位，在西部地区居首位；广西图书销售 25.11 亿元，在全国省域销售排名中居第十位，创下了中国书业销售的一项新纪录，即少数民族自治区书业销售首次进入全国十强之列；[①] 广西师范大学出版社集团的学术人文和珍稀文献类图书、接力出版社的低幼类图书和漓江出版社的文学类图书总会在全国图书市场上掀起一场场“桂版书风暴”，以至出版界一谈到广西的新闻出版，普遍都有一种“广西经济在全国比较落后，但新闻出版却发展较快、排名靠前的感觉”，这就是令业界瞩目的“广西出版现象”。[②] 2013 年 5 月 8 日，《中国新闻出版报》以专版的形式刊发了《建设新闻出版强区，再创“广西出版新现象”》一文，对“广西出版现象”做了专门报道。新华社《内参选编》2013 年第 41 期刊发《广西“出版现象”调查》一文，对“广西出版现象”给予充分肯定。

（二）广西新闻出版业发展的主要特点

近年来，广西新闻出版业保持平稳健康快速发展势头，在产业发展、精品生产、文化民生、出版“走出去”等方面都取得了可观成绩。

1. 围绕转变发展方式，大力提升新闻出版综合实力

近年来，广西贯彻落实科学发展观，着力转变发展方式，调整出版结构，坚持立足主业、多元发展，新闻出版综合实力迈上新台阶。截至 2013 年底，广西共有图书出版社 8 家，出版报纸 71 种、期刊 183 种；有音像电子出版单位 5 家、音像复制单位 4 家、互联网出版机构 6 家；有印刷企业 1648 家（不含打字、复印等三印企业），其中，出版物印刷企业 194 家、包装装潢印刷企业 588 家，其他印刷品印刷企业 866 家；有出版物发行单位 3900 多家，其中总发行企业 1 个，区域性连锁经营企业 3 家，出版物交易市场 3 个。

在出版主业方面，2013 年广西新闻出版全行业总产出 132.07 亿元，营业

---

① 参见《2013 中国书业实力版图出版能力分析报告》，《中国出版传媒商报》2013 年 11 月 22 日。

② 原广西新闻出版局党组书记、局长于瑮任课题负责人的调研组概括分析了“广西出版现象”，即：广西出版能力高于广西经济实力，但单项强，整体弱；有品牌，量不多；有率先，也有滞后（参见于瑮主编《牢记使命　开拓进取　加快推进新闻出版强区建设——广西壮族自治区新闻出版局 2013 年调研文集》，广西人民出版社，2014，第 17 ~ 19 页）。

收入129.16亿元，与2012年相比，两项指标均略有下降；利润总额15.01亿元，与2012年相比，增长36.5%；总资产166.24亿元，与2012年相比增长4.6%。[①] 2013年，广西共出版图书9091种（其中新书4244种），总印数3.02亿册，比2012年增加1438万册；出版报纸52种，总印数6.95亿份，比2012年增加3476万份；出版期刊184种，总印数0.47亿册，比2012年增加225万册。2013年，广西印刷工业总产值120.05亿元，比2012年的94.08亿元增长了27.6%，印刷资产总额116.69亿元，销售收入111.38亿元，利润总额9.23亿元。广西新华书店集团销售总额达到37亿元，同比增长31.94%，实现利润1.49亿元。[②] 在版权贸易方面，2003～2013年，广西出版发行单位与30多个国家和地区的出版公司建立了密切的合作关系，输出版权图书561种，年均增长25%；其中，2013年广西输出版权图书192种，引进版权图书473种，引进与输出之比为2.46∶1。在图书出口方面，十年间共向十多个国家出口图书、音像电子出版物45万多册（碟），总码洋1800多万元。[③] 因成绩突出，2012年，广西师范大学出版社、广西人民出版社入选国家文化出口重点企业目录，成为国家文化"走出去"的骨干企业。

2. 实施精品出版战略，全力打造桂版出版品牌

广西致力于打造精品，传承文明，策划了一批重点图书、音像电子出版项目，推出了一批"双效"明显的优秀出版物，丰富了人民群众的精神文化生活。据统计，党的十六大以来至2013年，广西共有100余种优秀出版物获国家级奖项，其中，《阿笨猫全传》等40种图书获中宣部"五个一工程"奖、中国出版政府奖、中华优秀出版物奖等出版界国家"三大奖"；80多种优秀图书入选中宣部、国家新闻出版广电总局向全国青少年推荐百种优秀图书、"三个一百"原创出版工程、全国百种优秀民族图书等国家重点图书目录。共有78个图书、音像电子出版项目入选国家重点出版物出版规划。在第三届中国

---

① 数据来源：国家新闻出版广电总局规划发展司发布的《2012年新闻出版产业分析报告》和中国新闻出版研究院发布的《2013年新闻出版产业分析报告》。

② 数据来源：本文所引用的数据，除特别注明出处的，均来源于《广西新闻出版局2013年工作总结》（见桂新出发〔2014〕24号）、原广西新闻出版局编发的《广西新闻出版工作信息》或各类媒体公开的数据。

③ 于瓅主编《牢记使命　开拓进取　加快推进新闻出版强区建设——广西壮族自治区新闻出版局2013年调研文集》，广西人民出版社，2014，第116页。

出版政府奖图书奖评奖中，广西有五种图书获奖，获奖数量在全国地方省市中居第五位。近年来，一批精品力作受到广大读者的喜爱和社会各界的好评。如接力出版社的“淘气包马小跳系列”销售2300万册，销售码洋3.3亿元，销量为我国少儿原创作品之最；广西教育出版社的《新语文读本》销量近2000万册，销售码洋1.5亿元；[①] 广西师范大学出版社集团有限公司出版的《看见》一书，在不到一年的时间内发行近300万册，销售码洋超过1亿元。

3.全面推进体制改革，解放和发展新闻出版生产力

广西坚持向改革要效益，以改革促发展，体制改革取得新突破。至2010年底，广西所有经营性图书出版社、音像电子出版单位和仍属事业体制的19家新华书店顺利转制为企业。2009年，整合出版资源，组建了广西日报传媒集团、广西出版传媒集团、广西师范大学出版社集团、广西正泰印刷包装集团等四大新闻出版集团。2012年，新组建广西新华书店集团股份有限公司。2013年6月28日，广西师范大学报刊传媒集团揭牌，标志着广西新闻出版业规模化、集团化发展再上新台阶。与此同时，非时政类报刊出版单位体制改革取得新突破；行政管理体制改革继续深化，政府职能进一步转变。体制改革和创新激发了发展活力，提升了经济实力。2013年，广西出版传媒集团完成总产值52亿元，同比增长22%；销售收入29.9亿元，同比增长2.3%；资产总额42.9亿元，同比增长26.5%。广西师范大学出版社集团图书生产码洋15.41亿元，比2012年增长60.9%；实现销售收入3.62亿元，比2012年增长33%。广西新华书店集团股份有限公司利润增长实现了翻番，在广西百强企业中的排位从第88名上升为第81名。在全国图书出版集团、发行集团的经济效益（平均资产总利润率）排名中，广西出版传媒集团居第一位，广西新华书店集团居第四位。[②]

4.坚持抓项目、打基础，推动新闻出版业可持续发展

广西实施重大项目带动战略取得明显成效，中国－东盟数字出版基地等7个项目纳入广西国民经济和社会发展“十二五”规划纲要，8个项目纳入广西

---

① 于璎主编《牢记使命　开拓进取　加快推进新闻出版强区建设——广西壮族自治区新闻出版局2013年调研文集》，广西人民出版社，2014，第4页。

② 中国新闻出版研究院：《2013年新闻出版产业分析报告》，2014年7月。

西部大开发重点项目规划，17 个项目纳入广西文化发展“十二五”规划，5 个项目纳入“广西文化产业城”建设规划。目前，中国 - 东盟文化产品（出版物）物流园项目、中国 - 东盟绿色创意印刷产业园项目、中国 - 东盟数字出版基地项目正在规划建设之中。与此同时，多渠道筹集资金支持重点出版项目建设。至 2014 年上半年，共有 87 种图书、报刊、音像电子出版物获国家相关专项资金资助 6300 多万元，其中，24 种图书、音像电子出版物获国家出版基金资助 4030 万元。据国家出版基金规划管理办公室统计，近几年来，广西获国家出版基金资助项目数量在全国各省区市中居前十位。

5. 加强和改善文化民生，提高新闻出版公共服务能力

农家书屋建设工程是党的十六大以来国家实施的五大重点文化惠民工程之一。广西创新工作思路，将“农家书屋”建设纳入村级公共服务中心建设、城乡风貌改造工程和政府“为民办实事”工作中。截至 2012 年底，广西 14938 个行政村共建成“农家书屋”15138 家，投入资金 3. 7 亿多元，配备图书 2430 万册、报刊 37. 9 万份、音像制品和电子出版物 151. 4 万张，提前三年实现了广西“村村有书屋”的目标。① 在 2012 年 9 月召开的全国“农家书屋”工程建设总结大会上，广西新闻出版局和广西新华书店集团有限公司被评为全国有突出贡献的先进单位。广西“十二五”少数民族新闻出版“东风工程”建设取得新突破，安排了广西日报社采编信息化、广西民族出版社编辑信息化和购置新华书店流动售书车等项目，总投资 620 万元。

6. 利用独特区位优势，大力推动出版“走出去”

广西充分利用地处与东盟开放合作前沿的区位优势，主动服务国家外交战略，大力推动出版“走出去”，取得突出成效。2008 ~ 2013 年，广西连续六年在越南、印度尼西亚、泰国、柬埔寨等国成功承办了中国图书展销暨版权贸易洽谈会，共出口、展销中国优秀图书 3 万种，总码洋 100 万元。六年来，通过这一平台，国内 20 多个省区市的参展单位达成向东盟国家输出版权合同和意向的图书 600 多种，② 其中，广西输出图书版权 200 余种，居各

---

① 于瑮主编《牢记使命　开拓进取　加快推进新闻出版强区建设——广西壮族自治区新闻出版局 2013 年调研文集》，广西人民出版社，2014，第 7 页。

② 于瑮主编《牢记使命　开拓进取　加快推进新闻出版强区建设——广西壮族自治区新闻出版局 2013 年调研文集》，广西人民出版社，2014，第 115 页。

省区市前列。2011、2013 年，国家新闻出版广电总局与广西壮族自治区人民政府共同在南宁成功主办了两届中国－东盟出版博览会，东盟 10 个国家全部参加，国内 100 多家主要的出版发行集团、数字出版企业、书店、图书馆和科研机构前来参展，展出中国和东盟优秀图书两万多种，与东盟国家出版界达成了《南宁共识》，签约一批出版合作项目，为中国与东盟出版界的交流合作搭建起新的重要平台，为影响越来越广的中国－东盟博览会增加了丰富的文化内容。

2014 年 7 月 1 日，广西师范大学出版社集团有限公司与澳大利亚视觉出版集团股权交易正式交割，完成对世界知名企业澳大利亚视觉出版集团（Images 公司）的收购，这是广西出版业“走出去”、实现跨国经营取得的重大突破。此外，广西的期刊《中国－东盟博览》直接在泰国和缅甸当地出版发行；全国唯一的中越文杂志《荷花》落地越南，在当地出版发行。

7. 切实加强行业管理，营造健康有序的文化发展环境

广西坚持把强化出版监管摆在重要位置，进一步建立健全图书、报刊、音像制品、电子出版物和互联网出版物的审读审看审听机制，加强对出版内容的监管，确保新闻出版导向正确；深入开展“扫黄打非”斗争，严厉打击侵权盗版行为，扎实开展“剑网”“净网”“清源”“秋风”和整治少儿出版物市场等专项行动，查处大案要案，维护国家文化安全和民族地区社会政治稳定。据统计，2013 年广西共检查出版物市场、摊点 39508 个/次，检查印刷复制企业 11097 家/次，取缔或关闭出版物市场（摊点）1029 个、非法网站 17 家，收缴各类非法出版物和侵权盗版制品 768767 件，查处各类制黄贩黄、非法出版和侵权盗版案件 337 件，有力地净化了出版物市场，为文化事业的发展提供了有力支持。

（三）广西新闻出版业快速发展的启示

广西新闻出版业的发展跑在经济“列车”的前头，形成了出版界瞩目的“广西出版现象”。这是经济欠发达的广西全面落实科学发展观，大胆探索民族地区新闻出版业跨越发展新路取得的重要成果，是广西新闻出版人团结一致、不等不靠、敢闯敢干精神的惊艳迸发。广西新闻出版业快速发展带给我们的启示是多方面的。

一是必须以正确导向引领发展。面对新形势、新挑战，新闻出版业要实现跨越发展，就必须坚持“二为”方向，坚持社会效益第一的原则，增强政治意识、阵地意识、责任意识和大局意识；正确处理意识形态属性与产业属性、社会效益与经济效益、主旋律与多样化之间的关系，坚持把建设社会主义核心价值体系贯穿到新闻出版工作的各个方面，牢牢把握正确的新闻出版导向。

二是必须以深化改革促进发展。改革是推动新闻出版业发展的强大动力。转企改制后的出版企业要继续深化改革，以“三改一加强”为中心，通过改革、改组、改造和加强管理，加强现代企业制度建设，完善法人治理结构。对具备实力、条件成熟的出版企业，推动其加快公司制、股份制改造，开展跨地区、跨行业、跨所有制兼并重组，提高新闻出版业的规模化、集约化、专业化水平。

三是必须以重点项目带动发展。重大项目是文化创新的载体，对新闻出版业发展具有强大的带动效应。推动新闻出版业跨越发展，必须从自身实际出发，精心策划和建设一批具有战略性、引导性和带动性的重大新闻出版惠民项目和产业项目，以此带动整个新闻出版业的快速发展。

四是必须以文化惠民拉动发展。新闻出版业的发展依靠人民，发展的成果最终惠及广大人民。新闻出版业要实现跨越发展，就必须践行文化惠民理念，坚持以人为本，建立和完善以政府为主导，以公共财政为支撑，以公益性新闻出版单位为骨干，以新闻出版公共服务重大项目为载体，全民参与、覆盖广泛的新闻出版公共服务体系，让广大人民切实享受到改革发展的成果，从而进一步激发文化创作生产活力，推动新闻出版事业和产业协调发展、比翼齐飞。

五是必须以扩大开放深化发展。新闻出版业要实现跨越发展必须善于利用自身的区位和资源优势，实施“走出去”战略，积极开发面向周边国家特别是东盟国家的特色文化产品，支持新闻出版单位在境外设立办事机构或出版机构，兴办出版实体、举办展览，不断开拓海外出版市场，加大版权贸易力度。

六是必须以强化管理保障发展。新闻出版业要实现又好又快发展，必须坚持一手抓繁荣、一手抓管理，不断改革管理体制、完善运行机制、创新管理手段，强化对出版内容、出版环节、出版活动的监管，把好选题关、内容质量关，从源头上确保导向正确；必须建立健全长效监管机制，深入持久地开展“扫黄打非禁盗”斗争，维护正常的文化生产经营秩序。

二　广西新闻出版业面临的挑战和机遇

随着改革开放的深入推进，广西在国家区域发展总体战略中的地位日益提高，在国家对外开放战略中的作用更加凸显。作为广西经济社会发展重要组成部分的广西新闻出版业，迈入了转型升级、加快发展的关键时期。广西新闻出版业要实现跨越发展，再创“广西出版新现象”面临的困难不小、挑战严峻，同时也具备良好的机遇和比较优势。

（一）广西新闻出版业跨越发展必须直面严峻挑战

一是国际思想文化领域的斗争依然深刻复杂，西方敌对势力对我国实施西化、分化的图谋一刻也没有停止。广西沿海、沿边、沿江，陆地边境线1020公里，海岸线1595公里，有8个县（市、区）与越南接壤，是盗版和走私出版物等违法出版行为的易发地区，查堵侵权盗版和政治类非法出版物、抵御文化侵略、维护民族地区社会稳定的压力大，任务艰巨。

二是虽然广西出版能力在全国的排位高于广西经济实力，特别是图书出版能力处于全国中上水平，但是与广东、江苏、山东等出版强省相比，广西新闻出版业的总体规模偏小、综合实力不强。在2013年各地区总体经济规模综合排名中，广西列全国第21位。从2013年的总产出和营业收入来看，排在全国第一位的广东省，新闻出版总产出为2223.55亿元、营业收入为2174.17亿元，江苏、浙江、山东、北京、上海的总产出和营业收入都超过了1000亿元，而广西的新闻出版总产出为132.07亿元，营业收入为129.16亿元，两项指标均排全国第22位。① 广西新闻出版业如果不加快发展，做强做大，那么在激烈的出版竞争中，将会处于劣势。

三是新闻出版改革不断深入，有关省市重点出版企业通过上市、重组等方式竞相抓住机遇，加快发展步伐，资源整合、产业集中度进一步发展，行业竞争呈现你追我赶、不进则退的态势。与新闻出版强省、市相比，广西出版单位的集团化、专业化发展程度还不高，集团的内部管理体制和集团之间的协作机

① 中国新闻出版研究院：《2013年新闻出版产业分析报告》，2014年7月。

制还有待进一步建立和完善，集团竞争力不强。2013 年广西出版传媒集团、广西日报传媒集团、广西新华书店集团股份有限公司的总体经济规模综合排名偏低，分别居全国的第 17 位、19 位、15 位。① 截至 2013 年，全国共有出版发行和印刷上市公司 32 家，但是，广西在新闻出版领域还没有一家上市公司，无法通过融资做强做大。

四是当下以互联网、手机出版等为代表的数字出版快速发展，传统媒体的使用人群开始分流，这对传统出版形成较大冲击，而目前广西的新兴出版业态还处于起始阶段，几无竞争力可言。2013 年，全国 10 个国家数字出版基地共实现营业收入 902.4 亿元，而广西尚无数字出版基地。2012 年，广西数字出版业务总收入为 3000 万元，仅约占 2012 年我国数字出版产业整体收入 1935.49 亿元的 0.02%。②

五是随着中小学教材出版发行体制改革的深入，教材出版发行的利润空间大大压缩。而长期以来，教材的出版发行是广西整个出版业生存和发展的命脉，其发行收入占了广西整个新华书店经营收入的 78% 以上。如不努力走改革发展之路，提高专业出版和大众出版的水平和能力，广西新闻出版业的生存和发展将受到严重影响。

六是新闻出版人才队伍建设滞后，思想观念比较保守，开拓创新意识不强，特别是对人才的引进、培养重视不够，人才结构不合理，项目运作、经营管理人才奇缺，在全国叫得响的出版大家、名家和领军人物稀少。转企改制后，新闻出版单位不但吸引人才的难度加大，反而优秀出版人才频频流失。

（二）广西新闻出版业跨越发展必须把握难得的发展机遇

一是党中央和国务院高度重视包括新闻出版在内的文化发展。党的十八大提出了建设社会主义文化强国的战略目标，并第一次把新闻出版、全民阅读、“扫黄打非”等写进党的报告。党的十八届三中全会对推进文化体制机制创新、多出文化精品等做出了战略部署。国家实施文化产业振兴规划，文化产业

① 中国新闻出版研究院：《2013 年新闻出版产业分析报告》，2014 年 7 月。

② 于瑮主编《牢记使命　开拓进取　加快推进新闻出版强区建设——广西壮族自治区新闻出版局 2013 年调研文集》，广西人民出版社，2014，第 86、84 页。

上升为国家战略，先后出台《关于进一步推动新闻出版产业发展的指导意见》等一系列支持新闻出版业发展的政策文件。

二是国家全面深化改革扩大开放、中国－东盟合作进入新的“钻石十年”、国家建设21世纪“海上丝绸之路”、珠江－西江经济带建设上升为国家战略、北部湾经济区开放开发进一步加快，国务院专门出台了《关于进一步促进广西经济社会发展的若干意见》，原新闻出版总署出台了《关于进一步支持广西新闻出版事业发展的实施意见》，所有这些为广西新闻出版业的发展带来了一系列重大机遇。

三是2013年7月，李克强总理在广西视察工作时提出要把广西建成为我国西南中南地区开放发展新的战略支点；广西壮族自治区党委提出要与全国同步全面建成小康社会，打造中国－东盟自贸区升级版，深入实施北部湾经济区和西江经济带“双核”驱动战略，加快西部经济强区、民族文化强区、社会和谐稳定模范区、生态文明示范区、民族团结进步模范区“五区”建设，这些战略决策为广西新闻出版业的发展提供了更广阔的舞台、更强劲的文化发展需求。

此外，随着经济的快速发展，资本市场对文化产业发展的认可度不断提高，对新闻出版业的金融支持力度不断加大。高新技术的迅速发展为新闻出版业的结构转型和产业升级提供了良好条件。2013年广西农村居民和城镇居民家庭恩格尔系数分别由2007年的50.2%和41.7%下降为2013年的40.0%和37.9%，[①] 城乡居民的文化消费支出逐步增长，广西新闻出版业发展的市场空间广阔。

（三）广西新闻出版业跨越发展必须注重发挥自身的比较优势

一是必须发挥好区位优势。广西地处华南经济圈、西南经济圈与东盟经济圈的接合部，是我国西南地区最便捷的出海口和对外开放的窗口，是我国唯一与东盟既有陆地接壤又有海上通道的省区，是我国对东盟开放的前沿和“桥头堡”。随着广西在国家区域发展总体战略中地位的日益提高，特别是中国东盟战略的深入实施和21世纪“海上丝绸之路”的建设，广西的区位优势更加凸显。

① 数据来源：《2013年广西国民经济和社会发展统计公报》。

二是必须利用好资源优势。广西拥有灿烂的史前文明，“柳江人洞”是我国乃至东亚发现的最早的现代人类遗址之一；拥有特色浓郁的民族文化，壮族麽教经典《布洛陀》、“歌仙”刘三姐、铜鼓、花山壁画等闻名中外，南宁国际民歌艺术节每年在南宁市举行；拥有享誉世界的山水文化，桂林山水以山清、水秀、洞奇、石美闻名于世，以北海银滩为代表的北部湾亚热带滨海风光令人神往；拥有光荣的革命传统文化，邓小平、韦拔群在广西领导了著名的百色起义。总之，多民族聚居的民族资源、特色浓厚的旅游文化资源以及丰富多彩的民族文化资源，是广西宝贵的无形资产，蕴含着巨大的文化发展商机。

三　广西新闻出版业实现跨越发展的对策思考

作为后发展的民族自治区，广西必须直面挑战，抓住机遇，利用优势，乘势而上，坚持以解放思想、更新观念为先导，以培育和践行社会主义核心价值观为根本，以深化新闻出版体制改革为动力，以满足人民群众精神文化需求为出发点和落脚点，以强化新闻出版管理为保障，大力实施精品名牌战略、重点项目带动战略、“走出去”战略、科技兴业战略和人才强业战略，推动新闻出版业跨越发展，再创“广西出版新现象”，为加快实现广西“两个建成”目标①提供有力的文化支撑。

（一）坚持以培育和践行社会主义核心价值观为根本，强化内容监管，把握正确的新闻出版导向

各新闻出版单位要自觉把社会主义核心价值体系融入、贯穿、体现到新闻出版全过程，全面贯彻“二为”方向和“双百”方针，严格遵守《出版管理条例》，认真贯彻执行出版管理规定，把好出版内容导向关和出版质量关。新闻媒体要始终把提高舆论引导能力放在突出位置，按照真实、准确、全面、客观的要求，进一步加强和改进媒体传播和新闻报道工作。新闻出版行政部门要加强导向管理，在专项资金资助、评优评先等方面大力支持宣传和阐释社会主

---

① “两个建成”，即把广西建设成为我国西南中南地区开放发展新的战略支点、广西与全国同步全面建成小康社会。

义核心价值体系的出版物的出版，充分发挥新闻出版引领风尚、教育人民、服务社会、推动发展的作用。

（二）坚持以深化改革为动力，创新体制机制，推动新闻出版业的规模化、集约化和专业化发展

继续深化广西新闻出版体制改革，把健全宏观管理体制和搞活微观运行机制、重塑市场主体结合起来，革除制约产业发展的体制性障碍，建立起党委领导、政府管理、行业自律、企事业单位依法运营、科学有效的宏观新闻出版管理体制和充满活力、富有效率的新闻出版生产经营微观运行机制。大力推动出版企业股份制改造和有条件的企业融资上市，争取在“十三五”期间，广西有两家左右新闻出版系统的出版、发行企业完成股份制改造并上市融资，三家左右的新闻出版企业通过内涵式发展或兼并重组，成为品牌特色鲜明的全国一流出版企业，打造广西资产超过百亿元、销售超过百亿元的大型出版企业集团。同时，坚持集团化、专业化与多元化并举，支持中小型新闻出版单位向“专、精、特、新”方向发展，形成富有活力的优势产业群。

（三）坚持以满足广大人民群众的精神文化需求为出发点和落脚点，完善新闻出版公共服务，切实保障和改善文化民生

按照标准化、均等化要求，大胆探索民族地区新闻出版惠民工程建设的新路子，逐步完善广西边境地区和民族地区的出版物发行网点；继续实施“国门书店”建设工程；进一步完善对现有“农家书屋”的管理，同时，建设示范农家书屋，探索数字“农家书屋”建设模式；推进全民阅读活动，升级完善广西全民阅读平台——“八桂书香网”，建设城乡阅报栏，开展送书捐书工程，实施“千村万户”阅读工程，逐步建立和完善全民参与、覆盖广泛的新闻出版公共服务体系，让人民群众共享新闻出版业改革发展成果。

（四）坚持实施精品名牌战略，打造具有核心竞争力的知名新闻出版品牌

坚持以人民为中心的创作导向，建立和完善精品生产引导机制，综合运用项目扶持、资金奖励、出版物评奖、出版单位年审评级等措施，充分调动广大

新闻出版工作者的积极性、主动性、创造性，激励出版单位多出精品特别是原创精品，打造一批文化积淀深厚、能传之久远的广西标志性新闻出版品牌。坚持古为今用、洋为中用，继承和发扬中华文化优良传统，特别是要充分挖掘、整合广西丰富的民族文化资源，吸收借鉴世界有益文化成果，着力推陈出新，精心打造思想性、艺术性、可读性相统一、文化含量厚重的民族出版品牌。主动服务国家周边外交战略，发挥出版单位自身的专业优势和品牌积淀，加强外向型出版选题策划，着力推出一批面向东南亚的“走出去”出版物精品，推动广西民族出版走向东盟，走向世界。

（五）坚持实施重点项目带动战略，大力招商引资，做强做大广西新闻出版业

积极争取中央和自治区对广西新闻出版业的政策和资金支持，加快推进已列入广西文化产业城概念性总体规划的中国－东盟文化产品（出版物）物流园区、中国－东盟文化产业（传媒）人才培养基地、中国－东盟数字出版基地、中国－东盟绿色创意印刷产业园区等项目建设；同时加快整体布局，建设一批规模较大、各具特色的数字出版、音像生产、版权创意、绿色印刷等产业基地、产业带和产业集群，形成新的经济增长点。利用区位优势，打民族牌和政治牌，适应国家和自治区发展战略要求，有针对性地策划符合国家和地方政府发展大局的重大出版项目，主动策划出版一批深化民族团结教育、服务西部大开发战略、国家周边外交战略、北部湾经济区开放开发战略和珠江－西江经济带建设的重点出版项目，争取相关资金和政策支持。

（六）坚持实施“走出去”战略，推动出版物和版权“走出去”，提高广西新闻出版业的国际影响力

贯彻落实党的十八届三中全会关于扩大对外文化交流、推动中华文化走向世界的决策部署，依托中国－东盟博览会这个平台，创新文化“走出去”模式，继续到东盟国家举办中国图书展销会，力争把在东盟国家举办的中国图书展销会打造成具有区域国际影响力的书业盛会，使之成为广西出版乃至中国出版走向东盟的重要平台和对外文化交流的重要文化品牌。继续在台湾举办广西图书展销、出版合作洽谈等活动，进一步深化桂台出版界的交流与合作。建立

和健全出版“走出去”激励机制，用好广西出版对外贸易奖，鼓励出版单位以多种方式“走出去”，积极拓展国外营销渠道，加强与国外特别是东盟出版公司和大型连锁书店的合作，利用东盟国家的资金、技术、人才、管理经验等要素，拓展东盟出版物市场，努力扩大广西出版在境外，尤其是在东南亚地区的影响力。

（七）坚持实施科技兴业战略，大力发展新兴出版业态，实现传统出版的转型和升级

坚持把科技创新作为推动新闻出版业发展的主要动力，积极采用数字、网络等高新技术和现代生产方式改造传统的出版生产和流通模式；加大对印刷业的技术改造力度，加快技术设备更新，打造一流的现代物流基地；继续支持广西民族印刷包装集团和广西正泰印刷包装集团做强做大；大力发展绿色印刷、数字印刷、创意印刷，特别是专、精、新、特的高科技印刷包装企业；积极发展电子出版、网络出版、动漫游戏等新的出版业态；大胆探索图书与影视、网络等新兴媒体的互动融合，培育新的经济增长点；积极推进广西壮族自治区出版资源数据库、中华文化东盟多语种全媒体传播平台、“中国梦”青少年主题教育阅读出版推广平台等项目建设，发挥内容资源在新业态发展中的核心作用。

B.20

西藏文化产业发展的几点思考

尼玛次仁*

摘　要：西藏文化产业已初步形成以文化旅游为龙头，以出版发行、广播影视、文化服务等为支撑，以高原体育、藏医藏药、特色餐饮等为延伸的良好局面，产业发展的政策环境、投融资环境和市场需求环境正在不断优化。但西藏文化产业发展面临产业体系、产业布局、产业结构等尚不够清晰，人才、技术、资金、市场等要素市场不健全，市场化、集约化程度低，低附加值，文化与科技融合不足，文化旅游基础设施与服务建设相对滞后等问题。在下一步发展中，西藏需要努力补齐制约文化产业发展的各项短板，并通过打造文化产业集聚区、加强招商引资力度、搭建文化资源共享与电子商务平台、实施重大项目拉动战略等方式，全面推动文化产业更好更快地发展。

关键词：西藏　文化产业　发展环境　挑战　对策

文化产业能耗少、污染小，市场空间大、吸纳就业能力强，投资回报高、收益时间长，易与新技术对接、产业关联度高，易与其他产业融合、带动能力强。实现中央第五次西藏工作座谈会提出的西藏经济社会跨越式发展的战略目标，走有中国特色、西藏特点的发展路子，需要充分发挥文化产业的引擎功能，以文化产业促进西藏自治区经济社会转型发展，带动相关产业迅速融合。

---

* 尼马次仁，西藏自治区文化厅文化产业处处长。

一　西藏文化产业的发展基础

西藏是重要的世界旅游目的地之一。包括珠穆朗玛峰、雅鲁藏布江大峡谷、纳木错、羊卓雍错等在内，西藏所占据的世界级高原特色自然景观和风貌不计其数。神山圣湖、雪峰冰川、陡崖峡谷等令人惊叹的地质地貌、壮丽神奇的高原风光以及寒温热带兼备的动植物类型，强烈吸引着世界范围内的游客。

（一）西藏是我国重要的民族特色文化地区

藏族、门巴族、珞巴族等民族在西藏繁衍生息、绵延发展，创造了语言文字、哲学宗教、藏医藏药、天文历算、戏剧曲艺、工艺美术、建筑艺术等丰富的文化艺术，留下了层层积淀、民族特色鲜明的物质文化遗产和非物质文化遗产，成为中华民族精神家园中的一颗璀璨明珠、世界文化遗产宝贵财富。以藏民族历史遗址遗迹、藏传佛教寺庙建筑、藏民族歌舞戏曲、藏民族生产生活用品为代表的四类文化系统，深藏着西藏神奇的“文化密码”。包括雅砻、吐蕃、古格文化，布达拉宫、大昭寺、罗布林卡，藏戏、民族歌舞，唐卡、藏香、藏刀、藏装、藏餐等在内，西藏所占据的藏族世界级特色文化资源和形式不计其数。全区拥有世界文化遗产3处，藏戏和格萨尔入选联合国人类非物质文化遗产名录。全区现有各类文物点4283处，各级文化保护单位近800处。其中，布达拉宫等全国重点文物保护单位35处，自治区级文物保护单位224处，市县级文物保护单位484处。有国家历史文化名城3座，馆藏文物数十万件。有唐卡、藏纸等76个项目和53个传承人入选国家级名录，222个项目和227个传承人入选自治区级名录。

（二）党和国家高度重视西藏文化事业的发展

在文化体制改革、文化遗产保护、公共文化服务体系建设、文化产业发展、文化市场体系建设、文化“走出去”等方面，进行了全面的战略部署，实现了西藏与全国文化建设的同步衔接。西藏现已建成自治区级群众艺术馆1座、地市级群众艺术馆6座，自治区级图书馆1座、地区图书馆3座，自治区藏戏艺术中心1座、博物馆1座，县级综合文化活动中心74座、乡镇综合文化站149座。文化部支持西藏文化建设领导小组已落实文化援藏中央预算内资金9亿元，用于“十二五”期间西藏文化设施建设。这些宝贵文化资源和有力的公共文化服务体系建设为西藏发展文化产业奠定了基础。

二　西藏文化产业发展现状

新世纪以来，西藏发展文化产业的观念和意识不断增强，不断推动文化资源大区向文化发展强区战略转型。随着公共文化基础设施不断完善，文化遗产保护力度不断加强，以及文化市场持续开放，西藏自治区文化经营的品种、项目、上缴税额逐年递增。尤其是青藏铁路通车后，文化旅游业迅猛发展，带动文化产业对国民经济贡献率不断提升。

目前，西藏文化产业已初步形成以文化旅游为龙头，以出版发行、广播影视、文化服务等为支撑，以高原体育、藏医藏药、特色餐饮等为延伸的良好局面。目前，全区共有文化企业和经营单位近三千家，从业人员两万多人，涉及文化产业门类20多种，年产值24亿元，实现税收2000多万元。2013年，在“中国光彩事业西藏行”大型招商活动中，文化产业招商项目签约两个，引进资金5.7亿元。“第三届西藏唐卡艺术博览会”上唐卡成交26幅，金额270万元。拉萨中国西藏文化旅游创意园区、雅砻文化大观园等重点文化产业项目顺利推进。全区新推进了大型实景演出《文成公主》《雅鲁藏布情》《寻找香巴拉》等旅游演艺项目。

目前，全自治区有国家级文化产业示范基地两个，自治区级示范基地和园区15个。在文化人才方面，全区文化系统现有干部近两千人，专业技术人员1200多人，高级职称180多人，队伍日益发展壮大。在从事文博工作的约300人中，专业技术人员90多人，约占总人数的30%。

三　西藏文化产业的发展环境

（一）西藏文化产业发展的政策环境

在政策环境方面，近年来，西藏自治区出台了一系列法律法规、政策措施以及发展规划等，对大力扶持文化产业发展，推动文化大发展、大繁荣发挥了重要作用。尤其是在党的十七届六中全会召开以后，西藏自治区党委、政府积极贯彻落实中央精神，出台了《关于贯彻落实〈中共中央关于深化文化体制改革推进社会主义文化大发展大繁荣的决定〉的实施意见》，制定了若干文化改革发展扶持政策、财税优惠政策和土地使用优惠政策，文化产业政策体系进一步优化。

（二）西藏文化产业发展的金融环境

在金融环境方面，西藏自治区通过两个方面的努力，不断拓展文化产业发展的资金供给。一是充分利用中央援藏基金、自治区文化产业资金等，以贷款贴息、项目补助、以奖代补、补充国有资本金等方式，加大支持文化产业园区和示范基地建设。自治区财政设立的文化组专项资金逐年得到提高，到2015年超过5000万元。西藏七地（市）和大部分县、市（区）都设立了文化产业专项扶持资金，全区总量超过1亿元。同时，自治区拟注资设立文化产业投资引导基金，并确保前期注资不少于2000万元。“十三五”期间，西藏文化产业资金环境将不断优化，大大降低文化企业发展成本。二是促进文化产业与金融资本对接，发展文化产业资本市场。近年来，西藏资本市场稳步发展，国家开发银行西藏分行挂牌，中国农业发展银行西藏分行获准设立，西藏银行成功组建，民生银行已经落户西藏，全区担保公司发展到8家，这为西藏文化产业投融资活动提供了更大的平台和机遇。下一步，西藏将进一步发展繁荣资本市场，引进更多的金融服务机构，包括商业银行、村镇银行、担保公司、小额贷款公司等，并进一步完善金融支持文化产业的信贷机制等，探索开发性金融支持西藏文化产业发展的新模式。

（三）西藏文化产业发展的市场环境

西藏文化产业发展主要依靠本地消费和外部市场消费两种动力拉动。在西藏本地区市场消费需求方面，“十二五”时期，西藏社会经济将继续保持高速发展，经济总量不断扩大，居民生活水平、收入水平比“十一五”期间有大幅增长。按照恩格尔系数规律，西藏本地区文化消费需求将比“十一五”时期有比较明显的上升。根据《2012年西藏自治区人民政府工作报告》，自治区政府将继续坚持强化消费对国民经济的拉动作用，增强地区消费能力，挖掘消费潜力，大力培育服务型消费，营造便利、安全、放心的消费环境，力争社会消费品零售总额达到260亿元。同时，还将加大公共服务支出和涉农信贷支持力度，刺激城乡消费增长。据此预测，西藏本地区文化消费需求也将会有较大幅度的提升。

在外部市场消费需求方面，2006年以前，西藏自治区入境旅游客源主要以洲际客源为主，美国一直是入境旅游客源市场中最主要的客源地，2006年其市场占有率为16.5%，居入境旅游市场的首位，但亚洲入境旅游客源，如日本、韩国、新加坡、马来西亚、泰国等客源地入境旅游者人数增速加快。2007年洲内入境旅游者人数首度超越洲际旅游者人数。2007年，日本一跃成为西藏自治区入境旅游客源市场最主要的客源地；2007年日本旅游者人数较上一年增加488.1%，同年市场占有率为21.5%，远远高于同年美国客源市场的市场占有率。总体来说，西藏入境旅游市场主要客源市场分别是日本、美国、新加坡、德国、中国台湾、加拿大和英国七个国家和地区，市场占有率为59%。

"十二五"期间，西藏自治区政府重点实施以文化旅游业带动服务业和消费增长措施。2013年，西藏自治区全年接待国内外旅游者1291.06万人次，比上年增长22.0%。其中接待国内旅游者1268.74万人次，比上年增长22.1%；接待入境旅游者22.32万人次，比上年增长14.5%。全年实现旅游总收入165.18亿元，同比增长30.6%；旅游外汇收入12786万美元，同比增长21.0%。

近年来，以藏毯为代表的民族手工艺等文化产品出口强劲。根据自治区相关规划，到"十二五"末，藏毯产业产值将占西藏整个民族手工业总产值的2/3，拉萨市将凭借其优势，打造成为"全国第一藏毯强市"。"十二五"期间，西藏以实施"南亚陆路大通道"战略为契机，将重点打造樟木口岸、吉隆口岸、亚东口岸等文化口岸，以适应西藏文化产业"走出去"，形成国际影响力和辐射力。

四　西藏文化产业发展面临的问题

近年来，西藏在发展文化产业的观念、政策、举措、设施建设等方面都发生了质的变化，取得了明显成效，但仍然存在严峻挑战、面临诸多难题。一是文化产业发展的观念意识亟待提高，整体思路、产业体系、产业布局、产业结构等尚不够清晰。二是人才、技术、资金、市场等要素市场尚不健全。三是文化企业的市场化、集约化程度亟待提高。国有及国有控股的骨干文化企业规模不大、实力不足，文化企业散、弱、小问题突出。文化企业经营和管理水平需要大力改善，手工作坊式、自产自销式经营和管理妨碍着文化企业做优做强。文化与科技结合基础薄弱、能力不强，产品附加值不高。四是文化旅游基础设施与服务建设相对滞后。

五　促进西藏文化产业升级发展的对策

目前，西藏文化产业总量较小，发展水平总体不高，与牵引西藏实现跨越式发展使命不相适应。面向未来，西藏自治区应该采取以下措施，促进全区文化产业升级发展。

（一）打造龙头企业，加强规模供给能力

西藏文化产业处于起步阶段，市场主体还比较弱小，生产的组织、管理、创意、人力以及配套能力十分有限，整体产业的规模化、集约化和专业化程度不高，产业布局不均衡。尤其是西藏独具特色的民族手工艺产品，如唐卡、藏毯、服饰等，市场需求量大，但产能不足，缺乏大规模、高水平的龙头企业。下一步的发展，政府应积极引导、培育龙头企业，实现以龙头企业带动产业发展的战略目标。

（二）打造文化产业集群，完善产业价值链

产业集群是地区获取竞争优势的重要支撑力量。“十二五”期间，西藏自治区政府即将打造一系列产业集聚平台，包括文化旅游创意园、西藏出版文化产业园、山南雅砻文化大观园、日喀则江洛康萨文化旅游产业园区等。园区平台的建立为文化资源集聚和产业的集群化发展提供了基础保障。但产业空间的集聚并不意味着产业集群化发展，政府应着力引导，促进园区内产业间的关联协作、产业链的完善，并帮助完善园区内外产业的配套环境建设。

（三）加强招商引资力度

招商引资是西藏文化产业发展的重点任务之一。要利用西藏文化资源的独特性，出台比内地更优厚的政策，加强产业、项目的招商规划策划力度，吸引高端、高质、高新的大项目。要重点引进国内外具有文化创意、设计、开发等高附加值能力的上游企业与具有市场拓展、营销策划、分销发行渠道等资源的下游企业，完善产业价值链，提升产业协作能力。

（四）加强基础设施建设，提高文化消费保障能力

西藏要积极利用各种资金，大力加强文化基础设施建设，并充分利用机场、铁路公路交通枢纽、主要交通干道沿线等基础设施，打造集创意、生产、体验、消费等于一体的产业节点和产业走廊。同时，完善公共文化服务体系，提升社会文化氛围，促进本地区文化消费能力。

（五）搭建文化资源共享与电子商务平台

西藏文化产业发展要利用现代信息技术，打造会聚创意、人才、技术、营销、物流、体验、传播、支付、结算等现代经济要素的文化产业发展平台，从而实现超越空间距离，规避高原、气候、土壤、劳动力与生产效率、市场空间、消费能力等方面的一些不利因素，发展新型文化产业业态。

（六）实施重大项目战略

要借助西藏在“藏羌彝文化产业走廊”中重点地区的地位，发挥好资源优势作用，以拉萨、林芝、昌都为核心，以山南、那曲为辐射，着力打造一批以文化旅游业、民族手工艺业、特色演艺业、会展节庆业为主的重大项目。举办“中国西藏旅游文化国际博览会”，提升西藏文化旅游知名度和国际形象；继续举办和提升“拉萨雪顿节”“日喀则珠峰文化旅游节”“林芝桃花节”“那曲赛马节”“山南雅砻文化节”等地市级节庆和“江孜达玛节”“丁青虫草节”等县（市）级节庆活动，全面实施一地一县一品的文化产业品牌项目。

B.21

西藏《格萨尔》史诗保护工作探索与实践

次仁平措*

摘　要：20世纪80年代至今，《格萨尔》史诗保护工作已取得丰硕成果，在艺人普查与保护工作、《格萨尔》旧版本及实物的登记和抢救、艺人说唱《格萨尔》的整理和唱腔保护、《格萨尔》文本汉译出版、《格萨尔》研究等领域，都取得历史性突破。但《格萨尔》史诗保护工作仍然面临管理时紧时松、投入时断时续、长远规划欠缺、机构和专业人员不能满足需要等诸多挑战。应该及时总结经验，完善《格萨尔》史诗的保护措施，提高人、财、物等方面投入，更加有效地开展《格萨尔》史诗保护工作。

关键词：西藏　《格萨尔》　保护　实践

《格萨尔》已经被联合国教科文组织列为“人类非物质文化遗产代表作名录”，它是藏族人民长期以来集体创作的长篇英雄史诗，流传广泛，部数众多，是迄今人们发现的世界最长的史诗，被誉为“世界史诗之王”。同时，它又是一部活形态的人类文化遗产，其中许多故事仍保存于民间艺人的记忆深处。《格萨尔》史诗的活形态特性，决定了其抢救、保护工作的重要性和迫切性。

改革开放以来，我国政府高度重视《格萨尔》研究保护的发展，对史诗

* 次仁平措，西藏社会科学院民族研究所所长、研究员，主要从事《格萨尔》整理与研究、藏族民俗文化研究。

的传承和保护采取了一系列措施，逐渐形成了以民间为基础、以学界为智库、以政府为后盾的多重保护模式，取得了比较丰硕的成绩。然而，《格萨尔》史诗的生存空间正在发生剧烈变异，保护工作面临新的任务和挑战。

根据中央第五次西藏工作座谈会关于“把西藏建设成为中华民族特色文化保护地”的要求和党的十八大提出“建设优秀传统文化传承体系，弘扬中华民族优秀传统文化”的精神，我们应加强《格萨尔》史诗的保护力度，以优秀的文化成果助推西藏文化建设，丰富中华民族文化宝库，为实现“中国梦”提供文化支撑。

一　《格萨尔》史诗保护工作的重要性和迫切性

（一）《格萨尔》史诗保护工作的重要性

保护《格萨尔》史诗传统，具有重大的现实意义和深远的历史意义。西方反华势力把“西藏传统文化毁灭论”作为长期恶毒攻击我国的一个重要舆论谎言，在国际上蒙骗了不少不明真相的人士，给我们的稳定、发展和改革带来诸多障碍。有力回击和反驳“西藏传统文化毁灭论”，是我们切实加强《格萨尔》史诗传统保护，用事实主动出击的现实需要。

加强《格萨尔》保护和研究，也是一项促进世界范围内文化传承和文化交流的重要工作。《格萨尔》史诗作为中华民族和世界文化宝库中的一颗奇珍异宝，早日实现从传统口头文学到现实文本文学的转化，让世人了解其全部内容和优美诗意，是历史赋予我们这代人的神圣职责。

（二）《格萨尔》保护工作的迫切性

《格萨尔王传》主要由文本和口承两种形式保存和传播，二者相比较，口承史诗产生时间早，流传也比较广泛。截至目前，《格萨尔》史诗仍然主要依靠民间艺人的记忆保存，以口耳相传的形式传播。随着人类社会现代化进程的突飞猛进、文化传播形式的多样化和文化娱乐生活的不断丰富，传统的《格萨尔》传播形式受到很大冲击，“人亡歌息，艺随人亡”的悲剧仍在出现，抢救和保护《格萨尔》史诗迫在眉睫。

西藏作为藏学研究的故乡和发源地，理所当然应该由我们高高举起中国特色、西藏特点的藏学研究旗帜。然而，当前“西强我弱”的被动局面没有根本扭转，给我们的外事外宣工作大局带来诸多麻烦，西方反华势力和达赖分裂集团图谋把国际藏学当成阻止中国前进步伐的工具，现行的国际藏学学术研讨会，均由国外研究机构操作，反华势力幕后插手，明确设置我国参会人员的资格、论文评定等学术“门槛”，企图把持我国在国际舆论舞台上的话语权。因而，积极主动改变这种不利的被动局面，已成为当前中国藏学工作迫在眉睫、势在必行的大事。我们现在所做的《格萨尔》史诗保护研究事业，就是这项工作的重要组成部分。

二 《格萨尔》史诗及其多重保护实践

（一）《格萨尔》史诗的主要特点

《格萨尔王传》是一部长期在藏族人民群众中广泛流传的长篇英雄史诗，是一部以抑强扶弱、除暴安民为主线的宏伟史诗。它主要有以下特点。

一是卷帙浩繁。据《格萨尔》史诗研究人员统计，全传至少有200多部、100多万诗行，是迄今世界上最长的史诗。过去人们常说的世界上最长的印度史诗《摩诃婆罗多》，也不过20.7万诗行。在众多《格萨尔王传》部本中，仅桑珠老艺人独家说唱的《格萨尔王传》前40部藏文版诗行就已经达到50万诗行。可以说，不论从诗行数量，还是文字数量上来看，《格萨尔王传》都是迄今为止世界上最长的史诗。

二是内容丰富。《格萨尔王传》的形成经历了原始社会、奴隶社会和封建农奴社会三种社会形态，由此反映了古代藏族社会的历史发展、经济文化、民族交往、意识形态、道德观念、风俗习惯、宗教信仰等内容，可称得上“包罗万象”。它不仅是一部文学作品，具有很高的文学欣赏价值，而且具有重要的学术价值和史诗价值，是一部研究和了解古代藏族社会的百科全书。

三是活性史诗。从总体上看，民间艺人说唱的《格萨尔》史诗（含录音带）约占总体的80%，而《格萨尔》文本只占20%。这表明《格萨尔》史诗还未完成从口头文学向书面文学的转化，它仍然是一部在民间“活着”的英雄史诗。可以说,《格萨尔王传》的主要保存者、传播者是民间说唱艺人。正是通过众多民间艺人的记忆保存和口耳相传,在传播过程中不断丰富、充实,才形成了200余部举世无双的《格萨尔王传》英雄史诗。

四是流传广泛。《格萨尔王传》源于藏民族,在藏族地区广泛传播,并且流传到青藏高原周围的九个民族、九个地区、九个国家[①]。俗话说,"岭国每个人口中都有一部格萨尔故事",流传在广大藏区的这一俗语有力说明了《格萨尔》史诗在藏族群众中的广泛性。同时,在我国的民族大家庭中,各民族间通过长期交往、交流和交融,相互吸收彼此的优秀文化,兼收并蓄,使《格萨尔》成为蒙古族、土族、裕固族、纳西族等九个民族群众喜闻乐见的史诗形态。在传播过程中,又根据各地各民族的实际情况及欣赏习惯不断注入新的元素,逐步改编成该民族群众乐见的作品形式。不仅如此,《格萨尔》在环"世界屋脊"的不丹、尼泊尔、印度、锡金、巴基斯坦等国的藏族后裔和俄罗斯、蒙古国、阿富汗等国的蒙古族和其他民族中也有流传。

(二)西藏《格萨尔》保护工作取得的成绩

新中国成立以后,党和政府非常重视各民族优秀传统文化的继承和发扬。《格萨尔王传》作为藏族优秀传统文化的重要组成部分,它的抢救、整理和研究工作受到国家文化部、国家民族事务委员会、中国社会科学院、中国民间文艺联合会等有关部委和学术文化部门的高度关注,先后转发了100多件有关抢救、整理、研究《格萨尔王传》及保护其说唱艺人的文件和通知。在北京成立全国《格萨(斯)尔》工作领导小组,并设立办公室,青海、四川、甘肃、云南、内蒙古、新疆六个省(区)也相继建立了领导机构和办事机构,加强对《格萨尔》工作的领导。随后出现了抢救、整理和研究《格萨尔王传》的大好形势,各省区陆续整理出版了百余部《格萨尔》传统版本,20名民间艺

① 《格萨尔》学界用"三个九"来概括其流传的广泛性。"《格萨尔》流布于中国、蒙古国、俄罗斯、阿富汗、巴基斯坦、尼泊尔、印度、不丹、锡金环'世界屋脊'九个国家的藏族后裔、蒙古族和其他民族当中,以及国内四川、云南、西藏、青海、甘肃、宁夏、内蒙古、辽宁、新疆九个省区的藏族、蒙古族、土族、裕固族、撒拉族、普米族、纳西族、白族、傈僳族九个民族和摩梭人当中。"参见王国明主编《格萨尔学刊》,甘肃民族出版社,2011,第161页。

人被授予《格萨尔王传》说唱家荣誉称号，7 名《格萨尔》说唱艺人被授予国家级非物质文化遗产项目代表性传承人称号，先后录制艺人说唱本百余部，《格萨尔王传》的抢救、整理和研究工作取得了举世瞩目的成绩。也正因为如此，我国的《格萨尔王传》抢救、整理工作改变了西方学界“东方无史诗”“中国是史诗穷国”的无知和偏见。截至目前，国际《格萨（斯）尔》学术研讨会已经召开六届，特别是 2001 年 10 月在法国巴黎召开的联合国教科文组织第 31 届大会上，一致通过将我国“《格萨（斯）尔》千年纪念活动”列入该组织参与的周年纪念活动之中，这是我国政府向该组织申报成功的第一个项目。这不仅仅反映了国际社会对我国《格萨尔王传》事业的高度评价，更体现了《格萨尔》史诗在人类文化遗产中占有的举足轻重的地位。

西藏自治区党委、政府高度重视《格萨尔》史诗的抢救整理工作。改革开放以来，在党和国家的关心支持下，西藏地方对《格萨尔》史诗与说唱艺人进行了有力抢救和有效保护。1980 年 4 月，批准成立了西藏自治区《格萨尔》领导小组及抢救办公室，指定自治区党委宣传部、西藏社会科学院、西藏文联、西藏出版局的负责同志分别担任抢救领导小组正副组长，文联代管抢救办公室，编制定为 15 人，财政下拨抢救专项经费，建立了西藏有史以来第一个《格萨尔王传》抢救领导小组和抢救办事机构——西藏自治区《格萨尔王传》抢救办公室。同时，在西藏师范学院（西藏大学前身）成立了《格萨尔王传》民间说唱艺人扎巴抢救小组，当时曾受到中央有关部委的表扬，成为七省（区）学习的榜样。

西藏《格萨尔王传》抢救办公室成立之初，国家投入了大量人力、财力和物力，为史诗的抢救、整理和研究工作奠定了良好基础。30 多年来，主要取得了五个方面的成果。

一是 20 世纪 80 年代开展了大面积的艺人普查工作，对重点说唱艺人进行了录音和笔录，取得了很大成绩。了解和掌握艺人的现状，记录艺人口头说唱本是《格萨尔王传》抢救工作中的重中之重，是一项迫在眉睫的工作。20 世纪 80 年代初，自治区人民政府投入大量资金，先后 20 余次派人到史诗流传比较广泛的地区，进行了大规模的普查民间艺人、搜集旧版本以及有关传说、实物等抢救工作。先后共寻访能说唱 10 部以上的艺人 57 名。根据“择优择缺”的原则和“优先为老艺人录音”的指导思想，进行了深入细致的录音工作。

截至目前，西藏社科院已录制100多部艺人说唱本，5000多盘磁带，其中笔录成文90多部。工作进度走在了全国各省（区）的前列。

二是《格萨尔王传》实物及旧版本的登记、抢救取得历史性突破。过去与史诗有关的实物及旧版本零散地保存在民间。对这些有关史诗的实物进行普查、鉴定，并对具有一定历史价值和艺术价值的珍贵历史文物进行抢救和保护，是《格萨尔王传》抢救工作的重要组成部分。它对史诗的全面研究具有不可替代的作用。因此，在普查中寻访艺人的同时，对史诗的文物进行了普查。全区先后搜集和发现50多种与史诗有关的民间人物传说和10件实物，搜集到了74部55种史诗旧版本、旧手抄本，整理出版旧版本32部。

三是艺人说唱《格萨尔》的整理和唱腔保护取得可喜成绩，填补了两个历史空白，创造了一个世界纪录。录音和笔录艺人说唱史诗只是抢救工作的基础，其最终目的是要将这些民间艺人讲唱的无形史诗整理成有形的文本，并予以出版或数字化处理，使其流布于世、千秋不绝。在这方面，西藏成为全国《格萨尔》学界的标榜，先后整理和出版了《格萨尔艺人扎巴说唱故事》12部，《格萨尔民间艺人独家说唱本》丛书（已经出版10部），《那曲艺人说唱故事》丛书（已经出版6部）等。特别值得一提的是，西藏社科院民族研究所录音整理和编辑出版的《格萨尔艺人桑珠说唱本》丛书（计划整理出版45部48本，已经出版了43本），填补了迄今国际国内还没有一套艺人个体说唱的比较完整的《格萨尔王传》的历史空白，创造了世界史诗领域艺人个体说唱史诗最长纪录。同时，根据这套丛书的内容，还邀请西藏大学著名唐卡画师丹巴绕杰绘制了21幅《格萨尔》连环唐卡；西藏社科院民族研究所组织策划并邀请那曲民间艺人录制，由雪域音像电子出版社出版了《格萨尔音乐精选》（史诗中68个人物的118种不同唱腔）制品，填补了迄今还没有一套比较完整的《格萨尔》唱腔音品的历史空白。

四是《格萨尔》史诗的翻译工作出现新的契机。《格萨尔》史诗作为世界级人类非物质文化遗产，尽快比较全面地翻译成汉文，为将来翻译成多种其他语言文字打下基础，让世人知道其全部内容和优美诗意，是中华民族对世界文化宝库做出的积极贡献。《格萨尔》史诗的汉译开始于20世纪60年代，半个多世纪以来，学界前辈们做出了积极探索和尝试，付出了艰辛的劳动，翻译了多部《格萨尔王传》，取得了一定成绩。据不完全统计，仅西藏方面就曾零散翻译了11部

《格萨尔王传》，为我们做好《格萨尔》的翻译工作打下了基础，积累了经验。但是，由于多方面原因，《格萨尔》的汉译工作始终处于零散、自发状态，没有统一规划，无规范可言。如今，全国《格萨尔》学界呈现出翻译工作欣欣向荣的态势。西北民族大学、全国《格萨尔》领导小组办公室等部门在积极组织史诗的翻译项目。西藏社科院于2013年正式启动了“西藏自治区重点文化工程《格萨尔》藏译汉项目”，计划在5年内组织全国《格萨尔》及翻译学界力量，完成《格萨尔艺人桑珠说唱本》丛书中30部的翻译任务，将桑珠这位目不识丁的老人讲述的比较完整的《格萨尔王传》展现给世人，举世共赏。

五是《格萨尔》史诗的研究工作不断深入。从全国来看，改革开放以后《格萨尔》史诗的研究取得可喜成绩，专业研究人才不断涌现，优秀科研成果层出不穷。就西藏来讲，虽然《格萨尔》的研究成果比起抢救、保护的成果明显逊色；比起全国，专业队伍势单力薄，研究成果零散量少；但是，《西藏研究》《西藏大学学报》《西藏艺术研究》等国际国内有一定影响的学术刊物专设《格萨尔》学栏目并发表了数百篇学术论文，有些成果达到国际一流水准。如尊胜先生《〈格萨尔〉史诗的源头及其历史内涵》、黄文焕先生《关于〈格萨尔〉历史内涵问题的若干探讨》、索朗格列先生《关于藏蒙〈格萨（斯）尔〉源流问题探讨》等作品在学术界反响强烈。此外，西藏学者先后出版了有关《格萨尔》方面的5部专著，仁增先生所著《〈格萨尔〉散论》填补了西藏尚无《格萨尔》学专著的历史空白；平措先生所著《〈格萨尔〉宗教文化研究》以一个全新的视角对《格萨尔》进行了深入研究；索朗格列所编《〈格萨尔〉唐卡》一书以图文并茂的形式，详细介绍了《格萨尔》连环唐卡的内容；边多先生所编《岭国妙音》，开辟了《格萨尔》音乐研究的新领域；金果·次平所著《〈格萨尔艺人桑珠说唱本〉研究》则填补了迄今为止还没有一部专门研究一个艺人的专著的研究空白。

三　西藏《格萨尔》保护工作存在的问题和对策建议

（一）主要问题

30多年来，西藏《格萨尔》保护工作取得了巨大成绩，初步形成了以民间为基础、以学界为智库、以政府为后盾的多重保护模式。但就保护现状而言，仍然存在诸多问题。30 多年来，从事《格萨尔》研究保护事业的机构和经费越来越少。存在的问题归纳起来，一是政府决策者和职能部门对《格萨尔》保护工作的重视忽冷忽热，管理时紧时松，投入时断时续；二是业务部门及专业人员习惯于单打独斗，短期行为，满足局部，缺乏整体意识和集体攻关精神，没有长远规划；三是《格萨尔》机构和专业人员不能满足保护工作发展的需要，专业人才青黄不接，后继人才缺乏；四是《格萨尔》传承人的待遇不高，对民间组织缺乏激励机制，致使他们保护工作的积极性不高。

（二）对策建议

面对 30 多年来的发展和成绩，我们应该及时总结经验、反思不足。此处提出五点建议。一是提高决策者对《格萨尔》史诗保护工作重要性和迫切性的认识；二是调整职能部门的《格萨尔》保护工作，加强集体协作和联合攻关；三是增强科研部门、专业人员深入实际、与时俱进、建言献策的敬业精神；四是努力培养专门人才，加强《格萨尔》保护与研究人才队伍建设；五是积极调动《格萨尔》传承人及相关民间组织的积极性和奉献精神，促进《格萨尔》保护工作持续有效开展。

总之，我们应该提高《格萨尔》史诗保护与传承的使命感和责任意识，完善《格萨尔》史诗的保护措施，提高人、财、物的投入，在已经取得成绩的基础上，做出更大的努力和贡献，让这颗璀璨明珠展现在世人面前，用事实表明中国政府高度重视民族传统文化的保护工作的实情，实现我国政府向联合国教科文组织申报世界遗产时所许的“要在几年内《格萨尔》工作取得显著成效”的庄严承诺。

B.22

青海民族特色文化产业发展报告

康海民*

摘　要：近年来，青海民族特色文化产业基地规模不断扩大，相关文化产业项目建设初见成效，民族民间工艺美术产业化进程不断加速，民族演出业繁荣，民族文化旅游业蓬勃发展，文化产业发展的民族和地域特色鲜明。但同时，青海文化产业面临着人才短缺、产业化程度低、金融支持力度不足等多种挑战，需要通过大力培养复合型经营管理人才、完善民族特色文化产业政策、加大文化企业扶持力度等措施进一步提升。

关键词：青海　民族特色　文化产业

文化产业作为文化与经济相互交融的集中体现，科技含量高，资源消耗低，环境污染少，发展潜力大，是新的社会经济增长点，也是调整经济结构和转变发展方式的着力点，对于地区经济社会发展具有特别重大的经济价值。民族特色文化产业的发展，对提高民族地区公共文化服务水平，传承优秀民族文化，增加文化就业，改善文化民生，促进社会和谐稳定具有重要的社会意义。

青海地处青藏高原东北部，境内有昆仑山、三江源、青海湖、河湟谷地、柴达木盆地，草原、山脉、戈壁、大漠等各种文化承载物。在历史长河中，中原的汉文化、中亚的伊斯兰文化、东北和内蒙古高原的游牧文化与青海高原的

* 康海民，青海省文化和新闻出版厅副厅长。

藏文化在这里长期碰撞、交融。青海各民族文化和睦相处，多元和谐，展现出一幅多民族多元文化共生共存、相互融合、交相辉映的绚丽画卷，使青海文化显示出独特的地域民族特色。

近年来，青海省委、省政府高度重视民族地区文化产业发展，积极探索，因地制宜，大胆实践，狠抓民族文化品牌塑造、文化旅游精品剧目生产、农牧民文化技能技艺培训、民族特色文化产品研发生产和民族特色文化产业“走出去”工程，初步形成了民族民间工艺美术产业重点推进，民族演艺、艺术培训等其他门类产业协调发展的良好局面，走出了一条具有青海民族特色的文化产业发展的新路子。

一　青海省民族特色文化产业发展情况

（一）民族特色文化产业基地规模不断壮大

青海省先后有 8 家文化企业被文化部命名为国家文化产业示范基地，其中民族地区有 4 家，占青海省国家文化产业示范基地总数的 50%。全省有省级文化产业示范基地（单位）62 家，其中民族地区有 18 家，占全省文化产业示范基地（单位）总数的 29%。文化产业示范园有 8 个，其中民族地区有 6 个，占全省文化产业示范园总数的 75%。黄南州热贡画院、青海天地人缘文化旅游发展有限公司、贵南县石乃亥民间艺术团、青海伊佳民族服饰有限责任公司、海南州布绣嘎玛民族工艺品有限责任公司、青海循化博艺旅游文化有限责任公司、青海彩虹部落文化旅游发展有限公司土族园、互助县土族纳顿文化旅游开发有限公司作为青海省国家、省级文化产业示范基地，已在当地民族特色文化产业发展中起到了示范引领和带头作用。以黄南州热贡艺术、海南州藏绣、海北州文化旅游、玉树州民族歌舞等为主的文化企业逐年增加，成为当地发展民族特色文化产业的中坚力量。

（二）民族特色文化产业项目建设初见成效

“十二五”期间，青海省共建设文化产业项目 27 项，其中民族地区文化产业项目 20 项，目前已全部开工建设，累计投资达 21.27 亿元。海南州藏文化创意产业园、贵南藏绣艺博园、塔尔寺文化旅游景区提升工程、贵德黄河生态文化旅游基地等工程主体已完工，并着手开始运营。国家藏羌彝文化产业走廊总体规划涵盖全省黄南、海北、海南、海西、果洛、玉树6个藏族自治州和海东、西宁两市有关县基础条件好的部分藏族乡，共规划61个文化产业项目，总投资85.48亿元。其中，黄南州同仁县热贡龙树画苑、泽库县和砚雕文化旅游工艺品产业园、贵德黄河生态文化旅游基地、海晏县达玉部落民俗文化村、青海藏文化创意产业园等项目基本完工，并开始运营。园区和基地建设已经成为引领全省民族特色文化产业发展的重要支撑。

（三）民族民间工艺美术产业化进程不断加速

在传统工艺的基础上，经过多年改造提升和发展，目前青海藏文化艺术、藏毯、金银首饰、昆仑玉雕已成为全省民族民间工艺美术产业发展的四大支柱产业，带动全省工艺美术行业稳步向前发展。全省民族民间工艺美术种类共8大类，25个中小门类，8000多个品种。截至2013年底，全省工艺美术行业规模企业（单位）83余家，年销售额25.76亿元，比上年增长13.7%，从业人员10.3万人。2013年，藏绣产值达到2.1亿元，比2011年增长178%。海南藏族自治州藏绣产业已覆盖全州5个县32个乡镇，在212个行政村建立了藏绣产业基地，藏绣协会达10家，藏绣产业园达11处，以藏绣生产为主的工艺品企业达31家，从业人员达6万多人。黄南州热贡艺术文化企业达400余家，热贡艺术产业创收近3.7亿元，比上年增长6286.3万元，同比增长20.3%，从事热贡文化产业人数约22406人，比上年增加6168人，同比增长49%。同仁县和海南州分别被中国工艺美术协会命名为“中国唐卡之乡”和“中国藏绣艺术之乡”特色区域荣誉称号，贵南县被命名为“中国藏绣艺术生产基地”，这些都为民族地区发展特色文化产业打下了基础。民族民间工艺美术产业也已成为促进民族地区人员就业、提高农牧民收入、拉动当地经济的主要产业。

（四）民族演出业齐头并进

全省民族演出业初步形成了以民族歌舞为主体，省内与省外演出相结合，专业与民营演出团体并举发展的喜人局面。转制改革后的省演艺集团有限责任公司面向群众、面向市场，抓创作、抓演出，步入市场化运营轨道，发展势头良好。《藏舞京典》，京剧《藏羚羊》，民族歌舞剧《热贡神韵》、《风从青海来》、《中国撒拉尔》、《碧海云天金银滩》等剧目逐步实现商业化演出。素有“歌舞之乡”美誉的玉树藏族自治州土风歌舞，风格粗犷豪放，造型形象传神，旋律优美生动，内涵含蓄隽永，是民族歌舞艺术百花园中一朵绚丽多姿的奇葩。初步搜集整理的全省民族民间舞蹈资料的统计表明，玉树藏族民间舞蹈品种达400余种，各类文艺演出团体18支。截至2013年，全州文化产业从业人员近3000人，实现销售收入9000万余元，民族歌舞产业发展迅速，成为当地牧民增收致富的一个重要手段。海南州《霍岭大战》《降魔》《姜国王子》《雪域英豪——嘉察》等大型格萨尔歌舞剧和舞剧，为格萨尔文化的延续、传承和发扬，打造海南独具特色的文化资源开辟了新的途径。贵南县石乃亥艺术团活跃在全国各地的文化演出队有38个，演员800余名，年创收入达300多万元。称多县以农牧民群众自发创办的“通天河民间艺术团”为主体，通过与外地文化部门和演出公司联系，组织农牧民演员走出草原。目前，该县有130多名歌舞能手活跃在上海、广州、四川等地的舞台上，年人均收入超万元。互助县为进一步传承和创新土族歌舞文化，组建了安纳歌舞团，创编了大量具有较高艺术水准和浓郁地方民族特色的歌舞节目，尤其是成功演出了土族大型歌舞剧《彩虹部落》，赢得了社会各界的一致肯定和广泛赞誉，取得了良好的经济效益与社会影响。

（五）民族音像业稳步推进

西海民族音像出版社针对当前音像市场不景气、盗版现象严重的实际，在深入调查市场行情的基础上，调整工作思路，创新发展理念，着力在出版精品音像制品上下功夫，并积极把目光投向旅游市场，扩大节目的发行渠道和受众人数，使一度亏损的局面得到了根本性扭转。拍摄制作的《青海藏传佛教建筑与艺术》《五彩神箭》等音像制品，深受游客欢迎。从2005年以来，共出版各类音像新产品80个版号，发行75余万盘（盒），盈利60万元。青海昆仑音像出版社一手抓创作生产，一手抓市场营销，加强与音像发行企业的合作，年出版发行以“花儿”、民间小调、藏族拉伊等民族地方文化资源为内容的音像制品10万盘（盒）。

（六）民族文化旅游业蓬勃兴起

近年来，青海省积极推动文化与旅游业的深度融合，实现民族演艺剧目、非遗剧目、图书光盘、民族民间工艺产品等进景区，丰富景区文化内容，提升旅游业的文化含量，将青海民族文化打造成为旅游业的灵魂，成为展示、体验青海特色文化的窗口。2013 年，投资 80 万元，全省修建了 8 个旅游民族演艺小舞台。加大“非遗”进景区力度，全省 66 个 3A 级以上景区中，有 34 个景区引进“非遗”项目及民族民间艺人的产品展示、销售，约有 20 个景区在旅游旺季组织了文艺演出活动。海北州在各景区设有藏族拉伊、则柔、扎木聂弹唱等非遗表演。海南州将宗教文化、黄河文化、农耕文化等多种文化资源与各类大型体育品牌赛事和文化活动紧密结合，使各地游客在观看体育运动、参与文化活动的同时，领略了海南独特的自然风光、浓郁的民族风情及深厚的历史文化。黄南州设置了 23 处“非遗”剧目演艺场所，坎布拉景区、热贡文化旅游区有热贡民俗六月会、於菟、转经、骑马点火枪、玛尼道歌等定期展示活动。海西州将蒙古族“那达慕”、藏族“智阁鲁如”、青海“花儿”、民间手工艺制作等引入重点景区展演展示，并打造昆仑玉、奇石、蒙古族刺绣、银器、中藏药保健品等特色文化产品，提升文化旅游产业附加值。玉树州将《格萨尔》史诗说唱、囊谦黑陶制作等“非遗”项目引入重点景区进行展演展示，并推出微型玛尼石、黑陶、红陶、藏腰刀、藏首饰等特色文化产品。果洛州将格萨尔文化、阿尼玛卿文化等融入景区打造中，主推藏族民俗文化游。

（七）多项政策措施促进民族特色文化产业发展

青海省委、省政府出台了《关于加快文化改革发展建设文化名省的意见》《关于促进青海省文化改革发展政策措施的意见》《关于实施“十二五”文化建设“八大工程”的意见》等政策措施。省文化和新闻出版厅与省旅游局、省广播影视局、省体育局联合出台《关于促进青海文化与旅游融合发展的若干意见》，省金融办出台了《关于金融支持文化产业振兴和发展繁荣的指导意见》，省工商局出台了《关于支持文化产业市场主体发展的意见》等等。为青海民族特色文化产业发展营造了良好的政策环境，提供了良好的发展机遇。省政府与国家开发银行共同签署了《支持青海省文化产业发展的合作备忘录》。省文化新闻出版厅分别与建行青海省分行、中行青海省分行、农行青海省分行、国家开发银行青海省分行签署了《金融支持青海文化产业全面战略合作协议》，进一步加大了金融支持文化产业发展的力度。截至目前，国开行、农行、建行、中行等各银行已累计发放文化产业贷款32.2亿元，省财政累计投入文化产业扶持资金近2.5亿元，扶持民族文化企业发展。目前，全省年销售收入上千万元的民族文化企业已达15家。

从国家层面讲，党的十八届三中全会以来，国务院及国家有关部委密集出台支持文化产业发展的相关政策文件。2014年3月，国务院发布了《关于推进文化创意和设计服务与相关产业融合发展的若干意见》和《关于加快发展对外文化贸易的意见》，4月国务院办公厅印发《文化体制改革中经营性文化事业单位转制为企业的规定》和《进一步支持文化企业发展的规定》，文化部、中国人民银行、财政部联合发布了《关于深入推进文化金融合作的意见》，在增强创新动力、强化人才培养、壮大市场主体、加大财税支持、加强金融服务等方面提出了具体扶持政策。另外，《文化部"十二五"时期文化改革发展规划》《文化部"十二五"时期文化产业倍增计划》，将特色文化产业发展、"藏羌彝文化产业走廊"列为国家重点工程，2014年起正式实施，在政策、资金等方面给予重点支持，首轮重点项目征集中青海省有4个特色文化产业项目、7个藏羌彝文化产业走廊项目列入国家重点项目。

二 青海民族特色文化产业发展中存在问题

当前，全省民族特色文化产业发展仍处在起步培育阶段，民族特色文化产业发展中仍存在一些制约因素。

（一）民族特色文化产业人才短缺

民族传统手工艺人才储备不足，年龄普遍偏大，缺乏新生传承力量。新型业态创意人才不足，阻碍了民族特色文化产业的转型升级；管理人才和经纪人才严重短缺，影响民族文化企业管理和市场开拓，阻碍了民族特色文化产业向纵深发展；尤其是熟悉本土文化，懂管理、善经营，具有创新意识的综合型人才十分紧缺。同时，由于对外来文化人才缺乏吸引力，外来人才引进存在较大困难。

（二）产业化程度不高

文化市场发育不完善，缺乏大型龙头民族文化企业，以中小微民族文化企业及合作社、个体经营户为主，普遍存在规模小、效益低、市场影响力弱等问题。具有引领示范作用的民族文化品牌有限。民族特色文化产业基地（园区）分布不均衡。民族特色文化产业发展基础薄弱，总量小，处于探索培育的初步发展阶段。

（三）金融支持民族文化企业力度有待提高

中小微民族文化企业及个体经营户缺乏金融机构的有效支持，金融支持政策措施有待进一步完善。国内外大型文化企业投资青海民族特色文化产业项目较少，民族特色文化产业投资环境有待改善。

三 青海民族特色文化产业发展建议

（一）大力培养复合型的经营管理人才

建议以政府为主导，有计划地协调省内高等院校，培养一批文化专业素质与市场经济素质兼备的复合型经营管理人才，特别是培养一批既具有文化创新思维，又具有精湛技艺的复合型人才。要重视民族特色文化产业领域高层次人才队伍建设，把民族特色文化产业人才培养纳入全省人才建设规划，积极引进省外人才智力，实施引得进、留得住、用得活的人才战略。要积极宣传民族特色文化产业领域的优秀专业技术人才、经营管理人才及其成果和主要业绩，营造尊重劳动、尊重知识、尊重人才、尊重创造的良好舆论环境。同时，要为民族特色文化产业人才培养提供资金。

（二）完善民族特色文化产业政策

建议按照国家的文化产业政策，结合青海实际，积极争取从省政府层面出台含金量更高、操作性更强的产业政策。特别是财政投入、税费减免、土地审批、投融资等方面的政策措施。要根据文化产业发展要求，建立健全知识产权保护体系，加大知识产权的保护和宣传力度。要在深入调研的基础上，制定出台与全省经济社会发展相适应、与优势文化资源相匹配、操作性和指导性强的"十三五"文化发展规划。要明确今后一个时期全省民族特色文化产业发展的指导思想、原则要求、目标任务和保障措施，逐步把民族特色文化产业发展纳入科学化、规范化轨道，促进民族特色文化产业持续、协调、健康发展。重点培育新兴民族特色文化产业业态，积极推动民族特色文化产业与现代科技相结合，民族文化与旅游融合发展，加快民族特色文化产业的新创意、新载体、新产品的推出。要确立以公有制企业为龙头的市场主体地位，组建具有核心竞争力的大型民族特色文化产业公司，形成一批过得硬、叫得响的地方民族"文化品牌"。要加快文化产品市场和生产要素市场建设，放宽市场准入，引入竞争机制，通过优胜劣汰，有序引导民族文化商品流通及生产要素合理流动，消除市场垄断和市场歧视，形成按市场价格优化资源配置的良好局面。

（三）加大文化企业扶持力度

充分发挥财政、税收的杠杆作用，积极协调省财政逐年增加对文化事业和文化产业的投资比例，尝试建立文化产业基金，鼓励民营资本和外资向民族特色文化产业领域流动，形成以政府资金为引导、以企业投入为基础、以银行信贷和民间资金为主体、以股市融资和境外资金为补充的多元化民族特色文化产业投融资体系，弥补民族特色文化产业跨越发展中的巨大资本缺口。

B.23
青海省非物质文化遗产保护现状及问题思考

青　措*

摘　要：青海的非物质文化遗产保护工作在各方努力下，取得良好发展。全省“非遗”名录建设有序推进，基础工作扎实，“非遗”人才培训和学术研究取得新进展，“非遗”保护设施建设势头良好，相关传承活动和“非遗”表演得到大力支持，“非遗”保护水平整体迈上新台阶。目前，青海“非遗”保护工作面临的主要挑战是一些涉及“非遗”保护的单位和个人思想认识不到位、重申报轻保护、保护队伍力量薄弱、经费不足等问题。进一步推进青海“非遗”需要提高认识水平，并采取加强经费保障、健全代表性传承人保护及传承机制、推动“非遗”资源合理利用、加强文化生态保护区建设等。同时还要加大对“非遗”研究及相关成果出版的支持。

关键词：非物质文化遗产　保护　发展

非物质文化遗产，指各民族人民世代相承的、与群众生活密切相关的各种传统文化表现形式和文化空间。它以活态形式原汁原味传承至今，具有重要的历史价值、艺术价值、文化价值、科学价值与社会价值，足以代表一方文化，并为当地社会所认可，是具有普世价值的知识类、技术类与技能类传统文化事项。

* 青措，青海省非物质文化遗产保护中心副研究馆员。主要研究领域为非物质文化遗产保护。

青海，地处青藏高原的东北部。总人口554万，世居民族有汉族、藏族、回族、土族、撒拉族和蒙古族。青海也是中华文明发祥地之一，据考古发现，早在三万年前的旧石器时代晚期，就有先民在这片广袤的土地上繁衍生息，并在长期的生产生活中，积淀了丰厚的昆仑文化、彩陶文化、河湟文化等，留存下大量瑰丽多彩、弥足珍贵的物质文化遗产和非物质文化遗产，成为青海各族人民世代相承的智慧结晶。由于特殊的地理环境与神秘的历史文化背景，在这里，非物质文化与物质文化一样显得特别丰厚而多彩，充分反映了青海各族人民对生活的热爱及对真、善、美的追求，昭示着高原民族的生命力、创造力和凝聚力，折射出青海各民族的精神内质。

一　青海省非物质文化遗产保护现状

青海的非物质文化遗产保护工作自2003年起步以来，在国家的大力支持下，经过全省各级文化部门和全社会的共同努力，取得了如下成绩。

（一）名录体系建设规范有序

截至目前，全省有国家级非遗项目64项、代表性传承人57名（4名已故）；省级非遗项目145项、代表性传承人142名，“中国民间文化艺术之乡”29个。两个国家级文化生态保护试验区，即热贡文化生态保护实验区和果洛文化生态保护实验区；国家级非物质文化遗产生产性保护基地5个，即黄南州热贡画院、互助土族文化传播有限公司、海湖藏毯有限公司（第一批国家级非物质文化遗产生产性保护示范基地）、金诃藏药药业股份有限公司和囊谦藏族民间黑陶工艺有限责任公司（第二批国家级非物质文化遗产生产性保护示范基地）；省级非物质文化遗产传承基地16个；格萨（斯）尔、热贡艺术、藏戏、花儿、皮影成功入选联合国人类非物质文化遗产代表作名录，填补了青海没有非遗项目列入世界非遗名录的空白。

（二）基础性工作扎实推进

2008年全省首次非物质文化遗产普查时，组织了三个普查组，利用一个多月时间，在全省53个县（市、区）开展了非物质文化遗产普查，登记项目

1539个、传承人100余位，拍摄图片8200余张、录像近7000分钟。通过普查，全面摸清了全省非遗资源的种类、数量、分布、生存状况和保护现状，为下一步有针对性地采取保护措施奠定了良好基础。

在此基础上，2012年和2013年青海省又进行了“寻根行动——非遗资源再调查”工作。采取专题培训、责任书签订、技术指导、经费补助等措施，保障再调查工作顺利推进。以“寻根行动”成果为基础，各地认定、公布了州（市）、县（区）两级非遗项目名录，使多年来全省州县两级非遗名录断档的局面得到改善，档案建设工作进一步充实完善。

（三）学术研究卓有成效

近年来，借助社会力量，青海省陆续编纂出版了《青海省首批国家级非物质文化遗产代表作名录丛书》《守望精神家园——百位青海非物质文化遗产代表性项目传承人讲述》《玉树州非物质文化遗产名录图典》《青海省非物质文化遗产名录图典》《寻根行动——全省非物质文化遗产资源再调查》等一批优秀理论研究成果和资料读本。目前《青海省第二批国家级非遗代表作名录丛书》（以下简称《丛书》）编纂工作正有序推进（这批《丛书》涵盖45个项目，共20册，每册10万字）。青海省基层对非遗资料的搜集、整理和研究力度也不断加大。如海南州、海西州、玉树州、循化县、大通县等地陆续出版了一批当地非遗丛书和光碟，受到当地群众的普遍欢迎。

（四）人才培训卓有成效

青海省采取“请进来”“走出去”等方式，加强对全省非物质文化遗产保护管理人员、业务人员的培训，引导广大非遗保护工作者提高政策水平和业务能力。先后举办和参与了全省非物质文化遗产保护工作培训班、三江源非物质文化遗产保护高级研修班、全省国家级非物质文化遗产项目代表性传承人培训班、国家级文化生态保护区建设规划编制培训班、全国《格萨尔》管理人员暨青海三区人才非遗工作人员培训班、全省基层非遗保护工作人员培训班、中国非物质文化遗产省市级非物质文化遗产保护中心负责人培训班、西部地区非物质文化遗产项目申报工作等系列培训班，人数达四百余人，进一步强化了全省的非遗人才培训工作。

（五）积极支持传承活动

传承人是直接参与非物质文化遗产传承，使非物质文化遗产能够沿袭的个人或群体（团体），是非物质文化遗产最重要的活态载体，是非物质文化遗产的存立之本。非物质文化遗产口传身授的特点是艺随人走，人类许多珍贵的技艺如果不加强抢救和保护，就会随着传承人的离世而消亡。所以，青海省各项目保护单位通过给传承人提供必要的传承场所、经费支持，引导和鼓励传承人开展传承传播活动和公益活动。2008 年以来，全省各项目保护单位举办青海地方曲艺、“花儿”歌手、土族盘绣、撒拉族篱笆楼营造技艺和日石刻等各类培训班 100 余期，累计培训学员 6000 余人次。目前，全省已建立专题博物馆、传习展示场所 25 家。

（六）组织开展展演活动

截至目前，青海成功举办了五届青海国际唐卡艺术与文化遗产博览会，通过展览、演出、论坛等多种形式，进一步宣传了青海省非遗保护工作。组织参加了“中国非物质文化遗产传统技艺大展系列活动”“中国成都国际非物质文化遗产节”“中国少数民族传统音乐舞蹈展演”“锦绣中华——全国织绣精品大展”以及全国少数民族非物质文化遗产项目调演，首届、第二届、第三届中国非物质文化遗产博览会等一系列活动。数位民间艺人先后赴墨西哥、肯尼亚、贝宁、韩国等国家进行了技能展示。2011 年 5 月 10 日至 7 月 15 日在恭王府举办了为期两个多月的“莲生妙相——青海唐卡艺术精品展”，共展出以热贡唐卡为主的各类精品唐卡 100 余幅。展览结束后，60 余幅唐卡精品被恭王府一次性征集收藏，总价超千万元。组织热贡地区的文化企业和民间艺人参加了第七届深圳国际文化产业博览会，专门设立 100 平方米的展区突出展示热贡唐卡。2014 年 9 月 26 日，热贡唐卡又到日本参加了第 24 次中国文化日《印象青海——唐卡艺术展》。青海省的精品艺术早已走出省，走向世界了。

（七）设施建设势头良好

在国家政策引导和资金支持下，青海省由传承人、民间艺人投资修建或改建的非遗基础设施蓬勃兴起。2013 年，“湟中银铜器制作及鎏金技艺传习展示中心”“加牙藏族织毯技艺传习所”相继挂牌成立。同仁县民间艺人嘎藏加措投资修建的“热贡民族文化宫”、曲智投资修建的“热贡龙树画苑”，集热贡艺术的培训、教学、展示、收藏等功能于一体，已成为热贡艺术后继人才培养的重要基地。玉树州格萨尔文化博物馆基础设施已完工，2014 年 8 月果洛州格萨尔文化博览园正式完工，现已投入使用，免费开放。

二　存在的问题

虽然青海省的非物质文化遗产保护工作自开展以来取得了一定成绩，但是从总体来看，发展保护工作中仍存在不少问题，保护工作有待进一步加强，具体表现在以下几个方面。

（一）思想认识有待提高

非物质文化遗产是一种无形的、活态的文化现象，是我们民族的血脉。我们应该增强民族文化的自觉意识和危机意识，充分认识保护与传承非物质文化遗产的紧迫性和重要性，珍爱、尊重祖先传下来的精神财富。对处于弱势地位且脆弱无比的非物质文化遗产，应该刻不容缓地采取有效措施抢救与保护，使之再现生机与活力，这是时代赋予我们的神圣职责。但是，我们一些地区从文化主管部门到项目责任保护单位，对非物质文化遗产保护工作的紧迫性、重要性认识不够，没有看到非物质文化遗产保护工作在文化建设全局中的重要地位和作用，没有从维护国家文化安全和文化多样性的高度认识非物质文化遗产保护工作的重大意义，认为非物质文化遗产保护工作抓紧抓松一个样，未能将其列入单位或部门的重要议事日程，在工作安排、政策保障等方面未能给予足够的重视支持。

（二）重申报轻保护的现象依然存在

长期以来，我国非物质文化遗产保护工作容易出现的一个突出问题，就是不能正确处理保护与利用、继承与创新的关系。目前，各级政府申报世界文化遗产的积极性很高，这是可喜的。但是，少数地方对非物质文化遗产的概念和界定认识不清楚，把握不准，对非物质文化遗产保护与利用关系处理不当，

“重申报轻保护”“重利用轻管理”的现象不同程度地存在。有的地区只看中入选国家级名录的荣誉，而未及时落实保护措施；有的地区把本地列入国家级名录的非物质文化遗产作为发展经济的品牌，淡忘了管理保护，未能处理好保护与利用、传承与发展的关系。申报项目的目的，是提高地区的知名度还是真正守护我们的精神家园，要进一步从思想上提高认识。但随着对内对外开放的进一步扩大和旅游业的不断兴盛，许多地方不加区分地将诸多民俗活动，作为招徕游客并谋取利益的现实手段。实际上，这类开发和利用，往往滥用甚至歪曲了这些民俗的真实功能和特殊价值，客观上造成了对游客的文化误导和消费欺骗；有些名为保护的民间艺术扶持活动，由于没有正确的保护意识和手段，对保护对象随意修改甚至拆解，在客观上造成了对保护对象的破坏。这些问题都要求我们在对非物质文化遗产实施保护的过程中，一定要本着实事求是的态度，视非物质文化遗产的具体形态和存在状况，区别对待，对症下药，分类保护。

（三）资料的建档工作相对滞后

加强非物质文化遗产档案管理工作，是保护和抢救非物质文化遗产、继承和发扬传统民族民间文化的重要举措。但是我们有些地方建立的非物质文化遗产档案不完整、不系统；有些非物质文化遗产没有建档，相关的文件、音像资料零星存放，存在管理不严和流失现象。甚至有些项目保护单位现在所存绝大部分“非遗资料”只有一份当年申遗使用的材料，并没有详备的文化档案。由于空档或者建档不完整、不系统，极大地影响了非物质文化遗产的永久保护。况且非物质文化遗产建档尚未形成长效管理机制。非物质文化遗产保护经费十分短缺，专业人才相对缺乏，技术保护、人员培养以及档案管理资金和设施难以保证，遗产档案管理松懈甚至流失，严重制约了非物质文化遗产档案管理工作的开展。“非遗”积淀在传承者心灵的记忆和身体的技艺中，这些重要的活着的无形的遗产，需要充分的口述与音像的存录，但这些工作各县区大都做得不够或没有做。这就需要“非遗”保护的第一主体——政府重视起来，认认真真去做。

（四）专业队伍能力相对薄弱

虽然保护中心一直在做对非遗专业人员的业务培训，但是，青海省非物质文化遗产保护责任单位大都设在基层文化馆，而承担非物质文化遗产保护工作的大都是基层群艺馆、文化馆的业务人员。这些业务人员的学历层次和技术职称普遍较低，数量不足、知识老化、创新能力不强的问题较为突出，难以适应和承担新形势下非物质文化遗产保护工作中大量的资源普查、田野调查、资料整理、项目文本和录像制作、保护规划的制定和实施等技术性、学术性、实践性较强的工作。而且有的还身兼数职，专业素质参差不齐，难以保障工作质量。这种状况与非物质文化遗产保护工作面临的新形势、新任务极不适应。尤其在基层，既熟悉当地的非物质文化遗产，又懂得保护传承规律的专业人才极为紧缺。项目申报成功后，如何保护、采取怎样的保护措施，缺乏创新的思路和办法。

（五）经费问题

与全国各地特别是临近的甘肃、陕西、新疆、宁夏等省区相比，青海省在非物质文化遗产保护上投入的资金非常有限，仅能维持日常的行政工作，国家每年下拨的专项资金主要用于国家级名录项目和国家级传承人的保护，省级名录中的项目和省级传承人的保护经费几乎是空白。各州、地、市、县文化部门和保护单位也受制于地方财政状况，绝大多数未设保护经费专项资金，普遍缺乏保护工作中必需的设备和器材，如数码照相机、摄像机、录音笔、电脑、车辆等，形成了虽身处非物质文化遗产资源的第一线，而抢救和保护工作却严重滞后、脱节，甚至无能为力的状况。

以上问题的存在，已经严重影响到青海省非物质文化遗产保护的深入开展，影响到社会主义先进文化的建设，影响到优秀民族文化遗产的继承和发展。

三　解决的办法

丰富的非遗资源是祖先留给我们的宝贵财富，是青海省文化发展的可靠优势，我们必须增强保护非遗的自觉意识和危机意识，从青海省非物质文化遗产的现状出发，要做好系统的保护工作，真正实现抢救与保护、开发与利用的根本目标，为此，要解决好以下问题。

（一）从认识上提升非遗工作机制

非物质文化遗产是一方水土独特的产物，是城市文化的源头和根基。保护和珍爱非物质文化遗产，是对历史文化传统的尊重，也是发展社会主义先进文化的必然要求，是增强人民群众文化自尊和民族自信的重要精神支撑。青海省作为非物质文化遗产资源的“富矿区”，要进一步提高对非物质文化遗产保护工作的认识。州、县两级政府和有关部门要将文化遗产保护列入重要议事日程，并纳入经济和社会发展规划以及城乡整体规划。要进一步建立健全职责明确、分工协作的协调机制或工作机制。州、县两级政府要充分发挥主导作用，统筹协调，形成合力，促进各部门积极参与保护工作。建立和完善专家咨询、研究机制和检查监督制度，积极广泛吸纳聘请省内外有关学术研究机构、大专院校、企事业单位、社会团体等各方面力量共同开展非物质文化遗产保护工作。同时，要制订出台保护工作规划，明确保护范围、措施和目标，使非物质文化遗产保护工作成为社会各界的责任和义务。

（二）推进非物质文化遗产法的进一步落实

《中华人民共和国非物质文化遗产法》的颁布，使非物质文化遗产保护有法可依。但这只是一个总体纲要，一个指导性的纲领。青海，作为一个多民族省份，必须按照《非物质文化遗产法》制定并出台相应的《青海省非物质文化遗产保护管理办法》（以下简称《办法》），并要求按《办法》的精神建立乡规民约体系，使非物质文化遗产保护真正进入从政府到民间的畅通渠道。如果仅高层重视而民间漠然，其保护必然达不到理想效果。要将文物保护与非物质文化遗产保护有机地结合起来。文物作为有形文化遗产，在民族文化方面主要体现在少数民族聚居区，而非物质文化遗产最密集的区域也是少数民族聚居区。文化遗产两个组成部分是不可分割的整体，必须进行全方位的保护，从人文景观、民族建筑到民风民俗、歌舞祭祀、竞技活动、手工艺等，都进行全方位的立法甚至列入乡规民约，让文化在良好的生态和人文环境中延续。同时要编制《青海省非物质文化遗产中长期保护发展规划》，规划内容有文化景观保护、非物质文化形态保护、非物质文化遗产申报、非物质文化遗产管理利用、非物质文化遗产展示、非物质文化遗产的经费保障等。通过规划将非物质文化遗产保护纳入正常轨道。

（三）加大非物质文化遗产保护经费的保障度

开展非物质文化遗产保护抢救工作，记录整理相关资料，征集珍贵民俗实物，巩固、稳定传承人队伍，都离不开经费的保证。所以，应将非物质文化遗产保护经费列入财政预算，设立专项资金，用于资源普查、资料征集、实物收购、濒危项目抢救和传承人传习活动补助等方面。同时要出台相应的经费扶助政策，建立资金扶助机制，重点补助、扶持濒危项目和一些生活困难的重要代表艺人以及对非物质文化遗产保护传承做出重大贡献的优秀传承人或单位。要通过政策引导，鼓励个人、企业及社会团体积极投资支持非物质文化遗产保护工作。并且，一定要用活国家、省、市有关发展文化事业的扶持政策，依托项目申报和富有特色的文化成果展示，积极争取资金补助，切实增强非遗经费的保障。

（四）健全代表性传承人保护及传承机制

有专家说：每一分钟都有一个老艺人去世，每一分钟都有一种民间绝技在流失，每一分钟都有一种非物质文化遗产在消亡。听起来，这话有点危言耸听，但反映了民间艺术岌岌可危的现状。要以点带面，落实责任，加快非物质文化遗产普查、收集、保护、传承工作的速度、力度和广度。地方政府、基层文化工作者要加强传承人队伍建设，采取积极措施，为当地老艺人、传承人开展政策培训，让他们了解国家非物质文化遗产保护政策、法律法规，更好地推进非物质文化遗产普查、收集、保护与传承工作，及时记录年事已高的传承人所掌握的丰富知识和精湛技艺，资助传承人开展授徒传艺、教学、交流、展示等活动，帮助生活确有困难的传承人，支持、表彰、奖励有突出贡献的传承人及传承团体，实现非物质文化遗产的整体性保护。同时，继续做好国家级非物质文化遗产项目代表性传承人认定与命名工作，继续举办专题培训班。进一步落实对非物质文化遗产项目代表性传承人的保护措施，使之制度化、规范化，建立更加科学有效的传承机制，继续鼓励和支持代表性传承人开展传习活动。

（五）积极推动非物质文化遗产的合理利用

非物质文化遗产应当在利用中保护和传承。在调研非遗项目时我们发现，一些被列入国家级和省级、县级名录的非物质文化遗产，却被地方政府视为生利发财的资源，地方政府对“非遗”的开发远远大于对它的保护，对“非遗”商业价值的关注远远大于对它的文化价值的关注。我们必须在合理开发和利用中，将其转化为生产力和产品，通过生产、流通、销售等方式，产生经济效益，并促进相关产业发展，实现文化保护与经济开发的良性互动。这方面，“土族盘绣”“热贡艺术——唐卡”等项目就做得非常好，在带动地方经济发展的同时，也保护和传承了项目，两全其美。可见，“非遗”只有与当代生活结合，才能走上持久发展之路。

（六）推进文化生态保护区建设

目前，全国先后批准设立了16个文化生态保护区，其中青海省就有两个——热贡文化生态保护实验区和果洛文化生态保护实验区。文化生态保护区建设是一项旨在探索建立区域性非物质文化遗产的整体保护模式。保护区建设是推动文化遗产传承性保护、整体性保护和科学性保护，促进经济社会协调发展的一项重要举措。要坚持非物质文化遗产保护与物质文化遗产保护相结合、文化生态保护与自然生态保护相结合、整体保护与重点保护相结合、保护抢救与利用传承相结合的原则，加强与省“十二五”规划和当地经济社会发展总体规划相衔接，与主体功能区定位相衔接，与政府目标考核相衔接，分步实施、协调推进。要强化抓手，谋划项目，政策支持，创新驱动，加强研究，科学保护，扎实推进各项工作。要加强组织领导，充分履行职责，密切协作配合，坚持以人为本，充分调动群众的积极性和创造性，努力营造文化生态保护的良好氛围。

（七）加强非物质文化遗产政策理论研究和保护成果出版

组织专家学者对非物质文化遗产的重要项目、重大理论和实践问题进行研究，编辑出版非物质文化遗产书籍。指导辅导各州、县开展非物质文化遗产项目研究出版工作，促进基层非物质文化遗产保护研究工作。加强对非物质文化遗产及其保护方式等有关的理论研究，使非物质文化遗产保护工作在科学理论指导下规范有序地进行。组织科研力量，开展非物质文化遗产保护理论研究和政策研究，举办非物质文化遗产学术研讨会及学术论坛，推出一批研究成果。积极推进非物质文化遗产普查成果和保护成果出版工作。同时继续推进第二、三批国家级非遗项目丛书编纂工作。

总之，保护与传承非物质文化遗产是一项功在当代、利在千秋的大事。我们要坚持“在保护中开发、在开发中保护”的方针，提高认识，加强引导，统筹安排非物质文化遗产资源普查、开发、利用与保护等工作，坚持政府引导和市场运作相结合，综合运用经济、法律和必要的行政手段，完善管理制度，依法保护，加强督导，加强队伍建设，培养文化传人，处理好当前与长远、局部与整体、开发与保护、市场机制与规划调控的关系，保护和利用好青海省非物质文化遗产，努力促进青海省经济、社会、文化的全面协调发展。

B.24

恩施州生态文化产业发展状况调查报告*

徐铜柱　司马俊莲　辛　江**

摘　要：湖北恩施州自然生态资源多样，历史文化资源独特。近年来，全州文化产业增加值显著提升，文化旅游业发展突出，广播电视电影等部门取得新发展。但认知度不高、整体规划不足、结构单一、品牌不突出等因素制约着全州文化产业的进一步发展。恩施州需要提高对文化产业发展的认识，增强文化自觉，做好文化产业发展的战略规划，促进文化产业发展的资源整合，创新文化产业体制机制，加大文化产业资本投入，并着力培养本地文化创意产业人才。

关键词：恩施　文化产业　发展　调查报告

调查背景

2005年9月，大型土家族情景歌舞剧《夷水丽川》在腾龙洞风景区公演，至今已连续上演近6000场次，直接门票收入过亿元①。该剧以利川灿烂的历

* 本调查报告得到恩施州委宣传部和文体局的指导与支持，在此表示衷心感谢！参与调查人员：徐铜柱、赵明政、刘翔、徐磊；报告撰写人：徐铜柱、司马俊莲、辛江。

** 徐铜柱，博士，副教授，硕士生导师，湖北民族学院高等教育研究所主任，研究方向为民族地区行政管理、文化产业；司马俊莲，博士，教授，硕士生导师，湖北民族学院法学院副院长，研究方向为民族地区社会治理、少数民族文化权利；辛江，恩施州文体局文化产业科科长。

① 夏静：《着力打造实景剧带动旅游产业发展》，光明网，http://difang.gmw.cn/hb/2014-08/27/content_12818721.htm。

史人文和秀丽的自然风光为创作源泉，展现土家族浓郁古朴的风土人情，集艺术性、民族性、时代性、观赏性于一体，是利川旅游与文化深度融合的结晶。

2014 年 7 月 12 日，由湖北旅游投资公司投资两亿多元建成的占地 240 亩的实景演出剧场——中国最大峡谷山水实景剧《龙船调》在恩施大峡谷首秀开幕。从此，恩施大峡谷告别纯粹生态旅游，走向文化与生态的真正融合。该剧的总导演梅帅元在微博上表示："大峡谷实景剧场壮丽雄奇，可与阳朔印象刘三姐之山水剧场，张家界天门狐仙大剧场，中岳嵩山禅宗山林剧场相媲美，是自然之极品。演出诠释了世界最美二十五首民歌之一的龙船调之内涵，风情万种，感天动地。"

上述文化活动正在改变恩施的旅游模式——从纯粹的生态旅游转型为文化与生态的深度融合、相互推动。

近年来，我国文化产业发展进入新的发展时期。从中央到地方都出台了推动文化发展的政策。在国家层面上，2009 年 9 月，通过了《文化产业振兴规划》，强调要加快文化产业振兴的重要性和紧迫性。2011 年，党的十七届六中全会审议通过《中共中央关于深化文化体制改革　推动社会主义文化大发展大繁荣若干重大问题的决定》，研究部署了文化的建设与发展。2012 年 11 月 8 日，党的十八大专门强调了文化强国的战略思想，扎实推进社会主义文化强国建设。国家政策层面对文化产业发展的重视与支持，为文化产业的有序发展提供了良好契机，也有助于地方文化产业的发展规划。湖北省在"十二五"时期启动武陵山少数民族经济社会发展试验区建设，并提出建设"鄂西生态文化旅游圈"的战略思想。同时恩施州确立"三州战略"（生态立州、产业兴州、开放活州）等一系列政策和措施，这些都将极大地促进恩施州民族文化发展与经济繁荣。

基于上述背景，课题组对恩施州生态文化旅游产业发展的现状、问题和对策措施等进行了较全面的调查，以期为民族地区文化产业的发展提供参考。

一　恩施州生态文化产业发展现状

（一）恩施州生态文化资源概况

文化资源是文化产业发展的基础，文化产业的发展离不开文化资源的支撑。恩施州文化产业发展的根基——文化资源比较富集。文化资源是人们在历史发展过程中不断创造和积累的，反映当地传统、现代文化生活的一系列有形和无形的文化，既是文化延续发展和文化认同的根本，也是当今文化产业发展的基础和前提。恩施州作为武陵山区的少数民族自治州，从历史沿革发展过程来看，以少数民族聚居为主，多为土家族、苗族分布区，也包含汉族和其他的少数民族。各民族融汇交流发展，形成了鲜明多元的文化特征。恩施州文化资源优势不仅体现在自然生态资源上，而且还有丰富的有形和无形的文化资源。因此，厘清文化资源的概况对恩施州文化产业的整体发展具有重要意义。

1. 多样的自然生态资源

恩施州地处鄂西山地，西北与重庆相连，南靠湖南，东北接神农架，属云贵高原东延部分。该地区山多且地势险要，历史上就有"外蔽夔峡，内绕溪山，道至险阻，蛮獠错杂"之称。全州地势较高，三山鼎立，呈现北部、西北部和东南部高，而逐渐向中、南倾斜的状态。北部为大巴山脉的南缘分支——巫山山脉，东南部和中部属苗岭分支——武陵山脉，西部为大娄山山脉的北延部分——齐跃山脉。地貌多为喀斯特地貌，地下暗河、岩洞、沟壑河谷众多，山水环抱，溪峒相连。孕育了该地丰富的森林、水、矿产、药物植物等得天独厚的资源，营造了壮美的自然景观。如"坪坝营""大峡谷""腾龙洞""神农溪""巴人河""清江画廊""梭布垭石林""龙鳞宫"等等，这些依托丰富的自然资源的文化开发，有力地推动了文化旅游业的发展，也是文化产业发展新的增长点。

2. 历史文化资源积淀厚重

几千年的文明发展史，汉族、土家族、苗族和其他少数民族融汇、交流、发展，孕育了丰富多彩、底蕴深厚、独具特色的历史民族文化资源。在漫长的历史文化变迁中，留下了许多宝贵的文化遗产。据统计，恩施州地面历史文物数量众多，现有国家级文物保护单位 8 处、省级 57 处、州级 45 处、县级 176 处。这里既有远古"建始直立人"遗址，古巴人活动的历史遗留巴蔓子墓，以及土司文化的历史见证土司皇城，也有反映文化开放与包容的石柱观、朝阳观、千佛寺、武侯祠。还有历史文化价值深厚、民族元素浓厚的特色古建筑和历史古村落，如利川"大水井古建筑群落"、土家山寨"鱼木寨"、恩施市

“滚龙坝”、宣恩“彭家寨”、咸丰县官坝苗寨、来凤县舍米湖土家山寨、建始县高坪镇八角村等。这些历史文化资源在保护的基础上实现产业化运作，将进一步带动恩施州文化产业发展，促进经济繁荣。

3. 独特多元的非物质文化资源

有创造性地反映当地少数民族日常生活的传统民族民间歌舞，如跳丧歌舞撒叶尔嗬、梯玛神歌、摆手舞、八宝铜铃舞、哭嫁歌、劳动号子、山歌、咂酒歌、灯歌等；有极富地方特色的传统戏剧南剧、堂戏、灯戏、傩戏、柳子戏，还有其他民俗和生产生活技艺等。至今恩施州有 13 项非物质文化遗产列入国家级名录，51 项列入省级名录，102 项列入州级名录。这些文化资源表现出鲜明的民族文化特色，为文化产业发展注入源源不断的动力。

（二）恩施州生态文化产业发展取得显著成效

丰富的文化资源，为恩施州文化产业发展提供了良好的发展基础。近年来，恩施州通过对文化资源的产业化开发，在文化产业发展的各个方面都取得了较好成绩。

1. 文化产业增加值显著提升

恩施州在 2005 年就把“文化大州”作为发展目标，经过长时间发展，文化产业发展总体水平得到很大提升，文化产业增加值大幅增加。据统计，2013 年全州文化产业增加值 12. 25 亿元，文化产值增长率 15. 57%，文化产业增加值占地区 GDP 比重为 2. 22%①。

2. 民间文化资源的发掘、整理和开发成效显著

民间文化资源的产业化开发不仅具有经济效益，还具有社会效益。民间文化资源在现代化的冲击下，如果缺乏对其文化内容的挖掘与保护，将可能在时代潮流下面临危机。恩施州近年来积极推进民间文化资源保护与开发，加大财政支持，对民间文化资源进行普查，并在此基础上采取了一些针对性措施，取得了很大成效。如对恩施州古村落的保护与开发，2005 年 8 月，州政府把 20 个村列为生态文化保护村，并对全州的民族民间文化品种进行了重点保护，申报了一批非物质文化遗产。与此同时，恩施州各县市积极组织专业人员在深入

① 资料来源于恩施州文体局文化产业科。

调查文化资源的基础上，出版民族文化研究丛书14套共99本；授予民间艺术大师称号5批共49人。全州共有省级文化示范基地4个、州级文化示范基地3个、县市级文化示范基地4个。这些措施极大地促进了恩施州民间文化资源的保护和挖掘。

3. 生态文化旅游产业化发展较快

恩施州文化产业的发展目前主要通过文化旅游产业带动，通过发展生态文化旅游，社会效益逐渐提升。据统计，2013年恩施州接待游客2650万人次，增长20.6%，实现旅游综合收入147.4亿元，增长23.6%①。同时恩施州荣登新华网“最美中国榜”，获“最佳中国城市旅游目的地”称号。目前腾龙洞、大峡谷、神农溪被评为“灵秀湖北”十大旅游名片，初步形成了以“博览地质奇观、体验民族风情”为特质的旅游产品。宝石花风景漆筷等10种商品被认定为“灵秀湖北”旅游商品。在湖北省第一届少数民族特色旅游商品评选活动中，恩施州有38个商品获奖，其中土家西兰卡普披肩、硒源山玉叶春香白茶、木胎漆花瓶分获一等奖。利川市、恩施市还成功创建为中国优秀旅游城市。同时，恩施州还注意将民族传统文化资源与现代旅游相结合。各县市积极招商引资，通过项目带动，促进文化资源的挖掘与开发。如宣恩县对“八宝铜铃舞”项目投入资金50万元，结合狮子关旅游开发，对八宝铜铃舞进行挖掘、整理、保护和传承；巴东县通过重大文化项目带动战略，复建已淹没的三峡摩崖石刻等，来凤县重建了佛教遗址仙佛寺等。这些资源的开发将极大地推动文化产业的深度发展。

4. 文化产业的核心层有较大发展

文化产业的产业结构分为核心层、外围层和相关层。核心层包括新闻、出版、发行和版权服务，广播电视电影服务与文化艺术服务。近年来恩施州文化产业中核心层有所发展，如全州调频转播发射台达110座，电视转播发射台达116座，有线广播电视传输干线长度达22939公里，广播、电视综合人口覆盖率大幅提升。影视拍摄作品大幅提升，《神话恩施》《四季清江》《龙船调》《黄四姐》及电视剧《大水井》《血誓》等等，提高了恩施民族文化在国内外

---

① 在2014年1月12日在恩施州七届人大四次会议上讨论通过的《政府工作报告》，恩施新闻网，http：//www.enshi.cn/20130808/ca290279.htm。

的知名度，大大促进了恩施州文化产业的发展。同时，文化艺术表演优势突出，成果丰硕。2011 年至 2013 年，全州各专业艺术院团共计送戏下乡 3463 场，其中农村场次 2703 场，年均演出收入达 260 万元。

二 恩施州生态文化产业发展存在的问题

恩施州对文化资源的开发取得了显著的经济、文化、社会效益，但同时依然存在着一些较为突出的问题。

（一）文化产业认知程度不高

恩施州的文化产业尚处于起步阶段，各个阶层对文化产业的认识还有待提高。对文化产业的认识不足，极大程度上制约了恩施州文化产业的发展。部分领导缺乏对文化产业性质的足够认识，忽视了文化产业对经济、社会、文化发展的重要性。认为文化建设是“软任务”，既不会产生经济效益，也不会服务社会。口头上强调文化工作十分重要，但实质上并未对文化产业的发展做实质性工作。事实上，文化产业以其具有的资源消耗低、环境污染少、附加价值高、发展潜力大等特征，使其对经济的拉动不同于传统产业对经济发展的拉动方式。相对于传统产业而言，文化产业具有较强的拉动性和“溢出效应”，是当今世界公认的“朝阳产业”。对文化产业认识不足会严重阻碍恩施州文化产业的推进，尤其是新兴创意文化产业的发展。

（二）文化产业发展的整体规划不够

恩施州各县市的文化资源和经济发展有着不平衡性和差异性的特征，而恩施州文化产业的整体发展要形成合力就需要对产业化开发进行合理规划，促进资源优化配置，从而形成文化产业园区和文化产业带，推进文化资源聚集，形成规模效益。从调研情况来看，恩施州各县市文化产业发展缺乏整体规划，产业发展比较分散，难以形成规模，小规模发展的占大多数。普遍存在产业园缺乏，不知道哪里该发展文化产业，哪里可以发展文化产业等问题。与此同时，恩施州对文化产业发展的政策扶持力度还不够，现有政策的可执行或操作性不强，使不少外商虽然愿意到恩施来投资，发展民族文化产业，但是不清楚具体政策和可操作性方案，存在投资顾忌心理。另外，发展文化产业相应的土地、税收等扶持政策不完善，这些也在很大程度上限制了外来社会资本在本地发展文化产业的步伐，不利于恩施州文化产业的长远发展。

（三）文化产业发展的结构单一

恩施州文化产业的结构单一在于传统型产业较多，而创意型产业还有待提高比重。考察中了解到，宣恩县现有文化产业大多属于“传统型”和“作坊型”，具有地域文化特色的文化产业尚未形成。传统意义上的文化产业占有相当大的比重，主要以图书、影像等文化用品，网吧、餐饮、印刷、设计制作发布户外广告等为主，而网络文化、创意动漫、休闲娱乐、文化旅游、广告会展等高附加值的业态很少。又如建始县现有的文化企业及个体户中，多数属于传统产业，处于较低的发展阶段。而创意型产业蕴含着巨大的经济和社会效益，对于这样的产业应该加大重视，大力发展，提高其在文化产业中的比重。

（四）文化产业的品牌不突出

文化产品的特色品牌是文化产业在市场上发展的竞争力所在，突出的文化产业品牌对于提高文化产业的附加值，宣传民族文化，提高民族文化的知名度具有重要意义。恩施州现阶段的文化产业发展主要还是以旅游产业带动，但是在旅游产业发展过程中，文化品牌的形成依然存在着一些问题。最大的问题是旅游产品同质化、区域旅游产业同构化现象严重。旅游资源的文化内涵挖掘不够，缺少高品位、大规模、有鲜明特色的综合旅游产品，市场竞争力不够强大。如建始县工商局反映文化企业规模小，该县又是山区农业县，农业人口占总人口的80%以上，且外来居住和流动人口少，对文化产业的需求和消费面窄量小。由于文化企业规模小，难以带动当地农业人口的结构转型，文化企业影响效益不够，难以开拓市场，吸引更多外来游客，使该县文化产业发展较慢，缺乏足够的市场竞争力和特色品牌。目前，这类情况在恩施州的八个县市都普遍存在。

（五）文化资源的保护与开发不协调

由于多种原因，目前，恩施州的很多文化资源尚未被列为保护对象，且保护主体也多局限在政府部门。如巴东县民间收藏的上万件能反映该地历史文化底蕴的民俗文物没能得到很好保护，蕴含的文化内涵也没能得到挖掘与研究。另外，部分市场主体出于经济利益最大化的考虑，可能会对有价值的文化资源盲目开发，导致文化资源的浪费，影响了文化产业可持续发展。如一些企业在开发过程中更改原有文化传统，使原有文化资源失去其民族特色与真实内涵，过度迎合市场需求，导致文化产业的发展失去文化的本真性。同时一些地方的非物质文化传承人没有得到很好的尊重，导致一些非物质文化遗产面临传承人失传和传承人外流的情况，也影响了本地文化的传承保护与发展。

（六）体制机制不健全

文化管理体制滞后也是限制文化产业发展的重要因素。目前，恩施州文化产业的管理体制不顺，存在着两种分割。一是部门与部门之间的分割，即多个部门同管一个项目或一件事，导致在处理问题时各部门各自为政，只考虑自身部门的利益，部门之间难以达成一致，这严重限制了文化产业的发展。二是县与县的地域分割，主要表现在各县市对文化资源的分割。各县市都在以巴文化和土家文化为核心发展文化产业，但难以形成具有特色、上规模的文化产品。各县市旅游的发展应该共享地域文化资源，发展大旅游。但出于行政体制的分割，这种文化大资源的整合难以实现。

（七）文化产业人才严重不足

恩施州文化产业人才存在的问题，主要表现在两方面：一是人才总量缺乏，年龄结构不合理；二是文化产业专业人才少，人才引进与留住较难，本土人才外流现象较多。人才的不足极大程度地限制了恩施州文化产业的持续发展。

1. 人才总量严重缺乏，且年龄结构不合理

以巴东为例，全县统计在册的人才总量22605人，文化类仅占0.98%，县级正科级领导干部50岁以上的占25%，40~50岁的占50%，并且90%以上人员为专科以下学历。建始县6个文化事业单位中，编制总数94人，实际在岗人数62人，缺编人数占总数的34%，缺编最多的非物质文化遗产传承展演中心和县体校达到40%。文体局机关在岗公务员11人，50岁以上的6人，有3人即将退休；文化馆在岗8人，平均年龄52岁；展演中心在岗24人中适宜

继续留任舞台表演的仅 9 人，18～25 岁的舞台表演中坚力量完全没有，同时紧缺编创、技术、声乐等人才。

2. 文化产业专业人才缺乏，人才引进与留住难，人才外流现象突出

一是人才引进难，即使引进了最后还是会离开，难以留住人才。如宣恩县在招聘编创人员时将标准降低到45 周岁以下都没有人报名，并且招聘的人员很难满意。宣恩县在 2012 年的演艺人员招聘中，8 个人仅有 1 个比较符合条件。同时，本地人才还在不断外流，如巴东县以撒叶尔嗬闻名全国的谭学聪，已经离开了巴东县去其他地方从事文化工作。二是专业人才缺乏。如建始县目前全县文化产业专业队伍中，不论是管理人才还是经营人才都相对稀缺，特别是精通现代新兴文化产业的创业型人才和复合型人才奇缺，致使科技含量高的现代传媒、动漫游戏、数字视听、演艺娱乐、会展博览等新兴文化行业无法有效培育。

三　恩施州生态文化产业发展的对策建议

文化产业发展是一个长期过程，恩施州生态文化产业的可持续发展需要从多方面着手，有针对性地制定相应制度和发展策略，积极吸取有利的发展经验，克服不足，探索出适合自身发展特点的新路径、新方法。

（一）提高对文化产业发展的认识，增强文化自觉

费孝通指出，“文化自觉只是指生活在一定文化中的人对其文化有‘自知之明’，明白它的来历、形成过程、所具的特色和它发展的趋向，不带有任何‘文化回归’的意思，不是要‘复旧’，同时也不主张‘全盘西化’或‘全盘他化’”①。文化产业的发展，首先要提高对文化“软实力”的认识。重点是提高领导干部的认识，应切实把文化产业发展纳入经济社会发展的重要地位。在坚持以经济建设为中心的同时，也要自觉促进文化繁荣发展，以文化发展驱动经济和社会发展。政府在财政投资力度和政策落实方面，不应只有大政策、大口号，还应有具体、刚性、可执行的量化指标，要把宏观政策量化并切实落到

① 费孝通：《费孝通论文化与文化自觉》，群言出版社，2005，第 232 页。

实处。其次要提高当地族群对本土文化的认同，营造浓厚的多元民族文化氛围，形成多元的文化产业发展主体。

（二）切实做好文化产业的整体规划，促进文化资源的空间集聚和优化配置

恩施州文化资源丰富，在发展过程中应该综合运用文化产业所依托的“大资源”，促进文化产业发展的资源整合，做好文化产业发展的战略规划。恩施州所辖八个县市都属于武陵地区，主要以巴文化为主，在自然资源和文化资源方面具有很强的共存性。因此，在发展文化产业时，要通盘考虑整个区域的共性，而不能各自为政。同时要注重协同发展，找准各种资源的结合点，综合运用各种资源，推动文化产业集群式发展，从大文化、大资源、大环境的角度去规划文化产业。

（三）积极完善文化产业结构，促进传统产业的发展和创意产业的提升

在发展传统文化产业的同时，还需要走科技创新道路，推动创意型产业发展，提高文化产业的竞争力。一是要推动文化企业的科技创新，改善企业组织形式，组建有活力和有创新能力的大型文化产业集团，完善创新激励机制和现代化文化产品生产组织方式，提高文化产业的规模经济效益。二是要积极引进国外先进的文化服务技术、管理方法和文化项目，促进传统产业与现代创新型产业的结合，推动文化产品特色化，提升文化产业的整体实力和竞争力。

（四）加强对民族文化资源的发掘、整理和提炼，塑造特色鲜明的民族文化品牌

在经济全球化、市场国际化的当代社会，文化产业的核心竞争力就是文化品牌。文化品牌可以带来联动效应。恩施州文化产业的发展，最重要的也是如何打造响亮的文化品牌。文化品牌就是自我定位，一种明确的、独特的价值体系，贵在“精致”“独创”“特色”。如利川市腾龙洞的大型激光秀“夷水丽川”和恩施大峡谷的大型山水实景剧“龙船调”，就是打造品牌的最好例证。良好的品牌，可以拉长产业链，大大提升文化产品的价值，实现经济效益与社

会效益的融合。恩施州文化产业要形成自主创意品牌，需要充分结合本土传统文化资源特色，加上创意性的理念指导，实现传统与现代、人文与技术的高度融合。

（五）加强对文化遗产的法律和政策保护，促进文化产业开发与保护相协调

恩施州有很多物质文化遗产，如建始县的巨猿洞古人类起源地遗址，咸丰县的唐崖土司城，利川市的大水井、鱼木寨，鹤峰县的容美三洞和平山爵府，来凤县的摆手堂和佛山寺，恩施市抗战时期的湖北省临时省政府旧址等；非物质文化遗产方面，有土家族的西兰卡普、摆手舞、“撒叶尔嗬”跳丧仪式、享誉世界的优秀民歌《龙船调》等。这些文化遗产是极具价值的文化资源，具有无限的发展潜力。但在现代化和城镇化的冲击下，文化遗产又极其脆弱，极易受到破坏乃至消失。因此，对文化资源的合理保护是文化产业发展的前提。一方面政府应当加强法律的实施力度，落实国家和恩施州出台的有关文化保护方面的法律法规。二是出台政策，加强对物质文化资源的普查、修缮、申报工作。同时，加大对民间艺术大师给予的政策性补偿、奖励、表彰，授予其相应的文化荣誉称号，加强对文化传承人的保护与继承人的培养。

（六）遵循市场运作规律，加强文化产业市场的完善与监督，不断提高文化产品的市场化程度

要制定明确的文化产业主体进入市场的准入和监督机制，避免出现套取政策扶持资金发展非文化产业的现象。同时，恩施州的文化产业还需“充分借助市场运作机制和产业运作的力量，努力盘活和积极开发民间文化资源”。根据市场需求在不改变文化资源本质的基础上进行产业化开发，形成满足广大群众需求的特色文化产品。

（七）抓住政策机遇，加大改革力度，创新文化产业体制机制

党的十八大和十八届三中全会对文化建设与发展提出了新的目标，为地方文化产业的发展提供了良好的机遇和改革背景。恩施州文化产业发展面临的一个重要阻碍因素就是部门与部门、地域与地域间的分割，这对文化资源的整合

和文化产业的长远发展非常不利。因此，恩施州文化产业的大力发展必须打破文化产业中的行政分割，促进部门与部门之间、地域与地域之间的密切合作。改革文化行政组织管理制度，创新文化产业发展的体制机制，整合区域文化资源，进一步促进恩施州文化产业的发展。

（八）建立配套的文化产业发展专项扶持基金，增大文化产业的投入力度

一是要建立文化产业发展的财政支持政策，建立各级政府文化产业发展专项基金并确保逐年增长，引导、扶持各地文化产业加快发展；二是要落实文化产业发展的税收支持政策，按照有关规定，尽量对文化企业提供税收方面的优惠，促进文化企业发展壮大；三是要完善文化产业发展的投资支持政策。除向上级积极争取项目资金外，还需完善金融支持政策，落实差异扶持和贴息贷款等金融政策，为文化企业提供优惠和便利。

（九）创新文化产业人才培养机制，加大人才引进力度，着力培养本土人才

第一，制定文化产业发展的人才支持政策。一是引进优秀文化人才；二是鼓励企业与高校以及文化培训机构合作，开办文化人才实习实训基地，加强岗位技能培训，提高文化企业职工业务水平；三是选派人员到发达地区和文化产业发展较快的地区学习和培训，吸收和掌握先进经验，发挥骨干作用，引领文化产业发展。

第二，出台政策，为民族文化人才充分发挥作用提供平台支持。政府要注重发现、抢救、保护和扶持本土的民间文化人才。当地政府可以扶持有关文化企业，建立旅游民俗博物馆或有定期表演的舞台剧场，邀请民间艺术大师进行长期或定期表演。一要对其进行生活资金补助，二是通过这个平台让其实现创收。如巴东县有一位民间艺术收藏家，有一万多件从民间搜集来的艺术藏品，但是他暂时没有能力将其整理开发。这样的人才我们就需要挖掘和培养，这是真正热爱民族文化的人，热爱传统文化、本土文化的人。在宣恩县也有一位退休的老教师，有自己的小博物馆，里面有很多在恩施州博物馆都没有的藏品。

第三，加强民族文化的教育和传承。人是生产力中的核心要素。恩施州的

文化产业发展，最终需要州内各族人民的推动。因此，人们的文化意识、文化素质直接影响着文化产业的发展程度。在文化人才培养方面，各地教育局应做好民族文化教育工作，促进当地群众对本土文化的整体了解和热爱。尤其要加强对中小学生的民族文化知识普及教育，使其更好地传承、发扬本民族优秀传统文化。可以在全州中小学定期举办民族文化传播、教育活动，让每个青少年都参与进来，让每个人“讲一个本民族传统神话或历史故事、唱一首民族歌谣小曲、跳一个民族特色舞蹈”，这无疑能够激发青少年对于恩施州民族传统文化的热情和了解，对于民族传统文化的传承具有重要意义。

结　论

恩施州旅游资源丰富，生态环境优美，文化特色鲜明，民族风情浓郁。自“两路”开通后，旅游产业逐渐发展成为该州的支柱性产业。但目前，丰富的民族传统文化资源还有待进一步开发，与优美的自然生态的结合度还不够高。未来，通过科学的规划，精心的打造，充分的挖掘，必将满足游人多元化的文化精神需要，推动生态文化旅游向高层次发展。

B.25 贫困地区农村公共文化服务需求调研

——以贵州省为例*

贵州省委宣传部**

摘 要： 贵州省农村公共文化服务建设已初具规模，非物质文化遗产保护工作成绩显著。但农民群众对基本公共文化设施、参与公共文化活动、本民族公共文化产品及服务、人才培训等的需求并没有得到充分满足。本文建议完善顶层设计、建立公共文化服务长效机制，推出民族地区传统文化活动激活工

* 本文是贵州省委深入贯彻落实党的十八大精神，贯彻落实全国宣传部长会议、中央文化体制改革和发展工作领导小组第三次会议的部署要求的调研成果主报告部分。调研组围绕促进贫困地区公共文化服务体系建设实现快速发展的主题，结合贵州实际，通过深入调查研究，形成了“贫困地区公共文化服务体系建设”课题研究报告，为中宣部等国家部委提供决策依据和参考。

** 贵州省委宣传部组织课题组组长：李建国；副组长：袁华、索晓霞（贵州省社会科学院）。课题组成员：李桃（贵州省社会科学院）、郑迦文（贵州省社会科学院）、王登发（贵州省委宣传部干部处）、吕波（贵州省委宣传部文化改革发展办公室综合处）、张元雄（贵州省委宣传部文化改革发展办公室文化产业发展处）。

程、民族地区乡土文化人才激活工程、民族地区公共文化产品无障碍化工程等新工程。

关键词： 贫困地区农村公共文化服务　文化需求　长效机制　新工程

公共文化服务是满足人民基本文化需求、实现人民基本文化权益的主要途径。党和国家历来重视和关心贫困地区农村的公共文化建设。随着广播电视村村通、文化信息共享、农家书屋、乡镇文化站、电影下乡、送戏下乡等文化惠民工程的实施，贫困地区农村的公共文化设施得到改善，公共文化产品得到丰富。为更好地满足贫困地区农村的公共文化服务需求，保障农村广大农民的基本文化权益，根据中宣部的要求，课题组以贵州省为例，采取问卷调查和实地调研的形式，对贫困地区农村公共文化需求进行了调研。

一　贵州农村公共文化服务现状及评价

贵州是一个多民族省份，全省常住人口中少数民族人口占36.1%。贵州也是一个贫困人口较多的省份，全国592个贫困县，贵州就有50个，约占全国重点扶贫县的1/12。贵州省的国土面积17.61万平方公里，扶贫开发重点县占11.63万平方公里，占全省面积比重达66%；3469万常住人口中，有1776.21万人生活居住在扶贫开发的重点县，占全省人口的51.2%。尽管历史欠账多，经济发展水平相对滞后，贵州省农村的公共文化服务经过多年建设仍然取得了长足进步，农村公共文化服务建设初具规模。

（一）农村公共文化基础设施建设初具规模

截至2012年，贵州全省共有县级文化馆88个，新建县级图书馆（文化馆）68个、乡镇综合文化站1222个；① 建成全国文化信息共享工程村级服务点18369个。农家书屋18781个②，并实现行政村的全覆盖；建成乡镇公共阅

① 数据来源：《贵州省“十二五”文化事业和文化产业发展专项规划》。

② 数据为贵州省新闻出版局提供的《贵州省农家书屋工程建设情况汇总》，全省行政村数为17583个。

览室445个。全省完成103808个20户以上自然村的广播电视村村通工程建设，并于2012年启动128474个20户以下自然村的村村通建设。“十二五”期间，全省启动200万户广播电视直播卫星“户户通”工程建设，2012年共计完成电影下乡（2131工程）放映240372场次。

（二）积极探索农村文化建设资源整合

2012年全省建成集思想教育、科技培训、文体活动、休闲娱乐为一体，彰显综合性、开放性、多功能特征的“农民文化家园”2330个①。建成与党员远程教育、新农村示范点等资源共享的数字农家书屋700个。② 建成将广播电视村村通（含户户通）、有线数字电视、农村调频（应急）广播、农村电影公益放映等集中在一起，开展服务的“四位一体”广播电视综合服务站486个。

（三）非物质文化遗产保护工作成绩显著

贵州省非物质文化遗产保护的国家、省、市、县四级名录体系建立。截至2010年，全省共有世界级非物质文化遗产名录1项，国家级名录62项101处，省级名录440项，市州地级名录822项，县级名录3438项。国家级传承人46名，省级传承人198名。在2012年12月公布的第四批国家级非物质文化遗产项目代表性传承人名录中，贵州新增11名。入选项目及传承人，绝大部分处在贵州省的农村、民族地区。

（四）健身工程纳入农村公共文化建设

为满足广大农民对健身的需求，贵州省委、省政府将2011年“全民健身工程”列入“贵州省50项重点工作”和“十大民生工程”中的“公共文化服务体系建设”工程。贵州省体育局将200个“全民健身路径工程”、400个“村级农民体育健身工程”、40个“乡镇农民体育健身工程”建设任务分配到

① 2012年十件民生工程规划建设333个，加上2011年的1997个（贵州省文明办提供的数据），共计2330个。

② 但据省新闻出版局报送《贵州省农家书屋工程建设情况总结》一文中说“目前已建设数字农家书屋700个，2012年准备建设至少200个”，那么总数至少为900个。《全国农家书屋工程简报》2011年24期上，也提及当前建设数为700个。

全省 9 个市（州、地），4 个“雪炭工程”建设任务指定到县，共投入经费 4200 万元。截至 2011 年底，计划任务已经全部完成。全省“村级农民体育健身工程”从 2983 个增加到 3383 个，“全民健身路径工程”从 817 个增加到 1017 个，“乡镇农民体育健身工程”从 27 个增加到 67 个，国家“雪炭工程”从 14 个增加到 17 个，新增场地面积近 47 万平方米。①

课题组问卷调查和入户调研的结果显示，随着村村通、户户通、农家书屋等基础公共文化设施的实施和推进，看电视（31.7%）、读书看报（12.2%）、上网（10.3%）、听广播（8.6%）已成为贵州农民主要的文化生活内容。农民群众通过看电视、读书看报、听广播、上网实现了对时政新闻的知晓，电视剧、电影、农技知识、信息查询、娱乐节目成为农民群众集中关注的内容。

农民群众对公共文化建设的成就给予了充分肯定。在课题组收回的 1030 份调查问卷中，有 57.3% 的调查对象对所在乡村的公共文化服务设施给予了很满意和比较满意的评价，有 64.1% 的调查对象对所在乡村的公共文化服务产品及服务给予了满意和较满意的评价。

但是，入户调查和问卷调查数据显示，已建成的一些公共文化设施使用效率不高。目前，对乡镇综合文化站、村级文化活动室、图书室（农家书屋）、文化休闲广场、体育健身场所、阅报栏、宣传栏、广播站等综合使用效率不高，经常使用的占 33.8%，偶尔使用的占 28.6%，极少使用的占 13.5%，从不使用的占 9.1%。有 28.2% 的调查对象不知道所在乡村有公共文化设施，对面向农村的文化下乡、图书下乡、文化信息共享、科技下乡、电影下乡和以农民为服务对象的电视节目等公共文化产品及服务，尚有 23.7% 的调查对象不知晓。隐藏在这些数字背后的是公共文化服务在农村的错位、缺位和不到位，是进一步完善农村公共文化服务的客观历史需求。

二 贵州贫困民族地区农村对公共文化服务的特殊需求

农村的公共文化建设，应该以农民群众对精神文化生活的基本需求为出发点，以满足农民群众的基本文化需求、保障农民群众的基本文化权益、提高农

---

① 数据来源：《贵州年鉴 2012》，贵州年鉴社，2012。

民的思想道德和科学文化素质、丰富农村的精神文化生活为基本目标。调研后课题组发现，贵州农村的公共文化建设与过去相比有了长足进步，广大农民群众对公共文化服务建设给予了充分肯定。但是，农民群众的基本文化需求并没有得到充分满足，突出表现在一些基本公共文化设施缺乏，一些公共文化设施不能发挥作用，农村群众对公共文化的特殊需求得不到满足，广大农民没有机会参与经常性的文化活动，等等。农民一些基本的公共文化权益无法得到保障。要完善贵州农村的公共文化建设，必须对农民的基本文化需求有所了解。贵州是一个多民族的经济贫困省份，农村的公共文化建设有其特殊性。民族地区农村对公共文化服务的特殊需求是走特色化道路的现实依据。这种特殊需求主要体现在以下几方面。

（一）对基本公共文化设施和配套设施的需求

贵州农村由于自然和历史条件的制约，经济社会发展水平与发达地区相比有相当大的差距，许多地区还尚未脱贫，对农村的公共文化建设往往因为经费缺乏心有余而力不足。相关统计数据表明，贵州省在公益性文化事业方面的投入尽管有大幅度增长，但在全国范围内仍处于较低水平。2011 年全国文化事业费投入总额达 3926223 万元，其中中央为 184867 万元，地方共计 3741356 万元，但就排名来看，贵州位列倒数第七，为 74805 万元，排名第一的广东文化事业费达到了 337369 万元，为贵州的 4.5 倍。

贵州省人均文化事业费一直持续增长，但从全国范围来看，仍处于较低水平。2011 年，全国人均文化事业费为 29.14 元，贵州人均文化事业费为 21.56 元，未达全国平均水平，仅为上海的 1/5。

调研显示，贵州农村的公共文化服务水平与发达地区相比差别巨大。当江苏的永联村动辄投入上百万上千万修建文化中心、图书馆、休闲广场、戏楼等文化场所，并且实现了月月有演出、周周放电影、天天有戏看时，贵州许多行政村村委会却因经费短缺（一年的行政办公费只有 1 万元，大多数村没有村办企业，少有其他资金来源），不能满足村民们有一个公共文化活动小广场、配一些基本的音响和灯光、配一些村民们会弹会用的乐器的渴望。如雷山县全县文化活动经费一年只有 10 万 ~20 万元，全县 154 个行政村，目前只有 40 个村有芦笙场（传统文化活动场地）。一些群众在进行传统民族文化活动时只能到学校操场，活动不仅对学生的正常学习造成影响，也受到多方制约。侗族村寨堂安唱戏的戏楼摇摇欲坠，村里想修却没有经费。另外，在调研中，村民们对体育设施的渴求也特别强烈。但据反映，许多援助项目要求地方配套才能实施，由于村委会无财力配套建设，不少项目无法实施。对发达地区的农村来说，一年几万元的文化活动经费不是难事，但在贵州的许多民族村寨中，这往往就是个天文数字。村干部感觉最大的难处还不仅仅是建设费用。农村土地分到户后，一些村没有了公共用地，要建小广场还得向农民交土地征用费，这笔费用往往让许多村干部望而却步。调查数据同时还表明，文化广场是农民最愿意去的农村文化活动场地（14.7%），其次为农家书屋（12.5%）和文化活动室（11.3%），选择村寨空地（芦笙坪、晒谷场、鼓楼等）、河边、山坡等地的占17%，选择乡镇文化站的仅占4.9%，还有2%的人选择了祠堂、庙宇、教堂。

以上种种情况表明，要实现缩小城乡差异、同步小康的建设目标，仅仅依靠地方的努力是很难实现的，贫困民族地区农村公共文化服务的基础设施和配套设施建设需要有别于发达地区农村的财政扶持与保障。

（二）对参与公共文化活动的需求

现阶段，我国公共文化服务建设着眼于人民群众基本文化权益，把人民群众基本文化权益确定为听广播、读书看报、看电影、进行公共文化鉴赏、参与公共文化活动等内容，其目的是提高人民群众文化素质，激发社会创造活力。调查显示，当城市的市民们有着多样化的公共文化服务选择时，在贫困民族地区的广大农村，现有的公共文化服务建设重基础设施建设、轻管理、轻文化活动组织，缺乏长效机制，农家书屋、乡镇文化站等基本设施不能充分发挥作用，农民参与公共文化活动十分有限，但参与公共文化活动的愿望十分强烈。电影下乡（2131工程）农民虽然欢迎，但因为在制度设计上未充分考虑到贵州贫困山区的实施成本高的实际和运作上存在的一些问题，农民群众的参与度并不理想。送戏下乡送到乡村的极其有限。课题组回收的237份就农村公共文化服务提出具体需求和建议的问卷中，有101份问卷明确提出了修建文化健身广场等基本公共文化设施的要求，41份问卷明确表达了对公共文化活动的渴望。调查还显示，无论是基层文化馆还是乡镇文化站，还是村委会，对组织村民们参与公共文化活动都有到位的认识，但是，许多村没有专项经费组织活动，设备只能闲置，村民们只能有什么活动就参加什么活动。在少数农村，由于村里很少组织文化活动，教堂成为村里老人和孩子们经常的去处，教堂每周的礼拜成为老人和孩子们常常参与的活动。由于没有活动的组织，一些建成的文化广场长满野草，一些乡镇文化站配置的乐器成为摆设，一些农家书屋的读者寥寥无几。在个别地区，传统的文化活动（如斗牛）被人组织成为赌博活动。调研中同时发现，由于农民对文化活动的需求强烈，民间有一些文化和文艺积极分子自发组织起来进行活动，多数村都有 3～5 个群众文化组织，如老年协会、舞狮队、花灯队，等等。但这些群众性组织开展的活动往往处于一种自发和自由状态，活动内容有待丰富，活动组织有待规范。针对农村文化活动缺乏和村民对文化活动的巨大需求，一些组织已经开展了市场化运作的积极探索，为农村提供有偿的文化活动服务，虽然也丰富了农村的文化生活，但村民们有能力的掏钱消费，没能力的只能靠边站。以上种种，离保障农民公共文化基本权益显然还有相当的距离。

（三）对特殊公共文化产品及服务的需求

调查显示，以全国统一标准建设农村公共文化服务体系，不能很好地满足民族地区农村对公共文化的真正需要。贵州是一个多民族的地区，不同民族有着不同的文化传统和文化需求，民族地区农村由于语言、文化素质、文化传统、生活方式的特殊性，文化活动呈现室外性、活动性、传统性的典型特征，对公共文化服务有着特殊的需求。这些特殊的文化需求主要集中在以下方面。首先，对公共文化建设与传统节日文化活动紧密结合的需求。少数民族的传统节日不仅仅是单纯的娱乐性活动，其中渗透着强烈的民族感情，是各民族感情的纽带，因此，传统节日具有广泛的参与性和深厚的群众基础。贵州许多民族有着丰富的传统节日文化活动，随着打工潮的兴起，中青年人多外出打工，村里往往成为空心村，节日文化活动只能依靠村委会或文化积极分子组织，但是这些活动往往因为缺乏必要的活动经费而开展不好。许多村的传统节日文化活动场，如苗族村寨的芦笙坪、侗族村寨的鼓楼或传统戏台很难听到芦笙响、侗歌唱。苗族村寨郎德上寨的村支书反映，芦笙是村里各种公共文化活动经常使用并且为村民们喜闻乐见的传统乐器，但芦笙的使用周期有限，每隔几年就必须维修或更换。由于没有费用，村芦笙队的芦笙坏了，无法维修与更新。没有经费，文化活动组织的经常化说起来很容易，做起来很难。其次，对公共文化服务的民族语言需求。如对电影下乡、文化下乡、科技下乡的民族语言同步翻译的渴望，对电视的民族语言同步翻译的渴望。调研中获悉，民族地区农村的老百姓对民族语言翻译的电影很欢迎，但是，贵州省唯一一家进行民族语言电影翻译的黔东南民族语电影译制中心却因改制归为黔东南电影公司，尽管有高端的设备，有到位的认识和规划，但经费问题难于解决，很难留住人才。与此形成鲜明对照的是，经过民族语翻译的盗版碟在乡场上往往一抢而空。再次，对民族语乡村广播站和乡村大喇叭的渴望。许多村民、村干部都很渴望能像计划经济时代一样，村里有乡村广播站和全村人在田间地头就能听到的大喇叭，既能听到新闻，又能听到音乐，还能进行政策的宣传和教育。虽然贵州省已经开始在农村实施村村响工程，但主要目的是用于应急，文化生活的内容很少，更谈不上有民族语言的广播。据了解，贵州目前有 700 万少数民族人口使用本民族语言，其中有 260 万人听不懂或不能完全听懂其他民族的语言，更谈不上看懂汉语图书和汉语电影。

（四）对农村文化专业人才和乡土人才进行培训的需求

入户调查和问卷调查的数据显示，民族地区农村公共文化建设对文化人才培训的需求体现在两个方面。一方面，急需文化惠民工程的文化管理人才和专业人才，保证文化惠民工程能够真正发挥作用。在贵州民族地区农村的调查表明，乡镇综合文化站严重缺乏管理人才和专业人才。不少乡镇文化站虽然修了房子，配了设备，也有了编制，但是管理人才和专业人才的缺乏，使许多文化站不能充分发挥其职能。为文化站配的崭新乐器往往成为摆设，无法发挥作用。黔东南州 206 个乡镇文化站（含 7 个精神文明活动中心），共有编制 337 名，而实际在岗人员仅有 273 名。不仅人数不够，而且仅有的人也因为身兼数职，无力专心于文化站工作。很多人只有在上级文化部门进行业务安排、督导、检查时才能回到其工作岗位上来。乡镇文化干部多数在编不在职，或身兼数职，村（社区）文化室则基本“有室无人”。调查同时发现，在民族地区的广大农村，并不缺乏土生土长的农村乡土文化文艺人才。许多行政村都有 3～5 支群众自发组织的文艺队伍活跃在传统的节日活动中，如有芦笙队、侗歌队、舞狮队、花灯队、侗戏队、腰鼓队等。这些文艺队伍往往自编自演、自生自灭，没有专人指导，它们非常渴望得到培训和提高的机会。

（五）对现当代文化的需求

入户调查显示，民族地区农村的青少年群体，对现当代科技文化的渴求格外强烈。年轻的村长渴求能在互联网上为自己的村建个网站；村委会主任希望能够得到费用，在村里建个电子宣传栏；不少年轻村民希望能通过手机及时掌握农经信息，可以免费上网查阅数字图书馆。“村村通”“户户通”工程是目前农民使用较为便捷、使用率较高的公共文化基础设施，也是满足村民们对现当代文化需求的便捷通道，但是由于工程建设的长效机制尚未建立，国家和贵州省对“村村通”和“户户通”工程建设只是投入设备资金，而没有配套建立相应的维修服务体系。因此，所建的接收站都不同程度地存在“滑坡”现象，出现了边建边垮的局面。预计到2015年总量将达到600多万座，如此庞大的数量，如果不能建立农村广播电视直播卫星长效服务体系，当接收设备出现故障后，将无法保障故障设备的维修工作，直接影响农村群众正常收看收听电视广播节目，并出现新的覆盖“盲点”。另外，由于贵州省经济欠发达，各级地方政府财力有限，从2008年到2012年，大部分市（州）、县均未落实工程建设配套资金，对“村村通”“户户通”工程的实施造成影响。要满足贫困民族地区农村对现当代文化的渴望，保障该地区农民群众的文化权益，有针对性的农村公共文化服务长效机制的建立势在必行。

三　贫困民族地区农村公共文化服务建设的建议

完善贫困民族地区农村公共文化服务建设，是文化大发展大繁荣的客观历史需求，是构建美丽中国的重要内容之一，更是实现中央明确提出的2020年前基本建成公共文化服务体系和全国同步全面建成小康社会目标的重要任务，结合课题组在贵州贫困民族地区进行的需求调研，对完善贫困地区农村公共文化服务建设提出以下建议。

（一）完善顶层设计，积极探索贫困民族地区农村公共文化服务建设的特色化发展道路

针对贫困民族地区公共文化服务建设基础差、难度大，历史欠账多，民族

文化传统多样，地方政府受经济发展水平制约投入能力有限的现状，建议中央政府积极探索特色化发展道路，完善顶层设计，加大对贫困民族地区的扶持的工作力度，加快缩小城乡差异和地区差异，实现贫困民族地区农村公共文化服务的跨越式发展。贫困民族地区农村公共文化服务建设的特色化发展道路，必须以保障贫困少数民族地区农民的基本文化权益、满足贫困少数民族地区农民的基本文化需求、实现贫困民族地区农民基本文化权益为出发点；以提高贫困民族地区农民的思想道德和科学文化素质，增强中华民族的凝聚力，巩固和发展平等、团结、互助、和谐的社会主义民族关系，促进民族团结和社会稳定，构建社会主义和谐社会，构建具有民族特色和地方特色的公共文化服务体系，推动多元一体的中华文化大发展大繁荣，丰富中国特色的文化发展道路为最终目的。

完善制度设计，首先要实现五个转变。一是将送文化的单一模式，转变为送文化、育文化、养文化的三结合模式，将现代文化与农村传统文化和民族文化进行有机融合。二是将重建设轻管理、重政绩轻成效的建设管理模式转变为重需求、重成效的建设管理模式，构建农村公共文化服务的长效机制。三是将政府大包大揽的模式，转变为政府主导、社会参与、群众广泛参与的模式。健全有效文化服务供给机制，推进供给主体多元化，促进产品供给丰富化，做到供给方式多样化。四是将过去单一的自上而下的建设模式完善为自上而下与自下而上相结合的模式，解决供需错位、供需缺位和供需不到位的矛盾。五是将过去整齐划一、标准化的文化服务转变为提供农民看得懂、用得上、喜闻乐见并广泛参与的多样化、多层次的文化服务，满足农民对公共文化服务在内容、形式、提供方式的特殊性需求。

（二）拓展贫困民族地区农村公共文化服务的新路径

一方水土养育一方文化，生机勃勃的文化传统是创造性的源泉。要想让先进文化和现代文化在广大农村生根发芽、开花结果，要想使肥沃的民族民间文化传统成为中华文化多样性的活态基因，要想使公共文化的建设呈现百花齐放的繁荣景象，应该积极探索将贫困民族地区农村的公共文化建设与民族民间文化传统进行有效结合的多样化途径，将贫困民族地区农村的公共文化建设与对优秀民族民间文化资源的发掘、整理、保护传承和开发利用结合起来。

贫困民族地区农村的公共文化服务建设，要提高针对性，突出特殊性，强调多元性。要结合贫困民族地区民族民间传统文化活动特点，建设多样化、具有民族特征的公共文化活动载体，要依托扎根于广大农村的乡土文艺人才开展经常性的文化活动，要创建民族地区农村公共文化服务的长效机制。为此，建议在贫困民族地区推出公共文化服务工程，具体可以通过以下途径实施。

一是在公共文化设施的建设上，除继续推进“村村通”、“户户通”、“雪炭工程”、文化资源共享、数字农家书屋、乡镇文化站等基本设施建设外，建议针对民族地区农村文化活动的特点，由政府投入，建设具有民族特色的公共文化设施。如新建或改建苗族的芦笙坪、侗族的鼓楼、戏楼等传统的群众文化活动场所。配置相应的民族文化活动器材，如芦笙、铜鼓、演出服饰等。并配置群众喜闻乐见的乐器和基本的音响设施、灯光设施和便携式音响等等。整合资源，在推进农民文化家园建设的同时，打造多样化的特色文化家园。

二是在公共文化产品的提供上，由过去提供产品为主转变为扶持群众广泛参与的活动为主，并将对这些活动的扶持与民族传统节日文化紧密结合起来，保证文化活动与农民生活的紧密相关性、文化活动植根于民族民间文化传统、文化活动的广泛参与性、文化活动的经常性和文化活动的多样性。要充分发挥活跃在民间的文化传承人、民间艺人的文化影响力，利用贵州丰富的活态民族民间文化资源多姿多彩的文化表现形式，依托具有广泛群众基础的民族民俗节日，调动民族民间文化能人、文艺积极分子和群众自发文艺组织，鼓励对优秀传统文化的传承与创新，积极开发具有民族传统和地域特色的刺绣、蜡染、剪纸、绘画、陶瓷、泥塑、雕刻、编织等民间工艺项目，积极组织民族歌舞、戏曲、杂技、花灯、舞狮舞龙等民间艺术和民俗表演项目，实施特色文化品牌战略，培育一批文化名镇、名村、名园、名人、名品。创建有鲜明地方特色和民族特色的公共文化服务。

三是结合少数民族地区社会管理的特点，依托少数民族地区社会管理的传统资源，建立公共文化服务的长效机制，保证公共文化设施的运行和维护，保证文化活动的常态化。如文化管理人才的队伍建设、民族乐器的购置与更新、民族民间群众文艺团体的调动与管理、民族民间文艺文化人才的培训等。

四是用规划进行统筹。整合多方资源，集中力量在设施、活动（产品）、服务和管理上搞好民族地区农村的公共文化服务建设，实现五个结合：少数民族文化的传承发展与核心价值观的结合，城镇化建设与公共文化建设的结合，扶贫脱贫、生态移民与公共文化建设的结合，信息化、数字化、现代化与公共文化建设的结合，美丽乡村建设与公共文化建设的结合。保证农民的基本文化需求，鼓励发展市场化的乡村文化产业，实现公共文化与文化产业的互相促进、共同发展。

五是用投入提供保障。民族地区多为贫困地区，特别是广大农村，公共文化设施的建设、运行、维护和公共文化活动的开展都面临经费困难的问题，建议中央财政加大对民族地区农村公共文化服务体系建设的投入力度，提高公共文化服务保障能力。民族地区农村的公共文化服务建设，长期以来因为地方配套无法实现而步履艰难，建议取消地方政府配套的做法，由国家根据规划专项投入，并预留出足够的建设后运行费用和维修费用，保证项目的实施能够达到预期目标。与此同时，民族地区农村的公共文化服务建设，也要多渠道积极争取社会投入。建议设立城乡共建农村公共文化服务体系的援建专项基金。

六是用绩效指标体系进行农村公共文化建设的内部运行控制和外部监督，促进公共文化产品质量和效率的提高。该绩效评估体系应该包括三个子评价体系：①以农民对公共文化服务的满意程度为主要内容的评价体系；②以政府对农村公共文化生产、供给、组织绩效考核为主要内容的评价体系；③将评估与监督有机结合起来，建立包括党委政府、社会服务对象、新闻媒体、第三方评估机构等多方参与的监督评估体系。绩效指标体系的建立和实施，可以提高对公共文化服务评估的科学性、客观性与监督的有效性，从而促进公共文化服务体系建设。

（三）由国家层面统筹规划，纳入财政扶持范围，推出贫困民族地区农村公共文化服务建设的新工程

一是贫困民族地区特色文化广场建设工程。结合地方文化特点，没有文化活动广场的新建文化广场，有活动广场需要改建扩建的进行改建扩建，为贫困民族地区农村提供基本的结合地方特色的公共文化活动空间。

二是民族地区传统文化活动激活工程。少数民族传统节日文化是具有广泛群众基础的经常性文化活动，通过人才培训、比赛组织、政府购买等方式，激活民族地区的文化活动，在农村形成文化活动不断、文艺人才不缺、群众广泛

参与的公共文化良性发展格局。

三是民族地区乡土文化人才激活工程。加强对县、乡、村专（兼）职文化工作者和业余文化工作者的培训和相关从业人员的教育。

四是民族地区农村公共文化建设“村村响”工程。根据民族地区农民对乡村广播的需求，在实施农村无线广播“村村响”工程，发挥其应急功能的同时，完善其文化功能，增加民族语言的农村广播节目播出。

五是民族地区公共文化产品无障碍化工程。目前，贵州省在电影下乡上已经开始此项工作，在民族地区广受欢迎，但经费有限，人力不足，范围有限，推进速度很慢，远不能满足民族地区农民群众的特殊文化渴求。建议加大投入，扩大范围，培训组织相关部门和人员对公共文化产品进行民族语翻译。

六是民族地区农村公共文化信息服务平台工程。提供供需信息的及时通道，实施公共文化服务的双向监管。

七是民族地区农村公共文化服务绩效评估指标体系建设工程。建议贵州省采取公开招标方式，积极组织相关科研院所和各高等院校从事文化研究的专家，联合农村文化管理部门及农村文化实际工作者，充分调研，协同作战，共同攻关。

B.26

丝绸之路经济带建设中民族文化资源转化文化产品研究

——以甘肃临夏回族自治州为个案

马东平*

摘　要：甘肃临夏回族自治州文化资源丰富，主要集中在历史文化、民族民俗文化、宗教文化、黄河文化、非遗文化和地质遗迹文化。在丝绸之路经济带建设中，文化产业无疑是发展的重头戏，而民族地区丰富的文化资源转换为文化产品，优劣势、机遇和挑战并存，只有通过顶层设计和政府引导、整合资源和错位发展、文化创新与推介宣传、资源开发和文化保护的途径，加快民族地区文化产业发展。建议促进民族地区文化产业发展，需要加快人才培育，增加资金投入，打造文化品牌，文化与旅游产业融合，引进市场机制和理顺管理渠道。

关键词：丝绸之路经济带建设　民族文化资源转化文化产品　甘肃临夏回族自治州

丝绸之路肇始于古代，但直到近代，德国地理学家李希霍芬把一条全长7100余公里，始于中国古都长安，直达地中海东海岸安都奥克的陆上交通，命名为“丝绸之路”。现在行政区划中的甘肃省是丝绸之路在中国的主要途经地和核心区，丝绸之路甘肃段有1600多公里，占其全程总长度的1/5。丝绸

* 马东平，回族，博士，甘肃省社会科学院研究员，研究方向为民族社会学、民俗学。

之路文化是甘肃最具品牌影响力的特色文化。

临夏回族自治州位于甘肃省中部西南，总面积8169平方公里，现有人口200多万。丝绸之路在甘肃境内分北线、南线和中线，其中古代南线丝绸之路从长安出发，过陇关、上邽（今天水）、到狄道（今临洮）、经枹罕（河州），穿西宁，越大斗拔谷（今扁都口）至张掖。河州是临夏过去的称谓，临夏自古以来就是丝绸之路要冲，历史悠久且文化深厚。

历史上丝绸之路的悠久和繁华一度造就了临夏的茶马互市，确立了其“西部旱码头”的地位。现在，随着丝绸之路经济带的倡导和建设，发挥自身独特的资源优势和文化优势，融入“丝绸之路经济带”，努力打造并成为丝绸之路经济带上的重要板块和节点，对于临夏州意义重大。

一　甘肃临夏回族自治州的特色文化资源类别

（一）历史文化

临夏回族自治州历史悠久，文化底蕴丰厚。“半山文化”“齐家文化”因最早在临夏发现而命名。临夏回族自治州境内的广河县、东乡县等地处大通河流域，可以称得上是我国新石器文化中一块未多开垦的中华文化源头。中国历史博物馆里珍藏的国宝“彩陶王”也出土于临夏，故临夏又有中国“彩陶之乡”的美誉。

临夏还有许多中华史前文明的传说。在我国最早的史书《尚书·禹贡》中，记载大禹“导河（黄河）积石，（临夏回族自治州有个积石山保安族撒拉族自治县）至于龙门，入于沧海”，在临夏至今都流传着许多大禹治水的传说。这些关于临夏的历史文化资源是临夏发展文化产业的资源宝库。

（二）民族（民俗）文化

临夏回族自治州现有31个民族聚居，少数民族人口占59.2%，其中信仰伊斯兰教的穆斯林人口占57%。临夏集中的大量信仰伊斯兰教的穆斯林与丝绸之路息息相关。在元末明初，那些被元代蒙古人西征带进来的大量中亚、西亚地区信仰伊斯兰教的牧民、商人、手工业者被迁徙到今临夏地区，和当地的汉族、蒙古族等民族融合形成了现在这些信仰伊斯兰教的回族、东乡族、保安族。

这些民族在临夏回族自治州保持着鲜明的民族民俗文化，例如：围清真寺而居的居住格局，产生了保持传统民居风貌和承载历史文化的八坊传统民居；临夏也集中了甘肃特有民族——保安族。

（三）宗教文化

临夏宗教文化多元。直到目前，伊斯兰教、基督教、道教和藏传佛教寺院都在临夏存在，并拥有一定信众，其中伊斯兰教及其文化尤其突出。临夏自清朝起就是西北穆斯林经堂教育的中心，在中国穆斯林文化交流中起到重要作用。伊斯兰教三大教派、四大门宦及其分支俱全，素有“中国小麦加”称誉。各具特色的清真寺、拱北等伊斯兰风格建筑遍布州内，是伊斯兰文化的重要标志。悠久的历史深刻彰显了临夏伊斯兰文化的魅力。

临夏回族自治州境内的炳灵寺位于丝绸之路陇右段南线必经之地，是中国著名的石窟寺，号称全国四大石窟之一，甘肃省把麦积山石窟、炳灵寺石窟这两大石窟作为世界文化遗产项目进行了申报，这也是临夏将来发展文化产业的重要资源。

（四）黄河文化

临夏回族自治州境内分布有黄河支流大夏河和洮河，临夏地区是黄河上游重要的水源补给区和生态安全屏障。黄河在境内的流程达 102 公里，其中包括西北最大的水上娱乐基地和休闲度假胜地——黄河三峡旅游风景区。州境内建设的刘家峡水电站不仅是西北电力网的枢纽，也是黄河上的一道现代风景线，还是展示黄河第一水电文化和治水文化的平台。

（五）非遗文化

“花儿”又是临夏回族自治州所拥有的另一文化宝藏。它是以临夏为中心的西北的回、汉、东乡族、保安族等多民族共创共享的民歌，而临夏被学术界认定为是“花儿”的起源地和主要传唱区。所以临夏有“中国花儿之乡”的称号，其中临夏州的康乐县和政县是“中国花儿保护基地”“中国花儿传承基地”，积石山保安族东乡族撒拉族自治县、永靖县被联合国教科文组织确定为“民歌考察采录地”。2006 年“临夏花儿”成为中国首批非物质文化遗产。2009 年“甘肃花儿”被评为世界“非遗”项目，它也是甘肃省拥有的第一个世界级“非遗”项目。

临夏民俗文化积淀丰厚，除了世界级非物质文化遗产，还有砖雕、保安腰刀等国家级非物质文化遗产，并且砖雕已经形成相当规模的文化产业。

（六）地质遗迹

甘肃临夏回族自治州在中古时期气候温暖潮湿，境内留下了丰富的、举世罕见的古生物化石。2009 年 8 月，甘肃和政古生物化石国家地质公园项目获得国家批准建设。2012 年 11 月，该地质公园建成通过国土资源部验收。2013 年 8 月，和政古生物化石国家地质公园被国土资源部命名为第三批国土资源科普基地。

2014 年，《临夏古生物化石地质走廊旅游总体规划》专项规划完成，进一步提升地质遗迹和古生物化石资源保护开发利用水平，努力打造“临夏古生物化石地质旅游走廊”。

二　丝绸之路经济带建设中甘肃临夏文化资源转换中的机遇与优势

（一）政策机遇

长期以来，国家在政策、项目、资金方面对临夏给予了大力支持。随着新一轮西部大开发的实施，2010 年，国务院办公厅出台了《关于进一步支持甘肃省经济社会发展的若干意见》（国办发〔2010〕29 号），在这个文件中将临夏州定位为重点扶贫攻坚区。《扶持人口较少民族发展规划（2011－2015 年）》（民委发〔2011〕70 号）将临夏州积石山等县常居的保安族、撒拉族、土族纳入扶持范围。随着国家对文化产业和事业支持力度的加大，国家文化部、财政部 2014 年发布了《藏羌彝文化产业走廊总体规划》，临夏也被纳入其中；甘肃省也出台了《甘肃省加快文化大省建设的若干政策规定》等一系列扶持文化事业及促进文化产业发展的政策。

还有，随着国家提出丝绸之路经济带的建设，2014 年临夏州及时分析本地区纳入丝绸之路经济带建设的优劣势，并编制了《“丝绸之路经济带”黄金段盛世伊园（临夏）建设（路线设计）方案》，提出了“131”（一区、三中心、一通道）建设布局，也体现了大力发展文化产业的发展思路。

（二）资源丰富

毋庸置疑，从地理来看，作为青藏高原和黄土高原交接处的临夏回族自治州手握五张文化名片，这些文化资源都具有世界性、唯一性、独特性和历史渊源性。以马家窑彩陶、齐家文化和半山文化为主的新石器文化，以世界级非物质文化遗产“花儿”和国家级非物质文化遗产砖雕为主的非物质文化，以“中国小麦加”享誉海内外的伊斯兰文化为代表的民族宗教文化，还有以黄河明珠刘家峡为主的黄河绿色生态文化和以和政古生物化石为代表的地质文化。

（三）发展基础

临夏文化资源丰富，风俗习惯古朴，文化风韵纯正，文化价值潜力巨大。近年来，政府和社会各界逐步在形成合力，应用各种途径积极地将地方文化资源转换为文化产品。临夏州以“节会搭台、经贸唱戏、市场运作、企业为主”的方式，首次举办了古生物化石保护挖掘开发展示学术研讨会、中华龙舟赛、中国临夏黄河三峡超级六项山地户外挑战赛、中国西部花儿艺术节等国际国家级节会，正在抓紧论证实施请 11 位两院院士担任州政府顾问，临夏的对外形象和发展魅力得到充分展示。

（四）地缘优势

临夏古称枹罕、河州。临夏回族自治州处于青藏高原和黄土高原的交界处，在地理上和生态上，乃至文化上都是连接不同文化形态的中间地带，自古就是丝绸之路要冲、唐蕃古道重镇、茶马互市中心。汉时的“羌中道”、南北朝时期的“吐谷浑路”均经过临夏，临夏回族自治州的东边是中原农耕民族，而西边和南边则分布着藏族等历史上的游牧民族。临夏历来就是连接中原和藏区，乃至中亚西亚的咽喉地带。丝绸之路曾经的繁荣创造了临夏的辉煌历史，而这种历史的遗留也将在未来国家丝绸之路经济带的建设中使临夏显现特殊的地位和作用。

三 丝绸之路经济带建设中甘肃临夏文化资源转换中的挑战和不足

（一）基础较弱

经济社会发展是民族文化资源转化为产品，文化相关产业得到发展的基础和前提。从全国发展水平来看，临夏回族自治州社会经济发展水平低，在全国30个民族自治州和全省14个市州中处于末尾。由于存在大量的贫困人口，临夏回族自治州也是甘肃省集中连片特困扶贫攻坚难度最大的片区。2013年，全州完成生产总值171亿元，固定资产投资307亿元，地方性财政收入11.5亿元，农民人均纯收入3803元，城镇居民人均可支配收入13610元，主要经济指标远远低于甘肃、全国平均水平，处在全省14个市州和全国少数民族自治州后列。

（二）人才缺乏

人才是生产力。要发展文化产业，把文化资源转换为文化产品，关键是有相关的人才。而临夏州人才缺乏是发展文化产业的瓶颈。临夏州存在人才总量不足、人才结构不合理、人才分布不均匀等突出问题。全州专业技术人才中，大学本科以上学历人员和高级职称专业人才所占比重小。专业技术人才占总量的29.6%，高级职称1182人、占3.9%，专业技术人才中教育、卫生系统专业技术人才占84.6%，而农业、林业、畜牧等行业专业技术人才缺乏，仅占15.4%。在各类人才中严重缺乏高新技术人才、科技产业化人才、高级经营管理人才。①

（三）资本缺乏

把民族文化资源转换为文化产品，需要资本的支持。而对于民族地区来说，

① 资料来源于甘肃省临夏回族自治州州人事局。

资本支持体系不完备，金融总量小、实力弱、存贷比低是主要问题。2013 年，临夏州金融机构存款余额 351.92 亿元，贷款余额 229.2 亿元，存贷差达 122.72 亿元，存贷比仅为 65.13%，信贷倒挂与中小企业贷款难的问题十分突出。全国 12 家股份制商业银行在临夏回族自治州至今都没有设点，是个空白。而地方的金融服务体系存在比较严重的结构缺陷，三大政策性银行在临夏州只有农发行，四大商业银行收缩网点、撤出县域。虽然民间资本比较活跃，但地方金融机构几乎处于空白。所以，文化企业发展和产业培育普遍存在贷款难、融资贵的问题。

（四）开发不足

临夏州有五张文化名片，以马家窑文化为代表的历史文化、世界非物质文化遗产“花儿”和国家级非物质文化遗产砖雕、民族民俗文化、黄河绿色文化和古生物遗址文化。在这些文化中以马家窑文化为代表的新石器时代文化只存留在概念之中，有庞大的遗址和文物，但对遗址的开发、保护力度极弱；对于世界非物质文化遗产“花儿”的文化资源没有形成系统的、多层次的开发和保护，相关的文化资源转换为文化产品甚至没有找到市场；以伊斯兰文化为核心的民族民俗文化在宁夏、新疆等地同质化的激烈竞争下还没有找准地域性民俗文化发展的文化符号和文化产品。

四　丝绸之路经济带建设中甘肃临夏文化资源转换的实现途径

（一）顶层设计和政府引导

文化产业不同于其他产业，它的发展相对见效慢，需要一个漫长的培育期。而且对于地区文化产业发展，应该是强力表现“国家在场”，应用政府的财力、物力、组织保障力和协调力高度策划，强力落实，逐步推进。从国内外文化产业的发展经验来看，发展文化产业都是政府扶持和引导下去的成效居多。所以，地方政府应站在战略高度，立足全省乃至全国的产业政策，对地区文化产业进行统筹规划、合理布局，制定相关的文化发展规划，提出区域文化产业的发展目标。

（二）整合资源和错位发展

作为一个地区文化资源的盘点和转化，应该把基于相同文化特质的文化资源进行整合。例如，对散落在临夏州广河、东乡、积石山等地的同类史前文化资源进行整合、优势聚合，在文化资源转化为文化产品的过程中，做好文化的点和线规划。在整合文化资源的同时，还要错位发展，每个文化产品突出自己的独特性，哪怕是同类文化资源的开发。

（三）文化创新与推介宣传

发展文化产业不是简单地做地域性文化盘点，而是要研究这些文化的属性和在社会尤其是现代社会中的价值。在把文化资源转化为文化产品的过程中，要研究哪些文化可以开发，提取文化符号，推出文化产品；哪些文化只能满足人们的精神需求，不具备开发文化产品的前景。在文化产品的开发者充分保护文化的前提下，通过再现历史场景、提炼文化符号、发展创意产品等途径，将丰厚的文化资源转化为文化产品、文化产业。

在当今的信息时代，要充分发挥媒体的各种功能。在宣传渠道上，既要关注推进新闻、出版发行、广播影视、文化艺术等传统媒体传播渠道，还应该加快网络、文化休闲等新媒体传播渠道，以此加强对临夏文化资源、文化产品的推介和宣传。

（四）资源开发和文化保护

发展文化产业必须要进行文化资源的开发和利用，对文化的开发和利用就要使许多文化，尤其是那些濒临灭绝和“不可复制”的文化进入商业化领域，这样的过程就免不了使许多的珍贵文化资源消失和灭绝得更加迅速。在临夏，“花儿”是世界级非物质文化遗产；但随着现代化的发展，传统社会生态的消失，被多个民族传唱的“花儿”已经逐步被人们遗忘。作为一种民歌形式，创新也被质疑，特别是“花儿”的文化场域——“花儿会”已经形成不了群众自发的传统意义上的“民众的狂欢”，更是一场政府组织的宣传会议，失去了民间文化的特质和魅力。所以，基于对临夏“花儿”及其相关文化产品的开发和利用中的问题和尴尬，我们在对文化资源转化为文化产品的过程中，必须树立“先保护，后开发”的原则、进行适度的利用，不能让地域文化或者民间文化的瑰宝在发展文化产业的大潮中加速灭绝。

临夏对世界级非物质文化遗产“花儿”的倾力打造，其中一项就是建设“河州花儿文化艺术苑”，总投资1.2亿元。临夏州将通过各种形式的融资，规划分三期建设花儿民族文化展示长廊，其中包括河州花儿培训楼、旅游风情演出广场、花儿创意排练基地，通过对世界级非物质文化遗产“花儿”的开发、保护和传承，发展相关的文化产业，为文化资源转化为文化产业探索一条新路。

五　丝绸之路经济带建设中甘肃临夏文化产业发展的思考

（一）加快人才培育

“人才是生产力”，尤其对于文化产业发展，人才更是发展的瓶颈。临夏州作为一个欠发达的民族地区，不仅缺乏高层次的文化经营复合型人才，由于相关职业教育的落后，也缺乏大量能够熟练投入到文化行业中的普通职业者。要加快人才的培育，首先要改善人才发展的环境。社会环境的改善不是一朝一夕能够完成的，要通过提高人才引进的待遇、给予人才成长的更多平台、以人为本的管理理念等来吸引人才；在培养和引进文化产业而发展所需的资本运作、创新研发、项目管理等方面高层次人才和紧缺人才的同时，也要通过学习深造、挂职锻炼、专家指导等方式，培养一批熟悉资本运作、人力资源管理等专业知识的后备人才。积极开展与大专院校的合作培训，提高文化产业企业经营管理人才的水平。

（二）增加资金投入

2014年，临夏回族自治州实施500万元以上重点建设项目841项，总投资1496.76亿元。按照行业类型分，其中：农林水利生态135项，总投资142.84亿元；交通74项，总投资269.79亿元；能源26项，总投资59.8亿元；经贸流通、就业和社会保障69项，总投资110.46亿元；社会事业102项、总投资

98.37 亿元；城镇基础设施 170 项，总投资 195.15 亿元；工业产业和开发区 108 项，总投资 192.19 亿元；房地产开发 114 项，总投资 392.18 亿元；其他 43 项，总投资 37.03 亿元。2014 年，全州计划开展前期工作项目 455 项、估算总投资 1271.35 亿元。①

从以上国家的投资来看，主要的投资和建设都集中于基础设施建设等方面，如果有文化产业方面的投资，也就是在其他 43 项投资的 37.03 亿元中。当然道路建设、场馆建设等方面的基础设施建设也是发展文化产业的基础环境，但从项目资金看，国家资金直接投向相关文化产业的就较少。而就目前民族地区的社会发展状况来看，发展文化相关产业还必须是要“国家在场”，加大资金投入。

（三）打造文化品牌

在民族资源转换为文化产品的过程中，要发掘民族地区的特色文化元素，强化品牌意识，促进文化产业集约化、规模化发展，保护与传承和创新发展相结合。在这方面，临夏也积累了一些经验。例如，对国家级非物质遗产——砖雕的开发利用已经走上了市场化、规模化道路。临夏现有“能成砖雕公司”“神韵砖雕公司”“青韵砖雕公司”等三大生产砖雕龙头企业。其中，临夏神韵砖雕公司，2013 年完成总产值 3800 万元，生产传统手工砖雕 5700 平方米、仿砖雕预制构件 16400 平方米、工艺品 4400 件，实现主营业务收入 2450 万元；临夏能成古典建筑装饰工程有限责任公司，近 900 多人从事雕刻安装，年产值达到 1.7 亿元，已经成长为一个把文化资源转化为文化产品、走向成功的民营企业。临夏砖雕文化产业园建设规划占地 300 亩，计划总投资 2.5 亿元，部分工程现已开工建设。

民族地区在充分利用地方文化资源发展文化产业、树立文化品牌的时候，要注重对民族文化品牌和工艺的知识产权保护，一旦从民族文化资源中提炼出民族文化符号和元素，并挖掘出发展文化产业的内涵，就要从多角度、多层次积极地进行包装和宣传，确立品牌地位。

① 资料来源于甘肃省临夏回族自治州发改委。

（四）结合文化旅游

在民族文化资源转化为文化产业的过程中，文化和旅游要深度结合。文化是旅游的灵魂，旅游是文化的重要载体。在丝绸之路经济带建设中，临夏必须要利用自身丰富的文化资源，通过一定的创意开放，使文化资源价值翻倍增长。

目前，临夏政府和社会各界群策群力，着力开发甘肃复兴厚和政中藏药文化旅游产业园，充分利用本地区丰富的中藏药材资源培育和中藏医药产业，推动当地旅游资源多样化；建设广河县齐家文化产业园项目和远古海洋生物化石博览园，突出研发生产、文化旅游、休闲娱乐、爱国主义教育，开发建设文化生活体验基地、积石山大墩峡保安族民俗文化产业园，以文化旅游为载体，集中打造以民族风情、特色民居建筑、黄河奇石、彩陶王文化、民族用品展示、特色清真餐饮为特色的文化品牌。形成集观光、旅游、休闲、营销为一体的多业态、互动式的民族特色浓郁的主题文化产业园。特色文化和旅游的结合使临夏州成为丝绸之路游、西北民族风情游、青藏游和“星月之旅”的黄金热线，为整合文化旅游资源，发展壮大文化旅游产业提供了得天独厚的条件。

（五）引进市场机制

民族地区在把民族文化资源转化为文化产品、发展文化产业的道路上，国家要大量投入资金，各个方面要体现“国家在场”；但同时也要引入市场机制，提倡多种所有制并行，搞活市场。临夏回族自治州历来商业发达，多种所有制经济在临夏有良好的运营基础。例如，临夏手工仿古地毯在甘肃省是发展较早和生命力较强的文化产业，随着原材料和劳动力的上涨，手工地毯加工举步维艰。为了进一步发展，临夏市兴强地毯有限责任公司贷款近一亿元，引进高档威尔顿仿手工机织地毯生产线项目，2014 年 9 月实现生产。该公司通过产业升级，力争到 2020 年完成“高档威尔顿仿手工机织地毯生产线”达到 10 台（套）进口机制地毯生产线。项目完成后年产值可达到 3.6 亿元，完成年销售额 3.5 亿元，创利税 9800 万元，从业人员达到 20000 人。

要将民族地区文化资源转化为文化产品，首先应鼓励多渠道的资金参与。同时，国家应该制定相关的财税、融资等政策，对于民族地区文化产业发展给予一定倾斜，并积极培育选择具有潜力的文化企业重点扶持，以培育规模化、集团化的大型文化产业企业，形成示范带动效应。

（六）拓宽融资渠道

大力培育各类投融资主体，积极争取国家投资和鼓励社会投资，进一步推进投融资市场化改革进程。抓好国家对民族地区出台的一系列政策的落实工作，争取国家和省更多项目和资金支持。规范政府投资管理，充分发挥政府资金的杠杆作用，吸引各类投资主体向文化产业领域投资。

按照市场经济规律，探索激活民间资本的措施办法，拓宽民间投资的领域和范围。建立健全民间投资服务体系，引导民间资本积极发展村镇银行、小额贷款公司等新型金融机构。将招商引资作为消除资金制约、加快文化产业发展的最有效手段。

加快信用担保平台建设，建立适应企业和个人融资需要的多层次综合性担保体系，降低信用评级成本，提高企业融资效率，形成以企业为主体的多元化投融资机制。

（七）理顺管理渠道

管理也是生产力。在国家层面上，文化产业发展主要集中在文化部为主的相关部门。在甘肃省级层面上，文化产业的相关管理集中在宣传部为主的部门中。而到地区，文化产业的管理主要在地方文化局等单位。所以，从中央、省级和地方的文化产业发展规划、管理来看，管理渠道并不太顺畅。管理渠道不顺畅就会导致确立文化产业项目难，规划落实有折扣，存在落实力度不足，甚至落实效果不明显的缺陷。所以，我们建议民族地区发展文化产业国家层面文化部起主导作用；在省级层面，把发改委、文化厅也纳入到相关主导管理部门中。文化要发展为产业，必须进行项目规划和项目立项。而文化产业在运行中，在同一个文化系统会使政令更加畅通，更有落实力度。

B.27

丝路回乡特色文化产业带构建

——基于对宁夏城镇的调研分析*

许立勇　王瑞雪　牛　茜**

摘　要：依托丝绸之路沿线丰富的文化资源，调动各方力量，推动丝绸之路文化产业带建设，契合国家建设丝绸之路经济带总体部署，加快特色文化资源整合力度，打造宁夏丝路回乡特色文化产业带，具有重要的示范意义。宁夏地区挖掘黄河文化、回族文化、西夏文化、丝路文化及生态文化等文化资源，初步形成固原市、银川市南北两个特色文化产业带轴心，吴忠市、中卫市东西两个特色文化产业带轴心，接近菱形的网络集聚格局雏形显现，形成总部经济模式、文化资源密集型“活化”模式、“文-产”融合模式及生态文化旅游模式四种特色文化产业发展模式。总体上宁夏特色文化产业发展尚处于初级阶段，在新型城镇化进程中，需要特色文化产业进行填充。

关键词：丝绸之路　特色文化产业　宁夏　城镇化　布局

《国家新型城镇化规划（2014～2020年）》提出“文化传承，彰显特色”的原则和“依托陆桥通道上的城市群和节点城市，构建丝绸之路经济带”的要求。2014年8月26日，文化部和财政部联合颁布《关于推动特色文化产业

* 本文为文化部“十三五”文化改革发展规划预研课题“新型城镇化进程中文化建设指标构建”、2014国家财政项目“新型城镇化视域下文化建设指标体系及采集分析系统研发”（立项号：CASTI-2013-03）成果。

** 作者单位：许立勇，国家行政学院；王瑞雪，中国艺术科技研究所；牛茜，中国传媒大学。

发展的指导意见》，指出“按照国家建设‘丝绸之路经济带’总体部署，依托丝绸之路沿线丰富的文化资源，调动各方力量，推动丝绸之路文化产业带建设”，提出“形成若干在全国有重要影响力的特色文化产业带”的要求。文化部文化产业司巡视员孙若风提出，推动中国文化产业去寻找故乡。依托宁夏丝路回乡资源，加快资源整合力度，打造宁夏丝路回乡特色文化产业带，示范意义重大。文化部“十三五”文化改革发展规划预研课题“新型城镇化进程中文化建设指标构建”调研组于2014年9月16~21日对宁夏境内的银川市永宁县、固原市隆德县、中卫市沙坡头镇、吴忠市清真产业园等特色文化产业情况进行了调研。

一　宁夏特色文化产业带分布现状

宁夏地区自然风光独特，文化资源丰富，是丝绸之路的重要节点，黄河文化、回族文化、西夏文化、丝路文化、贺兰山文化等历史文化氛围浓厚。近年来，宁夏回族自治区以“文化强区”建设为目标，活化利用特色文化资源，初步形成固原市、银川市南北两个特色文化产业带轴心，吴忠市、中卫市东西两个特色文化产业带轴心，接近菱形的网络集聚格局雏形开始显现。

固原市作为中国与中亚5国政府联合申报丝绸之路为世界文化遗产的捆绑申报点，拥有面积达1650公顷的北朝、隋唐墓葬群等文物群，丝路文化资源丰富。固原博物馆中珍藏的文物就有国家一级文物123件，国宝级文物3件，藏品以春秋战国时期北方系青铜器和北魏、北周、隋唐时期丝路文物最具特色，镶宝石金戒指、环手铁刀、波斯银币、罗马金币等均为中亚、西亚传入我国的舶来品。依托固原市文化资源优势，现在已经基本形成沿萧关、开城遗址（开城乡）、固原古城、须弥山等为依托的文化旅游、历史寻踪经典路线等特色文化产业带，以固原回医回药加工基地、华夏遗址文化产业园（伏羲崖）、隆德县杨家店民俗文化村、固原宋家港、六盘山人家红崖老巷子为五大特色文化产业核心，进行“一带五核”布局。

银川市是国家级历史文化名城，先后规划建设中华回乡园、镇北堡西部影城、新科动漫基地、银川西夏城4个国家级文化产业示范基地，有银川文化城、西塔古玩城等文化产业聚集区5处，有银川市西夏艺术制品厂等11个自

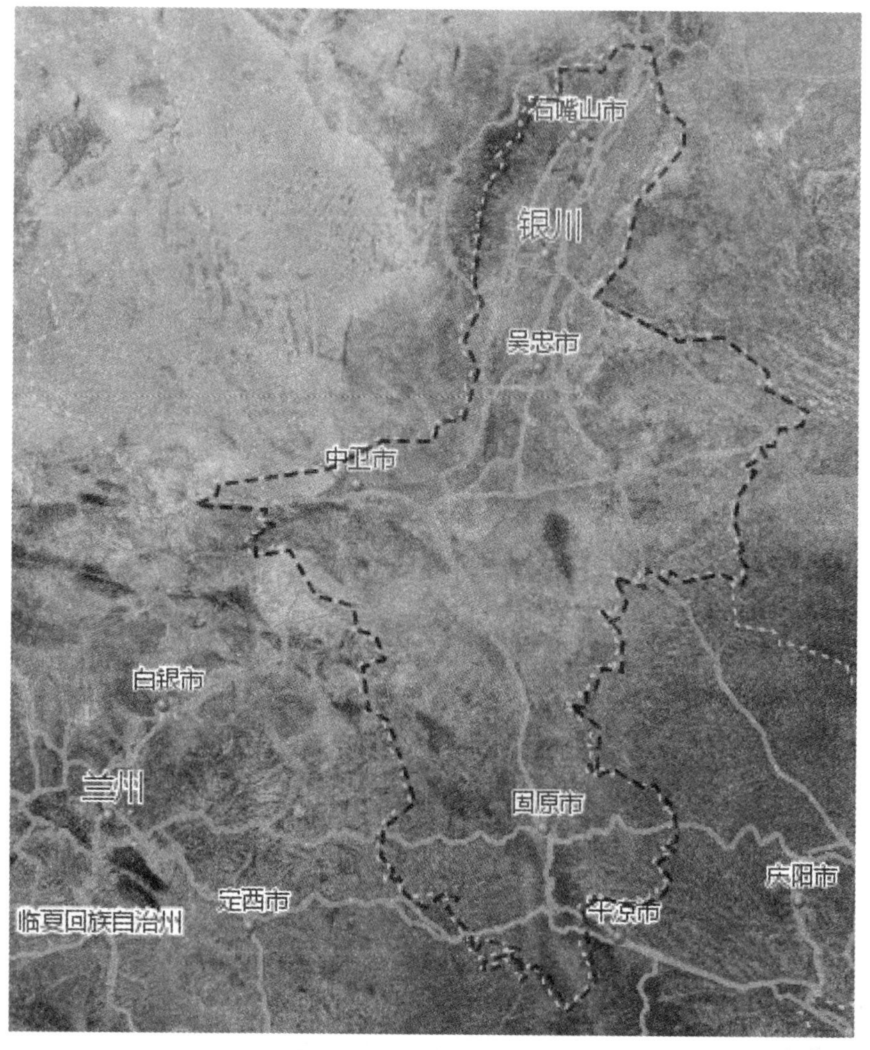

图1　宁夏回族自治区示意

治区文化产业示范基地。2012 年银川的文化产业增加值占到 GDP 的 2.9%，文化产业法人单位已达 1734 家，从业人员 10 万。银川市正在依托贺兰山、黄河自然地理优势，打造贺兰山东麓百万亩葡萄文化走廊、玉泉葡萄小镇等，进行特色葡萄产业带的布局。银川中阿之轴文化景观大道正在建设之中。以葡萄文化走廊为一带，以中华回乡文化园、西夏遗址、水洞沟遗址、玉泉葡萄小镇为四大亮点的“一带、多基地、多集聚区”格局初步形成。

吴忠市依托宁夏内陆开放型经济试验区和银川综合保税区建设，以清真为主题，以产业为支撑，经过一期、二期建设，成功打造成中国（吴忠）清真产业园，且园区内的清真产品已远销国内外地区。同时，吴忠市政府在保护原居民民居基础上，统一规划建筑门面和整修道路，积极配套公共设施，成功建设“穆民新村”，并创新使用“家访式”民俗旅游体验模式。全村 54 户、近 300 人全是回族穆斯林，是名副其实的“穆民村”，被宁夏回族自治区文化厅授予“文化产业特色村”称号。吴忠市初步形成以中国（吴忠）清真产业园为核心，以“穆民新村”为亮点的“一园一村”格局。

中卫市生态文化旅游产业发展迅速，2014 年 7 月中卫市旅游局、迎水桥镇政府合署办公，联合成立沙坡头旅游经济开发试验区，面积为 335 平方公里，覆盖全镇，同时下属沙坡头旅游产业集团，形成“四位一体”的建设管理架构。镇里管事业，旅游局管行业，试验区管产业，集团管实业，分工合作。中卫还引入了龙头企业港中旅，以增资扩股方式持有沙坡头景区公司 51% 的股权。2014 年，沙坡头景区游客数量达 110 万，较上年增幅为 36%，旅游收入达 2.3 亿元，增幅为 42%。迎水桥镇被宁夏回族自治区文化厅命名为唯一的“文化产业特色镇”。中卫市以生态文化旅游为特色、以沙坡头景区为核心的“一镇一区一业”的联动格局初步形成。

综上，依托银川市、固原市、吴忠市、中卫市的特色文化产业带布局，宁夏回族自治区初步形成近似菱形的网络格局。

二　宁夏特色文化产业发展模式分析

宁夏回族自治区在探索特色文化产业带布局过程中，依托独特的文化资源，形成了以下四种特色文化产业发展模式。

（一）省会城市的总部经济模式——银川市

总部经济是一种具有高端性、知识性、集约性、创新性的经济，产业关联效应强，通过“总部——制造基地”功能链条辐射带动生产制造基地所在区域发展，由此实现不同区域分工协作、资源优化配置的一种经济形态。近年来，银川市依托贺兰山东麓的自然、人文、旅游等独特资源，以世界知名葡萄酒产区为目标，贺兰山东麓百万亩葡萄文化长廊建设迅速起步，总部优势凸显。其中，西夏王、加贝兰、御马、贺玉、贺东、类人首等知名葡萄酒品牌总部均设在银川，“西夏王”公司总部设在宁夏黄河金岸玉泉葡萄特色小镇的核心区内，并吸引轩尼诗等世界著名品牌企业纷纷入驻。

银川市依托人才、科技及经济优势，培育宁夏文化科技创新总部。例如银川培育广告文化产业园、801 文化创意产业园等文化创意孵化平台，银川宏强广告传媒有限公司、银川视博数字影像科技有限公司、宁夏盛世龙媒广告有限公司等40 余家广告龙头企业已经正式入驻。801 文化创意产业园则依托宁夏大学、北方民族大学等丰富的创意与创业人力资源，对接“创意”与“创富”“创业”。银川形成的文化产业总部经济基础，将带动省域整体文化产业竞争能力的提高。

（二）贫困地区的文化资源密集型“活化”模式——固原

恩格斯曾说过：“经济上落后的国家在哲学上仍然能演奏第一提琴。”固原市虽然经济上落后，城镇化率低，农业人口占总人口的 84.3%，是国家西部大开发重点扶贫地区；但是具有深厚的文化底蕴，是文化资源密集区。其中，须弥山石窟保存有形制各异、大小不等的洞窟 162 个、造像近千尊，与国内著名敦煌莫高窟、云冈、龙门、麦积山等石窟齐名，2007 年被列为“丝绸之路”申报世界文化遗产预备名录。

固原市依托文化资源密集优势，形成了传统“活化”的发展模式。首先，固原市对传统文化进行传承与利用。隆德县是“中国现代民间绘画之乡”“中国书法之乡”“全国文化先进县”，农民至今还保留着利用闲暇时间在家写字作画的习惯，民间书画创作氛围明显，书画课列入了中小学课程。2013 年底隆德的文化产业总产值达到3200 万元，同比增长 6.67%，接待游客 30.2 万人（次），实现旅游社会总收入 3100 万元。其次，丝绸之路申遗促使当地政府重新认识到丝路文化传承与利用的重要性。自 2009 年开始，宁夏投资 5600 万元进行须弥山博物馆和古丝绸之路保护工程建设，建筑面积 5550 平方米、展示面积 4500 平方米的“须弥山石窟博物馆”也已建成，充分展示丝绸之路与佛教石窟艺术文化。最后，固原市作为一个村落聚集地，如何活化古村落问题至关重要。从 2010 年 8 月开始，依托红崖村厚重的历史文化与独特的建筑风格，以“千古隆德县，百年老巷子”为主题，以打造“红色旅游景区，保护历史文化名村”为理念，采取“政府引导、部门建设、客商配合、共同打造”等形式，开发建设的六盘人家红崖老巷子历史文化名村。现在宁夏隆德红崖村的“老巷子”被誉为宁夏最美的老巷子。

（三）工业型重镇的“文-产”融合模式——吴忠市

吴忠市是宁夏回族自治区的重要工业城镇，是中国回族主要聚居区之一。加快文化创意产业与其他产业融合，是加快发展文化创意产业、转变经济发展方式、实现区域经济结构转型升级的内在要求。加快推进“中国回族之乡”吴忠市“文-产”融合，引导回族文化产业发展是实现吴忠市工业转型的重要路径。

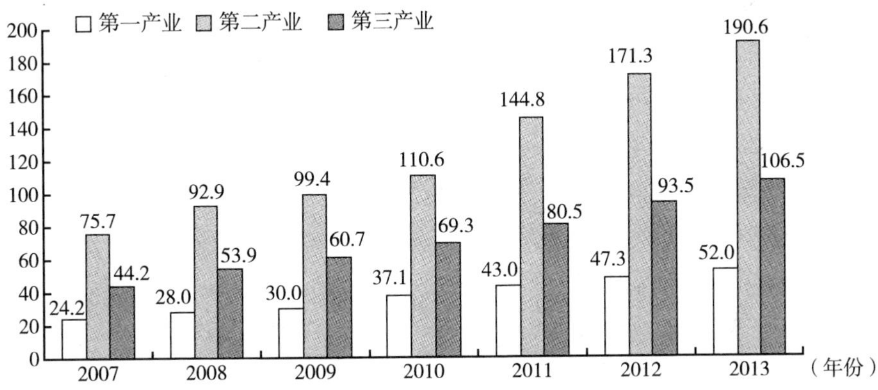

图2　2007~2013年吴忠市地区三次产业生产总值

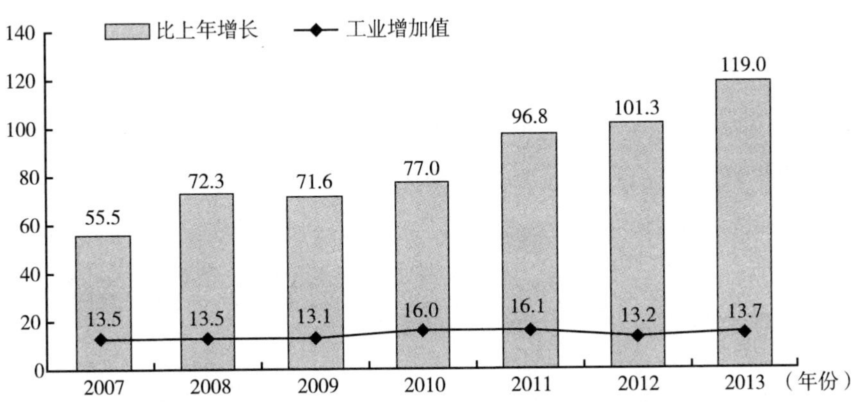

图3　2007~2013年规模以上工业增加值及其增长速度

依托宁夏内陆开放型经济试验区和银川综合保税区条件，在吴忠金积工业园区基础上，积极引导回乡文化与工业相融合，以回民需求为导向，重点发展清真产品。清真产业园区的产品包括食品、服装鞋帽、日用品等，在包装、商标及Logo等方面与设计紧密结合，形成了创意设计与商品融合的特色文化产业模式。同时围绕清真产品认证研发、生产加工、展示交易等功能定位，规划建设清真产业公共服务平台，产业园区的产品远销新疆、浙江、广东和马来西亚、阿联酋、印度尼西亚、沙特阿拉伯及非洲等国内外地区。在中国（吴忠）回乡文化园园区内，设置有居住区及配套设施区，围绕原清真寺建设了宗教礼拜区，充分考虑了在地宗教文化的信仰和传播。

（四）生态文化旅游模式——中卫市沙坡头

沙坡头位于宁夏回族自治区中卫市，腾格里沙漠东南缘，濒临黄河，是草原与荒漠、亚洲中部与华北黄土高原植物区系交汇地带，面积约为1060平方公里，占腾格里沙漠面积的0.02%左右。2005年《中国国家地理》曾推出“中国最美的地方”，宁夏沙坡头入选。沙坡头地区拥有丰富的沙漠文化、黄河文化、丝路文化与草原文化资源。沙坡头以文化为魂，以旅游为本，以生态为血液，成功塑造沙坡头景区。

生态伦理学主张大自然中的一切事物都是相互联系着，几乎每个事物都在保持自然秩序方面有自己的作用。因此，差不多所有的物种都有意义，都有资源价值。① 1955年中国科学院沙坡头沙漠研究试验站在中卫市建站，研究沙漠化治理。1984年中卫市建立沙坡头保护区，面积1.3万余公顷。2008年以来，中卫市组织科研攻关，到2010年在沙漠边缘平沙整地两万多亩建设腾格里沙漠农业科技示范园区，建成日光温棚1200座，沙漠弓棚400多座，在亘古荒漠里创造出绿色奇迹。沙漠设施大棚已成为当地农民增收致富的重要方式。沙坡头果蔬因口感好、品质高、绿色有机无污染广受沙坡头游客欢迎，远销海内外，进一步丰富了沙坡头文化旅游业的生态价值及品质，“沙害”成为“沙利”。

---

① 朱海玄、刘芳芳：《生态文明城市建设的生态伦理学基础研究》，《2008中国城市规划年会论文集》。

瓦尔特·本雅明提出传统艺术不仅具有膜拜价值，经过机械复制更具有展示价值。近年来，中卫市依托沙坡头景区旅游资源，深度挖掘沙漠文化、黄河文化、丝路文化与草原文化，开发腾格里湖、金沙岛、通湖草原等体验游景区资源，形成了以沙漠旅游、黄河漂流、豪华游艇、直升机、热气球、农家乐等“水陆空”旅游项目互为补充、多样业态组合的黄金旅游线路，开始由单纯观光型向参与式、体验式新型业态转变。景区印制和拍摄了《沙坡头黄河故事》《沙坡头治沙名人传记》《沙坡头历史文化渊源追溯》等文化作品。同时，沙坡头景区以科学技术为支撑，在“数字化沙漠博物馆”采用最新工程及材料技术，对展厅摆设和造型进行设计和制造。遵循沙漠原型，将“麦草方格”治沙模式原型和沙坡头治沙全貌缩小版搬入玻璃展柜。运用信息数字技术，打造生态体验项目，例如运用现代3D、4D技术打造沙尘暴直观视觉感官体验项目。在项目配套方面，沙坡头景区利用沙漠特质和城镇特色，筹划打造主题酒店，饮食供应均选用当地特色食材，如蒿子面等。

三　宁夏特色文化产业带建设优化建议

宁夏的特色文化产业带格局初步形成，但是从整体上看，还处于“文化事业填充”阶段。首先，文化产业发展观念意识不强。固原作为中国与中亚5国政府联合申报“丝绸之路”世界文化遗产的捆绑申报点，对自身特色文化资源仍然采用原始保护方式，缺乏“活化”利用意识，重视程度不高，这也间接导致固原点申遗失败。其次，缺乏特色文化产业统计及标准。银川市、吴忠市等的特色文化产业无法从工业或者工业园区中剥离出来，产业融合中的文化贡献率无法衡量。另外，小微企业的贡献在统计数据中也被忽视，目前国家统计局工业统计的企业起点标准已由以往的主营业务收入500万元人民币抬高到2000万元，这导致小微企业面临的现实经营困境在统计数据中无法得到充分体现。再次，宁夏特色文化产业的支持不足。以“特色文化产业”或者“文化产业”名义申报建设用地的项目很难得到落实，特色文化小微企业融资贷款困难，还不具备完善的人才培养机制。最后，宁夏各地级市之间的联动程度不够，特色文化产业带布局还比较分散，网点之间的链接缺乏驱动力。

针对以上问题调研组提出如下建议。一是放开理念，用市场化配置资源的

意识去认识地方文化建设，认识特色文化产业的重要性，以特色文化产业填充新型城镇化产业转型升级后的空白。文化产业和文化事业是文化发展的一体两翼，在丝绸之路经济带的建设中，不仅要有文化事业支撑，更要有文化产业思维引领。同时文化事业也要引入文化产业化形式进行运营，才能高效、持续和长久。二是借鉴联合国教科文组织的《文化统计框架－2009》，国家统计局《国民经济行业分类》（GB/T 4754－2011）、《文化及相关产业分类（2012）》等行业政策及标准，根据文化及相关单位生产活动的特点，加快对文化产业进行界定和行业梳理，鼓励组建各市县文化统计部门，加快对特色文化产业的具体统计工作。三是完善特色文化产业发展政策。鼓励城镇建设中将特色文化产业发展用地纳入土地利用总体规划和城镇规划，为特色文化产业发展预留土地空间；加快落实《文化部　中国人民银行　财政部关于深入推进文化金融合作的意见》《财政部文化产业发展专项资金管理暂行办法》等国家文化金融政策，以及《宁夏回族自治区党委宣传部等九部门关于进一步加强我区文化产业金融服务工作的意见》《宁夏回族自治区文化厅关于鼓励和引导民间资本进入文化领域的实施意见》等地方文化金融政策；依托知名培训机构、专业院校、科研院所和本地宁夏大学、北方民族大学、宁夏理工学院等高校，建立文化人才联合培养机制，通过资金补助、师资支持等多种形式，支持各地工作室、文化能人、艺术大师开展特色文化产业人才培训班；取消贫困地区的文化产业 GDP 绩效考核制度，尤其是国家扶贫区固原市的特困县、乡等地区，尽快制定特色文化产业对地方贡献率、对文化资源活化利用程度等人文 GDP 综合考核指标。四是尽快建立区域特色文化产业协同发展机制。通过举办中阿合作论坛、阿拉伯艺术节以及丝路文化活动，如“丝绸之路文化旅游博览会”、丝绸之路民歌（花儿）歌会、丝绸之路文化旅游产品展、丝绸之路演艺产品创新等，加强中阿国际合作以及其他省市的协同。

习近平主席 11 月 8 日在北京举行的“加强互联互通伙伴关系”东道主伙伴对话会上宣布中国将出资 400 亿美元成立丝路基金，并强调要加强“一带一路”务实合作。打造宁夏丝路回乡特色文化产业带，是“丝绸之路经济带”建设的必然要求，对探讨西部新型城镇化建设的特色文化产业驱动路径，示范作用明显。

B.28

文化创新与民族出版

——广西人民出版社探索数字化转型发展之路

白竹林*

摘　要：广西人民出版社转企改制以来，立足地方，挖掘广西地方特色，弘扬少数民族优秀文化，坚持出版“走出去”战略，积极探索数字出版新模式，初步走出了一条地方中小出版社实施数字化转型的特色之路。但缺乏资金、人员市场意识单薄、出版资源短缺、人才匮乏等因素也严重制约着该出版社的发展。广西人民出版社应抓住广西区位优势和文化强区战略带来的机遇，打好东盟牌，积极实施文化“走出去”战略，锲而不舍地推动数字化转型发展，并实施精品出版等战略，推动自身转型发展。

关键词：广西　出版产业　转型　数字化

出版是传播知识、传承文明、积累文化的神圣事业，出版物是民族文化绵延不绝、代代相传的重要载体，出版机构肩负着传播优秀文化、承担社会责任的神圣使命。广西人民出版社作为民族地区文化生产的重要基地和文化传播的窗口，对于推动民族地区经济文化发展发挥着重要的作用。

一　发展现状

成立于1952年的广西人民出版社，是新中国成立后广西成立的最早的出

* 白竹林，广西人民出版社编审。

版社。经过60多年的发展，从成立之初的寥寥几人到现在的百余员工；从成立当年只出版几本书，发展到现在年出书600多册；从出版社成立后出版的第一本图书《农村对唱》到《共同发展　共同繁荣——新中国成立以来党的民族经济工作理论与实践研究》入选新中国成立65周年主题出版重点选题。60多年来，累计出版图书近2万册，总印数达3亿册（张），近百种图书获得国家级图书奖励。2010年，广西人民出版社顺应时代潮流顺利完成转企改制，逐步形成了自己的产品板块和出书特色。

一是履行党社的重要职责，出版了一大批马克思主义经典著作和党的重要文献，编辑出版了一系列优秀的政治通俗理论读物，为马克思主义经典著作、重要理论成果及党的重要文献在广西壮族自治区传播起到了重要作用。编辑出版的《领导月读》《党员阅读》《图说中国共产党章程》《解读中国梦——一个古老民族的百年梦想》等通俗理论读物在各民族群众中反响强烈，还成立了全国第一家马克思主义中国化时代化大众化出版中心，成为重要的宣传文化阵地和马克思主义理论读物出版基地。

二是立足地方，挖掘广西地方特色，坚持传承、弘扬和繁荣少数民族优秀文化。出版了“壮学文库”书系、“广西特色文化研究丛书”、“八桂文化大观”、《广西非物质文化遗产精粹》等一大批民族类优秀出版物，为促进民族团结进步、推动广西经济社会发展起到了积极的作用。

三是坚持文化传承，出版了一批具有重要研究价值和文化价值的社会读物。结合广西地方史、太平天国史、民族历史、东南亚经济文化特色研究等领域，形成了相应的出版特色。

四是坚持出版“走出去”战略，利用区位优势，与东南亚国家开展文化交流与贸易活动。近几年每年输出版权近30种，获得国家“中国图书对外推广计划”资助，并列入了2011～2012年国家文化出口重点企业名录。

五是坚持产业转型发展，探索数字出版新模式。在数据库建设、手机阅读、新媒体出版等方面，初步走出了一条地方中小出版社实施数字化转型的特色之路，2011年申报的广西数据库项目获得国家财政部1000万元的专项资金扶持。麦林文学网成为广西首家拥有“互联网出版许可证”的网络平台，在电子书、手机阅读上，拥有中国三大移动运营商手机阅读的CP资格，手机阅读年收入近百万，上百种图书已在APP STORE上架销售。

二　发展瓶颈

2010 年，广西人民出版社转企改制后，在图书市场的大潮中，经过艰难的再创业，初步形成了自己的出版特色，也不乏出版亮点；但在全国出版行业中所占份额极其微弱，仍存在人才、资金、技术的三重短缺，处于弱势地位。

一是出版社底子薄，发展缓慢，缺乏相应的资金扶持，难以承担一些重大选题项目。作为地方综合性中小出版社，缺少教材教辅，完全靠一般类市场和部分系统类的图书发展来支撑，还没有形成清晰、持续盈利的产品集群，缺少支柱性收入，利润构成零散，企业发展缓慢。尤其是单靠自身的积累难以运行一些大型出版项目，如出版社拟编辑出版约 300 册的大型地域文化丛书——《广西文库》，虽经数年策划，至今仍因缺少相应资金而难以正式立项。广西作为后发展欠发达的民族地区，与和广西相邻的省份湖南相比，虽然在经济发展、资源优势上与广西相近，但湖南在推进体制改革的同时，还加大资金扶持力度，从 2010 年起，先后拨出 4 亿元专项贴息贷款扶持文化产业。而广西缺少相应的扶持基金，“从 2006～2011 年的数据来看，广西财政文化投入占全区公共财政支出的比重呈现下降的趋势，全区文化投入比例由 2006 年的 1.84%下降到 2011 年的 1.47%；自治区本级投入比例由 2006 年的 3.19%下降到 2011 年的 2.05%”①。扶持资金原本就捉襟见肘、僧多粥少，即使能投入到出版领域，但能落到广西人民出版社的更是少之又少。

二是出版社内部人员市场意识单薄，没有真正树立起产业发展的理念。转企改制后，全员实行同工同酬，在劳资、薪酬等管理环节上能基本按照企业化运作，但出版社内部人员的思想意识并非一朝一夕就能转变，市场意识和竞争意识淡薄，对市场营销、品牌经营、资本运营等现代经济运作方式还比较陌生。可以说，虽然转企改制数载，但无论在产品生产和营销方面，还是在管理、决策等方面都缺少一个快速灵活的市场机制。出版社竞争能力弱，抗风险能力不强，一旦经营不善出现亏损，就会导致温饱不继的困难。所以，当前生存还是放在第一位，尤其对重大项目的投入比较谨慎。但往往因为瞻前顾后，

① 广西社科院编《2013 年广西蓝皮书：广西文化发展报告》，广西人民出版社，2013，第 91 页。

也错失了很多机会。

三是出版资源短缺，出版成本高。首先是销售渠道短缺，购买力弱。广西地处西南边陲，受其地理位置、经济、历史文化等因素影响，民族地区文化消费支出低、文化活跃度低，区内图书销售渠道窄，市场乏力，本地出版的图书尽管是近水楼台，但销售总量不及江苏、浙江等省的10%。其次是出版资源贫乏，表现为广西知名高校不多，名声响亮的专家学者少，作者资源不多，选题信息来源不畅。出版社一般都是在北京、上海、广州、武汉等地组稿，不仅费用高，而且有时候因不能第一时间赶赴，书稿往往被当地的出版商捷足先登，经常出现稿源不足甚至稿荒现象。再次是纸张等材料费用高、印刷工价高、物流费用高，导致出版成本高居不下。受到地缘关系和物流不畅等众多影响，广西本版图书的印刷工价、纸张价格明显高于北京、广东、山东等地。因前期成本的投入比较高，定价势必就会比同类型外版图书要高，竞争力明显要弱。同时，由于印时过长、物流不畅，新书从下厂印刷到卖场上架，需要一个半月的时间，而北京等地只需要不到一半的周期。尤其遇到市场急需的品种需要重印或再版，但因印刷时间、物流时间不能保证，往往因此而错失了销售时机。

四是人才队伍匮乏，编辑流失比较严重。人才是事业兴旺发达的决定因素。出版产业的转型和数字化发展要求一支既懂经营又懂技术，既深刻了解行业发展趋势，又具有战略眼光的复合型人才。但目前出版社有编辑39人，从职称方面看，具有副编审以上职称的只有8人，不到编辑总人数的30%；具有硕士以上学历的只有4人，占编辑人数的10%；同时成熟编辑或退休或辞职，每年人才流失率都在10%左右。从编辑的地域构成看，非广西籍的只有4人，占编辑人数不到10%。从编辑的年龄结构看，35岁以下和50岁以上编辑人数为25人，约占编辑总人数的65%，人员断层比较严重，编辑的同质化现象比较明显，编辑的中坚力量严重匮乏，尤其是缺乏数字出版编辑。目前的数字出版编辑只是对传统编辑进行简单培训后上岗，远远不能适应数字化出版的需要，人才匮乏严重制约着出版社的数字化转型发展。

三　突围之路

广西人民出版社作为综合性地方出版社，肩负着党社的职责，在建设社会主义文化强国的伟大实践和实现中华文化的伟大复兴中，要紧紧抓住以下几方面，乘势而为，开拓创新。

（一）抓住“文化强国”的战略契机和自治区建设“西部文化强区”历史机遇，乘势而为

自治区党委政府高度重视文化产业发展，先后下发了《自治区党委、自治区政府关于建设文化广西的决定》《广西壮族自治区人民政府关于加快文化产业发展的实施意见》《广西壮族自治区文化产业发展“十二五”规划》《关于加快数字出版产业发展的意见》等系列政策文件，这些政策都立足于广西现有基础，分析发展形势，为广西文化产业的发展提供了指导思想、基本原则、总体目标、主要任务和保障措施，成为广西文化产业发展的纲领性文件。尤其是自治区第十次党代会的报告提出建立“民族文化强区”的目标，并将“广西出版”列入广西重点打造的文化品牌之一。国家“文化强国”战略和自治区党委政府对文化建设的自觉，为出版社的转型发展提供了一个良好社会氛围，恰似吹响了扬帆竞发的文化产业发展号角。出版社一定要抓住这千载难逢的发展机遇，解放思想，乘势而为。

（二）抓住广西区位优势，打好东盟这张牌，实施文化“走出去”战略

广西地处西南边陲，毗邻东盟各国，占据与东盟国家经济合作的地缘、文化优势，实施文化“走出去”战略具有良好的优势。近几年来，随着东盟博览会和东盟贸易洽谈会的深入推进，广西人民出版社与东南亚国家的文化贸易往来频繁，尤其是与越南的合作日趋紧密。不仅每年派人参加东盟国家举办的各种书展，而且还邀请东盟出版商来广西交流访问。几年来，每年向越南输出图书版权均在20种左右，版权输出收入可观。在版权贸易中，还探索出一条由单纯传统纸质图书向纸质出版、数字版权、影视改编权打包输出的模式，实现单一图书版权输出向全版权输出的转变，如，以展示北部湾经济区的良好投资环境和发展前景为背景的小说《北海恋人》，就实现了在中国和越南同步出版和全版权输出，收到了很好的效果。随着两国文化交流合作的广泛深入，出版社更要扎实推进，促进版权贸易向更深的领域发展。一是进一步拓展图书版

权输出，利用现有的良好合作平台，可成立图书代理部，代理输出国内其他出版社的图书版权；二是可以考虑在东盟国家（根据现在贸易发展情况，可先考虑在越南）设立出版分支中心，推进项目境外落地。东盟国家的华人有3500万人以上，他们一直保留着中华文化的传统。现在东盟大多数国家都设有不少华文学校，使用汉语教学。在当地设立出版分支机构，不仅可以第一时间将每月的新书及时推荐给当地的出版商，实时对接两国的市场信息，促进图书版权输出的发展与合作；而且可以在图书衍生领域进行投资建设，如教育培训、设施采购、纸张供应等，发挥东盟桥头堡区域优势，打造西南文化出口贸易基地。

（三）抓住数字化发展的历史机遇，锲而不舍地推动数字化转型发展

随着网络技术革命的日益深化，阅读载体多元化已经成为客观现实，数字化正不可阻挡地成为出版业的潮流和未来。面对数字出版产业的冲击，广西人民出版社自2007年始，为迎接数字出版的大潮，就成立了数字版权部，积极探索数字出版路径，成为广西出版界首家迈出数字化出版步伐的企业。随着业务的拓展，2011年初，又成立了广西麦林文化传播公司，专门从事数字出版的研究和实践；并依据广西出版传媒集团和本社“十二五”发展总体规划要求，制订了本社数字出版的“十二五”中长期发展规划，对本社所有图书内容逐步进行数字化转换，开展与腾讯、方正、移动等众多运营商进行合作。经过七年的不断探索，公司已基本形成了数字内容收集、加工和生产，产品研发、营销推广的完整产品生产线，项目产品线包括内容授权经营、手机阅读、麦林文学网、APP应用开发等。截至2012年，公司数字出版总收益达500多万元。

目前获得的主要成果有：①获得中国移动、中国电信和中国联通手机阅读基地的CP资格，成为国内首批接入移动手机阅读基地的数字出版合作单位。②广西麦林文化传播有限公司旗下的麦林文学网，已经正式上线，并获得了国家新闻出版总署颁发的“互联网出版许可证”。③已成功研发了涉及iPhone、iPad、安卓手机、互联网等基于iOS、Android和Windows系统的多个客户端产品，已经上线的APP产品有《漫步青藏》《美丽广西：湿地文化》《美丽广

西：山地文化》等数十种，下载的读者遍及中国、美国、澳大利亚、意大利、瑞士、加拿大、日本、马来西亚、新加坡、德国、印度尼西亚、英国、法国、中国台湾、中国澳门、中国香港等国家和地区。随着英文版上线，传播面将会更广。④承担的国家文化发展基金重点扶持项目（扶持资金 1000 万）——广西壮族自治区资源库（前端为广西网）已上线运行，基础资源库和特色资源库的内容建设已全面展开。

在未来的数字化转型发展中，广西人民出版社将从以下两个方面发力。一是以目前在建的广西壮族自治区资源库来整合地方资源，逐步形成涵盖广西庞大资源的储存平台，并通过资源库前端展示平台——广西网，一方面展示广西特色文化和海量的文化资讯，打造面向全国的广西特色文化网络知识平台；另一方面通过与网民互动的平台，进一步吸纳资源，逐步形成覆盖各学科专业和大众实用资源。目前基础资源库和特色资源库的内容建设已全面展开，对实体图书的数字化产品的开发、对现有的数据库的建设和完善以及不断明晰广西数据库未来数字产业链盈利模式将是出版社一个时期的主要工作。二是利用地方人民出版社的党社属性，实现数字出版背景下党社职责与功能的创新。以《领导月读》杂志的社会影响力以及长期积累的纸质图书的出版资源等优势，结合数字化出版转型，进一步整合党政系统资源，着力打造“领导干部多媒体阅读推广平台”。该平台旨在打造以领导干部为核心目标的数字化理论学习资源库，包括领导著述数据库、领导线上交互和编辑系统、“领导阅读”手机短信和手机报资源系统、掌上阅读器、领导必读理论书目的实体销售与配送、领导读书论坛、干部教育培训和红色题材的广播电影电视，以及其他文化产业项目投资项目等，将数字平台定位为领导干部的理论学习秘书和助手，形成在红色主线下跨媒介、立体式、全方位的理论学习产品线。目前，该数字平台建设已进入相关申报阶段。

（四）依托广西悠久而灿烂的民族历史文化资源，继续做好特色文化产业发展的大文章

一方水土养一方人，一方特色造就一方文化产业。广西有 12 个世居民族，各民族在服饰、饮食、建筑、宗教信仰、社会历史、生产方式等方面，形态各异，形成了丰富多彩而特色鲜明的少数民族文化和历史文化。同时广西还依其

独特的自然地理环境和沿海沿边的地理位置，形成了富有特色的山水文化、海洋文化和边关文化。这些具有鲜明地方特色和民族特色的文化资源，承载着中华民族一体多样的价值取向和审美情趣，具有宝贵的社会价值、艺术价值、经济价值和文化传承价值。做好民族区域文化和历史的挖掘整理工作，让更多富于民族特色的文化精髓得以传播和传承，既是文化产业发展的题中之义，也是出版社的发展特色所在。秉承民族地区出版社的使命，挖掘和整理富有地方特色和民族特色的选题，才是立社之本。近年来，出版社通过调整出版结构，出版了一批富有民族特色和地方特色的图书。如获得国家出版基金扶持项目的《中国共产党领导广西民族团结 60 年》，荣获百种优秀民族图书《布洛陀史诗》《中国京族文化史略》《仫佬族文物》等。实践证明，只有立足广西，把广西的历史文化和民族文化吃准吃透，才能促进产业发展。

（五）抓住形成的良好发展基础，找准自己的定位，实施精品出版战略

企业有愿景，基业才长青。但要实现愿景（去哪儿），还须知道自己的位置（在哪儿）。只有明确方位，认清方向，才能赢得未来。广西人民出版社的基点在地方，优势在时政，未来的发展路径是在实现数字化转型的同时实施精品出版战略。一是围绕主题出版做时政精品。利用马克思主义中国化时代化大众化出版中心这一出版平台，实施马克思主义三化的出版工程，积极推进马克思主义研究和传播，策划出版马克思主义研究学术著作、通俗理论读物，要重点展现马克思主义中国化时代化大众化和中国特色社会主义理论体系的最新研究成果、哲学社会科学创新成果。二是挖掘地方资源做文化精品。围绕广西建设民族文化强区的目标，挖掘整理、保护传承广西优秀独特的民族文化，系统地投入较大力量去实施《中国及东南亚铜鼓》《东盟文库》等一系列民族性、地方性、历史性鲜明的重大选题。

作为地方综合性中小出版社，广西人民出版社需要不断进行内部机制改革，积极探索、大胆创新，努力走出一条具有地域和民族特色的数字化转型发展之路。

B.29

新疆少数民族语言文字公共文化服务产品提供现状的比较研究*

盛新娣**

摘　要：进一步提高新疆少数民族公共文化服务提供水平，保证新疆少数民族能够解读和欣赏、从而实际地占有公共文化产品。从当下现实来看，新疆少数民族的这种实际占有仍主要是通过本民族语言文字来实现的。因而，保证新疆少数民族语言文字公共文化产品的充足供应，是实现新疆少数民族解读、欣赏并实际享有公共文化服务及产品的一种有效途径。统计分析表明，新疆少数民族语言文字公共文化产品提供的大部分指标都名列前茅，但同时仍存在不同民族语言文字的公共文化产品提供不均等、民族语言文字原创文化产品整体上较少等问题。对此，需要进一步建立健全新疆少数民族语言文字公共文化产品提供均等化的动态协调机制、民族语言文字原创型产品生产的激励机制等。

关键词：新疆　少数民族语言文字　公共文化服务产品实际占有

* 基金项目：国家社会科学基金西部项目“新疆社会主义新农村文化建设研究”（项目批准号10XKS010）和教育部人文社科规划基金项目“新疆社会意识整合中的身份构建问题研究”（项目批准号：12YJA710082）。

** 盛新娣，新疆财经大学马列部副教授，博士，研究方向是文化哲学，近年来主要从事新疆农村文化建设与发展研究。

新疆少数民族公共文化服务及产品[①]的提供问题，对于大多数生活于农村的新疆少数民族居民[②]文化权益的保障具有特殊的重要性。其中，新疆少数民族语言文字公共文化服务及产品的提供尤为重要。

一 新疆少数民族语言文字公共文化服务及产品提供的重要意义

公共文化服务的“公共性、共享性和非竞争性”特征，决定了理论上所有群体及其个体都应当均等地享用公共文化服务及产品。然而，现实并非如此，因为能够享用它们的只属于“那些有办法占有它们的人”[③]，亦即“那些有办法解读它们的人”[④]。如果不能解读和欣赏，就没法实际地占有那些公共文化产品，也就不能均等地享用它们，从而产生实际上的不公平。同样，新疆少数民族能否均等地享用公共文化服务及产品，也应以他们对公共文化服务及其产品形成解读和欣赏的能力为前提，以实际地占有公共文化服务及产品为衡量标准。

“语言是文化的最重要的载体之一”[⑤]，是民族的重要特征和民族文化的重要形式。包括新疆少数民族群体在内的各群体在历史演化中借助于某种语言（一般是其母语）形成了对文化产品的阅读与欣赏习惯。在这个意义上，新疆少数民族语言也就成为其实际地享有公共文化服务及产品的一个重要手段。不仅只懂得本民族语言的人们需要母语的公共文化产品，即使熟悉或擅长汉语的知识阶层，大多也对用母语解读和欣赏公共文化服务产品持肯定态度。近些年

---

① 从当前实际来看，新疆少数民族语言文字的公共文化服务产品主要包括书籍、期刊、报纸、广播和电视，互联网和新媒体文化产品占很小比例，特别是少数民族密集聚居的偏远乡村几乎没有，所以本文未涉及。

② 参见吴福环主编《新疆少数民族发展报告》（1949～2009），新疆人民出版社，2009，第13页。

③ 格雷厄姆·默多克：《阶级分层与文化消费——皮埃尔·布迪厄（1977）著作中的某些问题》，陈金英译，《全球化与文化资本》，社会科学文献出版社，2005，第98页。

④ 格雷厄姆·默多克：《阶级分层与文化消费——皮埃尔·布迪厄（1977）著作中的某些问题》，陈金英译，《全球化与文化资本》，社会科学文献出版社，2005，第98页。

⑤ 邵敬敏：《关于中国文化语言学的反思》，《语言与文化论文集》，外语教学与研究出版社，1994，第5页。

的一系列有关新疆少数民族语言观念的调研，亦从某种程度上证实了这一点。例如，在对和田中小学和新疆财经大学“新疆各地州县以下中小学少数民族双语骨干教师培训班（两年制）”（以下简称“骨干教师班”）所做的相关调研中，对“需要保留民族语言”问题持“同意和比较同意”看法的，在和田中小学的学生、教师和新疆财经大学骨干教师中分别占调研对象的91%、93%和82%。再如，对“保存民族语言是浪费时间”问题持“反对和坚决反对”意见的，在和田中小学的教师和新疆财经大学的骨干教师中，分别占调研对象的93%和75%，对“我喜欢民语”问题持“同意和非常同意”的，在和田中小学的教师中占调研对象的92.2%。①

因此，增强以新疆少数民族语言文字为载体的公共文化服务及产品的提供力度，仍然是当前解决新疆少数民族群体及其个体实际占有公共文化服务及产品、进而提高新疆公共文化服务水平的现实而有效的途径之一。

二　新疆少数民族语言文字公共文化服务及产品提供的实践进展

改革开放以后，特别是进入新世纪以来，我国对少数民族语言文字公共文化服务建设的扶持力度不断加大，出台了一系列政策，采取了多种措施，不断提高少数民族语言文字公共文化产品的提供水平，同时推动文化体制改革，以通过市场化方式进一步增强少数民族语言文字公共文化服务及产品的提供能力。在这种背景下，新疆少数民族语言文字公共文化服务及产品（以下统称“新疆民族语言文字公共文化服务及产品”）的提供能力也显著增强。一方面，国家和自治区各级政府及相关部门或机构直接增加新疆民族语言文字公共文化服务及产品的供应量；另一方面，自治区出台各项政策，积极推进新疆民族语言文字公共文化服务及产品提供方式的改革。以民族文字出版物为例，相关部门根据中央精神，更新观念，挖掘潜力，结合新疆实际提出“对新疆各出版社进行资源整合，组建一个能够抵制市场风险、能够引领新疆民文出版做大做

① 李儒忠：《双语教育十论》，新疆人民出版社，2012，第145页。

强的事业性质的出版总社”①，探讨并落实民汉文出版改革的具体政策、措施，酝酿并推动民文出版业深化而有序地改革。2011 年，新疆人民出版总社正式组建，新疆少数民族出版基地同时正式成立，它是“优化资源配置、促进新疆民族出版事业繁荣发展的重大决策”②。这些政策和举措激励人们主动拓展民文出版市场，对于提高新疆民族语言文字出版物的提供水平、增加供应量，起到了积极促进作用，产生了显著的良性效果。

本文拟以新世纪的第一个十年为主，从新疆民族语言文字公共文化产品提供的数量上，通过两个方面、三个维度的比较，对这种提供状况的实践进展进行深入探讨及阐述。所谓“两个方面”，一是指新疆与全国其他少数民族语言文字公共文化产品提供较多的省（区）及全国平均水平的横向比较；二是自身纵向的比较；所谓“三个维度”，即以新疆民族语言文字为载体的公共文化产品总量和增长率、人均拥有量和增长率、自身纵向增长率等状况的比较。

（一）新疆民族语言文字公共文化产品提供总量的比较

与全国其他省（区）和全国平均水平相比，以新疆民族语言文字为载体的公共文化产品提供总量、新疆少数民族人均拥有量及其增长率，大多名列前茅。③

1. 新疆民族语言书籍（不含课本；下同）提供的比较

在总量上，统计数据显示，新疆 2000、2010 年民族语言文字书籍的种类和印数均居全国首位；2005 年种类居第一位，印数居第二位。在人均拥有量上，2000 年新疆居第二位，是全国平均水平的 2.89 倍；2005 年新疆居第四位，是全国平均水平的 1.82 倍；2010 年新疆居第一位，是全国平均水平 4.13 倍（见表 1）。

---

① 辛文：《发展民文出版：探索中的思考》，《新疆新闻出版》2006 年 9 月 30 日。

② 《新疆人民出版总社、新疆少数民族出版基地正式成立》，天山网，2011－7－31。

③ 如果没有特别说明，本文计算“人均拥有量”、“增长数”和“增长率”时所使用的原始数据，都来源于 2000、2003、2005、2007、2009、2010 和 2011 年的《中国民族统计年鉴》。另外，文中表中所列，包括全国民族语言文字公共文化服务产品提供的主要省（区），其他虽有相当数量少数民族、但民族语言文字公共文化服务传统内容提供量很小的省区不在此列；“人均拥有量”指全国和各省（区）少数民族的人均拥有量；“节目播出时间”指的是全国少数民族语言中几个主要语种的广播和电视节目播出时间。

表 1 新疆与国内其他省（区）民族语言文字书籍出版总量和人均拥有量比较*

单位：%

省(区)	2000 年			2005 年			2010 年		
	种类合计(种)	印数(万册/份)	人均(册/份)	种类合计(种)	印数(万册/份)	人均(册/份)	种类合计(种)	印数(万册/份)	人均(册/份)
全　国	2598	1510	0.19	2606	1424	0.17	6050	3362	0.38
辽　宁	32	7	0.04	61	19	0.11	84	31	0.17
吉　林	418	386	3.36	324	214	1.88	568	179	1.56
黑龙江	29	4	0.78	46	13	2.47	38	7	1.33
广　西	—	—	—	—	—	—	129	19	0.01
内蒙古	384	266	0.54	430	411	0.80	937	420	0.76
四　川	25	28	0.08	75	41	0.11	114	70	0.16
云　南	24	11	0.01	21	4	0	85	13	0.01
西　藏	37	24	0.09	67	43	0.17	314	164	0.57
甘　肃	8	2	0.25	7	1	0	86	32	0.16
青　海	47	10	0.05	49	25	0.12	71	29	0.12
新　疆	1236	605	0.55	996	372	0.31	2568	2034	1.57

* 表中的“人均数”指新疆少数民族人口公共文化产品的平均拥有量，表 2、表 3 同。

2. 新疆民族语言文字期刊和报纸提供的比较

在期刊和报纸总量上，2000、2005 和 2010 年的种类和印数均居第一位（见表 2）。

表 2 新疆与国内其他省（区）民族语言文字期刊和报纸出版总量比较

省(区)	期刊(合计)						报纸					
	2000 年		2005 年		2010 年		2000 年		2005 年		2010 年	
	种类合计(种)	印数(万册)	种类合计(种)	印数(万册)	种类合计(种)	印数(万册)	种类合计(种)	印数(万份)	种类合计(种)	印数(万份)	种类合计(种)	印数(万份)
全　国	193	862.8	192	465.9	207	850	4	10116	82	10966	2	19846
辽　宁	—	—	—	—	—	—	2	140	2	85	2	62
吉　林	13	87.7	11	45	13	42	7	1163	6	475	6	115
黑龙江	3	16.5	3	8	3	13	1	344	1	328	1	319
广　西	1	0.7	1	1	—	—	1	10	—	—	—	—

续表

省(区)	期刊(合计)						报纸					
	2000 年		2005 年		2010 年		2000 年		2005 年		2010 年	
	种类合计(种)	印数(万册)	种类合计(种)	印数(万册)	种类合计(种)	印数(万册)	种类合计(种)	印数(万份)	种类合计(种)	印数(万份)	种类合计(种)	印数(万份)
内蒙古	46	123.3	44	106.9	46	290	3	1337	12	606	2	941
四　川	3	4.2	5	4	4	4	2	132	2	174	2	117
云　南	3	1.7	—	—	2	14	6	60	6	43	6	115
西　藏	12	23.3	14	20	14	43	7	758	9	821	9	2261
甘　肃	3	1.5	3	1.5	3	2	1	21	—	—	—	—
青　海	5	6.8	—	—	6	5	3	59	5	546	5	105
新　疆	89	555.3	94	214.5	101	368	41	6092	39	7888	9	15810

新疆 2000、2005 和 2010 年期刊的人均拥有量分别是全国平均水平的 4.64 倍、3 倍和 2.8 倍；新疆 2000、2005 和 2010 年报纸的人均拥有量，分别是全国平均水平的 4.28 倍、4.88 倍和 5.46 倍（见表 3）。

表 3　新疆与国内其他省（区）民族语言文字期刊和报纸出版人均拥有量比较

省(区)	期刊(册)			报纸(份)		
	2000 年	2005 年	2010 年	2000 年	2005 年	2010 年
全　国	0.11	0.06	0.10	1.30	1.33	2.23
辽　宁	—	—	—	0.81	0.50	0.35
吉　林	0.76	0.39	0.37	10.12	4.16	1.00
黑龙江	3.19	1.52	2.48	64.72	62.36	60.77
内蒙古	0.25	0.21	0.52	2.72	1.17	1.70
四　川	0.01	0.01	0.01	0.39	0.47	0.26
云　南	0	—	0.01	0.05	0.04	0.09
西　藏	0.09	0.08	0.15	3.08	3.18	7.88
甘　肃	0	0.09	0.01	0.12	—	—
青　海	0.04	—	0.02	0.32	2.70	0.45
新　疆	0.51	0.18	0.28	5.56	6.49	12.17

3. 新疆民族语言广播、电视机构数和播出节目时间提供的比较

随着新疆公共文化服务体系建设的深入推进，新疆民族语言广播、电视这两项内容的提供量也日渐增长，广播、电视的机构数和节目时间拥有量的许多指标都名列前茅。下面选择 2005 年和 2010 年的统计数据做比较分析和说明。

（1）新疆民族语言广播机构数和播出节目时间的拥有量。

2005 年，新疆民族语言广播机构总数（14 个）居全国第三位，排在内蒙古和云南之后;[①] 2010 年，拥有 76 个，遥遥领先于第二位的内蒙古（见表 4）。

表 4　新疆与国内其他省（区）民族语言广播播出机构比较（2010 年）

省(区)	总计(个)	维吾尔语	蒙古语	哈萨克语	朝鲜语	藏语	柯尔克孜语	傣语	哈尼语	傈僳语	景颇语
全　国	151	55	44	13	9	9	4	3	2	2	2
辽　宁	3		2		1						
吉　林	6		1		5						
黑龙江	3		1		2						
广　西	2										
内蒙古	35		35								
四　川	4					2					
云　南	14					1		3	2	2	2
西　藏	2					2					
甘　肃	2					2					
青　海	3		1			2					
新　疆	76	55	4	13			4				

2005 年维吾尔语节目播出合计和制作时间均居全国第二位，2010 年维吾尔语节目播出合计和制作时间，分别居第一和第二位（见表 5）。

① 《中国民族统计年鉴（2006）》，中国统计出版社，2007，第 445 ~ 446 页。

表 5　新疆与国内其他省（区）民族语言广播播出节目时间及排名

少数民族语言广播机构	2005 年		2010 年		排名			
	合计（时:分）	制作节目时间（时:分）	合计（时:分）	制作节目时间（时:分）	2005 年		2010 年	
					合计	制作	合计	制作
维吾尔语	121273:29	55704:29	234285:50	104167:41	2	2	1	2
蒙古语	181234:12	87368:27	225792:08	107384:15	1	1	2	1
朝鲜语	27052:54	19313:39	32597:15	15954:51	4	4	4	4
藏　语	56316:50	43782:10	36977:55	23225:33	3	3	3	3

（2）新疆民族语言电视机构数和播出节目时间的拥有量。

2005 年，新疆民族语言电视机构总数（21 个）与内蒙古并列第一①；2010 年，新疆电视播出机构总数居全国第一位，是 88 个，比第二位的内蒙古多 51 个，遥遥领先于全国同类地区（见表 6）。

表 6　新疆与国内其他省（区）民族语言电视播出机构比较（2010 年）

省(区)	合计(个)	维吾尔语	蒙古语	哈萨克语	藏语	朝鲜语	傣语	壮语	景颇语	柯尔克孜语	彝语
全　国	187	54	45	26	26	11	9	6	5	3	2
辽　宁	1		1								
吉　林	12		1			11					
黑龙江	1		1								
广　西	4							4			
内蒙古	37		37								
四　川	13				13						
云　南	19				1		9	2	5		2
西　藏	5				5						
甘　肃	2				2						
青　海	5				5						
新　疆	88	54	5	26						3	

① 《中国民族统计年鉴（2006）》，中国统计出版社，2007，第 452 页。

维吾尔语节目合计和制作播出时间，2005 年均居第二位，2010 年分别居第一和第二位（见表 7）。

表 7　新疆与国内其他省（区）民族语言电视播出节目时间及排名

少数民族语言电视机构	2005 年		2010 年		排名			
	合计（时:分）	制作节目时间（时:分）	合计（时:分）	制作节目时间（时:分）	2005 年		2010 年	
					合计	制作	合计	制作
维吾尔语	115896:50	39155:40	266694:21	49466:12	2	2	1	2
蒙古语	125029:16	461193:23	236647:44	59370:40	1	1	2	1
哈萨克语	41904:20	20679:20	94493:48	13848:52	5	4	3	5
朝鲜语	53916:10	13776:90	68341:43	22702:32	4	5	4	3
藏　语	78335:15	31074:44	55792:57	21310:00	3	3	5	4

（二）新疆民族语言文字公共文化产品提供增长速度的比较

新疆民族语言文字公共文化产品提供量及其增长速度大多名列前茅，且高于全国平均水平。下面以新疆少数民族人口人均拥有量为例加以说明。

就书籍而言，2010 年与 2000 年相比，新疆民族语言文字图书出版增加了 185%，高于全国平均水平 85%；2010 年与 2005 年相比，新疆民族语言文字书籍的人均拥有量增长了 406%，增幅高于全国平均水平 295%（见表 8）。

表 8　新疆与国内其他省（区）民族语言文字书籍增长率比较

省(区)	2000 年	2010 年	增长率(%)	2005 年	2010 年	增长率(%)
全　国	0.19	0.38	100	0.18	0.38	111
辽　宁	0.04	0.17	325	0.12	0.17	42
吉　林	3.36	1.56	-54	1.88	1.56	-17
黑龙江	0.78	1.33	71	2.48	1.33	-46
广　西	—	0.01	1	—	0.01	1
内蒙古	0.54	0.76	41	0.80	0.76	-5
四　川	0.08	0.16	100	0.11	0.16	45
云　南	0.01	0.01	0	0.01	0.01	0
西　藏	0.09	0.57	533	0.17	0.57	235
甘　肃	0.25	0.16	-36	0.01	0.16	15
青　海	0.05	0.12	140	0.13	0.12	-8
新　疆	0.55	1.57	185	0.31	1.57	406

新疆民族语言广播和电视的机构增长数及其增长率与国内其他省（区）相比都名列前茅。以新疆拥有的维吾尔语和哈萨克语广播电视机构为例，2010年与2005年相比，广播机构数分别增加了48个和13个，增长率分别为686%和1300%，遥遥领先于其他民族语言；电视机构数增加了39个和23个，增长率分别为260%和767%，增长指标也居于前列（见表9和表10）。

表9　新疆与国内其他省（区）民族语言广播播出机构增长率比较

民族语言广播播出机构	2005年(个)	2010年(个)	增长数(个)	增长率(%)
维吾尔语	7	55	48	686
彝语	2	3	1	50
藏语	10	9	-1	-10
蒙古语	35	44	9	26
朝鲜语	7	8	1	14
哈尼语	2	2	0	0
哈萨克语	0	13	13	1300
傣语	4	3	-1	-25
傈僳语	2	2	0	0
拉祜语	3	1	-2	-67
柯尔克孜语	4	4	0	0
景颇语	2	2	0	0

表10　新疆与国内其他省（区）民族语言电视播出机构增长率比较

民族语言电视播出机构	2005年(个)	2010年(个)	增长数(个)	增长率(%)
壮语	0	6	6	600
维吾尔语	15	54	39	260
彝语	0	2	2	200
藏语	18	26	8	44
蒙古语	26	45	19	73
朝鲜语	10	11	1	10
哈萨克语	3	26	23	767
傣语	2	9	7	350
柯尔克孜语	0	3	3	300
景颇语	2	5	3	150

（三）新疆民族语言公共文化产品提供自身纵向比较的增长率

自2000年以来，新疆民族语言的广播和电视产品提供基本呈现持续增长态势。由于维吾尔族是新疆人数最多的少数民族，占全疆少数民族人口的比例大约为65%①，加之篇幅有限，因此仅以维吾尔语为例进行比较和分析②（见表11）。

表11　新疆民族语言广播和电视播出机构增长率比较（以维吾尔语为例）

时间（年）	维吾尔语广播				维吾尔语电视			
	机构（个）	增长率（%）	播出时间（合计：时）	增长率（%）	机构（个）	增长率（%）	播出时间（合计：时）	增长率（%）
2003	36	—	36663	—	38	—	124436	—
2005	7	-81	121273	231	15	-61	115896	-7
2007	39	457	157157	30	35	133	121953	5
2009	54	38	216381	38	51	46	241917	98
2011	56	4	231998	7	56	10	274876	14

统计数据显示，除了个别年份，维吾尔语广播和电视的机构数、节目播出时间基本呈现持续增长态势。

三　新疆民族语言文字公共文化产品提供方面的问题与对策

在文化软实力成为国家综合实力重要组成部分的当代，在公共文化建设成为各民族发展重要条件的今天，我们应更加重视新疆民族语言文字公共文化服务及产品的提供，保证新疆少数民族群体及其每个成员对公共文化服务提供产品的实际享有，以切实满足其文化需要，保障其文化权益，促使其文化素质和文化创造力的提升并获得应有的文化成就，从而深入全面地解决为新疆少数民

① 全国2010年人口调查与统计，新疆少数民族人口为1298.58万人，维吾尔族人口为839.9393万人。见2011年《中国民族统计年鉴》。

② 新疆民族语言文字公共文化服务产品比较的方法，是以2003年为基准，计算以后的年份依次比前一年份增长数与增长率。下同。

族有效提供公共文化服务及产品的问题。为此，应针对实际存在的问题，建立健全新疆民族语言文字公共文化产品提供的一系列机制。

（一）建立健全新疆民族语言文字公共文化产品增长与人口增长的适应机制

与全国平均水平和其他同类地区的横向比较显示，新疆民族语言文字公共文化服务产品提供总数居前列，而且大部分居首位，许多产品的人均拥有量增长率也很快，但同时存在部分产品总量较大、人均拥有量却较小的现象。例如，2010 年新疆民族语言文字期刊的种数和印数总量均居第一位，而新疆少数民族人均拥有量居第四位（见表2、表3）。自身纵向比较显示，公共文化产品没有随人口增加呈现相应稳定的增长。例如，新疆少数民族人口从 2000 年的 1096.49 万人增加到 2010 年的 1298.58 万人，增加了 18.43%，呈现稳定增长趋势；从 2005 年的 1214.69 万人增加到 2010 年的 1298.58 万人，增加了 6.90%。① 但少数民族语言文字公共文化服务却没有相应稳定的增长，特别是有些年份不仅没有增长，反而呈现下降，在一定程度上导致公共文化产品的增长与人口增长不相适应。

因此，应当在增加新疆民族文字文化产品供应总量的同时，注重加大人均拥有量。为此，需要重视并加强对新疆少数民族人口增加趋势的科学研究，密切跟踪其人口增长情况，加大新疆民族语言文字公共文化服务及产品的提供力度以适应其人口增长较快的现实，便于国家和自治区政府及相关部门制定富有前瞻性的决策，采取有效措施，主动、积极地为新疆少数民族提供充足的公共文化服务及产品。

（二）建立健全新疆民族语言文字公共文化产品提供均等化的动态协调机制

新疆民族语言文字公共文化服务及其产品的提供是一个动态发展过程。随

---

① 2000 年新疆少数民族人口总数见《中国民族统计年鉴（2004）》，民族出版社，2004，第 487 页；2005 年新疆少数民族人口总数见《中国民族统计年鉴（2006）》，中国统计出版社，2007，第 277 页；2010 年新疆少数民族人口总数见《中国民族统计年鉴（2011）》，中国统计出版社，2012，第 277 页。

着国家和自治区各级政府投入的加大以及新疆少数民族群众物质生活水平和文化素质的提高，少数民族群体及其中各小群体的文化需求也不断高涨。然而，新疆民族语言文字公共文化服务及产品的提供却仍不能完全满足各少数民族群体对文化产品数量、质量的需求。以农家书屋为例，据相关调研，新疆各乡村在执行这个项目的过程中，存在着“少数民族语言文字的图书种类单一、严重不足”[①] 的问题。同时，调研也显示一部分少数民族农村居民“文化需求与政府的文化供给不相协调”[②] 的问题，显然他们的文化需求是在数量相对充足基础上对于质量的更高要求。再比如，在对某柯尔克孜族集聚村进行图书捐赠时，大部分图书和影像制品是以维吾尔语为主，制约了村民用本民族语言文字享用文化产品的需求[③]。这又提出了人口较少的少数民族对于公共文化服务数量与质量的个性化需求问题。在广播电视内容的供应中同样存在类似问题。例如在电视节目播出时间上，维吾尔语供应量较多，但哈萨克语则比较少，2005 年节目播出的合计和制作时间分别居第五位和第四位，2010 年分别居第三位和第五位（见表 7）。

诸如此类的问题，都是公共文化服务产品提供在动态发展过程中出现的，其中既有数量及品种方面的需求，也有质量或品质方面的需求。对此，我们应当重视对公共文化产品提供动态发展过程的深入把握，建立健全新疆少数民族群体及其内部小群体语言文字公共文化产品提供均等化的动态协调机制，适时增加数量、提高质量，不断提高新疆少数民族语言文字公共文化产品提供的水平，完善其供应结构，以进一步满足新疆少数民族日益高涨的文化需求。

（三）建立健全新疆民族语言文字原创型文化生产的激励机制

通过广播和电视节目播出时间的比较发现，新疆民族语言的广播和电视播出时间总量较多，但其中原创型制作节目的时间相对较少。根据本课题组的研

---

① 新疆农村文化生活现状调查课题组：《社会与文化转型中的新疆农村文化生活现状调查》，执笔人：地木拉提·奥迈尔，《新疆文化发展报告（2010～2013）》，新疆人民出版社，2014，第 272 页。

② 新疆农村文化生活现状调查课题组：《社会与文化转型中的新疆农村文化生活现状调查》，《新疆文化发展报告（2010～2013）》，新疆人民出版社，2014，第 273 页。

③ 新疆农村文化生活现状调查课题组：《社会与文化转型中的新疆农村文化生活现状调查》《新疆文化发展报告（2010～2013）》，新疆人民出版社，2014，第 278 页。

究，以2010年全国几种主要少数民族语言广播和电视节目播出时间为例，在广播节目播出时间上，主要由新疆制作的维吾尔语节目大约占合计时间的44%，所占比例最低；在电视节目播出时间上，主要由新疆制作的维吾尔语节目大约占合计时间的19%，哈萨克语约占15%，所占比例分别为倒数第二和倒数第一。可见，新疆民族语言的广播和电视播出时间最多，但其中制作节目的时间却低于其他省（区）。

对此，应当深化文化体制改革，建立健全新疆民族语言文字原创型文化生产的激励机制，特别是要大力培养新疆少数民族文化创意人才，增强新疆少数民族语言文字的文化生产创新能力，创作并提供大量反映新疆少数民族社会实际生活、适合其审美情趣，同时又有利于提高其文化素质、激发其文化创造力、能够激励他们奋发向上、有助于他们取得更大的文化成就。

最后，值得强调的是，增加和提高新疆民族语言文字公共文化服务及产品提供的数量与质量，是满足物质生活逐步富裕起来的新疆少数民族——特别是新疆农村少数民族居民日益高涨的精神文化需要，保证其享用我国文化发展成果权益、提升其文化素质与文化创造力，进而增强社会主义核心价值观的渗透力、影响力和凝聚力的主要方式。同时需要重视的是，在国家通用语言文字不断普及和双语教育不断推广的背景下，随着新疆少数民族受教育程度和国家通用语言使用水平的不断提高，越来越多的少数民族居民也会使用通用语言作为解读、欣赏并实际享有公共文化服务产品的主要手段，即更多地把通用语言作为其文化资本积累的手段。到那时，新疆民族语言文字公共文化服务及产品的需求就会相应地减少。因此，国家和自治区各级各类提供公共文化服务产品的机构或部门应适时调整其供应策略，使新疆民族语言文字公共文化服务产品的提供与新疆少数民族的需求保持一种动态的平衡。

大 事 记

A Chronicle of Events

B.30

中国少数民族文化工作大事记（2011～2013年）

中国民族图书馆　赫歆等　整理

2011年

1月

1月12日　《民族文学》创刊30周年庆祝活动在北京民族饭店举行。《民族文学》是我国唯一的全国性少数民族文学月刊。

1月12日　“少数民族题材优秀影视文学剧本遴选”颁奖仪式在《民族文学》创刊30周年庆典上举行，15部获奖剧本的编剧参加领奖。

1月12～13日　全国少数民族文学期刊座谈会在北京举行。

1月18日　西藏自治区文化发展大会在拉萨召开。

1月27日至3月27日　西域遗珍——新疆历史文献暨古籍保护成果展在国家图书馆展出。全国23家收藏单位提供的320余件展品中，超过半数是仅存的孤本，21部古籍已入选国家珍贵古籍名录。

2月

2月14日 广西首部苗语配音数字电影在融水苗族自治县洞头村岑碑屯举行首映式。

2月18日 丝路奥秘——新疆文物展在费城开展。由新疆维吾尔自治区文物局和美国宾夕法尼亚大学博物馆联合举办。

2月27日 在第十七届美国塞多纳国际电影节闭幕式上，表现中国贵州苗族人文风情的电影《云上太阳》获得最佳外语片奖、最佳摄影奖，同时获得最佳影片提名。

3月

3月15～17日 吉祥唐卡——希热布大师藏画展在香港开展，展出110余幅由著名唐卡画师果洛·希热布历经30余年绘就的精美唐卡。

3月18日 由中国民族报社所属的中国民族音像出版社出版、中国民族音像出版社和北京长华东方民族文化艺术发展有限公司联合制作的《中华民族——57集电视文化系列片》荣获第二届中国出版政府奖音像电子网络奖。

3月20日 《我们的嗓嘎》在第十六届美国洛杉矶国际家庭电影节上荣获“最佳外语音乐奖”。美国洛杉矶国际家庭电影节（IFFF）是世界上最大规模的面向家庭的专业电影节。

3月20日 由内蒙古自治区电影家协会和北京世纪天歌影视文化公司共同策划拍摄的蒙古族题材电影《天边》在第十六届洛杉矶国际家庭电影节上获得最佳外语艺术片、最佳导演、最佳音乐、最佳表演，以及最佳外语影片大奖。

3月21日 首部黎族音乐电影《黎歌》在海口举行开机仪式。电影以海南琼中黎族歌王——王虾大为原型，以黎族原生态音乐为题材，反映黎族民间文化和海南黎族同胞对音乐和生活的热爱之情。

3月22～28日 2010“民族百花奖”中国各民族美术作品展在民族文化宫举行。

3月26～28日 台湾少数民族运动会在台东县举行。共有包含田径、篮球、棒球、柔道、拔河、健力、路跑、负重接力、慢速垒球、少数民族传统舞蹈、少数民族传统摔跤、少数民族传统射箭等在内的 13 种运动及传统竞技项目。

3 月 28 日 国家民委召开座谈会，对所选送出版物获得第二届中国出版政府奖的委属新闻出版单位进行表彰。国家民委所属新闻出版单位选送的《蒙古英雄史诗大系》（蒙古文）、《中朝大词典》、《中华民族》、《中国西北少数民族通史》、《中国儿童百科全书》（蒙古、藏、维吾尔、哈萨克、朝鲜文版）、《中国富宁壮族坡芽歌书》等出版物分别荣获第二届中国出版政府奖图书奖、音像电子网络奖、图书奖提名奖和装帧设计提名奖。民族出版社等单位获得先进出版单位奖。

3 月 28 日 广西百色布洛陀民俗文化旅游节在田阳县敢壮山开幕。来自泰国等东南亚国家及国内的云南、广东、贵州、海南、广西等省区的一万多名群众参加祭祀仪式，壮侗语系同根同源的布依族、水族、黎族、侗族、傣族、仫佬族、毛南族、壮族八个民族同胞都有代表参加，共同祭拜始祖布洛陀。

4月

4 月 2 日 北京民族电影文化沙龙在北京民族文化交流中心举行。这是首届北京国际电影季民族电影展内容之一。

4 月 2 日 草原牧歌——蒙古族音乐文化展览在国家大剧院开展。

4 月 2 日 内蒙古民族电影院线在呼和浩特举行了启动仪式暨战略合作伙伴签约仪式。

4 月 2 日 湖北恩施市侗族文化馆开馆。

4 月 3 日 福建宁德第六届畲族“三月三”歌会在宁德举办。农历“三月三”是畲族的传统节日，又称“乌饭节”。

4 月 4 ~14 日 由藏族流行歌手容中尔甲投资制作、著名舞蹈家杨丽萍为总编导的藏族原生态歌舞乐《藏谜》在日本东京演出。

4 月 7 ~12 日 首届中国原生态民歌盛典暨中国民间文艺第十届“山花奖”（民族民间音乐类）系列活动在四川省绵阳市举行。百色市平果县壮族嘹歌《木棉树下两相依》荣获中国原生态民歌盛典展演金奖。

4 月 8 日 《赛仓文集》在兰州举行首发仪式。《赛仓文集》是我国著名藏学专家赛仓·罗桑华丹历时 13 年完成的藏文版著述，全书 310 余万字，涉及藏传佛教源流、藏族传统诗学、寺院志、宗教哲学、文学历史、人物传记、语法修辞等内容。

4月12日 玉树抗震救灾题材电影《玉树花开》在全国政协礼堂举行首映式。影片以“4·14”玉树地震前后为背景，再现了藏汉民族团结共同抗震救灾的感人场景。

4月12日 中国·德宏2011国际泼水狂欢节在德宏傣族景颇族自治州芒市广场开幕。

4月12日 新疆察布查尔首届朱伦呼兰比大赛在新疆察布查尔锡伯自治县举办。

4月14日 首张壮族嘹歌原创音乐专辑《壮族故事》在南宁举办试听会。

4月16日 民族音乐盛典——《美丽新疆》在国家大剧院上演。

4月16日 贵州黔西南布依族苗族自治州首家县级民歌协会在黔西南布依族苗族自治州贞丰县成立。

4月17日 云南大理白族自治州农村专题电影历史博物馆在大理白族自治州开馆。这是国内首家农村专题电影历史博物馆。

4月20日至7月20日 西域瑰宝——新疆语言文字与少数民族服饰展览在河南安阳开展。

4月23日 首届骆驼文化节那达慕大会在内蒙古乌拉特前旗额尔登布拉格苏木举办。这是蒙古族传统文化体育盛会。

4月23~28日 中国少数民族母语电影展在北京耀莱成龙国际影城举行。参展的30部中国少数民族母语电影运用蒙古、藏、维吾尔、哈尼族等11种民族语言拍摄，配有中英文字幕。众多民族母语电影的集中展示，体现了多元文化的共存与相互尊重。

4月25日 北京国际电影季民族电影展在北京举行启动仪式。由北京市民族事务委员会、北京市广播电影电视局主办。

5月

5月5~20日 反映敖鲁古雅鄂温克民族原生态生活的舞台剧《敖鲁古雅》由根河市政府、北京保利演艺经纪有限公司联合吉祥三宝团队组派的敖鲁古雅艺术团赴智利参加第四届国际民俗艺术节。荣获了包括“国际艺术节特别贡献奖”等在内的多项大奖，成为本届艺术节最受欢迎的团队。其中，乌日娜和布仁巴雅尔获得了智利国际艺术节杰出教育成就奖及杰出艺术成就奖。

5月10日 福建福鼎“四月八”畲族牛歇节在福鼎市硖门畲族乡举办。“牛歇节”是硖门畲族乡的传统节日，也是畲族的爱牛节。瑞云“四月八”牛歇节已被列入国家级非物质文化遗产名录。

5月18日 2011中国民族博物馆合作网年会在北京召开。会议由中国民族博物馆主办。

5月21日 《西藏文化周暨“大美西藏，天上人间”》图片展开幕式在罗马音乐公园举行。西藏文化周是意大利“中国文化年”重要活动之一。

5月21～29日 广西少数民族艺术节在台北华山创意文化园区举行。

6月

6月1～4日 首届西部民族民间手工艺文化博览会在西南民族大学举行。博览会有包括古藏文书法、水族服饰工艺、侗族服饰、藏器、彝族服饰、银饰、漆器、纳西族刺绣、微雕、化石石雕、核雕、剪纸、花叶贴画等在内的数十个项目。

6月17日 由云南省委宣传部、省委党史研究室组织编写的《党在我心中——中国共产党简明知识云南读本》一书，由云南民族出版社以西双版纳傣文、德宏傣文、景颇文、傈僳文、拉祜文、佤文、彝文、哈尼文、藏文、苗文、纳西文、白文12种少数民族文字出版。

6月20日 2011年“春雨工程”全国文化志愿者边疆行活动在南京启动。由文化部、中央文明办主办。

6月25日 党旗漫卷中国红——走进56个民族大型采风活动在北京启动。这是10年前首次“走进56个民族家庭”活动的回访。

7月

7月2日 内蒙古少数民族文学大发展大繁荣促进会在呼和浩特成立。

7月5日 云南日报社迪庆分社在香格里拉成立。这是全国藏区首家省级党报分社，云南省政务信息岛在迪庆同步开通运行。

7月9日 广西京族“哈节”在防城港市东兴金滩开幕，为期7天。

7月20日 回族文物暨回族收藏精品展在宁夏开展。

7月20日 第二届中国新疆国际民族舞蹈节在乌鲁木齐开幕，为期15天。

7月22～26日 第三届中国（宁夏）国际文化艺术旅游博览会在银川举行。由文化部、广播电视总局、国家民委、国家旅游局、中国人民对外友好协会、宁夏回族自治区政府主办。

7月23日 2011年中国吉林·查干湖蒙古族民俗旅游节在前郭尔罗斯蒙古族自治县查干湖旅游度假区开幕。旅游节历时5个月。系列节庆活动涉及民俗、文化、体育等诸多方面。

7月28日 第八届中国多民族文学论坛在赤峰举办。

7月29日 西藏日喀则广播电视台综合广播开播。

7月31日 新疆人民出版社成立60周年暨少数民族出版基地成立庆祝会在新疆人民会堂举行。

8月

8月6～10日 2011年天堂草原锡林郭勒·那达慕在内蒙古锡林浩特举办。

8月14～21日 第十九届全国藏文图书出版发行协作会议在西藏拉萨举行。会议由全国藏文图书出版发行协作领导小组主办、西藏人民出版社承办。会议评选了2009～2010年全国各藏文出版社出版的优秀藏文图书。会议还讨论决定适时在尼泊尔首都加德满都举办“中国藏文图书展销会”。

8月25日 中央人民广播电台与宁夏广播电台实施战略合作在银川举行签约仪式。

8月29日 2011中国拉萨雪顿节开幕。共有6大类共28项，主要包括以哲蚌寺展佛、藏戏展演、非遗展示为主的传统节庆活动。拉萨雪顿节因为其独特品位和文化内涵，被国务院列入中国首批非物质文化遗产保护名录，并先后获得“中国十大节庆”“中国节庆五十强”“中国十大民俗类节庆”“中国现代节庆十佳奖”“中国十大节庆品牌”等殊荣，已发展成为集传统展佛、文艺会演、体育竞技、招商引资、经贸洽谈、商品展销、旅游休闲为一体的藏族节庆盛会。

8月30日 国内首部《鄂伦春语释译》首发暨赠书仪式在鄂伦春自治旗

阿里河镇举行。《鄂伦春语释译》项目是鄂伦春自治旗成立 60 周年的献礼项目之一。

9月

9 月 19 日 多彩中华——中国 56 个民族风情画卷在联合国总部展出。

9 月 21 日 中华回医药文化博物馆在宁夏开馆，是世界上第一个专门介绍回医药文化的博物馆。

9 月 25 ~ 29 日 东北亚区域农村与少数民族音乐教师培养国际研讨会在哈尔滨举行。

9 月 28 日 “首届向全国推荐百种优秀民族图书”活动正式揭晓，其中包括《中国少数民族》《中华回族爱国英才》《世界屋脊的面具文化——我国藏区寺庙神舞及藏戏面具研究》等汉文图书 40 种，《西藏历史地位辨》《新疆文库》《中国哈萨克优秀作品》等少数民族文字图书 60 种。

9 月 29 日 甘肃民族语译制中心在兰州挂牌成立。中心将成为甘肃少数民族语言广播影视剧翻译制作的基地，满足少数民族地区群众对广播影视剧需求。

10月

10 月 8 ~ 15 日 天堂草原——内蒙古 · 北京文化艺术周在民族文化宫举行。内蒙古自治区党委宣传部主办。

10 月 9 日 大型民族歌舞剧《呼伦贝尔大雪原》在北京保利剧院上演。

10 月 15 日 德宏傣族景颇族自治州与中国少数民族作家学会、中国作家协会《民族文学》杂志社在云南芒市签订协议，决定在德宏傣族景颇族自治州共建全国民族文学创作基地，联手催生更多民族文学精品，推动民族文学事业发展。

10 月 21 ~ 24 日 贵州省黎平县岩洞村的九名农民歌手，在日本东京国学院举办了两场专场演出，表演世界非物质文化遗产侗族大歌，全面展示了侗族文化的精华。

11月

11 月 3 日 第二届中国民族节庆峰会在北京开幕。

11月9~13日 2011年中国·雷山苗年暨鼓藏节在贵州雷山县举办。中国民族博物馆、贵州省旅游局、黔东南苗族侗族自治州政府主办。

11月11~14日 中国当代少数民族文学研究会成立30周年暨第十一届学术年会在西南民族大学举行。

11月12日 《大百科全书》(维吾尔文、哈萨克文版)翻译工作在乌鲁木齐启动。这是新疆维吾尔自治区第一次使用少数民族文字翻译出版《大百科全书》。

12月

12月1日 乌兰夫基金民族文化艺术奖首届颁奖典礼在内蒙古人民会堂举行。

12月4日 首部大型壮族民族交响合唱《壮族诗情》在北京首演。

12月10日 广西壮族自治区传统文化研究会在南宁成立。

12月10日 中央人民广播电台新疆民族语言广播中心在乌鲁木齐揭牌。新疆民族语言广播中心视频网站同时开通。

12月28日 《章恰尔》创刊30周年暨第七届“章恰尔文学奖”颁奖大会在西宁召开。《章恰尔》是藏族文学创作的主要窗口和园地。

2012年

1月

1月1日 内蒙古电视台蒙古语文化频道正式开播。蒙古语文化频道的开播标志着内蒙古蒙古语电视事业又迈上了一个新台阶，是内蒙古文化发展繁荣的一个重要标志，是内蒙古广播影视事业发展的重要里程碑。

1月6日 国家民委民族语文辅助翻译软件成果发布会暨赠送仪式在北京举行。会上发布了《壮文电子词典及辅助翻译软件》《彝文电子词典及辅助翻译软件》《壮文校对软件》《藏文编码转换软件》《维哈柯文编码转换软件》等5款民族语文辅助翻译软件。

2月

2月5~7日 2012中国·德宏景颇族国际目瑙纵歌节在云南省德宏傣族

景颇族自治州芒市举行。目瑙纵歌节是景颇族最盛大、最隆重的民族节日。

2月13日 中国“青海文化周”在菲律宾首都马尼拉拉开帷幕。

2月21日 苗族英雄史诗《亚鲁王》出版成果发布会在人民大会堂举行。会议由中国民间文艺家协会主办。

2月21日 国际母语日13周年保护发展传承蒙古语言文字座谈会在沈阳市召开。

2月22日 “国际母语日与民族文化多样性”座谈会在民族出版社召开。

3月

3月15日 宝马公司和著名舞蹈家杨丽萍共同在云南艺术剧院举办“传承·绽放”为主题的发布会，宣布携手成立云南映象艺术传承中心。

3月20日 《吉林朝鲜文报》海外版“今日考丽亚”创刊仪式在韩国首尔举行。这标志着《吉林朝鲜文报》率先迈出了“走出去”的第一步，成为吉林省内媒体中首个在国外出版发行的报纸。

3月28日 天山网维吾尔文微博推广座谈会在新疆维吾尔自治区乌鲁木齐市召开。

3月30日 《南宁市非物质文化遗产名录图典（2006～2010）》新书发布会在广西壮族自治区南宁市图书馆多功能厅举行。该书是广西第一部以图典形式编撰的非遗名录典籍。

4月

4月11日 中国彝族首届非物质文化遗产传承展演和水西古城奠基典礼在贵州省黔西县举办。

4月11日 中国大方首届（国际）彝族文化节暨大方第四届奢香文化艺术节在贵州省大方县贵州宣慰府广场举行。文化节活动主题是“相约奢香里、寻访古彝圣地”，活动一直持续到5月下旬。

4月12日 《2011中国少数民族文学年度选》在北京首发。由中国少数民族作家学会编辑、作家出版社出版，填补了长期以来没有一本专门梳理和归纳少数民族作家创作成果的年度选本的空白。

4月14日 《中国少数民族大辞典·拉祜族卷》编纂工作在昆明正式启动。

4月16~17日 繁荣少数民族文学事业座谈会在云南省昆明市举行。

4月15日 第四届北京民族电影展开幕。

4月24日 五指山市黎族传统纺染织绣技艺传习馆开馆。这是海南省首个以黎族传统纺染织绣技艺为主题的传习馆。

5月

5月5日 新疆民族文学原创和民汉互译作品工程首发式在新疆维吾尔自治区举行，首批印刷出版50部文学原创和翻译作品。

5月17~19日 中国民族语文翻译局与中国翻译协会民族语文翻译委员会联合召开的第十四次全国民族语文翻译学术研讨会在北京举行。

5月19日 首部大型彝族电影《支格阿鲁》在云南省丽江市宁蒗彝族自治县泸沽湖开机拍摄。

5月22日 民族电影展在中国电影资料馆艺术影院启动。

5月27~28日 2012“中国·贵州·凯里苗族文化论坛”在贵州黔东南苗族侗族自治州凯里市举办。

6月

6月2日 中国（三江）侗族博物馆在广西壮族自治区三江侗族自治县开工建设。这是目前我国最大的侗族博物馆。

6月9日 倾听红土地的声音·云南少数民族文学研讨会在北京举行。

6月9日 首届西藏自治区非物质文化遗产保护成果大展在拉萨开幕。

6月9日至7月2日 根与魂——内蒙古非物质文化遗产展演在澳门举办。此次展演由内蒙古自治区文化厅与澳门文化局联合主办。此次展演包括大型展览“草原记忆”和非遗歌舞演出“薪火”。

6月15日 少数民族青年作家作品研讨会在北京举行。研讨会由中国作家协会主办，中国少数民族作家学会、民族文学杂志社协办。

6月19日 广西壮族自治区少数民族题材电影《阿佤山》首映式在全国政协礼堂举行。这是继《孔雀飞到佤山来》后，国内第二部以阿佤山和佤族人民生活为题材的电影精品。

6月24日 “哈尼文化记录行动”启动仪式在北京人民大会堂举行。从

2012 年 6 月到 2013 年 6 月，该行动在北京、昆明以及哈尼族人民的生产生活区域开展系列活动。

6 月 26 日至 7 月 4 日 内蒙古自治区第九届草原文化节在呼和浩特举行。文化节以“弘扬草原文化、展示文艺精品、推动文化发展、促进社会和谐”为主题，由自治区党委、政府主办。

6 月 28 日至 10 月 7 日 云南省少数民族文字文物文化展在河南省安阳市中国文字博物馆展出。展览由云南省民族博物馆和中国文字博物馆共同举办。

6 月 29 日 第五届中国民族文化产业发展论坛在北京全国政协礼堂举行。白族女作家景宜与著名表演艺术家六小龄童出任论坛形象大使。

6 月 30 日 广西壮族自治区环江毛南族自治县毛南族博物馆正式开馆，向公众免费开放。这是我国人口较少民族毛南族建起的首个民族博物馆，博物馆的建立有利于保护和传承毛南族传统文化。

6 月 30 日 首部反映毛南族文化的微电影《毛南人家》在广西壮族自治区环江毛南族自治县开拍。

7月

7 月 1～4 日 白族文化国际学术讨论会在湖南省张家界市桑植县天平山举行。

7 月 11 日 《走进中国回族》首发式在甘肃兰州举行。

7 月 12 日至 10 月 10 日 成吉思汗——中国古代北方草原游牧文明展在新疆维吾尔自治区博物馆举办。展览由新疆维吾尔自治区博物馆、内蒙古自治区博物院共同主办。

7 月 16 日 中国民族语文翻译局藏民族语文翻译专家会议在甘肃省兰州市召开。

7 月 17～20 日 《民族文学》藏文版作家翻译家座谈会暨藏族文学青海论坛在青海省海南藏族自治州贵德县举行。由民族文学杂志社和青海省作家协会联合主办。

7 月 22 日 第二十八次全国藏语广播文艺节目交换会暨第十三次全国藏语广播电视节目评析会在青海省西宁市召开。

7 月 22～25 日 两岸少数民族（侗族）文化传承与创新研讨会在湖南省

怀化市通道侗族自治县举行。研讨会由湖南省政府台湾事务办公室、怀化市政府联合主办。

7月26日至8月9日 第二届呼和浩特少数民族文化旅游艺术节举办。主要活动项目包括第二届中国·呼和浩特少数民族文化旅游艺术活动开幕式暨专场文艺演出、全国少数民族非物质文化遗产项目“民族服饰”展演、全国少数民族地区旅游推介会暨导游员讲解员大赛、全国少数民族器乐演奏会、全国民族题材新歌演唱活动等。

7月27日 全国少数民族和民族地区公共文化服务体系建设座谈会在内蒙古自治区呼和浩特市召开。

7月27日 第四届青海省土族文学研讨会在互助土族自治县召开。

8月

8月4～6日 首届中国格斯尔文化高层论坛暨“中国《格斯（萨）尔》文化保护与研究基地”揭牌仪式在内蒙古自治区巴林右旗举行。

8月4～16日 第十届全国少数民族文学创作“骏马奖”评奖活动在北京举行。本届“骏马奖”入围的231部作品，汉语作品172部，少数民族文字作品59部。作品作者和11名翻译奖参评译者，来自39个民族。

8月8日 记忆·传承——中国少数民族非物质文化遗产展在内蒙古自治区鄂尔多斯市文化艺术中心开展。

8月15日至9月9日 “傩魂神韵——中国傩戏·傩面具展”在国家大剧院展出。展览由民族文化宫、贵州民族文化宫和国家大剧院联合主办。

8月25日 “金鹏展翅·2012”第五届中国民族语言（民族题材）电视节目研讨会在四川省凉山彝族自治州西昌市举行。研讨会由中国民族影视艺术发展促进会和联合国教科文组织驻华代表处共同主办。“金鹏展翅奖”是我国唯一的民族语言、民族题材电视节目评选平台，每两年举办一次。

8月26日 第三届湖北·恩施生态文化旅游节暨2012恩施女儿会开幕。

8月27日 第二届鄂尔多斯国际那达慕大会在内蒙古自治区鄂尔多斯市开幕。

9月

9月1日 布依族古文字典籍文献研究中心成立暨揭牌仪式在贵州民族大

学举行。

9 月 2 ~ 8 日　第二届萨满文化论坛在吉林省长春市举行。

9 月 3 日　朝鲜族题材电视剧《长白山下我的家》在中央电视台一套黄金时段开始播出。该剧是为献礼吉林省延边朝鲜族自治州成立 60 周年而拍摄的。

9 月 5 日　“民族文学与电影”研讨会在中国电影资料馆多功能厅举行。论坛由中国电影艺术研究中心、北京国际电影节民族电影展和中国少数民族作家协会 3 家联合主办，是中国电影艺术研究中心举办的“国产电影论坛”系列活动之一。

9 月 5 ~ 7 日　第三届中国民族节庆峰会在吉林省延边朝鲜族自治州延吉市举行。

9 月 9 日　2012 首届海南国际旅游岛少数民族生态文化节暨少数民族生态文化研讨会在海南省五指山市举行。

9 月 11 日　首届贵州省少数民族文学“金贵奖”第三届乌江文学奖颁奖典礼在贵阳市举行。苗族作家韦文扬的小说集《苗山》等 16 部作品获首届贵州少数民族文学“金贵奖”，肖江虹的中篇小说《百鸟朝凤》等 15 部作品获第三届乌江文学奖。

9 月 14 日　“十二五”少数民族语言文字出版规划论证会在北京召开。

9 月 15 日　新华网维吾尔文频道在新疆维吾尔自治区乌鲁木齐市正式开通。

9 月 23 日　《仫佬族通史》首发式在广西壮族自治区南宁市举行。全书近 60 万字，历时 4 年完成，由民族出版社出版发行。

10月

10 月 20 日　“红河号民族文化列车”首次停靠到北京西站。这趟列车是由云南省红河哈尼族彝族自治州与昆明铁路局合作打造的“红河号民族文化列车”，旨在通过这个移动的载体，向全国展示云南的民族风情。

10 月 23 ~ 25 日　宁夏回族自治区首届少数民族文艺调演在银川举办。

10 月 27 ~ 28 日　藏族作家德本加小说研讨会在北京召开。此次会议标志着藏族母语文学个人创作研讨会的首次召开。

11月

11 月 5 日　“2012 波兰 · 中国西藏文化周”暨“雪域风采”图片唐卡展

览在波兰首都华沙科学文化宫开幕。

11月7日 《国家“十二五”少数民族语言文字出版规划》由新闻出版总署公布并印发相关通知。

11月7日 《多彩贵州——中国贵州民族风情展》在土耳其的马拉蒂亚市开幕。

11月9日 首届“二千九”侗文化节在贵州省黔东南苗族侗族自治州从江县高增乡高增村举行。

11月16日 第一部系统介绍壮文的史料片《壮文》在广西壮族自治区南宁市举行首发仪式。

11月19日 新疆首届铁尔麦研讨会在新疆维吾尔自治区乌鲁木齐市召开，来自全疆各地的铁尔麦研究专家、铁尔麦演唱者及新疆搜集、研究、整理哈萨克族非物质文化遗产的专家学者等200多人参加了会议。

11月22日 彝文版《十八大报告》和《党章》出版首发仪式在成都市举行。彝文版《十八大报告》和《党章》由西南民族大学彝语文专业毕业生担纲翻译、四川民族出版社出版。

11月29日 蒙古族作家巴根长篇小说《忽必烈大汗》首发式暨研讨会在北京举行。研讨会由中国作协少数民族文学委员会、中国作协创作研究部、作家出版社、中国作家杂志社联合主办。

11月29日 第十二届中国瑶族盘王节暨首届中国香柚节在湖南省永州市江永县千家峒举行。中国瑶族盘王节是海内外瑶族祭祀祖先盘瓠的重大民族祀典，由湘桂粤3省（区）12县（市）发起，现已成为全国瑶族同胞最盛大的节日。

12月

12月1日 广西壮族自治区《左江岩画保护办法》开始施行，正式立法保护我国现存最大的崖壁画群——以崇左花山壁画为代表的左江岩画。

12月1~2日 中国民族古文字研究会第九次学术研讨会暨会员代表大会在北京召开。

12月3日 中国首部以“铜鼓文化”为题材的大型民族音舞诗剧《铜鼓》在广西壮族自治区河池市首演。

12月4日 《党的十八大报告》（壮文版）和《中国共产党章程》（壮文版）正式公开发行。

12月5～9日 第十二次全国民族地区图书馆学术研讨会在广西壮族自治区南宁市举行。由民族文化宫、中国图书馆学会学术研究委员会少数民族图书馆专业委员会、中国民族图书馆联合主办，广西图书馆学会、广西壮族自治区图书馆承办。

12月8日 中国锡伯语言文化研究中心在新疆维吾尔自治区伊犁师范学院成立。

12月15日 第七届"孛尔只斤蒙古文学奖"颁奖典礼在内蒙古大学蒙古学学院举行。中央民族大学额日德木图教授的散文《天边——遥远的月光》获一等奖。巴·扎斯纳的《寒冷的黑土》获二等奖，陶跟帖木儿的《长生天赐给的歌唱家》和那仁陶格图的儿童文学《聪明小孩变成矮个儿记》获三等奖。

12月15日 《中医药民族医药探秘》纪录片在广西药用植物园举行开机仪式。

12月17日 《藏医药大典》科技成果评价会在青海省西宁市召开，《藏医药大典》是由青海省藏医药研究院组织编纂、民族出版社出版的我国迄今规模最大的藏医药文献。《藏医药大典》全书60卷，附总目1卷，6000万字，分为藏医学史、古代医籍、四部医典、临床医著、药物识别、药物方剂、药材炮制、仪轨颂词等8大总义78章492节，收录了638部藏医药经典古籍和近现代代表性论著。

12月21日 昊龙·第四届"高黎贡文学节"活动暨2012年度"高黎贡文学奖"新闻发布会在云南省昆明市举行。为期3天的活动内容包括省外和云南主题作家作品展示，以及高黎贡文学奖和主席奖的评选。作家张稼文获得文学节的最高殊荣。

12月22日 "大美新疆"摄影展在瑞典首都斯德哥尔摩开幕。摄影展由瑞典华人总会主办。此次展览分为"地貌奇特""风情迥异""丝路寻珍""建设新貌"四个板块，既展示了新疆喀纳斯湖、塔里木河、坎儿井等独特的自然风光，也表现了多民族舞蹈、斗羊、猎鹰等文化活动的风貌。

12月24日 中国西藏网图片频道正式上线。

12 月 24 日　2012・内蒙古冬季那达慕暨巴尔虎草原祭火文化节在内蒙古自治区陈巴尔虎旗白音哈达旅游景区开幕。

12 月 26 日　湖南省湘西土家族苗族自治州武陵山民族文化产业园在吉首奠基开工，标志着武陵山民族文化产业园项目正式启动。

12 月 28 日　2012 年民族题材新闻宣传优秀专题专栏暨民族题材好新闻评选活动颁奖仪式在北京举行。

2013年

1月

1 月 4 日　由新疆伊犁州党委宣传部和察布查尔县委、县政府联合主办的数字电影《箭乡少女》首映仪式在伊犁举行。这部影片是中国首部以锡伯族为题材的电影。

1 月 6 日　哈萨克语《雏鹰》杂志社举行创刊 30 周年座谈会。该杂志创刊于 1982 年，是由阿勒泰行署和阿勒泰地区教育局主办。

1 月 9 日　由云南省委等共同策划的云南民族风情对外宣传数字电影精品工程在昆明市举行启动仪式。18 部云南民族风情系列电影将逐一走上银幕。

1 月 11 日　由国家民委文化宣传司和辽宁出版集团共同主办的“《走近中国少数民族丛书》出版座谈会”在北京召开。首批出版的是东北地区的满族、朝鲜族、蒙古族、锡伯族、达斡尔族、鄂伦春族、鄂温克族、赫哲族八个少数民族丛书。

1 月 11 日　第七届壮族文学奖暨第三届壮文文学奖在南宁举行颁奖典礼。

1 月 13 日　由中国伊斯兰教协会和新疆伊斯兰教协会组成翻译专家组翻译的维吾尔文《古兰经》正式出版发行。

1 月 19 日　广西瑶族文化保护和发展促进会成立大会在南宁市举行。会议经过民主协商和大会表决，通过了《广西瑶族文化保护和发展促进会章程》，选举产生第一届理事会理事和领导机构。

1 月 23 日　庆祝西双版纳傣族自治州建州 60 周年大会在云南省景洪市西双版纳民族体育场举行。

1月25日 “卡拉角勒哈”舞蹈大赛在新疆伊犁哈萨克自治州举办。

1月26～29日 壮族土俗字习俗与甘桑石刻字符研究工作座谈会在广西百色市平果县城举行。

1月30日至3月30日 青海少数民族文字文物文化展在河南安阳市中国文字博物馆举行。

2月

2月5日 打破《亚鲁王》传习限制，由苗族同胞自发组织建立的首个“苗族英雄史诗《亚鲁王》传习基地”在贵州省紫云苗族布依族自治县猴场镇打哈村正式挂牌成立。

2月26日 中国美术家协会民族美术艺委会成立大会在北京召开。

2月26日 2013年贵州省古籍普查登记工作会议在贵州省图书馆召开。

3月

3月2日 青海藏文古籍研究会在中国人类学民族研究会藏文化研究基地（青海藏文化馆）正式成立。大会选举产生由39人组成的第一届理事会，推选省政协副主席、塔尔寺民管会主任宗康活佛为名誉会长，王代海·彭措为会长。

3月7～9日 由四川师范大学外国语学院主办的“第四届中国少数民族地区三语现象与三语教育国际学术研讨会”在四川师范大学狮子山校区顺利召开。

3月8～9日 民族文化宫大剧院重新开张。民族文化宫大剧院装修用时一年，升级了舞台、灯光、空调等设备设施，将剧院座位数从1100个减少为830个并恢复为最初的真皮座椅。

3月10日 《丹珠文存》出版暨学术研讨会在中央民族大学举行。

3月21日 《蒙古学百科全书》“地理卷”中文版首发仪式在内蒙古呼和浩特市举行。

3月28日 由孛儿只斤·博·博彦主编，内蒙古教育出版社、内蒙古少儿出版社出版发行的《科尔沁蒙古族民俗物品图鉴》一书在通辽市举行首发式。

3月28日 云南省民族学会水族研究委员会在富源县举行成立大会。会议通过云南省民族学会水族研究委员会章程，确定潘光宪为第一届水族研究委员会会长。

4月

4月8~10日 由毕节学院、毕节市彝学会、中央民族大学共同主办的国家重大文化建设工程——中华字库·彝文字符切字与属性标注学术研讨会在毕节学院乌蒙书画院举行。

4月12日 德宏傣族景颇族自治州成立60周年庆祝活动在云南省德宏傣族景颇族自治州州府芒市民族团结广场举行。

4月12~14日 2013年世界民族电影节（UMFF）在美国洛杉矶举行，中国首次参加电影节并入围和展映的有影片18部，剧本1部，其中7部为少数民族题材电影。

4月15日 由民族文学杂志社主办的“2013《民族文学》多民族作家改稿班”在北京开班。

5月

5月5日 内蒙古自治区额尔古纳市和俄罗斯族乡的俄罗斯族群众载歌载舞，欢度传统节日巴斯克节。这是中国俄罗斯族一年中最隆重的节日，已被列入国家级非物质文化遗产名录。

5月9日 贵州省首个侗年文化传习所在榕江县正式挂牌并投入使用。

5月23日至6月5日 民族音乐剧《香妃》在上海上戏剧院首演。

5月30日 由北京画院主办的“疆域行歌·北京画院少数民族题材作品展”在北京画院美术馆展出。

6月

6月1日 新疆首座柯尔克孜博物馆在新疆乌恰县正式开馆。

6月15日 展现佤族人民生活状态和爱情的微电影《图腾之旗》在北京举行首映式。

6月18日 第23届鄂伦春族篝火节在内蒙古自治区鄂伦春自治旗举办。

主题是“弘扬民族文化，促进经济发展，构建和谐鄂伦春”。

6 月 25 日至 7 月 4 日 第十届中国·内蒙古草原文化节在呼和浩特市举行。

6 月 28 日 新疆维吾尔自治区少数民族传统体育展示大会暨乌鲁木齐县第三届少数民族传统体育运动会在乌鲁木齐县甘沟乡西白杨沟村旅游景区赛马场举行。

7月

7 月 4 ~7 日 由国家新闻出版广电总局主办，为期 4 天的 2013 年全国少数民族语电影数字化译制技术培训班在甘肃兰州开班。

7 月 5 日 由青海土族研究会、《中国土族》杂志社联合举办的《中国土族丛书》（四卷）首发式在西宁举行。

7 月 6 日 《乌兰夫丛书》出版座谈会在北京全国政协礼堂举行。

7 月 12 ~16 日 由中国人民大学清史研究所和满文文献研究中心主办的首届国际满文文献学术研讨会在北京举行。

7 月 18 ~24 日 第九届成吉思汗那达慕大会在内蒙古成吉思汗陵旅游区举行。

7 月 19 日 内蒙古自治区呼和浩特市一年一度的“一会两节”（第七届中国民族商品交易会、第十四届中国·呼和浩特昭君文化节、第三届中国·呼和浩特少数民族文化旅游艺术节）在内蒙古国际会展中心开幕。

7 月 25 ~31 日 内蒙古自治区第 24 届旅游那达慕大会、乌兰察布市第 9 届那达慕暨四子王旗第 24 届那达慕大会在四子王旗格根塔拉草原旅游中心举行。

7 月 25 日至 8 月 13 日 第三届全国少数民族戏剧会演在内蒙古呼和浩特市举办，来自全国 11 个省区市、10 个少数民族地区艺术团队的 15 台剧（节）目参加会演。

7 月 28 日 《绚彩中华——中国彝族服饰文化展》在贵州民族文化宫暨贵州省民族博物馆开幕。

7 月 29 日 上海大世界吉尼斯总部公布《锦绣黎家》黎族民俗风情长卷织锦壁挂申报大世界吉尼斯纪录成功。该长卷由海南省民族研究所研究、设计。它以黎族社会传统的风俗习惯、风土人情为主线，展现了黎族社会传统的生产生活风貌及民风民俗。

8月

8月2日 土家族大型歌舞《天上黄水》在重庆市石柱县黄水镇的“天上黄水”大剧院首演。

8月6~12日 2013中国拉萨雪顿节举行。

8月8日至10月22日 2013中国贵州“九黎十八寨”民族博览会举办。

8月8~11日 内蒙古第八届全区民族运动会在锡林郭勒盟举行。本届运动会共设搏克、赛马、“男儿三艺”（赛马、蒙古族传统射箭、搏克三项全能）、蒙古象棋等13个大项；表演项目有马上三项、花炮、珍珠球等8项。

8月13~15日 吉林省第六届少数民族传统体育运动会在延吉举行，主题为“弘扬少数民族文化、促进民族团结进步”，要求是“团结和谐、特色鲜明、务实节俭、安全有序”。

8月15日 云南省少数民族传统体育锦标赛在迪庆藏族自治州香格里拉县体育馆开幕。活动由云南省民族事务委员会和云南省体育局共同主办。

8月16日 2013年中国蒙古族舞蹈学术研讨会在锡林浩特召开。由中国少数民族舞蹈学会主办。

8月16~18日 2013年瑶族学术研讨会在南宁翔云大酒店召开。由广西瑶学学会主办。

8月18~25日 中国首届契丹辽文化节在辽都故地内蒙古赤峰市巴林左旗举行。

8月19日 湖北恩施土家族苗族自治州成立30周年庆祝大会暨促进民族地区加快发展动员大会在恩施隆重召开。

8月19日 贵州社科院与贵州省民委合作项目《贵州省少数民族语言文字工作条例（草案）》在贵州社科院启动。

8月24~25日 第十届中国蒙古族服装服饰艺术节暨蒙古族服装服饰大赛在内蒙古自治区通辽市举办。由内蒙古自治区旅游局、通辽市人民政府主办。

8月25日 2013年全国民族式摔跤邀请赛在新疆乌鲁木齐市体育运动学校举行。

8月25日 青海省海南藏族自治州成立60周年庆祝大会在共和县恰卜恰

镇幸福滩体育场举行。

8 月 26 日 青海省第五届少数民族传统体育运动会在海西蒙古族藏族自治州德令哈市海西体育中心隆重开幕。

8 月 27 ~31 日 内蒙古首届中西部民歌学术研讨会在巴彦淖尔市召开。会议由内蒙古自治区文化厅和巴彦淖尔市政府共同主办。

8 月 29 日 青海省甘南藏族自治州建州 60 周年庆祝大会在甘南藏族自治州合作市举行。

9月

9 月 3 ~6 日 黑龙江省第五届少数民族文艺会演在哈尔滨市举办。

9 月 5 日 新疆民族服饰文化传承发展研讨会在乌鲁木齐举行。由新疆维吾尔自治区服装行业协会主办。

9 月 6 日 青海省黄南藏族自治州建州 60 周年庆祝大会在青海省同仁县隆重举行。

9 月 14 日 中国民俗学会中国少数民族民俗研究中心成立大会暨 2013 年中国少数民族民俗研究论坛、内蒙古师范大学社会学民俗学院成立 10 周年纪念会在内蒙古师范大学举行。

9 月 16 日 四川省阿坝藏族羌族自治州成立 60 周年庆祝大会在阿坝州马尔康县隆重举行。

9 月 17 ~18 日 第十五次全国民族语文翻译学术研讨会在拉萨市召开。由中国民族语文翻译局、中国翻译协会民族语文翻译委员会主办。

9 月 23 ~24 日 中国维吾尔历史文化研究会第六届学术研讨会在北方民族大学召开。

9 月 26 日 民族出版社在北京民族文化宫举行建社 60 周年纪念大会。

9 月 28 日 由《格萨（斯）尔》工作领导小组和西北民族大学主办的 2013 年中国多民族《格萨尔》史诗研讨会在兰州召开。

9 月 28 日 “2013 年藏族民间文学研讨会”在西北民族大学召开。由西北民族大学主办，青海省文化厅《群文天地》编辑部协办。

9 月 28 日 全国维吾尔文学研究学术研讨会在西北民族大学召开。由西北民族大学主办。

10月

10月13日 由国家民委、中国作协批准立项的中国少数民族电影工程在北京启动。工程旨在为每一个少数民族拍摄至少一部电影，填补20多个少数民族没有本民族题材电影的空白。

10月14~20日 黑龙江省佳木斯赫哲文化周在北京民族文化宫举办。

10月16日 第四届中国民族声乐敦煌奖大赛在甘肃开幕。来自全国的140名选手通过角逐最终产生民族组、民间组（原生态）两个组别的金银铜奖得主。

10月22日 首届维吾尔医药非物质文化遗产保护高峰论坛在新疆维吾尔医学专科学校举行。

11月

11月5~6日 第二届向全国推荐百种优秀民族图书评审会在北京举行。国家新闻出版广电总局、国家民委共同主办。

11月9~21日 由少数民族书画家组成的“多彩中华——中国民族文字展”在美国进行巡展。

11月11日 中国舞蹈“荷花奖”民族民间舞蹈评奖决赛在贵阳启幕。来自贵州的《太阳山》、广西的《仫佬仫佬背背抱抱》、云南的《阿罗汉》、内蒙古的《戈壁沙丘》和新疆的《昆仑之梦》荣获金奖。中央民族大学舞蹈学院的《金色贝多罗》获得表演金奖。

11月16日 北京水族同胞在民族文化宫欢度自己的传统节日——端节。这是民族文化宫装修改造、结构功能调整后举办的首个民族节庆联谊活动，是新时期民族文化宫建设民族活动中心的开篇之举。希望通过民族文化宫这个平台，加强水族同胞之间、水族同胞与其他民族之间的交流沟通，增进友谊传播民族文化，促进民族团结。

11月26日至12月8日 “美丽中国·和谐家园”民族题材摄影大赛获奖作品展暨“多彩中华——苗族服饰展、瑶族服饰展”在北京民族文化宫举办。“多彩中华——苗族服饰展、瑶族服饰展”由国家民委主办，由北京民族文化宫、贵州民族博物馆、广西民族博物馆和云南民族博物馆共同承办。

12月

12 月 2 日 2013 年重大文化工程《格萨尔》桑珠本藏译汉项目工作正式启动。

12 月 12 日 由中国民族语文翻译中心和科大讯飞信息科技股份有限公司建立的“多语种语音及语言技术联合实验室”在北京举行挂牌仪式。

12 月 17 ~ 20 日 中国少数民族古籍珍品展在广西壮族自治区图书馆举办。由广西壮族自治区古籍保护中心、广西图书馆联合举办，中国民族图书馆协办。

12 月 18 日 四川理县藏羌风情线杂古脑河谷地带被中国民族建筑研究会授予“中国民族优秀建筑——民族特色建筑之乡”称号，甘堡藏寨、桃坪新寨被授予“中国民族优秀建筑——建筑文化传承示范项目”称号。

12 月 18 日 “2013 年中国・榕江萨玛节”在我国最大侗族村寨群落“车江大坝侗寨群”中心——贵州榕江县三宝侗寨开幕。萨玛节是侗族纪念女性先祖的节日，被誉为“侗族的妇女节”。

12 月 19 日 国家民委民族语文辅助翻译软件成果发布会在北京举行。会上宣布中国已完成 7 个文种共 16 款民族语文辅助翻译软件的研发工作。

12 月 23 ~ 29 日 “中国少数民族非物质文化遗产展示周”在北京民族文化宫举行。展览涉及已公布的三批国家级非物质文化遗产名录中的少数民族项目 433 项，与项目相关的 20 个省、市、自治区参展。展览设多个主题展区，展出实物 600 余件、图片 800 余幅、影像资料 20 部，现场演示及演出项目 60 多项。由国家民委、文化部共同主办，民族文化宫承办。

《中国少数民族文化发展报告（2017）》征稿启事

文化蓝皮书《中国少数民族文化发展报告》由国家民委文化宣传司与中国社会科学院文化研究中心合作编写，是我国少数民族文化发展领域的综合性、前沿性学术研究报告集。目前已经出版三本（《中国少数民族文化发展报告（2008）》《中国少数民族文化发展报告（2012）》《中国少数民族文化发展报告（2014－2015）》），受到广泛关注。

《中国少数民族文化发展报告》重点关注的领域包括：少数民族文化理论与政策、民族地区文化建设的国家战略、民族地区文化体制改革、民族地区公共文化服务体系建设、民族地区现代传媒业和文化产业发展、非物质文化遗产保护、少数民族语言文字保护和发展、民族地区教育和科技发展。

《中国少数民族文化发展报告（2017）》将于2017年出版。我们真诚邀请您为本书赐稿（栏目介绍见附件）。来稿应是未公开发表稿件，须有摘要、关键词、作者介绍，每篇以6000～10000字为宜，特殊情况下不超过15000字。注释格式和参考文献格式参见《中国少数民族文化发展报告（2014）》。

我们也真诚欢迎您同时为《中国少数民族文化发展报告（2017）》推荐其他撰稿人。

稿件一经采用发表，我们即向撰稿人支付稿酬并寄送样书，稿酬从优。

1. 请于2016年6月30日前确定稿件题目或写作大纲，并将“回执”通过电子邮件发至文化蓝皮书《中国少数民族文化发展报告（2017）》编辑部。

2. 稿件完成后，请于2016年6月30日前通过电子邮件发至《中国少数民族文化发展报告（2017）》编辑部（中国社会科学院文化研究中心901室）。

我们收到“回执”或稿件后将及时回复您。

《中国少数民族文化发展报告（2017）》栏目介绍

总报告：本栏目由总课题组撰写，重点展示我国少数民族文化发展的新成就，以及“总课题组”对我国少数民族文化政策与发展战略问题的深度研究与战略思考。

年度专稿：本栏目稿件展示国内优秀学者对于我国少数民族文化政策与理论发展创新的最新研究成果和理论洞见。

专家论坛：本栏目探索少数民族文化发展前沿话题或理论热点，研究宏观经济社会环境对少数民族文化发展的影响，解读政策内涵，总结发展成就，预测发展趋势，提出对策见解。

年度主题：本栏目的聚焦点是“‘十三五’时期我国少数民族文化发展的新机遇与新挑战”，侧重探讨“十三五”时期我国民族地区与少数民族文化发展在理论创新、政策创新、实践创新等领域面临的各类挑战、机遇和发展对策。

年度聚焦：本栏目的年度主题是“‘一带一路’与民族地区文化发展”，集中探讨“一路一带”背景下我国民族地区文化发展的战略设计，以及“一带一路”背景下我国民族地区文化产业、公共文化服务、文化体制改革、教育科技等领域理论与实践，从不同视角揭示“一带一路”对我国民族地区和少数民族文化创新发展的深层影响。

区域报告：本栏目从不同层面、不同角度集中反映我国民族地区（省、自治区、市、地、州、盟等）少数民族文化发展的总体现状和特点。

田野调研与案例研究：本栏目反映我国少数民族文化发展研究领域的田野调查和案例研究的最新成果，以个案方式展示我国少数民族文化发展的动态。

国外经验：本栏目研究国外处理少数民族文化发展问题的经验与教训，为我国少数民族文化发展提供借鉴。

联系方式

《中国少数民族文化发展报告（2014）》编辑部

联系地址：北京市建国门内大街 5 号中国社会科学院文化研究中心 901 室

电子邮件：ssmzwh@126.com　　邮　　编：100732

联 系 人：惠　鸣　　电话（传真）：010－85195547

回执样式

撰稿人姓名	
工作单位	
合作撰稿人姓名	
工作单位	
稿件题目或写作大纲	
电话	
电子邮箱	
联系地址	

皮书起源

“皮书”起源于十七、十八世纪的英国，主要指官方或社会组织正式发表的重要文件或报告，多以“白皮书”命名。在中国，“皮书”这一概念被社会广泛接受，并被成功运作、发展成为一种全新的出版型态，则源于中国社会科学院社会科学文献出版社。

皮书定义

皮书是对中国与世界发展状况和热点问题进行年度监测，以专业的角度、专家的视野和实证研究方法，针对某一领域或区域现状与发展态势展开分析和预测，具备权威性、前沿性、原创性、实证性、时效性等特点的连续性公开出版物，由一系列权威研究报告组成。皮书系列是社会科学文献出版社编辑出版的蓝皮书、绿皮书、黄皮书等的统称。

皮书作者

皮书系列的作者以中国社会科学院、著名高校、地方社会科学院的研究人员为主，多为国内一流研究机构的权威专家学者，他们的看法和观点代表了学界对中国与世界的现实和未来最高水平的解读与分析。

皮书荣誉

皮书系列已成为社会科学文献出版社的著名图书品牌和中国社会科学院的知名学术品牌。2011 年，皮书系列正式列入“十二五”国家重点图书出版规划项目；2012~2014 年，重点皮书列入中国社会科学院承担的国家哲学社会科学创新工程项目；2015 年，41 种院外皮书使用“中国社会科学院创新工程学术出版项目”标识。

法律声明

权威报告·热点资讯·特色资源

皮书数据库

ANNUAL REPORT(YEARBOOK) DATABASE

当代中国与世界发展高端智库平台

皮书俱乐部会员服务指南

1. 谁能成为皮书俱乐部成员?

- 皮书作者自动成为俱乐部会员
- 购买了皮书产品（纸质书/电子书）的个人用户

2. 会员可以享受的增值服务

- 免费获赠皮书数据库100元充值卡
- 加入皮书俱乐部，免费获赠该纸质图书的电子书
- 免费定期获赠皮书电子期刊
- 优先参与各类皮书学术活动
- 优先享受皮书产品的最新优惠

3. 如何享受增值服务?

（1）免费获赠100元皮书数据库体验卡

第1步 刮开附赠充值的涂层（右下）；

第2步 登录皮书数据库网站（www.pishu.com.cn），注册账号；

第3步 登录并进入“会员中心”—“在线充值”—“充值卡充值”，充值成功后即可使用。

（2）加入皮书俱乐部，凭数据库体验卡获赠该书的电子书

第1步 登录社会科学文献出版社官网（www.ssap.com.cn），注册账号；

第2步 登录并进入“会员中心”—“皮书俱乐部”，提交加入皮书俱乐部申请；

第3步 审核通过后，再次进入皮书俱乐部，填写页面所需图书、体验卡信息即可自动兑换相应电子书。

4. 声明

解释权归社会科学文献出版社所有

www.pishu.com.cn

S 子库介绍
Sub-Database Introduction

中国经济发展数据库

涵盖宏观经济、农业经济、工业经济、产业经济、财政金融、交通旅游、商业贸易、劳动经济、企业经济、房地产经济、城市经济、区域经济等领域，为用户实时了解经济运行态势、把握经济发展规律、洞察经济形势、做出经济决策提供参考和依据。

中国社会发展数据库

全面整合国内外有关中国社会发展的统计数据、深度分析报告、专家解读和热点资讯构建而成的专业学术数据库。涉及宗教、社会、人口、政治、外交、法律、文化、教育、体育、文学艺术、医药卫生、资源环境等多个领域。

中国行业发展数据库

以中国国民经济行业分类为依据，跟踪分析国民经济各行业市场运行状况和政策导向，提供行业发展最前沿的资讯，为用户投资、从业及各种经济决策提供理论基础和实践指导。内容涵盖农业，能源与矿产业，交通运输业，制造业，金融业，房地产业，租赁和商务服务业，科学研究，环境和公共设施管理，居民服务业，教育，卫生和社会保障，文化、体育和娱乐业等 100 余个行业。

中国区域发展数据库

以特定区域内的经济、社会、文化、法治、资源环境等领域的现状与发展情况进行分析和预测。涵盖中部、西部、东北、西北等地区，长三角、珠三角、黄三角、京津冀、环渤海、合肥经济圈、长株潭城市群、关中—天水经济区、海峡经济区等区域经济体和城市圈，北京、上海、浙江、河南、陕西等 34 个省份及中国台湾地区。

中国文化传媒数据库

包括文化事业、文化产业、宗教、群众文化、图书馆事业、博物馆事业、档案事业、语言文字、文学、历史地理、新闻传播、广播电视、出版事业、艺术、电影、娱乐等多个子库。

世界经济与国际政治数据库

以皮书系列中涉及世界经济与国际政治的研究成果为基础，全面整合国内外有关世界经济与国际政治的统计数据、深度分析报告、专家解读和热点资讯构建而成的专业学术数据库。包括世界经济、世界政治、世界文化、国际社会、国际关系、国际组织、区域发展、国别发展等多个子库。

权威·前沿·原创

SSAP

社会科学文献出版社

皮书系列

2015年

盘点年度资讯　预测时代前程

社会科学文献出版社 学术传播中心 编制

社会科学文献出版社
SOCIAL SCIENCES ACADEMIC PRESS (CHINA)

社会科学文献出版社成立于1985年，是直属于中国社会科学院的人文社会科学专业学术出版机构。

成立以来，特别是1998年实施第二次创业以来，依托于中国社会科学院丰厚的学术出版和专家学者两大资源，坚持“创社科经典，出传世文献”的出版理念和“权威、前沿、原创”的产品定位，社科文献立足内涵式发展道路，从战略层面推动学术出版五大能力建设，逐步走上了智库产品与专业学术成果系列化、规模化、数字化、国际化、市场化发展的经营道路。

先后策划出版了著名的图书品牌和学术品牌“皮书”系列、“列国志”、“社科文献精品译库”、“全球化译丛”、“全面深化改革研究书系”、“近世中国”、“甲骨文”、“中国史话”等一大批既有学术影响又有市场价值的系列图书，形成了较强的学术出版能力和资源整合能力。2014年社科文献出版社发稿5.5亿字，出版图书1500余种，承印发行中国社科院院属期刊71种，在多项指标上都实现了较大幅度的增长。

凭借着雄厚的出版资源整合能力，社科文献出版社长期以来一直致力于从内容资源和数字平台两个方面实现传统出版的再造，并先后推出了皮书数据库、列国志数据库、中国田野调查数据库等一系列数字产品。数字出版已经初步形成了产品设计、内容开发、编辑标引、产品运营、技术支持、营销推广等全流程体系。

在国内原创著作、国外名家经典著作大量出版，数字出版突飞猛进的同时，社科文献出版社从构建国际话语体系的角度推动学术出版国际化。先后与斯普林格、荷兰博睿、牛津、剑桥等十余家国际出版机构合作面向海外推出了“皮书系列”“改革开放30年研究书系”“中国梦与中国发展道路研究丛书”“全面深化改革研究书系”等一系列在世界范围内引起强烈反响的作品；并持续致力于中国学术出版走出去，组织学者和编辑参加国际书展，筹办国际性学术研讨会，向世界展示中国学者的学术水平和研究成果。

此外，社科文献出版社充分利用网络媒体平台，积极与中央和地方各类媒体合作，并联合大型书店、学术书店、机场书店、网络书店、图书馆，逐步构建起了强大的学术图书内容传播平台。学术图书的媒体曝光率居全国之首，图书馆藏率居于全国出版机构前十位。

上述诸多成绩的取得，有赖于一支以年轻的博士、硕士为主体，一批从中国社科院刚退出科研一线的各学科专家为支撑的300多位高素质的编辑、出版和营销队伍，为我们实现学术立社，以学术品位、学术价值来实现经济效益和社会效益这样一个目标的共同努力。

作为已经开启第三次创业梦想的人文社会科学学术出版机构，2015年的社会科学文献出版社将迎来她30周岁的生日，“三十而立”再出发，我们将以改革发展为动力，以学术资源建设为中心，以构建智慧型出版社为主线，以社庆三十周年系列活动为重要载体，以“整合、专业、分类、协同、持续”为各项工作指导原则，全力推进出版社数字化转型，坚定不移地走专业化、数字化、国际化发展道路，全面提升出版社核心竞争力，为实现“社科文献梦”奠定坚实基础。

社长致辞

我们是图书出版者，更是人文社会科学内容资源供应商；

我们背靠中国社会科学院，面向中国与世界人文社会科学界，坚持为人文社会科学的繁荣与发展服务；

我们精心打造权威信息资源整合平台，坚持为中国经济与社会的繁荣与发展提供决策咨询服务；

我们以读者定位自身，立志让爱书人读到好书，让求知者获得知识；

我们精心编辑、设计每一本好书以形成品牌张力，以优秀的品牌形象服务读者，开拓市场；

我们始终坚持“创社科经典，出传世文献”的经营理念，坚持“权威、前沿、原创”的产品特色；

我们“以人为本”，提倡阳光下创业，员工与企业共享发展之成果；

我们立足于现实，认真对待我们的优势、劣势，我们更着眼于未来，以不断的学习与创新适应不断变化的世界，以不断的努力提升自己的实力；

我们愿与社会各界友好合作，共享人文社会科学发展之成果，共同推动中国学术出版乃至内容产业的繁荣与发展。

社会科学文献出版社社长

中国社会学会秘书长

2015 年 1 月

✤ 皮书起源 ✤

“皮书”起源于十七、十八世纪的英国，主要指官方或社会组织正式发表的重要文件或报告，多以“白皮书”命名。在中国，“皮书”这一概念被社会广泛接受，并被成功运作、发展成为一种全新的出版形态，则源于中国社会科学院社会科学文献出版社。

✤ 皮书定义 ✤

皮书是对中国与世界发展状况和热点问题进行年度监测，以专业的角度、专家的视野和实证研究方法，针对某一领域或区域现状与发展态势展开分析和预测，具备权威性、前沿性、原创性、实证性、时效性等特点的连续性公开出版物，由一系列权威研究报告组成。皮书系列是社会科学文献出版社编辑出版的蓝皮书、绿皮书、黄皮书等的统称。

✤ 皮书作者 ✤

皮书系列的作者以中国社会科学院、著名高校、地方社会科学院的研究人员为主，多为国内一流研究机构的权威专家学者，他们的看法和观点代表了学界对中国与世界的现实和未来最高水平的解读与分析。

✤ 皮书荣誉 ✤

皮书系列已成为社会科学文献出版社的著名图书品牌和中国社会科学院的知名学术品牌。2011 年，皮书系列正式列入“十二五”国家重点出版规划项目；2012~2014 年，重点皮书列入中国社会科学院承担的国家哲学社会科学创新工程项目；2015 年，41 种院外皮书使用“中国社会科学院创新工程学术出版项目”标识。

经 济 类

经济类皮书涵盖宏观经济、城市经济、大区域经济，
提供权威、前沿的分析与预测

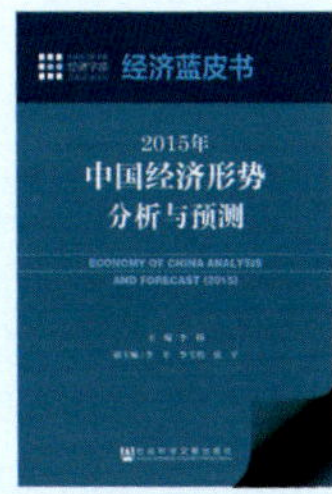

经济蓝皮书

2015 年中国经济形势分析与预测

李　扬 / 主编　　2014 年 12 月出版　　定价 :69.00 元

◆　本书为总理基金项目，由著名经济学家李扬领衔，联合中国社会科学院、国务院发展中心等数十家科研机构、国家部委和高等院校的专家共同撰写，系统分析了 2014 年的中国经济形势并预测 2015 年我国经济运行情况，2015 年中国经济仍将保持平稳较快增长，预计增速 7% 左右。

城市竞争力蓝皮书

中国城市竞争力报告 No.13

倪鹏飞 / 主编　　2015 年 5 月出版　　定价 :89.00 元

◆　本书由中国社会科学院城市与竞争力研究中心主任倪鹏飞主持编写，以“巨手：托起城市中国新版图”为主题，分别从市场、产业、要素、交通一体化角度论证了东中一体化程度不断加深。建议：中国经济分区应该由四分区调整为二分区；按照“一团五线”的发展格局对中国的城市体系做出重大调整。

西部蓝皮书

中国西部发展报告（2015）

姚慧琴　徐璋勇 / 主编　　2015 年 7 月出版　　估价 :89.00 元

◆　本书由西北大学中国西部经济发展研究中心主编，汇集了源自西部本土以及国内研究西部问题的权威专家的第一手资料，对国家实施西部大开发战略进行年度动态跟踪，并对 2015 年西部经济、社会发展态势进行预测和展望。

中部蓝皮书

中国中部地区发展报告（2015）

喻新安 / 主编　2015 年 7 月出版　估价 :69.00 元

◆ 本书敏锐地抓住当前中部地区经济发展中的热点、难点问题，紧密地结合国家和中部经济社会发展的重大战略转变，对中部地区经济发展的各个领域进行了深入、全面的分析研究，并提出了具有理论研究价值和可操作性强的政策建议。

世界经济黄皮书

2015 年世界经济形势分析与预测

王洛林　张宇燕 / 主编　2015 年 1 月出版　定价 :69.00 元

◆ 本书为中国社会科学院创新工程学术出版资助项目，由中国社会科学院世界经济与政治研究所的研创团队撰写。该书认为，2014 年，世界经济维持了上年度的缓慢复苏，同时经济增长格局分化显著。预计 2015 年全球经济增速按购买力平价计算的增长率为 3.3%，按市场汇率计算的增长率为 2.8%。

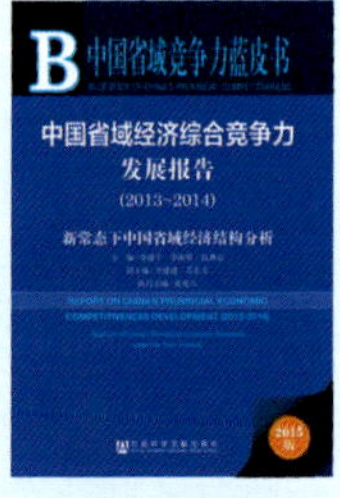

中国省域竞争力蓝皮书

中国省域经济综合竞争力发展报告（2013~2014）

李建平　李闽榕　高燕京 / 主编　2015 年 2 月出版　定价 :198.00 元

◆ 本书充分运用数理分析、空间分析、规范分析与实证分析相结合、定性分析与定量分析相结合的方法，建立起比较科学完善、符合中国国情的省域经济综合竞争力指标评价体系及数学模型，对 2012~2013 年中国内地 31 个省、市、区的经济综合竞争力进行全面、深入、科学的总体评价与比较分析。

城市蓝皮书

中国城市发展报告 No.8

潘家华 魏后凯 / 主编　2015 年 9 月出版　估价 :69.00 元

◆ 本书由中国社会科学院城市发展与环境研究中心编著，从中国城市的科学发展、城市环境可持续发展、城市经济集约发展、城市社会协调发展、城市基础设施与用地管理、城市管理体制改革以及中国城市科学发展实践等多角度、全方位地立体展示了中国城市的发展状况，并对中国城市的未来发展提出了建议。

金融蓝皮书

中国金融发展报告（2015）

李　扬　王国刚 / 主编　2014 年 12 月出版　定价 :75.00 元

◆　由中国社会科学院金融研究所组织编写的《中国金融发展报告（2015）》，概括和分析了 2014 年中国金融发展和运行中的各方面情况,研讨和评论了 2014 年发生的主要金融事件。本书由业内专家和青年精英联合编著，有利于读者了解掌握 2014 年中国的金融状况，把握 2015 年中国金融的走势。

低碳发展蓝皮书

中国低碳发展报告（2015）

齐　晔 / 主编　2015 年 7 月出版　估价 :89.00 元

◆　本书对中国低碳发展的政策、行动和绩效进行科学、系统、全面的分析。重点是通过归纳中国低碳发展的绩效，评估与低碳发展相关的政策和措施，分析政策效应的制度背景和作用机制，为进一步的政策制定、优化和实施提供支持。

经济信息绿皮书

中国与世界经济发展报告（2015）

杜　平 / 主编　2014 年 12 月出版　定价 :79.00 元

◆　本书是由国家信息中心组织专家队伍精心研究编撰的年度经济分析预测报告，书中指出，2014 年，我国经济增速有所放慢，但仍处于合理运行区间。主要新兴国家经济总体仍显疲软。2015 年应防止经济下行和财政金融风险相互强化，促进经济向新常态平稳过渡。

低碳经济蓝皮书

中国低碳经济发展报告（2015）

薛进军　赵忠秀 / 主编　2015 年 6 月出版　定价 :85.00 元

◆　本书汇集来自世界各国的专家学者、政府官员，探讨世界金融危机后国际经济的现状，提出“绿色化”为经济转型期国家的可持续发展提供了重要范本，并将成为解决气候系统保护与经济发展矛盾的重要突破口，也将是中国引领“一带一路”沿线国家实现绿色发展的重要抓手。

社会政法类

社会政法类皮书聚焦社会发展领域的热点、难点问题，
提供权威、原创的资讯与视点

社会蓝皮书

2015年中国社会形势分析与预测

李培林　陈光金　张　翼 / 主编　2014年12月出版　定价 :69.00 元

◆　本书由中国社会科学院社会学研究所组织研究机构专家、高校学者和政府研究人员撰写，聚焦当下社会热点，指出2014年我国社会存在城乡居民人均收入增速放缓、大学生毕业就业压力加大、社会老龄化加速、住房价格继续飙升、环境群体性事件多发等问题。

法治蓝皮书

中国法治发展报告 No.13（2015）

李　林　田　禾 / 主编　2015年3月出版　定价 :105.00 元

◆　本年度法治蓝皮书回顾总结了2014年度中国法治取得的成效及存在的问题，并对2015年中国法治发展形势进行预测、展望，还从立法、人权保障、行政审批制度改革、反价格垄断执法、教育法治、政府信息公开等方面研讨了中国法治发展的相关问题。

环境绿皮书

中国环境发展报告（2015）

刘鉴强 / 主编　2015年7月出版　估价 :79.00 元

◆　本书由民间环保组织“自然之友”组织编写，由特别关注、生态保护、宜居城市、可持续消费以及政策与治理等版块构成，以公共利益的视角记录、审视和思考中国环境状况，呈现2014年中国环境与可持续发展领域的全局态势，用深刻的思考、科学的数据分析2014年的环境热点事件。

反腐倡廉蓝皮书

中国反腐倡廉建设报告 No.4

李秋芳 张英伟 / 主编 2014 年 12 月出版 定价 :79.00 元

◆ 本书继续坚持“建设”主题，既描摹出反腐败斗争的感性特点，又揭示出反腐政治格局深刻变化的根本动因。指出当前症结在于权力与资本“隐蔽勾连”、“官场积弊”消解“吏治改革”效力、部分公职人员基本价值观迷乱、封建主义与资本主义思想依然影响深重。提出应以科学思维把握反腐治标与治本问题，建构“不需腐”的合理合法薪酬保障机制。

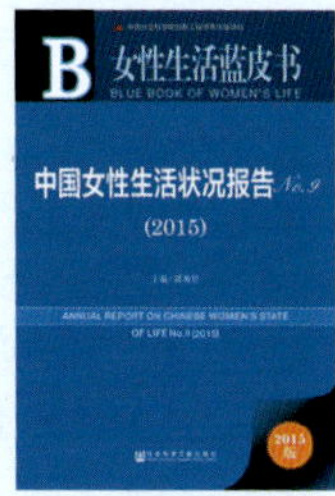

女性生活蓝皮书

中国女性生活状况报告 No.9（2015）

韩湘景 / 主编 2015 年 4 月出版 定价 :79.00 元

◆ 本书由中国妇女杂志社、华坤女性生活调查中心和华坤女性消费指导中心组织编写，通过调查获得的大量调查数据，真实展现当年中国城市女性的生活状况、消费状况及对今后的预期。

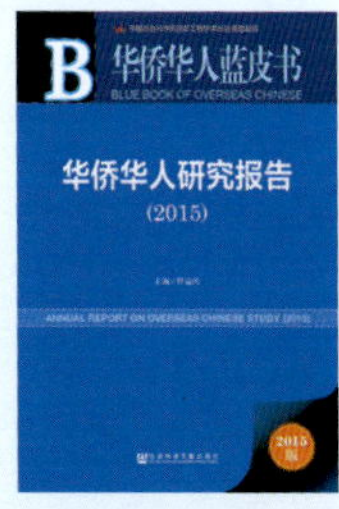

华侨华人蓝皮书

华侨华人研究报告 (2015)

贾益民 / 主编 2015 年 12 月出版 估价 :118.00 元

◆ 本书为中国社会科学院创新工程学术出版资助项目，是华侨大学向世界提供最新涉侨动态、理论研究和政策建议的平台。主要介绍了相关国家华侨华人的规模、分布、结构、发展趋势，以及全球涉侨生存安全环境和华文教育情况等。

政治参与蓝皮书

中国政治参与报告（2015）

房 宁 / 主编 2015 年 7 月出版 估价 :105.00 元

◆ 本书作者均来自中国社会科学院政治学研究所，聚焦中国基层群众自治的参与情况介绍了城镇居民的社区建设与居民自治参与和农村居民的村民自治与农村社区建设参与情况。其优势是其指标评估体系的建构和问卷调查的设计专业，数据量丰富，统计结论科学严谨。

行 业 报 告 类

行业报告类皮书立足重点行业、新兴行业领域，
提供及时、前瞻的数据与信息

房地产蓝皮书

中国房地产发展报告 No.12（2015）

魏后凯　李景国 / 主编　　2015 年 5 月出版　　定价 :79.00 元

◆　本年度房地产蓝皮书指出，2014 年中国房地产市场出现了较大幅度的回调，商品房销售明显遇冷，库存居高不下。展望 2015 年，房价保持低速增长的可能性较大，但区域分化将十分明显，人口聚集能力强的一线城市和部分热点二线城市房价有回暖、房价上涨趋势，而人口聚集能力差、库存大的部分二线城市或三四线城市房价会延续下跌（回调）态势。

保险蓝皮书

中国保险业竞争力报告（2015）

姚庆海　王　力 / 主编　2015 年 12 出版　　估价 :98.00 元

◆　本皮书主要为监管机构、保险行业和保险学界提供保险市场一年来发展的总体评价，外在因素对保险业竞争力发展的影响研究；国家监管政策、市场主体经营创新及职能发挥、理论界最新研究成果等综述和评论。

企业社会责任蓝皮书

中国企业社会责任研究报告（2015）

黄群慧　彭华岗　钟宏武　张　蒽 / 编著
2015 年 11 月出版　估价 :69.00 元

◆　本书系中国社会科学院经济学部企业社会责任研究中心组织编写的《企业社会责任蓝皮书》2015 年分册。该书在对企业社会责任进行宏观总体研究的基础上，根据 2014 年企业社会责任及相关背景进行了创新研究，在全国企业中观层面对企业健全社会责任管理体系提供了弥足珍贵的丰富信息。

投资蓝皮书

中国投资发展报告（2015）

谢　平 / 主编　　2015 年 4 月出版　　定价 :128.00 元

◆ 2014 年，适应新常态发展的宏观经济政策逐步成型和出台，成为保持经济平稳增长、促进经济活力增强、结构不断优化升级的有力保障。2015 年，应重点关注先进制造业、TMT 产业、大健康产业、大文化产业及非金融全新产业的投资机会，适应新常态下的产业发展变化，在投资布局中争取主动。

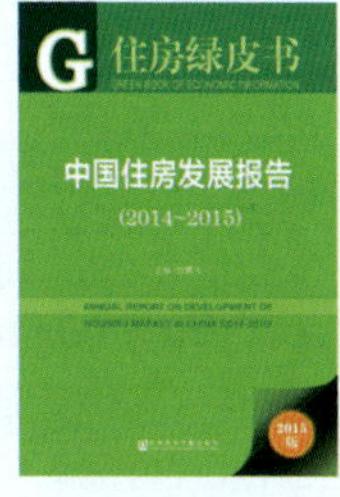

住房绿皮书

中国住房发展报告（2014~2015）

倪鹏飞 / 主编　　2014 年 12 月出版　　定价 :79.00 元

◆ 本年度住房绿皮书指出，中国住房市场从 2014 年第一季度开始进入调整状态，2014 年第三季度进入全面调整期。2015 年的住房市场走势：整体延续衰退，一、二线城市 2015 年下半年、三四线城市 2016 年下半年复苏。

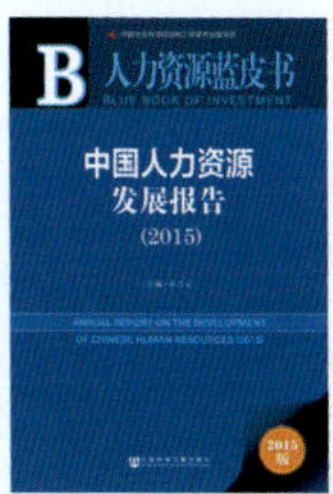

人力资源蓝皮书

中国人力资源发展报告（2015）

余兴安 / 主编　　2015 年 9 月出版　　估价 :79.00 元

◆ 本书是在人力资源和社会保障部部领导的支持下，由中国人事科学研究院汇集我国人力资源开发权威研究机构的诸多专家学者的研究成果编写而成。 作为关于人力资源的蓝皮书，本书通过充分利用有关研究成果，更广泛、更深入地展示近年来我国人力资源开发重点领域的研究成果。

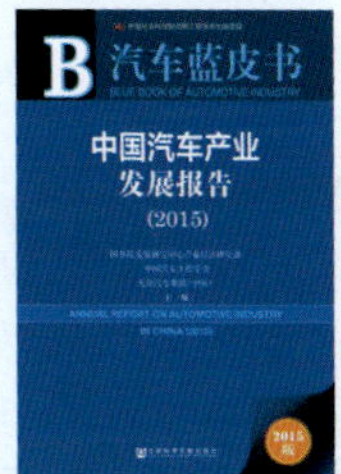

汽车蓝皮书

中国汽车产业发展报告（2015）

国务院发展研究中心产业经济研究部 中国汽车工程学会
大众汽车集团（中国）/ 主编　2015 年 8 月出版　　估价 :128.00 元

◆ 本书由国务院发展研究中心产业经济研究部、中国汽车工程学会、大众汽车集团（中国）联合主编，是关于中国汽车产业发展的研究性年度报告，介绍并分析了本年度中国汽车产业发展的形势。

国别与地区类

国别与地区类皮书关注全球重点国家与地区，
提供全面、独特的解读与研究

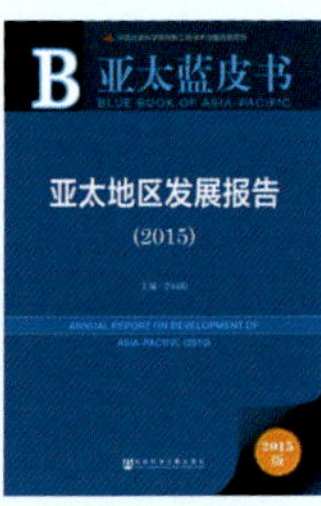

亚太蓝皮书

亚太地区发展报告（2015）

李向阳 / 主编　　2015 年 1 月出版　　定价 :59.00 元

◆　本年度的专题是“一带一路”，书中对“一带一路”战略的经济基础、“一带一路”与区域合作等进行了阐述。除对亚太地区 2014 年的整体变动情况进行深入分析外，还在此基础上提出了对于 2015 年亚太地区各个方面发展情况的预测。

日本蓝皮书

日本研究报告（2015）

李　薇 / 主编　　2015 年 4 月出版　　定价 :69.00 元

◆　本书由中华日本学会、中国社会科学院日本研究所合作推出，是以中国社会科学院日本研究所的研究人员为主完成的研究成果。对 2014 年日本的政治、外交、经济、社会文化作了回顾、分析，并对 2015 年形势进行展望。

德国蓝皮书

德国发展报告（2015）

郑春荣　伍慧萍 / 主编　2015 年 5 月出版　定价 :69.00 元

◆　本报告由同济大学德国研究所组织编撰，由该领域的专家学者对德国的政治、经济、社会文化、外交等方面的形势发展情况，进行全面的阐述与分析。德国作为欧洲大陆第一强国，与中国各方面日渐紧密的合作关系，值得国内各界深切关注。

国际形势黄皮书

全球政治与安全报告（2015）

李慎明　张宇燕 / 主编　2015 年 1 月出版　定价 :69.00 元

◆　本书对中、俄、美三国之间的合作与冲突进行了深度分析，揭示了影响中美、俄美及中俄关系的主要因素及变化趋势。重点关注了乌克兰危机、克里米亚问题、苏格兰公投、西非埃博拉疫情以及西亚北非局势等国际焦点问题。

拉美黄皮书

拉丁美洲和加勒比发展报告（2014~2015）

吴白乙 / 主编　2015 年 5 月出版　定价 :89.00 元

◆　本书是中国社会科学院拉丁美洲研究所的第 14 份关于拉丁美洲和加勒比地区发展形势状况的年度报告。本书对 2014 年拉丁美洲和加勒比地区诸国的政治、经济、社会、外交等方面的发展情况做了系统介绍，对该地区相关国家的热点及焦点问题进行了总结和分析，并在此基础上对该地区各国 2015 年的发展前景做出预测。

美国蓝皮书

美国研究报告（2015）

郑秉文　黄　平 / 主编　2015 年 6 月出版　定价 :89.00 元

◆　本书是由中国社会科学院美国所主持完成的研究成果，重点讲述了美国的“再平衡”战略，另外回顾了美国 2014 年的经济、政治形势与外交战略，对 2014 年以来美国内政外交发生的重大事件以及重要政策进行了较为全面的回顾和梳理。

大湄公河次区域蓝皮书

大湄公河次区域合作发展报告（2015）

刘　稚 / 主编　2015 年 9 月出版　估价 :79.00 元

◆　云南大学大湄公河次区域研究中心深入追踪分析该区域发展动向，以把握全面，突出重点为宗旨，系统介绍和研究大湄公河次区域合作的年度热点和重点问题，展望次区域合作的发展趋势，并对新形势下我国推进次区域合作深入发展提出相关对策建议。

地方发展类

地方发展类皮书关注大陆各省份、经济区域，
提供科学、多元的预判与咨政信息

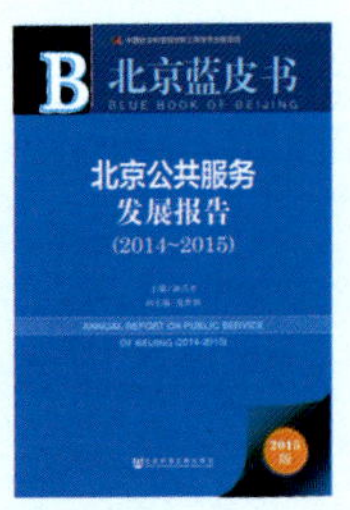

北京蓝皮书

北京公共服务发展报告（2014~2015）

施昌奎 / 主编　　2015 年 1 月出版　定价：69.00 元

◆　本书是由北京市政府职能部门的领导、首都著名高校的教授、知名研究机构的专家共同完成的关于北京市公共服务发展与创新的研究成果。本年度主题为“北京公共服务均衡化发展和市场化改革”，内容涉及了北京市公共服务发展的方方面面，既有对北京各个城区的综合性描述，也有对局部、细部、具体问题的分析。

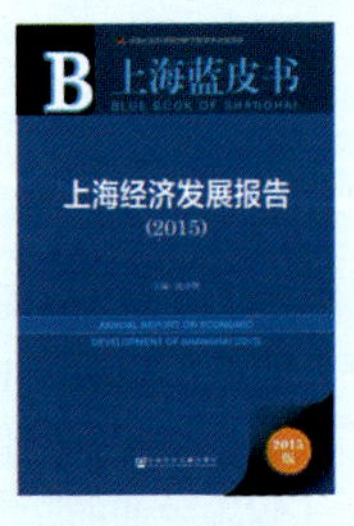

上海蓝皮书

上海经济发展报告（2015）

沈开艳 / 主编　　2015 年 1 月出版　定价 :69.00 元

◆　本书系上海社会科学院系列之一，本年度将“建设具有全球影响力的科技创新中心”作为主题，对 2015 年上海经济增长与发展趋势的进行了预测，把握了上海经济发展的脉搏和学术研究的前沿。

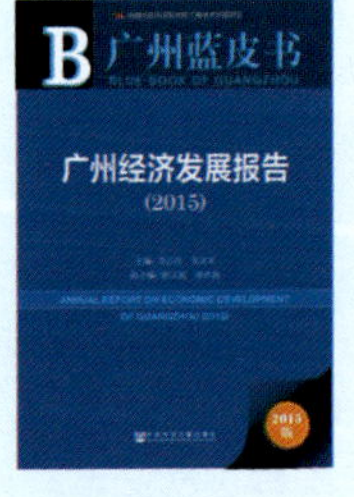

广州蓝皮书

广州经济发展报告（2015）

李江涛　朱名宏 / 主编　　2015 年 7 月出版　估价 :69.00 元

◆　本书是由广州市社会科学院主持编写的“广州蓝皮书”系列之一，本报告对广州 2014 年宏观经济运行情况作了深入分析，对 2015 年宏观经济走势进行了合理预测，并在此基础上提出了相应的政策建议。

文化传媒类

文化传媒类皮书透视文化领域、文化产业，
探索文化大繁荣、大发展的路径

新媒体蓝皮书

中国新媒体发展报告 No.6（2015）

唐绪军 / 主编　　2015 年 7 月出版　　定价 :79.00 元

◆　本书深入探讨了中国网络信息安全、媒体融合状况、微信谣言问题、微博发展态势、互联网金融、移动舆论场舆情、传统媒体转型、新媒体产业发展、网络助政、网络舆论监督、大数据、数据新闻、数字版权等热门问题，展望了中国新媒体的未来发展趋势。

舆情蓝皮书

中国社会舆情与危机管理报告（2015）

谢耘耕 / 主编　　2015 年 8 月出版　　估价 :98.00 元

◆　本书由上海交通大学舆情研究实验室和危机管理研究中心主编，已被列入教育部人文社会科学研究报告培育项目。本书以新媒体环境下的中国社会为立足点，对 2014 年中国社会舆情、分类舆情等进行了深入系统的研究，并预测了 2015 年社会舆情走势。

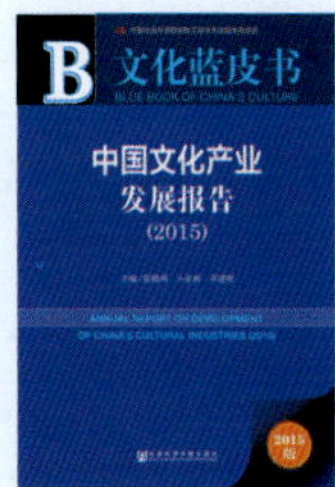

文化蓝皮书

中国文化产业发展报告（2015）

张晓明　王家新　章建刚 / 主编　　2015 年 7 月出版　　估价 :79.00 元

◆　本书由中国社会科学院文化研究中心编写。 从 2012 年开始，中国社会科学院文化研究中心设立了国内首个文化产业的研究类专项资金——“文化产业重大课题研究计划”，开始在全国范围内组织多学科专家学者对我国文化产业发展重大战略问题进行联合攻关研究。本书集中反映了该计划的研究成果。

经济类

G20国家创新竞争力黄皮书
二十国集团(G20)国家创新竞争力发展报告(2015)
著(编)者:黄茂兴 李闽榕 李建平 赵新力
2015年9月出版 / 估价:128.00元

产业蓝皮书
中国产业竞争力报告(2015)
著(编)者:张其仔 2015年7月出版 / 估价:79.00元

长三角蓝皮书
2015年全面深化改革中的长三角
著(编)者:张伟斌 2015年10月出版 / 估价:69.00元

城乡一体化蓝皮书
中国城乡一体化发展报告(2015)
著(编)者:付崇兰 汝信 2015年12月出版 / 估价:79.00元

城市创新蓝皮书
中国城市创新报告(2015)
著(编)者:周天勇 旷建伟 2015年8月出版 / 估价:69.00元

城市竞争力蓝皮书
中国城市竞争力报告(2015)
著(编)者:倪鹏飞 2015年5月出版 / 定价:89.00元

城市蓝皮书
中国城市发展报告NO.8
著(编)者:潘家华 魏后凯 2015年9月出版 / 估价:69.00元

城市群蓝皮书
中国城市群发展指数报告(2015)
著(编)者:刘新静 刘士林 2015年10月出版 / 估价:59.00元

城乡统筹蓝皮书
中国城乡统筹发展报告(2015)
著(编)者:潘晨光 程志强 2015年7月出版 / 估价:59.00元

城镇化蓝皮书
中国新型城镇化健康发展报告(2015)
著(编)者:张占斌 2015年7月出版 / 估价:79.00元

低碳发展蓝皮书
中国低碳发展报告(2015)
著(编)者:齐晔 2015年7月出版 / 估价:89.00元

低碳经济蓝皮书
中国低碳经济发展报告(2015)
著(编)者:薛进军 赵忠秀 2015年6月出版 / 定价:85.00元

东北蓝皮书
中国东北地区发展报告(2015)
著(编)者:马克 黄文艺 2015年8月出版 / 估价:79.00元

发展和改革蓝皮书
中国经济发展和体制改革报告(2015)
著(编)者:邹东涛 2015年11月出版 / 估价:98.00元

工业化蓝皮书
中国工业化进程报告(2015)
著(编)者:黄群慧 吕铁 李晓华 2015年11月出版 / 估价:89.00元

国际城市蓝皮书
国际城市发展报告(2015)
著(编)者:屠启宇 2015年1月出版 / 定价:79.00元

国家创新蓝皮书
中国创新发展报告(2015)
著(编)者:陈劲 2015年7月出版 / 估价:59.00元

环境竞争力绿皮书
中国省域环境竞争力发展报告(2015)
著(编)者:李建平 李闽榕 王金南
2015年12月出版 / 估价:198.00元

金融蓝皮书
中国金融发展报告(2015)
著(编)者:李扬 王国刚 2014年12月出版 / 定价:75.00元

金融信息服务蓝皮书
金融信息服务发展报告(2015)
著(编)者:鲁广锦 殷剑峰 林义相
2015年7月出版 / 估价:89.00元

经济蓝皮书
2015年中国经济形势分析与预测
著(编)者:李扬 2014年12月出版 / 定价:69.00元

经济蓝皮书·春季号
2015年中国经济前景分析
著(编)者:李扬 2015年5月出版 / 定价:79.00元

经济蓝皮书·夏季号
中国经济增长报告(2015)
著(编)者:李扬 2015年7月出版 / 估价:69.00元

经济信息绿皮书
中国与世界经济发展报告(2015)
著(编)者:杜平 2014年12月出版 / 定价:79.00元

就业蓝皮书
2015年中国大学生就业报告
著(编)者:麦可思研究院 2015年7月出版 / 估价:98.00元

就业蓝皮书
2015年中国高职高专生就业报告
著(编)者:麦可思研究院 2015年6月出版 / 定价:98.00元

就业蓝皮书
2015年中国本科生就业报告
著(编)者:麦可思研究院 2015年6月出版 / 定价:98.00元

临空经济蓝皮书
中国临空经济发展报告(2015)
著(编)者:连玉明 2015年9月出版 / 估价:79.00元

民营经济蓝皮书
中国民营经济发展报告(2015)
著(编)者:王钦敏 2015年12月出版 / 估价:79.00元

农村绿皮书
中国农村经济形势分析与预测(2014~2015)
著(编)者:中国社会科学院农村发展研究所
国家统计局农村社会经济调查司
2015年4月出版 / 定价:69.00元

农业应对气候变化蓝皮书
气候变化对中国农业影响评估报告（2015）
著(编)者:矫梅燕　2015年8月出版 / 估价:98.00元

企业公民蓝皮书
中国企业公民报告（2015）
著(编)者:邹东涛　2015年12月出版 / 估价:79.00元

气候变化绿皮书
应对气候变化报告（2015）
著(编)者:王伟光 郑国光　2015年10月出版 / 估价:79.00元

区域蓝皮书
中国区域经济发展报告（2014~2015）
著(编)者:梁昊光　2015年5月出版 / 定价:79.00元

全球环境竞争力绿皮书
全球环境竞争力报告（2015）
著(编)者:李建建 李闽榕 李建平 王金南
2015年12月出版 / 估价:198.00元

人口与劳动绿皮书
中国人口与劳动问题报告No.15
著(编)者:蔡昉　2015年1月出版 / 定价:59.00元

商务中心区蓝皮书
中国商务中心区发展报告（2015）
著(编)者:中国商务区联盟
中国社会科学院城市发展与环境研究所
2015年10月出版 / 估价:69.00元

商务中心区蓝皮书
中国商务中心区发展报告No.1（2014）
著(编)者:魏后凯　李国红　2015年1月出版 / 定价:89.00元

世界经济黄皮书
2015年世界经济形势分析与预测
著(编)者:王洛林　张宇燕　2015年1月出版 / 定价:69.00元

世界旅游城市绿皮书
世界旅游城市发展报告（2015）
著(编)者:鲁勇 周正宇 宋宇　2015年7月出版 / 估价:88.00元

西北蓝皮书
中国西北发展报告（2015）
著(编)者:赵宗福　孙发平　苏海红　鲁顺元　段庆林
2014年12月出版 / 定价:79.00元

西部蓝皮书
中国西部发展报告（2015）
著(编)者:姚慧琴 徐璋勇　2015年7月出版 / 估价:89.00元

新型城镇化蓝皮书
新型城镇化发展报告（2015）
著(编)者:李伟　2015年10月出版 / 估价:89.00元

新兴经济体蓝皮书
金砖国家发展报告（2015）
著(编)者:林跃勤 周文　2015年7月出版 / 估价:79.00元

中部竞争力蓝皮书
中国中部经济社会竞争力报告（2015）
著(编)者:教育部人文社会科学重点研究基地
南昌大学中国中部经济社会发展研究中心
2015年9月出版 / 估价:79.00元

中部蓝皮书
中国中部地区发展报告（2015）
著(编)者:喻新安　2015年7月出版 / 估价:69.00元

中国省域竞争力蓝皮书
中国省域经济综合竞争力发展报告（2013~2014）
著(编)者:李建平 李闽榕 高燕京
2015年2月出版 / 定价:198.00元

中三角蓝皮书
长江中游城市群发展报告（2015）
著(编)者:秦尊文　2015年10月出版 / 估价:69.00元

中小城市绿皮书
中国中小城市发展报告（2015）
著(编)者:中国城市经济学会中小城市经济发展委员会
《中国中小城市发展报告》编纂委员会
中小城市发展战略研究院
2015年10月出版 / 估价:98.00元

中原蓝皮书
中原经济区发展报告（2015）
著(编)者:李英杰　2015年7月出版 / 估价:88.00元

社会政法类

北京蓝皮书
中国社区发展报告（2015）
著(编)者:于燕燕　2015年7月出版 / 估价:69.00元

殡葬绿皮书
中国殡葬事业发展报告（2014~2015）
著(编)者:李伯森　2015年4月出版 / 定价:158.00元

城市管理蓝皮书
中国城市管理报告（2015）
著(编)者:谭维克 刘林　2015年12月出版 / 估价:158.00元

城市生活质量蓝皮书
中国城市生活质量报告（2015）
著(编)者:中国经济实验研究院　2015年7月出版 / 估价:59.00元

城市政府能力蓝皮书
中国城市政府公共服务能力评估报告（2015）
著(编)者:何艳玲　2015年7月出版 / 估价:59.00元

创新蓝皮书
创新型国家建设报告（2015）
著(编)者:詹正茂　2015年7月出版 / 估价:69.00元

慈善蓝皮书
中国慈善发展报告（2015）
著(编)者:杨团　2015年6月出版 / 定价:79.00元

地方法治蓝皮书
中国地方法治发展报告No.1（2014）
著(编)者:李林　田禾　2015年1月出版 / 定价:98.00元

法治蓝皮书
中国法治发展报告No.13（2015）
著(编)者:李林 田禾　2015年3月出版 / 定价:105.00元

反腐倡廉蓝皮书
中国反腐倡廉建设报告No.4
著(编)者:李秋芳　张英伟　2014年12月出版 / 定价:79.00元

非传统安全蓝皮书
中国非传统安全研究报告（2014~2015）
著(编)者:余潇枫 魏志江　2015年5月出版 / 定价:79.00元

妇女发展蓝皮书
中国妇女发展报告（2015）
著(编)者:王金玲　2015年9月出版 / 估价:148.00元

妇女教育蓝皮书
中国妇女教育发展报告（2015）
著(编)者:张李玺　2015年7月出版 / 估价:78.00元

妇女绿皮书
中国性别平等与妇女发展报告（2015）
著(编)者:谭琳　2015年12月出版 / 估价:99.00元

公共服务蓝皮书
中国城市基本公共服务力评价（2015）
著(编)者:钟君 吴正杲　2015年12月出版 / 估价:79.00元

公共服务满意度蓝皮书
中国城市公共服务评价报告（2015）
著(编)者:胡伟　2015年12月出版 / 估价:69.00元

公共外交蓝皮书
中国公共外交发展报告（2015）
著(编)者:赵启正 雷蔚真　2015年4月出版 / 定价:89.00元

公民科学素质蓝皮书
中国公民科学素质报告（2015）
著(编)者:李群 许佳军　2015年7月出版 / 估价:79.00元

公益蓝皮书
中国公益发展报告（2015）
著(编)者:朱健刚　2015年7月出版 / 估价:78.00元

管理蓝皮书
中国管理发展报告（2015）
著(编)者:张晓东　2015年9月出版 / 估价:98.00元

国际人才蓝皮书
中国国际移民报告（2015）
著(编)者:王辉耀　2015年2月出版 / 定价:79.00元

国际人才蓝皮书
中国海归发展报告（2015）
著(编)者:王辉耀 苗绿　2015年7月出版 / 估价:69.00元

国际人才蓝皮书
中国留学发展报告（2015）
著(编)者:王辉耀 苗绿　2015年9月出版 / 估价:69.00元

国家安全蓝皮书
中国国家安全研究报告（2015）
著(编)者:刘慧　2015年7月出版 / 估价:98.00元

行政改革蓝皮书
中国行政体制改革报告（2014~2015）
著(编)者:魏礼群　2015年4月出版 / 定价:98.00元

华侨华人蓝皮书
华侨华人研究报告（2015）
著(编)者:贾益民　2015年12月出版 / 估价:118.00元

环境绿皮书
中国环境发展报告（2015）
著(编)者:刘鉴强　2015年7月出版 / 估价:79.00元

基金会蓝皮书
中国基金会发展报告（2015）
著(编)者:刘忠祥　2016年6月出版 / 估价:69.00元

基金会绿皮书
中国基金会发展独立研究报告（2015）
著(编)者:基金会中心网　2015年8月出版 / 估价:88.00元

基金会透明度蓝皮书
中国基金会透明度发展研究报告（2015）
著(编)者:基金会中心网 清华大学廉政与治理研究中心
2015年9月出版 / 估价:78.00元

教师蓝皮书
中国中小学教师发展报告（2014）
著(编)者:曾晓东 鱼霞　2015年6月出版 / 定价:69.00元

教育蓝皮书
中国教育发展报告（2015）
著(编)者:杨东平　2015年5月出版 / 定价:79.00元

科普蓝皮书
中国科普基础设施发展报告（2015）
著(编)者:任福君　2015年7月出版 / 估价:59.00元

劳动保障蓝皮书
中国劳动保障发展报告（2015）
著(编)者:刘燕斌　2015年7月出版 / 估价:89.00元

老龄蓝皮书
中国老年宜居环境发展报告(2015)
著(编)者:吴玉韶　2015年9月出版 / 估价:79.00元

连片特困区蓝皮书
中国连片特困区发展报告（2014~2015）
著(编)者:游俊　冷志明 丁建军 2015年3月出版 / 定价:98.00元

民间组织蓝皮书
中国民间组织报告(2015)
著(编)者:潘晨光 黄晓勇　2015年8月出版 / 估价:69.00元

民调蓝皮书
中国民生调查报告（2015）
著(编)者:谢耘耕　2015年7月出版 / 估价:128.00元

民族发展蓝皮书
中国民族发展报告（2015）
著(编)者:郝时远 王延中 王希恩
2015年4月出版 / 定价:98.00元

女性生活蓝皮书
中国女性生活状况报告No.9（2015）
著(编)者:韩湘景 2015年4月出版 / 定价:79.00元

企业公众透明度蓝皮书
中国企业公众透明度报告(2014~2015)No.1
著(编)者:黄速建 王晓光 肖红军
2015年1月出版 / 定价:98.00元

企业国际化蓝皮书
中国企业国际化报告(2015)
著(编)者:王辉耀 2015年10月出版 / 估价:79.00元

汽车社会蓝皮书
中国汽车社会发展报告（2015）
著(编)者:王俊秀 2015年7月出版 / 估价:59.00元

青年蓝皮书
中国青年发展报告No.3
著(编)者:廉思 2015年7月出版 / 估价:59.00元

区域人才蓝皮书
中国区域人才竞争力报告（2015）
著(编)者:桂昭明 王辉耀 2015年7月出版 / 估价:69.00元

群众体育蓝皮书
中国群众体育发展报告（2015）
著(编)者:刘国永 杨桦 2015年8月出版 / 估价:69.00元

人才蓝皮书
中国人才发展报告（2015）
著(编)者:潘晨光 2015年8月出版 / 估价:85.00元

人权蓝皮书
中国人权事业发展报告（2015）
著(编)者:中国人权研究会 2015年8月出版 / 估价:99.00元

森林碳汇绿皮书
中国森林碳汇评估发展报告（2015）
著(编)者:闫文德 胡文臻 2015年9月出版 / 估价:79.00元

社会保障绿皮书
中国社会保障发展报告（2015）No.7
著(编)者:王延中 2015年4月出版 / 定价:89.00元

社会工作蓝皮书
中国社会工作发展报告（2015）
著(编)者:民政部社会工作研究中心
2015年8月出版 / 估价:79.00元

社会管理蓝皮书
中国社会管理创新报告（2015）
著(编)者:连玉明 2015年9月出版 / 估价:89.00元

社会蓝皮书
2015年中国社会形势分析与预测
著(编)者:李培林 陈光金 张 翼
2014年12月出版 / 定价:69.00元

社会体制蓝皮书
中国社会体制改革报告No.3（2015）
著(编)者:龚维斌 2015年4月出版 / 定价:79.00元

社会心态蓝皮书
中国社会心态研究报告（2015）
著(编)者:王俊秀 杨宜音 2015年10月出版 / 估价:69.00元

社会组织蓝皮书
中国社会组织评估发展报告（2015）
著(编)者:徐家良 廖鸿 2015年12月出版 / 估价:69.00元

生态城市绿皮书
中国生态城市建设发展报告（2015）
著(编)者:刘举科 孙伟平 胡文臻 2015年7月出版 / 估价:98.00元

生态文明绿皮书
中国省域生态文明建设评价报告（ECI 2015）
著(编)者:严耕 2015年9月出版 / 估价:85.00元

世界社会主义黄皮书
世界社会主义跟踪研究报告（2014~2015）
著(编)者:李慎明 2015年4月出版 / 定价:258.00元

水与发展蓝皮书
中国水风险评估报告（2015）
著(编)者:王浩 2015年9月出版 / 估价:69.00元

土地整治蓝皮书
中国土地整治发展研究报告No.2
著(编)者:国土资源部土地整治中心 2015年5月出版 / 定价:89.00元

网络空间安全蓝皮书
中国网络空间安全发展报告（2015）
著(编)者:惠志斌 唐涛 2015年4月出版 / 定价:79.00元

危机管理蓝皮书
中国危机管理报告（2015）
著(编)者:文学国 2015年8月出版 / 估价:89.00元

协会商会蓝皮书
中国行业协会商会发展报告（2014）
著(编)者:景朝阳 李勇 2015年4月出版 / 定价:99.00元

形象危机应对蓝皮书
形象危机应对研究报告（2015）
著(编)者:唐钧 2015年7月出版 / 估价:149.00元

医改蓝皮书
中国医药卫生体制改革报告（2015～2016）
著(编)者:文学国 房志武 2015年12月出版 / 估价:79.00元

医疗卫生绿皮书
中国医疗卫生发展报告（2015）
著(编)者:申宝忠 韩玉珍 2015年7月出版 / 估价:75.00元

应急管理蓝皮书
中国应急管理报告（2015）
著(编)者:宋英华 2015年10月出版 / 估价:69.00元

政治参与蓝皮书
中国政治参与报告（2015）
著(编)者:房宁 2015年7月出版 / 估价:105.00元

政治发展蓝皮书
中国政治发展报告（2015）
著(编)者:房宁 杨海蛟 2015年7月出版 / 估价:88.00元

中国农村妇女发展蓝皮书
流动女性城市融入发展报告（2015）
著(编)者:谢丽华 2015年11月出版 / 估价:69.00元

宗教蓝皮书
中国宗教报告（2015）
著(编)者:金泽 邱永辉 2016年5月出版 / 估价:59.00元

行业报告类

保险蓝皮书
中国保险业竞争力报告（2015）
著(编)者:项俊波 2015年12月出版 / 估价:98.00元

彩票蓝皮书
中国彩票发展报告（2015）
著(编)者:益彩基金 2015年4月出版 / 定价:98.00元

餐饮产业蓝皮书
中国餐饮产业发展报告（2015）
著(编)者:邢颖 2015年4月出版 / 定价:69.00元

测绘地理信息蓝皮书
智慧中国地理空间智能体系研究报告（2015）
著(编)者:库热西·买合苏提 2015年12月出版 / 估价:98.00元

茶业蓝皮书
中国茶产业发展报告（2015）
著(编)者:杨江帆 李闽榕 2015年10月出版 / 估价:78.00元

产权市场蓝皮书
中国产权市场发展报告（2015）
著(编)者:曹和平 2015年12月出版 / 估价:79.00元

电子政务蓝皮书
中国电子政务发展报告（2015）
著(编)者:洪毅 杜平 2015年11月出版 / 估价:79.00元

杜仲产业绿皮书
中国杜仲橡胶资源与产业发展报告（2014~2015）
著(编)者:杜红岩 胡文臻 俞锐
2015年1月出版 / 定价:85.00元

房地产蓝皮书
中国房地产发展报告No.12（2015）
著(编)者:魏后凯 李景国 2015年5月出版 / 定价:79.00元

服务外包蓝皮书
中国服务外包产业发展报告（2015）
著(编)者:王晓红 刘德军 2015年7月出版 / 估价:89.00元

工业和信息化蓝皮书
移动互联网产业发展报告（2014~2015）
著(编)者:洪京一 2015年4月出版 / 定价:79.00元

工业和信息化蓝皮书
世界网络安全发展报告（2014~2015）
著(编)者:洪京一 2015年4月出版 / 定价:69.00元

工业和信息化蓝皮书
世界制造业发展报告（2014~2015）
著(编)者:洪京一 2015年4月出版 / 定价:69.00元

工业和信息化蓝皮书
世界信息化发展报告（2014~2015）
著(编)者:洪京一 2015年4月出版 / 定价:69.00元

工业和信息化蓝皮书
世界信息技术产业发展报告（2014~2015）
著(编)者:洪京一 2015年4月出版 / 定价:79.00元

工业设计蓝皮书
中国工业设计发展报告（2015）
著(编)者:王晓红 于炜 张立群 2015年9月出版 / 估价:138.00元

互联网金融蓝皮书
中国互联网金融发展报告（2015）
著(编)者:芮晓武 刘烈宏 2015年8月出版 / 估价:79.00元

会展蓝皮书
中外会展业动态评估年度报告（2015）
著(编)者:张敏 2015年1月出版 / 估价:78.00元

金融监管蓝皮书
中国金融监管报告（2015）
著(编)者:胡滨 2015年4月出版 / 定价:89.00元

金融蓝皮书
中国商业银行竞争力报告（2015）
著(编)者:王松奇 2015年12月出版 / 估价:69.00元

客车蓝皮书
中国客车产业发展报告（2014~2015）
著(编)者:姚蔚 2015年2月出版 / 定价:85.00元

老龄蓝皮书
中国老龄产业发展报告（2015）
著(编)者:吴玉韶 党俊武 2015年9月出版 / 估价:79.00元

流通蓝皮书
中国商业发展报告（2015）
著(编)者:荆林波 2015年7月出版 / 估价:89.00元

旅游安全蓝皮书
中国旅游安全报告（2015）
著(编)者:郑向敏 谢朝武 2015年5月出版 / 定价:128.00元

旅游景区蓝皮书
中国旅游景区发展报告（2015）
著(编)者:黄安民　2015年7月出版 / 估价:79.00元

旅游绿皮书
2014~2015年中国旅游发展分析与预测
著(编)者:宋瑞　2015年1月出版 / 定价:98.00元

煤炭蓝皮书
中国煤炭工业发展报告（2015）
著(编)者:岳福斌　2015年12月出版 / 估价:79.00元

民营医院蓝皮书
中国民营医院发展报告（2015）
著(编)者:庄一强　2015年10月出版 / 估价:75.00元

闽商蓝皮书
闽商发展报告（2015）
著(编)者:王日根 李闽榕　2015年12月出版 / 估价:69.00元

能源蓝皮书
中国能源发展报告（2015）
著(编)者:崔民选 王军生　2015年8月出版 / 估价:79.00元

农产品流通蓝皮书
中国农产品流通产业发展报告（2015）
著(编)者:贾敬敦 张东科 张玉玺 孔令羽 张鹏毅
2015年9月出版 / 估价:89.00元

企业蓝皮书
中国企业竞争力报告（2015）
著(编)者:金碚　2015年11月出版 / 估价:89.00元

企业社会责任蓝皮书
中国企业社会责任研究报告（2015）
著(编)者:黄群慧　彭华岗　钟宏武　张蒽
2015年11月出版 / 估价:69.00元

汽车安全蓝皮书
中国汽车安全发展报告（2015）
著(编)者:中国汽车技术研究中心
2015年7月出版 / 估价:79.00元

汽车工业蓝皮书
中国汽车工业发展年度报告（2015）
著(编)者:中国汽车工业协会 中国汽车技术研究中心
丰田汽车（中国）投资有限公司
2015年4月出版 / 定价:128.00元

汽车蓝皮书
中国汽车产业发展报告（2015）
著(编)者:国务院发展研究中心产业经济研究部
中国汽车工程学会 大众汽车集团（中国）
2015年7月出版 / 估价:128.00元

清洁能源蓝皮书
国际清洁能源发展报告（2015）
著(编)者:国际清洁能源论坛（澳门）
2015年9月出版 / 估价:89.00元

人力资源蓝皮书
中国人力资源发展报告（2015）
著(编)者:余兴安　2015年9月出版 / 估价:79.00元

融资租赁蓝皮书
中国融资租赁业发展报告（2014~2015）
著(编)者:李光荣　王力　2015年1月出版 / 定价:89.00元

软件和信息服务业蓝皮书
中国软件和信息服务业发展报告（2015）
著(编)者:陈新河　洪京一　2015年12月出版 / 估价:198.00元

上市公司蓝皮书
上市公司质量评价报告（2015）
著(编)者:张跃文 王力　2015年10月出版 / 估价:118.00元

设计产业蓝皮书
中国设计产业发展报告（2014~2015）
著(编)者:陈冬亮　梁昊光　2015年3月出版 / 定价:89.00元

食品药品蓝皮书
食品药品安全与监管政策研究报告（2015）
著(编)者:唐民皓　2015年7月出版 / 估价:69.00元

世界能源蓝皮书
世界能源发展报告（2015）
著(编)者:黄晓勇　2015年6月出版 / 定价:99.00元

碳市场蓝皮书
中国碳市场报告（2015）
著(编)者:低碳发展国际合作联盟
2015年11月出版 / 估价:69.00元

体育蓝皮书
中国体育产业发展报告（2015）
著(编)者:阮伟 钟秉枢　2015年7月出版 / 估价:69.00元

体育蓝皮书
长三角地区体育产业发展报告（2014~2015）
著(编)者:张林　2015年4月出版 / 定价:79.00元

投资蓝皮书
中国投资发展报告（2015）
著(编)者:谢平　2015年4月出版 / 定价:128.00元

物联网蓝皮书
中国物联网发展报告（2015）
著(编)者:黄桂田　2015年7月出版 / 估价:59.00元

西部工业蓝皮书
中国西部工业发展报告（2015）
著(编)者:方行明 甘犁 刘方健 姜凌 等
2015年9月出版 / 估价:79.00元

西部金融蓝皮书
中国西部金融发展报告（2015）
著(编)者:李忠民　2015年8月出版 / 估价:75.00元

新能源汽车蓝皮书
中国新能源汽车产业发展报告（2015）
著(编)者:中国汽车技术研究中心
日产（中国）投资有限公司 东风汽车有限公司
2015年8月出版 / 估价:69.00元

信托市场蓝皮书
中国信托业市场报告（2014~2015）
著(编)者:用益信托工作室　2015年2月出版 / 定价:198.00元

信息产业蓝皮书
世界软件和信息技术产业发展报告（2015）
著(编)者:洪京一　2015年8月出版 / 估价:79.00元

信息化蓝皮书
中国信息化形势分析与预测（2015）
著(编)者:周宏仁　2015年8月出版 / 估价:98.00元

信用蓝皮书
中国信用发展报告（2014~2015）
著(编)者:章政　田侃　2015年4月出版 / 定价:99.00元

休闲绿皮书
2015年中国休闲发展报告
著(编)者:刘德谦　2015年7月出版 / 估价:59.00元

医药蓝皮书
中国中医药产业园战略发展报告（2015）
著(编)者:裴长洪　房书亭　吴篠心　2015年7月出版 / 估价:89.00元

邮轮绿皮书
中国邮轮产业发展报告（2015）
著(编)者:汪泓　2015年9月出版 / 估价:79.00元

中国上市公司蓝皮书
中国上市公司发展报告（2015）
著(编)者:许雄斌 张平　2015年9月出版 / 估价:98.00元

中国总部经济蓝皮书
中国总部经济发展报告（2015）
著(编)者:赵弘　2015年7月出版 / 估价:79.00元

住房绿皮书
中国住房发展报告（2014~2015）
著(编)者:倪鹏飞　2014年12月出版 / 定价:79.00元

资本市场蓝皮书
中国场外交易市场发展报告（2015）
著(编)者:高峦　2015年8月出版 / 估价:79.00元

资产管理蓝皮书
中国资产管理行业发展报告（2015）
著(编)者:智信资产管理研究院　2015年6月出版 / 定价:89.00

文化传媒类

传媒竞争力蓝皮书
中国传媒国际竞争力研究报告（2015）
著(编)者:李本乾　2015年9月出版 / 估价:88.00元

传媒蓝皮书
中国传媒产业发展报告（2015）
著(编)者:崔保国　2015年5月出版 / 定价:98.00元

传媒投资蓝皮书
中国传媒投资发展报告（2015）
著(编)者:张向东　2015年7月出版 / 估价:89.00元

动漫蓝皮书
中国动漫产业发展报告（2015）
著(编)者:卢斌 郑玉明 牛兴侦　2015年7月出版 / 估价:79.00元

非物质文化遗产蓝皮书
中国非物质文化遗产发展报告（2015）
著(编)者:陈平　2015年5月出版 / 定价:98.00元

广电蓝皮书
中国广播电影电视发展报告（2015）
著(编)者:杨明品　2015年7月出版 / 估价:98.00元

广告主蓝皮书
中国广告主营销传播趋势报告（2015）
著(编)者:黄升民　2015年7月出版 / 估价:148.00元

国际传播蓝皮书
中国国际传播发展报告（2015）
著(编)者:胡正荣 李继东 姬德强
2015年7月出版 / 估价:89.00元

国家形象蓝皮书
2015年国家形象研究报告
著(编)者:张昆　2015年7月出版 / 估价:79.00元

纪录片蓝皮书
中国纪录片发展报告（2015）
著(编)者:何苏六　2015年9月出版 / 估价:79.00元

科学传播蓝皮书
中国科学传播报告（2015）
著(编)者:詹正茂　2015年7月出版 / 估价:69.00元

两岸文化蓝皮书
两岸文化产业合作发展报告（2015）
著(编)者:胡惠林 李保宗　2015年7月出版 / 估价:79.00元

媒介与女性蓝皮书
中国媒介与女性发展报告（2015）
著(编)者:刘利群　2015年8月出版 / 估价:69.00元

全球传媒蓝皮书
全球传媒发展报告（2015）
著(编)者:胡正荣　2015年12月出版 / 估价:79.00元

少数民族非遗蓝皮书
中国少数民族非物质文化遗产发展报告（2015）
著(编)者:肖远平　柴立　2015年6月出版 / 定价:128.00元

世界文化发展蓝皮书
世界文化发展报告（2015）
著(编)者:张庆宗　高乐田　郭熙煌
2015年7月出版 / 估价:89.00元

视听新媒体蓝皮书
中国视听新媒体发展报告（2015）
著(编)者:袁同楠　2015年7月出版 / 定价:98.00元

文化创新蓝皮书
中国文化创新报告（2015）
著(编)者:于平 傅才武　2015年7月出版 / 估价:79.00元

文化建设蓝皮书
中国文化发展报告（2015）
著(编)者:江畅 孙伟平 戴茂堂
2016年4月出版 / 估价:138.00元

文化科技蓝皮书
文化科技创新发展报告（2015）
著(编)者:于平 李凤亮　2015年10月出版 / 估价:89.00元

文化蓝皮书
中国文化产业供需协调检测报告（2015）
著(编)者:王亚南 2015年2月出版 / 定价:79.00元

文化蓝皮书
中国文化消费需求景气评价报告（2015）
著(编)者:王亚南 2015年2月出版 / 定价:79.00元

文化蓝皮书
中国文化产业发展报告（2015）
著(编)者:张晓明 王家新 章建刚
2015年7月出版 / 估价:79.00元

文化蓝皮书
中国公共文化投入增长测评报告(2015)
著(编)者:王亚南　2014年12月出版 / 定价:79.00元

文化蓝皮书
中国文化政策发展报告（2015）
著(编)者:傅才武 宋文玉 燕东升
2015年9月出版 / 估价:98.00元

文化品牌蓝皮书
中国文化品牌发展报告（2015）
著(编)者:欧阳友权　2015年4月出版 / 定价:89.00元

文化遗产蓝皮书
中国文化遗产事业发展报告（2015）
著(编)者:刘世锦　2015年12月出版 / 估价:89.00元

文学蓝皮书
中国文情报告（2014~2015）
著(编)者:白烨　2015年5月出版 / 定价:49.00元

新媒体蓝皮书
中国新媒体发展报告No.6（2015）
著(编)者:唐绪军　2015年7月出版 / 定价:79.00元

新媒体社会责任蓝皮书
中国新媒体社会责任研究报告（2015）
著(编)者:钟瑛　2015年10月出版 / 估价:79.00元

移动互联网蓝皮书
中国移动互联网发展报告（2015）
著(编)者:官建文　2015年6月出版 / 定价:79.00元

舆情蓝皮书
中国社会舆情与危机管理报告（2015）
著(编)者:谢耘耕　2015年8月出版 / 估价:98.00元

地方发展类

安徽经济蓝皮书
芜湖创新型城市发展报告（2015）
著(编)者:杨少华 王开玉　2015年7月出版 / 估价:69.00元

安徽蓝皮书
安徽社会发展报告（2015）
著(编)者:程桦　2015年4月出版 / 定价:89.00元

安徽社会建设蓝皮书
安徽社会建设分析报告（2015）
著(编)者:黄家海 王开玉 蔡宪　2015年7月出版 / 估价:69.00元

澳门蓝皮书
澳门经济社会发展报告（2014~2015）
著(编)者:吴志良 郝雨凡　2015年5月出版 / 定价:79.00元

北京蓝皮书
北京公共服务发展报告（2014~2015）
著(编)者:施昌奎　2015年1月出版 / 定价:69.00元

北京蓝皮书
北京经济发展报告（2014~2015）
著(编)者:杨松　2015年6月出版 / 定价:79.00元

北京蓝皮书
北京社会治理发展报告（2014~2015）
著(编)者:殷星辰　2015年6月出版 / 定价:79.00元

北京蓝皮书
北京文化发展报告（2014~2015）
著(编)者:李建盛　2015年5月出版 / 定价:79.00元

北京蓝皮书
北京社会发展报告（2015）
著(编)者:缪青　2015年7月出版 / 估价:79.00元

北京蓝皮书
北京社区发展报告（2015）
著(编)者:于燕燕　2015年1月出版 / 定价:79.00元

北京旅游绿皮书
北京旅游发展报告（2015）
著(编)者:北京旅游学会　2015年7月出版 / 估价:88.00元

北京律师蓝皮书
北京律师发展报告（2015）
著(编)者:王隽　2015年12月出版 / 估价:75.00元

北京人才蓝皮书
北京人才发展报告（2015）
著(编)者:于淼　2015年7月出版 / 估价:89.00元

北京社会心态蓝皮书
北京社会心态分析报告（2015）
著(编)者:北京社会心理研究所　2015年7月出版 / 估价:69.00元

北京社会组织管理蓝皮书
北京社会组织发展与管理（2015）
著(编)者:黄江松　2015年4月出版 / 定价:78.00元

北京养老产业蓝皮书
北京养老产业发展报告（2015）
著(编)者:周明明　冯喜良　2015年4月出版 / 定价:69.00元

滨海金融蓝皮书
滨海新区金融发展报告（2015）
著(编)者:王爱俭 张锐钢　2015年9月出版 / 估价:79.00元

城乡一体化蓝皮书
中国城乡一体化发展报告（北京卷）（2014~2015）
著(编)者:张宝秀 黄序　2015年5月出版 / 定价:79.00元

创意城市蓝皮书
北京文化创意产业发展报告（2015）
著(编)者:张京成　2015年11月出版 / 估价:65.00元

创意城市蓝皮书
无锡文化创意产业发展报告（2015）
著(编)者:谭军 张鸣年　2015年10月出版 / 估价:75.00元

创意城市蓝皮书
武汉市文化创意产业发展报告（2015）
著(编)者:袁堃 黄永林　2015年11月出版 / 估价:85.00元

创意城市蓝皮书
重庆创意产业发展报告（2015）
著(编)者:程宇宁　2015年7月出版 / 估价:89.00元

创意城市蓝皮书
青岛文化创意产业发展报告（2015）
著(编)者:马达 张丹妮　2015年7月出版 / 估价:79.00元

福建妇女发展蓝皮书
福建省妇女发展报告（2015）
著(编)者:刘群英　2015年10月出版 / 估价:58.00元

甘肃蓝皮书
甘肃舆情分析与预测（2015）
著(编)者:陈双梅　郝树声　2015年1月出版 / 定价:79.00元

甘肃蓝皮书
甘肃文化发展分析与预测（2015）
著(编)者:安文华　周小华　2015年1月出版 / 定价:79.00元

甘肃蓝皮书
甘肃社会发展分析与预测（2015）
著(编)者:安文华　包晓霞　2015年1月出版 / 定价:79.00元

甘肃蓝皮书
甘肃经济发展分析与预测（2015）
著(编)者:朱智文 罗哲　2015年1月出版 / 定价:79.00元

甘肃蓝皮书
甘肃县域经济综合竞争力评价（2015）
著(编)者:刘进军　2015年7月出版 / 估价:69.00元

甘肃蓝皮书
甘肃县域社会发展评价报告（2015）
著(编)者:刘进军　柳民　王建兵　2015年1月出版 / 定价:79.00

广东蓝皮书
广东省电子商务发展报告（2015）
著(编)者:程晓　2015年12月出版 / 估价:69.00元

广东蓝皮书
广东社会工作发展报告（2015）
著(编)者:罗观翠　2015年7月出版 / 估价:89.00元

广东社会建设蓝皮书
广东省社会建设发展报告（2015）
著(编)者:广东省社会工作委员会　2015年10月出版 / 估价:89.0

广东外经贸蓝皮书
广东对外经济贸易发展研究报告（2014~2015）
著(编)者:陈万灵　2015年5月出版 / 定价:89.00元

广西北部湾经济区蓝皮书
广西北部湾经济区开放开发报告（2015）
著(编)者:广西北部湾经济区规划建设管理委员会办公室
广西社会科学院广西北部湾发展研究院
2015年8月出版 / 估价:79.00元

广州蓝皮书
广州社会保障发展报告（2015）
著(编)者:蔡国萱　2015年7月出版 / 估价:65.00元

广州蓝皮书
2015年中国广州社会形势分析与预测
著(编)者:张强 陈怡霓 杨秦　2015年6月出版 / 定价:79.00元

广州蓝皮书
广州经济发展报告（2015）
著(编)者:李江涛 朱名宏　2015年7月出版 / 估价:69.00元

广州蓝皮书
广州商贸业发展报告（2015）
著(编)者:李江涛 王旭东 荀振英　2015年7月出版 / 估价:69.00

广州蓝皮书
2015年中国广州经济形势分析与预测
著(编)者:庾建设 沈奎 谢博能
2015年6月出版 / 定价:79.00元

广州蓝皮书
中国广州文化发展报告（2015）
著(编)者:徐俊忠 陆志强 顾涧清
2015年7月出版 / 估价:69.00元

广州蓝皮书
广州农村发展报告（2015）
著(编)者:李江涛 汤锦华　2015年8月出版 / 估价:69.00元

广州蓝皮书
中国广州城市建设与管理发展报告（2015）
著(编)者:董皞 冼伟雄　2015年7月出版 / 估价:69.00元

广州蓝皮书
中国广州科技和信息化发展报告（2015）
著(编)者:邹采荣 马正勇 冯元
2015年7月出版 / 估价:79.00元

广州蓝皮书
广州创新型城市发展报告（2015）
著(编)者:李江涛 2015年7月出版 / 估价:69.00元

广州蓝皮书
广州文化创意产业发展报告（2015）
著(编)者:甘新 2015年8月出版 / 估价:79.00元

广州蓝皮书
广州志愿服务发展报告（2015）
著(编)者:魏国华 张强 2015年9月出版 / 估价:69.00元

广州蓝皮书
广州城市国际化发展报告（2015）
著(编)者:朱名宏 2015年9月出版 / 估价:59.00元

广州蓝皮书
广州汽车产业发展报告（2015）
著(编)者:李江涛 杨再高 2015年9月出版 / 估价:69.00元

贵州房地产蓝皮书
贵州房地产发展报告（2015）
著(编)者:武廷方 2015年6月出版 / 定价:89.00元

贵州蓝皮书
贵州人才发展报告（2015）
著(编)者:于杰 吴大华 2015年7月出版 / 估价:69.00元

贵州蓝皮书
贵安新区发展报告（2014）
著(编)者:马长青 吴大华 2015年4月出版 / 定价:69.00元

贵州蓝皮书
贵州社会发展报告（2015）
著(编)者:王兴骥 2015年5月出版 / 定价:79.00元

贵州蓝皮书
贵州法治发展报告（2015）
著(编)者:吴大华 2015年5月出版 / 定价:79.00元

贵州蓝皮书
贵州国有企业社会责任发展报告（2015）
著(编)者:郭丽 2015年10月出版 / 估价:79.00元

海淀蓝皮书
海淀区文化和科技融合发展报告（2015）
著(编)者:孟景伟 陈名杰 2015年7月出版 / 估价:75.00元

海峡西岸蓝皮书
海峡西岸经济区发展报告（2015）
著(编)者:黄端 2015年9月出版 / 估价:65.00元

杭州都市圈蓝皮书
杭州都市圈发展报告（2015）
著(编)者:董祖德 沈翔 2015年7月出版 / 估价:89.00元

杭州蓝皮书
杭州妇女发展报告（2015）
著(编)者:魏颖 2015年4月出版 / 定价:79.00元

河北经济蓝皮书
河北省经济发展报告（2015）
著(编)者:马树强 金浩 刘兵 张贵 2015年3月出版 / 定价:89.00元

河北蓝皮书
河北经济社会发展报告（2015）
著(编)者:周文夫 2015年1月出版 / 定价:79.00元

河北食品药品安全蓝皮书
河北食品药品安全研究报告（2015）
著(编)者:丁锦霞 2015年6月出版 / 定价:79.00元

河南经济蓝皮书
2015年河南经济形势分析与预测
著(编)者:胡五岳 2015年2月出版 / 定价:69.00元

河南蓝皮书
河南城市发展报告（2015）
著(编)者:谷建全 王建国 2015年3月出版 / 定价:79.00元

河南蓝皮书
2015年河南社会形势分析与预测
著(编)者:刘道兴 牛苏林 2015年4月出版 / 定价:69.00元

河南蓝皮书
河南工业发展报告（2015）
著(编)者:龚绍东 赵西三 2015年1月出版 / 定价:79.00元

河南蓝皮书
河南文化发展报告（2015）
著(编)者:卫绍生 2015年3月出版 / 定价:79.00元

河南蓝皮书
河南经济发展报告（2015）
著(编)者:喻新安 2014年12月出版 / 定价:79.00元

河南蓝皮书
河南法治发展报告（2015）
著(编)者:丁同民 闫德民 2015年7月出版 / 估价:69.00元

河南蓝皮书
河南金融发展报告（2015）
著(编)者:喻新安 谷建全 2015年6月出版 / 定价:69.00元

河南蓝皮书
河南农业农村发展报告（2015）
著(编)者:吴海峰 2015年4月出版 / 定价:69.00元

河南商务蓝皮书
河南商务发展报告（2015）
著(编)者:焦锦淼 穆荣国 2015年4月出版 / 定价:88.00元

黑龙江产业蓝皮书
黑龙江产业发展报告（2015）
著(编)者:于渤 2015年9月出版 / 估价:79.00元

黑龙江蓝皮书
黑龙江经济发展报告（2015）
著(编)者:曲伟 2015年1月出版 / 定价:79.00元

黑龙江蓝皮书
黑龙江社会发展报告（2015）
著(编)者:张新颖 2015年1月出版 / 定价:79.00元

湖北文化蓝皮书
湖北文化发展报告（2015）
著(编)者:江畅　吴成国　　2015年7月出版 / 估价:89.00元

湖南城市蓝皮书
区域城市群整合
著(编)者:童中贤 韩未名　　2015年12月出版 / 估价:79.00元

湖南蓝皮书
2015年湖南电子政务发展报告
著(编)者:梁志峰　　2015年5月出版 / 定价:98.00元

湖南蓝皮书
2015年湖南社会发展报告
著(编)者:梁志峰　　2015年5月出版 / 定价:98.00元

湖南蓝皮书
2015年湖南产业发展报告
著(编)者:梁志峰　　2015年5月出版 / 定价:98.00元

湖南蓝皮书
2015年湖南经济展望
著(编)者:梁志峰　　2015年5月出版 / 定价:128.00元

湖南蓝皮书
2015年湖南县域经济社会发展报告
著(编)者:梁志峰　　2015年5月出版 / 定价:98.00元

湖南蓝皮书
2015年湖南两型社会与生态文明发展报告
著(编)者:梁志峰　　2015年5月出版 / 定价:98.00元

湖南县域绿皮书
湖南县域发展报告No.2
著(编)者:朱有志　　2015年7月出版 / 估价:69.00元

沪港蓝皮书
沪港发展报告（2014~2015）
著(编)者:尤安山　2015年4月出版 / 定价:89.00元

吉林蓝皮书
2015年吉林经济社会形势分析与预测
著(编)者:马克　2015年2月出版 / 定价:89.00元

济源蓝皮书
济源经济社会发展报告（2015）
著(编)者:喻新安　2015年4月出版 / 定价:69.00元

健康城市蓝皮书
北京健康城市建设研究报告（2015）
著(编)者:王鸿春　　2015年4月出版 / 定价:79.00元

江苏法治蓝皮书
江苏法治发展报告（2015）
著(编)者:李力 龚廷泰　　2015年9月出版 / 估价:98.00元

京津冀蓝皮书
京津冀发展报告（2015）
著(编)者:文魁 祝尔娟　　2015年4月出版 / 定价:89.00元

经济特区蓝皮书
中国经济特区发展报告（2015）
著(编)者:陶一桃　　2015年7月出版 / 估价:89.00元

辽宁蓝皮书
2015年辽宁经济社会形势分析与预测
著(编)者:曹晓峰　张晶　梁启东　2014年12月出版 / 定价:79.00

南京蓝皮书
南京文化发展报告（2015）
著(编)者:南京文化产业研究中心　2015年12月出版 / 估价:79.00

内蒙古蓝皮书
内蒙古反腐倡廉建设报告（2015）
著(编)者:张志华 无极　　2015年12月出版 / 估价:69.00元

浦东新区蓝皮书
上海浦东经济发展报告（2015）
著(编)者:沈开艳 陆沪根　　2015年1月出版 / 定价:69.00元

青海蓝皮书
2015年青海经济社会形势分析与预测
著(编)者:赵宗福　　2014年12月出版 / 定价:69.00元

人口与健康蓝皮书
深圳人口与健康发展报告（2015）
著(编)者:曾序春　　2015年12月出版 / 估价:89.00元

山东蓝皮书
山东社会形势分析与预测（2015）
著(编)者:张华 唐洲雁　　2015年7月出版 / 估价:89.00元

山东蓝皮书
山东经济形势分析与预测（2015）
著(编)者:张华 唐洲雁　　2015年7月出版 / 估价:89.00元

山东蓝皮书
山东文化发展报告（2015）
著(编)者:张华 唐洲雁　　2015年7月出版 / 估价:98.00元

山西蓝皮书
山西资源型经济转型发展报告（2015）
著(编)者:李志强　　2015年5月出版 / 定价:89.00元

陕西蓝皮书
陕西经济发展报告（2015）
著(编)者:任宗哲 白宽犁 裴成荣　　2015年1月出版 / 定价:69.00

陕西蓝皮书
陕西社会发展报告（2015）
著(编)者:任宗哲 白宽犁 牛昉　　2015年1月出版 / 定价:69.00元

陕西蓝皮书
陕西文化发展报告（2015）
著(编)者:任宗哲 白宽犁 王长寿　　2015年1月出版 / 定价:65.00

陕西蓝皮书
丝绸之路经济带发展报告（2015）
著(编)者:任宗哲 石英 白宽犁
2015年8月出版 / 估价:79.00元

上海蓝皮书
上海文学发展报告（2015）
著(编)者:陈圣来　2015年1月出版 / 定价:69.00元

上海蓝皮书
上海文化发展报告（2015）
著(编)者:荣跃明　2015年1月出版 / 定价:74.00元

上海蓝皮书
上海资源环境发展报告（2015）
著(编)者:周冯琦 汤庆合 任文伟
2015年1月出版 / 定价:69.00元

上海蓝皮书
上海社会发展报告（2015）
著(编)者:杨雄 周海旺 2015年1月出版 / 定价:69.00元

上海蓝皮书
上海经济发展报告（2015）
著(编)者:沈开艳 2015年1月出版 / 定价:69.00元

上海蓝皮书
上海传媒发展报告（2015）
著(编)者:强荧 焦雨虹 2015年1月出版 / 定价:69.00元

上海蓝皮书
上海法治发展报告（2015）
著(编)者:叶青 2015年5月出版 / 定价:69.00元

上饶蓝皮书
上饶发展报告（2015）
著(编)者:朱寅健 2015年7月出版 / 估价:128.00元

社会建设蓝皮书
2015年北京社会建设分析报告
著(编)者:宋贵伦 冯虹 2015年7月出版 / 估价:79.00元

深圳蓝皮书
深圳劳动关系发展报告（2015）
著(编)者:汤庭芬 2015年7月出版 / 估价:75.00元

深圳蓝皮书
深圳经济发展报告（2015）
著(编)者:张骁儒 2015年7月出版 / 估价:79.00元

深圳蓝皮书
深圳社会发展报告（2015）
著(编)者:叶民辉 张骁儒 2015年7月出版 / 估价:89.00元

深圳蓝皮书
深圳法治发展报告（2015）
著(编)者:张骁儒 2015年5月出版 / 定价:69.00元

四川蓝皮书
四川文化产业发展报告（2015）
著(编)者:侯水平 2015年4月出版 / 定价:79.00元

四川蓝皮书
四川企业社会责任研究报告（2014~2015）
著(编)者:侯水平 盛毅 2015年4月出版 / 定价:79.00元

四川蓝皮书
四川法治发展报告（2015）
著(编)者:郑泰安 2015年1月出版 / 定价:69.00元

四川蓝皮书
四川生态建设报告（2015）
著(编)者:李晟之 2015年4月出版 / 定价:79.00元

四川蓝皮书
四川城镇化发展报告（2015）
著(编)者:侯水平 范秋美 2015年4月出版 / 定价:79.00元

四川蓝皮书
四川社会发展报告（2015）
著(编)者:郭晓鸣 2015年4月出版 / 定价:79.00元

四川蓝皮书
2015年四川经济发展形势分析与预测
著(编)者:杨钢 2015年1月出版 / 定价:89.00元

四川法治蓝皮书
四川依法治省年度报告No.1（2015）
著(编)者:李林 杨天宗 田禾 2015年3月出版 / 定价:108.00元

天津金融蓝皮书
天津金融发展报告（2015）
著(编)者:王爱俭 杜强 2015年9月出版 / 估价:89.00元

温州蓝皮书
2015年温州经济社会形势分析与预测
著(编)者:潘忠强 王春光 金浩 2015年4月出版 / 定价:69.00元

扬州蓝皮书
扬州经济社会发展报告（2015）
著(编)者:丁纯 2015年12月出版 / 估价:89.00元

长株潭城市群蓝皮书
长株潭城市群发展报告（2015）
著(编)者:张萍 2015年7月出版 / 估价:69.00元

郑州蓝皮书
2015年郑州文化发展报告
著(编)者:王哲 2015年9月出版 / 估价:65.00元

中医文化蓝皮书
北京中医药文化传播发展报告（2015）
著(编)者:毛嘉陵 2015年5月出版 / 定价:79.00元

珠三角流通蓝皮书
珠三角商圈发展研究报告（2015）
著(编)者:林至颖 王先庆 2015年7月出版 / 估价:98.00元

国别与地区类

阿拉伯黄皮书
阿拉伯发展报告（2015）
著(编)者:马晓霖 2015年7月出版 / 估价:79.00元

北部湾蓝皮书
泛北部湾合作发展报告（2015）
著(编)者:吕余生 2015年8月出版 / 估价:69.00元

大湄公河次区域蓝皮书
大湄公河次区域合作发展报告（2015）
著(编)者:刘稚　2015年9月出版 / 估价:79.00元

大洋洲蓝皮书
大洋洲发展报告（2015）
著(编)者:喻常森　2015年8月出版 / 估价:89.00元

德国蓝皮书
德国发展报告（2015）
著(编)者:郑春荣 伍慧萍　2015年5月出版 / 定价:69.00元

东北亚黄皮书
东北亚地区政治与安全（2015）
著(编)者:黄凤志 刘清才 张慧智
2015年7月出版 / 估价:69.00元

东盟黄皮书
东盟发展报告（2015）
著(编)者:崔晓麟　2015年7月出版 / 估价:75.00元

东南亚蓝皮书
东南亚地区发展报告（2015）
著(编)者:王勤　2015年7月出版 / 估价:79.00元

俄罗斯黄皮书
俄罗斯发展报告（2015）
著(编)者:李永全　2015年7月出版 / 估价:79.00元

非洲黄皮书
非洲发展报告（2015）
著(编)者:张宏明　2015年7月出版 / 估价:79.00元

国际形势黄皮书
全球政治与安全报告（2015）
著(编)者:李慎明 张宇燕　2015年1月出版 / 定价:69.00元

韩国蓝皮书
韩国发展报告（2015）
著(编)者:刘宝全 牛林杰　2015年8月出版 / 估价:79.00元

加拿大蓝皮书
加拿大发展报告（2015）
著(编)者:仲伟合　2015年4月出版 / 定价:89.00元

拉美黄皮书
拉丁美洲和加勒比发展报告（2014~2015）
著(编)者:吴白乙　2015年5月出版 / 定价:89.00元

美国蓝皮书
美国研究报告（2015）
著(编)者:郑秉文 黄平　2015年6月出版 / 定价:89.00元

缅甸蓝皮书
缅甸国情报告（2015）
著(编)者:李晨阳　2015年8月出版 / 估价:79.00元

欧洲蓝皮书
欧洲发展报告（2015）
著(编)者:周弘　2015年7月出版 / 估价:89.00元

葡语国家蓝皮书
葡语国家发展报告（2015）
著(编)者:对外经济贸易大学区域国别研究所　葡语国家研究中心
2015年7月出版 / 估价:89.00元

葡语国家蓝皮书
中国与葡语国家关系发展报告·巴西（2014）
著(编)者:澳门科技大学　2015年7月出版 / 估价:89.00元

日本经济蓝皮书
日本经济与中日经贸关系研究报告（2015）
著(编)者:王洛林 张季风　2015年5月出版 / 定价:79.00元

日本蓝皮书
日本研究报告（2015）
著(编)者:李薇　2015年4月出版 / 定价:69.00元

上海合作组织黄皮书
上海合作组织发展报告（2015）
著(编)者:李进峰 吴宏伟 李伟
2015年9月出版 / 估价:89.00元

世界创新竞争力黄皮书
世界创新竞争力发展报告（2015）
著(编)者:李闽榕 李建平　赵新力
2015年12月出版 / 估价:148.00元

土耳其蓝皮书
土耳其发展报告（2015）
著(编)者:郭长刚 刘义　2015年7月出版 / 估价:89.00元

图们江区域合作蓝皮书
图们江区域合作发展报告（2015）
著(编)者:李铁　2015年4月出版 / 定价:98.00元

亚太蓝皮书
亚太地区发展报告（2015）
著(编)者:李向阳　2015年1月出版 / 定价:59.00元

印度蓝皮书
印度国情报告（2015）
著(编)者:吕昭义　2015年7月出版 / 估价:89.00元

印度洋地区蓝皮书
印度洋地区发展报告（2015）
著(编)者:汪戎　2015年5月出版 / 定价:89.00元

中东黄皮书
中东发展报告（2015）
著(编)者:杨光　2015年11月出版 / 估价:89.00元

中欧关系蓝皮书
中欧关系研究报告（2015）
著(编)者:周弘　2015年12月出版 / 估价:98.00元

中亚黄皮书
中亚国家发展报告（2015）
著(编)者:孙力 吴宏伟　2015年9月出版 / 估价:89.00元

中国皮书网

www.pishu.cn

发布皮书研创资讯，传播皮书精彩内容

引领皮书出版潮流，打造皮书服务平台

栏目设置：

- ☐ 资讯：皮书动态、皮书观点、皮书数据、皮书报道、皮书发布、电子期刊
- ☐ 标准：皮书评价、皮书研究、皮书规范
- ☐ 服务：最新皮书、皮书书目、重点推荐、在线购书
- ☐ 链接：皮书数据库、皮书博客、皮书微博、在线书城
- ☐ 搜索：资讯、图书、研究动态、皮书专家、研创团队

中国皮书网依托皮书系列“权威、前沿、原创”的优质内容资源，通过文字、图片、音频、视频等多种元素，在皮书研创者、使用者之间搭建了一个成果展示、资源共享的互动平台。

自 2005 年 12 月正式上线以来，中国皮书网的 IP 访问量、PV 浏览量与日俱增，受到海内外研究者、公务人员、商务人士以及专业读者的广泛关注。

2008 年、2011 年，中国皮书网均在全国新闻出版业网站荣誉评选中获得“最具商业价值网站”称号；2012 年，获得“出版业网站百强”称号。

2014 年，中国皮书网与皮书数据库实现资源共享，端口合一，将提供更丰富的内容，更全面的服务。

皮书大事记
（2014）

☆　2014年10月，中国社会科学院2014年度皮书纳入创新工程学术出版资助名单正式公布，相关资助措施进一步落实。

☆　2014年8月，由中国社会科学院主办，贵州省社会科学院、社会科学文献出版社承办的“第十五次全国皮书年会（2014）”在贵州贵阳隆重召开。

☆　2014年8月，第二批淘汰的27种皮书名单公布。

☆　2014年7月，第五届优秀皮书奖评审会在京召开。本届优秀皮书奖首次同时评选优秀皮书和优秀皮书报告。

☆　2014年7月，第三届皮书学术评审委员会于北京成立。

☆　2014年6月，社会科学文献出版社与北京报刊发行局签订合同，将部分重点皮书纳入邮政发行系统。

☆　2014年6月，《中国社会科学院皮书管理办法》正式颁布实施。

☆　2014年4月，出台《社会科学文献出版社关于加强皮书编审工作的有关规定》《社会科学文献出版社皮书责任编辑管理规定》《社会科学文献出版社关于皮书准入与退出的若干规定》。

☆　2014年1月，首批淘汰的44种皮书名单公布。

☆　2014年1月，“2013(第七届)全国新闻出版业网站年会”在北京举办，中国皮书网被评为“最具商业价值网站”。

☆　2014年1月,社会科学文献出版社在原皮书评价研究中心的基础上成立了皮书研究院。

皮书数据库

www.pishu.com.cn

皮书数据库三期

• 皮书数据库（SSDB）是社会科学文献出版社整合现有皮书资源开发的在线数字产品，全面收录“皮书系列”的内容资源，并以此为基础整合大量相关资讯构建而成。

• 皮书数据库现有中国经济发展数据库、中国社会发展数据库、世界经济与国际政治数据库等子库，覆盖经济、社会、文化等多个行业、领域，现有报告30000多篇，总字数超过5亿字，并以每年4000多篇的速度不断更新累积。

• 新版皮书数据库主要围绕存量+增量资源整合、资源编辑标引体系建设、产品架构设置优化、技术平台功能研发等方面开展工作，并将中国皮书网与皮书数据库合二为一联体建设，旨在以“皮书研创出版、信息发布与知识服务平台”为基本功能定位，打造一个全新的皮书品牌综合门户平台，为您提供更优质更到位的服务。

更多信息请登录

中国皮书网的BLOG [编辑]
http://blog.sina.com.cn/pishu

中国皮书网
http://www.pishu.cn

皮书微博
http://weibo.com/pishu

皮书博客
http://blog.sina.com.cn/pishu

皮书微信
皮书说

请到各地书店皮书专架 / 专柜购买，也可办理邮购

咨询 / 邮购电话： 010-59367028　59367070　　**邮　　箱：** duzhe@ssap.cn

邮购地址： 北京市西城区北三环中路甲29号院3号楼华龙大厦13层读者服务中心

邮　　编： 100029

银行户名： 社会科学文献出版社

开户银行： 中国工商银行北京北太平庄支行

账　　号： 0200010019200365434

网上书店： 010-59367070　qq：1265056568

网　　址： www.ssap.com.cn　　www.pishu.cn